Richard Gutzwiller

Meditationen über Johannes

Richard Gutzwiller

Meditationen über Johannes

media maria

Bibliografische Information: Deutsche Nationalbibliothek.
Die Deutsche Nationalbibliothek verzeichnet diese Publikation in der Deutschen Nationalbibliografie; detaillierte bibliografische Daten sind im Internet über http://dnb.ddb.de abrufbar.

In der aktuellen Ausgabe wurden die Bibelzitate aus der Einheitsübersetzung 2016 übernommen.

Mit kirchlicher Druckerlaubnis
des Bischöflichen Ordinariats Chur
vom 12. September 1958

Erstmals erschienen im Benziger Verlag, Einsiedeln

MEDITATIONEN ÜBER JOHANNES
Richard Gutzwiller
Media Maria Verlag, 3. Auflage 2024

ISBN 978-3-9479311-4-9

www.media-maria.de

AUFBAU DES JOHANNESEVANGELIUMS

DAS VORWORT DES EVANGELIUMS

Der Prolog als Ganzes 1,1–18

Zum Text im Einzelnen

1. Kreis: Der Logos
1. Sein Verhältnis zu Gott
2. Sein Verhältnis zur Welt
3. Sein Verhältnis zu den Menschen

2. Kreis: Das Kommen des Logos
1. Die Vorbereitung
2. Das Kommen in die Welt
3. Die Wirkung ist eine Scheidung der Geister

3. Kreis: Die Menschwerdung des Logos
1. Die Tatsache
2. Das Zeugnis für diese Tatsache
3. Die Bedeutung

ERSTE HÄLFTE DES EVANGELIUMS

Vorbereitung:

Durch den Täufer:
1. Die messianische Zeit ist angebrochen 1,11–28
2. Jesus ist der Messias 1,29–34

Durch Jesus selbst:
1. Die ersten Jünger 1,35–51
2. Das erste Zeichen 2,1–11

ERSTER HAUPTTEIL: BEIM ERSTEN OSTERFEST IN JERUSALEM UND AUF DEM RÜCKWEG

1. Tempelsäuberung 2,12–25
2. Das Gespräch mit Nikodemus 3,1–21
3. Nach dem Fest:
   in Judäa: Der Täufer 3,22–36
   in Samaria: Gespräch am Jakobsbrunnen 4,1–42

Zur Zeit des zweiten Osterfestes in Galiläa 4,43–54

ZWEITER HAUPTTEIL: DIE SELBSTOFFENBARUNG JESU IN GALILÄA ZUR ZEIT DES ZWEITEN OSTERFESTES (6,1–71)

Das erste Zeichen: Brotvermehrung 6,1–15
Das zweite Zeichen: Das Wandeln auf dem Wasser 6,16–24

Die Rede Jesu:
   Erster Teil: Jesus als Brot 6,25–51
   1. Das wahre Brot kommt vom Himmel
   2. Jesus selbst ist dieses Brot
   3. Alles ist Geschenk des Vaters im Himmel

   Zweiter Teil: Jesu Fleisch und Blut, die Nahrung der Menschen 6,51–58
   1. Sein Fleisch ist wahrhaft eine Speise
   2. Diese Nahrung bewirkt in ihnen das Leben
   3. Dieses Leben gewinnt der Mensch durch die Gemeinschaft mit Christus und durch ihn mit dem Vater

Die Wirkung der Rede: 6,95–71
   1. Die Jüngerschaft
   2. Die Zwölf

DRITTER HAUPTTEIL: BEIM PFINGSTFEST IN JERUSALEM

Die dritte Selbstoffenbarung: 5,1–47
1. Die Lage
2. Das Wunder
3. Die Rede

VIERTER HAUPTTEIL: DIE SELBSTOFFENBARUNG JESU BEIM LAUBHÜTTENFEST IN JERUSALEM (7–10,21)

VOR DEM FEST (7,1–13)

BEIM FESTE SELBST (7,14–8,59)

In der Mitte des Festes:

1. Die Auseinandersetzung mit den Führern Israels .. 7,14–24
2. Die Auseinandersetzung mit dem Volk 7,25–36

Am letzten Haupttag des Festes:

1. Christus, die Quelle lebendigen Wassers 7,37–53
Die Ehebrecherin 8,1–11
2. Christus, das Licht der Welt 8,12–20
3. Der Hinweis auf seinen Tod 8,21–30
4. Jesus bringt den Kindern Abrahams die Freiheit .. 8,31–59

Nach dem Fest:

1. Heilung des Blindgeborenen 9,1–41
2. Jesus, der Hirt seines Volkes 10,1–21

FÜNFTER HAUPTTEIL: DIE SELBSTOFFENBARUNG JESU BEIM TEMPELWEIHFEST IN JERUSALEM (10,22–11,54)

1. In Jerusalem 10,22–42
2. Die Erweckung des Lazarus 11,1–54

SECHSTER HAUPTTEIL: SELBSTOFFENBARUNG JESU VOR DEM LETZTEN OSTERFEST (11,55–12,36)

1. In Betanien 11,55–12,8
2. Auf dem Weg nach Jerusalem 12,9–19
3. In Jerusalem 12,20–36
Zusammenfassendes Ergebnis 12,37–50

ZWEITE HÄLFTE DES EVANGELIUMS

Übergang 13,1
Vorbereitender Teil 13,2–13,38
1. Fußwaschung 13,2–20
2. Die Entfernung des Verräters 13,21–30
3. Die Mahnung an die Apostel 13,31–38

ERSTER HAUPTTEIL: ABSCHIED IN WORTEN (14–17,20)

Erste Abschiedsrede: *Der Trost* 14,1–31
1. Der Trostgedanke beim Abschied 14,1–17
2. Der persönliche Tröster 14,18–31
Zweite Abschiedsrede: *Gemeinschaft* 15,1–27
1. Die Gemeinschaft der Jünger mit Christus 15,1–8
2. Die Gemeinschaft der Jünger untereinander 15,9–27

Dritte Abschiedsrede: *Sieghafte Haltung* 16,1–33
1. Der Beistand des Heiligen Geistes
gegen die anderen 16,1–11
für die Jünger 16,12–15
2. Die Sieghaftigkeit durch Jesus selbst 16,16–32
Abschluss 16,33

Das hohepriesterliche Gebet 17,1–26
1. Die Stellung dieses Gebetes
2. Die Art dieses Gebetes
3. Zum Inhalt:
1 Kreis: Das Gebet Christi für sich selbst 17,1–5
2. Kreis: Das Gebet Christi für die Apostel 17,6–19
3. Kreis: Das Gebet Christi für alle übrigen
Jünger 17,20–26
4. Zusammenfassung:
1. Die Herrlichkeit Gottes
2. Die Teilnahme an der Herrlichkeit

ZWEITER HAUPTTEIL: ABSCHIED IN TATEN (18–19,37)

Leiden und Sterben
Weggang von der Welt 18,1–19,16
Am Ölberg: 18,1–11
1. Was er nicht berichtet
2. Was Johannes berichtet
Vor dem jüdischen Gericht: 18,12–27
1. Die Haltung gegenüber dem fragenden Annas und dem schlagenden Knecht
2. Die Überlegenheit seines Wissens
Vor dem heidnischen Gericht: 18,28–19,16
1. Die Personen
2. Die Ereignisse

Das Sterben des Messias 19,17–30
1. Das Kreuz Christi
2. Die Erfüllung der Schrift bei seinem Tod
3. Ein Blick in die Zukunft
Der tote Christus 19,31–37
Herrlichkeit 19,38–21,25
1. Die Furchtsamen streifen ihre Angst ab 19,38–42
2. Petrus und Johannes 20,1–10
3. Maria von Magdala 20,11–18
4. Die Jünger im Saal 20,19–23
5. Erscheinung bei Thomas 20,24–29

DER ERSTE SCHLUSS DES EVANGELIUMS
20,30–31

ANHANG DES EVANGELIUMS
1. Die Jünger 21,1–14
2. Petrus 21,15–19
3. Petrus und Johannes 21,20–23

DAS ZWEITE SCHLUSSWORT DES EVANGELIUMS
21,24–25

Inhalt

AUFBAU DES JOHANNESEVANGELIUMS 5

ZUM GELEIT 15

ZUR PERSÖNLICHKEIT DES VERFASSERS 19

DAS VORWORT DES EVANGELIUMS 35

DIE MESSIANISCHE ZEIT IST ANGEBROCHEN 63

JESUS IST DER MESSIAS 67

DIE ERSTEN JÜNGER 72

DAS ERSTE ZEICHEN 80

DIE TEMPELSÄUBERUNG 86

DAS GESPRÄCH MIT NIKODEMUS 94

DER TÄUFER 104

GESPRÄCH AM JAKOBSBRUNNEN 109

IN GALILÄA 120

DIE BROTVERMEHRUNG 126

DAS WANDELN AUF DEM WASSER 133

DIE REDE JESU 139

BEIM PFINGSTFEST IN JERUSALEM 153

DIE SELBSTOFFENBARUNG JESU BEIM LAUBHÜTTENFEST 170

DIE AUSEINANDERSETZUNG MIT DEN FÜHRERN ISRAELS 174

DIE AUSEINANDERSETZUNG MIT DEM VOLK 179

CHRISTUS, DIE QUELLE LEBENDIGEN WASSERS .. 181

DIE EHEBRECHERIN 185

CHRISTUS, DAS LICHT DER WELT 188

DER HINWEIS AUF SEINEN TOD 191

JESUS BRINGT DEN KINDERN ABRAHAMS DIE FREIHEIT 193

DIE HEILUNG DES BLINDGEBORENEN 198

JESUS, DER HIRT SEINES VOLKES 206

TEMPELWEIHFEST 212

LAZARUS 216

VOR DEM LETZTEN OSTERFEST 228

ZUSAMMENFASSENDES ERGEBNIS 240

ÜBERGANG 244

DAS OSTERMAHL 246

DIE ERSTE ABSCHIEDSREDE: DER TROST 252

ZWEITE ABSCHIEDSREDE: GEMEINSCHAFT 262

DRITTE ABSCHIEDSREDE: SIEGHAFTE HALTUNG 273

DAS HOHEPRIESTERLICHE GEBET 282

AM ÖLBERG 302

VOR DEM JÜDISCHEN GERICHT 307

VOR DEM HEIDNISCHEN GERICHT 311

DAS STERBEN DES MESSIAS 318

DER TOTE CHRISTUS 323

»WIR HABEN SEINE HERRLICHKEIT GESEHEN« .. 326

DIE FURCHTSAMEN STREIFEN IHRE ANGST AB .. 327
PETRUS UND JOHANNES 329
MARIA VON MAGDALA 331
DIE JÜNGER IM SAAL 334
ERSCHEINUNG BEI THOMAS 338
DER ERSTE SCHLUSS DES EVANGELIUMS 341
DIE JÜNGER 343
PETRUS 346
PETRUS UND JOHANNES 349
DAS ZWEITE SCHLUSSWORT DES EVANGELIUMS . 351

ZUM GELEIT

Meditationen über das Johannesevangelium anzustellen, ist verlockend und erschreckend zugleich. Denn die johanneischen Schriften sind von einer Tiefe, die sich nicht ausloten, geschweige denn ausschöpfen lässt. Man kann nicht davon schweigen und kann doch nicht befriedigend davon reden. Man *muss* darüber sprechen und *kann* es doch nicht. Man möchte schweigen und darf nicht, man möchte schreiben und kann nicht. Das ist die Zwangslage, in der man sich befindet, wenn man in den Bann dieses Evangeliums gerät. Aber das Wort Gottes soll nun einmal durch Menschen verkündet werden. Mose, der am brennenden Dornbusch Gottes Ruf und Sendung vernimmt, stellt an Gott die nur allzu berechtigte Frage: Wer bin ich und wer bist du? Und selbst nach der Antwort will er ausweichen und bittet dringend: Suche einen anderen. Jeremias, der im Auftrag Gottes zu den Menschen sprechen soll, antwortet stotternd: »Ich bin zu jung und ich kann nicht reden.« Jonas besteigt ein Schiff, um dem göttlichen Auftrag zu entfliehen. Ist die Verkündigung etwa leichter geworden, seitdem das Gotteswort in Menschengestalt unter uns gewandelt ist und zu uns gesprochen hat? Im Gegenteil. Seitdem wissen wir, wie man eigentlich von Gott reden müsste, und erfahren schmerzlich, dass wir so zu reden nicht imstande sind. Soll man verstummen und die Feder beiseitelegen? Nein. Denn wir haben ganz einfach den Auftrag: »Verkündet die Frohe Botschaft!« Gott ist Mensch geworden und der menschgewordene Gott bedient sich der Menschen, um Menschen zu Gott zu führen. Das Menschliche mit all seiner Schwäche ist durch die Menschwerdung in Christus in besonderer Weise in den großen Heilsplan Gottes und ins Heilswerk des Herrn miteinbezogen worden, und zwar nicht nur passiv, um geheiligt zu werden, sondern auch aktiv, um an der Heiligung mitzuwirken. Gott, der auch über törichte Texte herrliche Melodien setzt, wählt das Schwache, um das

Starke zu beschämen. Darum ist die Torheit unserer menschlichen Beschränkung, die Schwäche unserer Verkündigung, kein entscheidendes Hindernis mehr. Das menschliche Reden über das göttliche Wort, das menschlich begrenzte Schreiben über den grenzenlosen Gott ist dann möglich und sinnvoll, wenn Gott sich dieses Menschenwortes bedient, um durch alles hindurch sein eigenes Wort hörbar zu machen. Das Menschenwort ist in Dienst genommen und hat nun vermittelnde Funktion. Es soll ein Hilfsmittel sein, den Hörer und Leser unmittelbar vor Gott hinzustellen, damit er dem göttlichen Wort die menschliche Antwort gebe, hörend gehorche. Gilt das für jedes Reden und Schreiben über Gott und sein Wort, so gilt es in besonderer Weise vom Reden und Schreiben über das menschgewordene Wort, also über Jesus Christus. Er allein ist *das* Wort. Und sein Wort allein ist *das* Sprechen Gottes. Weil er aber Mensch geworden ist und in Worten und Taten gesprochen hat, ist es uns nun möglich, richtig über Gott zu reden und zu schreiben, nämlich dann, wenn unser eigenes Wort zurücktritt, um sein Wort hervortreten zu lassen. Worte und Taten Jesu dürfen nicht Ausgangspunkt sein, um unsere eigenen Ideen zu entwickeln, sondern unser Reden und Schreiben soll nur den Sinn haben, *sein* Wort und *sein* Tun den Menschen möglichst nahezubringen und verständlich zu machen. Unsere Aufgabe ist also gewissermaßen ein Unterstreichen seiner Worte und ein Hineinstellen seiner Botschaft in das Hier und Heute.

Man könnte nun fragen: Wozu dann Meditationen, genügt es denn nicht, dass der Mensch immer wieder auf den gottgegebenen Text aufmerksam macht und ihn verbreitet? Nein, es genügt nicht. Denn die Bibel ist der Kirche übergeben. Sie hat den Auftrag und die Aufgabe, den biblischen Text *auszulegen*, denn dieser Text ist keineswegs ohne Weiteres klar. Er ist voller Geheimnisse und stammt außerdem aus einer ganz anderen Zeit, Kultur, Denk- und Schreibweise. Er braucht somit eine Auslegung. Diese hat als kirchliche Verkündigung zwei Extreme zu vermeiden. Auf der einen Seite darf sie nicht rein theologisch sein. Die Theologie ist

Vorbereitung und Vorbedingung einer sachlich richtigen Verkündigung. Sie bewahrt einigermaßen vor Subjektivismen, nötigt Hörer und Leser nicht, die rein persönliche, private Meinung dieses oder jenes Verkündigers anzunehmen. Ohne ernstes theologisches Studium ist die Verkündigung unverantwortlich.[1] Aber dieses Studium genügt nicht. Wir predigen nicht Wissenschaft, sondern das Wort Gottes, und fordern nicht Studium, sondern Glauben. Darum ist die Theologie nur *ein* Faktor, und zwar im Dienst der kirchlichen Verkündigung. Anderseits soll der biblische Text nicht missbraucht werden, um ein paar fromme Anmutungen zu wecken, in Affekten und Stimmungen sich zu bewegen und eine Gefühlsfrömmigkeit zu fördern, die dem herben Geist der Bibel stracks zuwider ist und von ihrer Tiefe, Größe und Weite nichts an sich hat. Es geht vielmehr darum, den religiösen Gehalt, die zentralen religiösen Werte der einzelnen Bücher der Heiligen Schrift herauszuarbeiten. Dementsprechend werden die Einzelheiten in den folgenden Darlegungen immer wieder in den Zusammenhang gestellt, und zwar sowohl in den Zusammenhang des Evangeliums wie auch der durchgehenden Linien der ganzen Heiligen Schrift. Es soll auch die innere Dynamik, die im Aufbau des Evangeliums liegt, aufgezeigt werden. Nur ein ernstes Studium und eine religiöse Vertiefung ermöglichen eine richtige Verkündigung. Selbst eine charismatische Verkündigung bedarf der theologischen und kirchlichen Kontrolle.

Für Leser, welche diese Art des Lesens und Überlegens nicht gewöhnt sind, werden einzelne *Reflexionen*[2] beigefügt, in welchen einzelne religiöse Werte und Wahrheiten besonders hervorgehoben werden und ihre Bedeutung dargelegt wird. Diese Reflexionen

---

1 Vgl. besonders M.E. Boismard, O. Kuß, C. H. Dodd, R. Bultmann, Einzelforschungen P. Gaechters und auch O. Cullmanns Christologie des Neuen Testaments.

2 Anmerkung des Verlags: Richard Gutzwiller konnte diese *Reflexionen* nur noch für den ersten Teil schreiben. »Der Tod des Lazarus« war seine letzte Arbeit vor seinem Tod.

werden aber äußerlich deutlich vom Text und seiner Erklärung abgehoben, sodass man sie auch weglassen kann.

Die Meditationen enthalten somit ein Dreifaches: den biblischen Text, die Auslegung des Textes mit besonderer Berücksichtigung des Zusammenhanges und der fortschreitenden gedanklichen Entwicklung, schließlich die Reflexionen über religiöse Werte.

Wiederholungen sind dabei unvermeidlich. Sie sind im Text des Evangeliums selbst begründet. Der johanneische Adler zieht seine Kreise immer wieder um dieselbe Mitte: Christus. Was bleibt dem menschlichen Erklärer, der diesen Flug nicht mitzumachen befähigt ist, anderes übrig als das, was Johannes in seiner geistdurchstrahlten Art wiederholt, in anderer, dürftigerer Art zu wiederholen und damit den Gedanken, um den alles kreist, besonders zu betonen?

In diesem Sinn sind diese Meditationen gemeint. Sie wollen zum Johannesevangelium hinführen, wollen Anleitung geben, es richtig zu lesen, sein Wort zu beherzigen und sich durch die schöpferische Kraft dieses Wortes umgestalten zu lassen.

Dieser bescheidene Dienst hat in den Meditationen über Matthäus und Lukas seine Wirkung gehabt. Die vielen Anfragen haben Neuauflagen und Übersetzungen in andere Sprachen nötig gemacht. Darum soll trotz allem Bangen der Versuch auch mit Johannes gemacht werden. In Christus ist das Wort Fleisch geworden. Die Reden Jesu sind somit Worte des Wortes schlechthin und damit Worte des Lebens. Mögen die toten Buchstaben in der Schrift dem Leben spendenden Geist des menschgewordenen Wortes dienen. Das menschgewordene Wort gibt den menschlichen Worten über Gott erst die richtige Kraft.

ZUR PERSÖNLICHKEIT DES VERFASSERS

Johannes ist Apostel, Theologe, Mystiker, Künstler und Heiliger

1. *Johannes ist Apostel.* Dieser Name kommt im vollen Sinn des Wortes nur den Zwölfen zu, die von Jesus eigens berufen, geschult, gesandt und bevollmächtigt wurden. Anstelle der zwölf Söhne Jakobs, welche die Väter des Zwölfstämmevolkes waren, sind die Apostel durch ihre Verbundenheit mit Christus geistig die Träger des neuen Israel, der Kirche als des neuen Gottesvolkes.

Unter diesen Zwölfen nimmt Johannes eine besonders bevorzugte Stellung ein. Die Bibelkritik hat zwar längere Zeit hindurch bestritten, dass das vierte Evangelium von ihm stamme. Aber neuerdings sind diese kritischen Stimmen stiller geworden, und zwar aus äußeren und inneren Gründen. Äußere Gründe sind vor allem die alte und einmütige Überlieferung, welche dieses Evangelium dem Liebesjünger des Herrn zuschreibt. Neuere Funde haben bestätigt, dass die Schrift ins Ende des ersten Jahrhunderts zurückreicht, also ins Ende der apostolischen Zeit. Innerlich zeigt das vierte Evangelium einen Verfasser, der mit den örtlichen und zeitlichen Verhältnissen Israels und vor allem auch Jerusalems besonders vertraut war. Er muss außerdem Jesus persönlich gekannt, seine Wunder gesehen und vor allem seinen Worten gelauscht haben. Wenn im vierten Evangelium manches eine Frontstellung gegen die Gnosis in Kleinasien aufzeigt, so spricht das keineswegs gegen den Apostel Johannes, denn die alte Tradition sagt von ihm, dass er nach Kleinasien gegangen und die Kirche von Ephesus geleitet habe. Außerdem machen neuere Forschungen es wahrscheinlich, dass die Logoslehre nicht nur und nicht einmal in erster Linie Auseinandersetzung mit griechischer oder philonischer Philosophie[3] bedeutet, sondern Anknüpfung an die altjüdische

---

[3] Philon von Alexandria, * um 15/10 v. Chr., † nach 40 n. Chr., war ein einflussreicher jüdischer Philosoph und Theologe (Anm. d. V.).

Weisheitslehre und an die jüdische Gnosis ist, von deren Existenz wir durch die neuen Funde am Toten Meer eine klarere Kenntnis haben als bisher.

Der Apostel Johannes, Sohn des Zebedäus und Bruder des Jakobus, stand Jesus besonders nahe. Er wurde durch den Täufer zu Jesus geführt, gehört zu den erstberufenen Jüngern und war mit Petrus und Jakobus zusammen in besonderer Weise Zeuge Jesu. Diese drei waren zugegen bei der Erweckung des Töchterleins des Jaïrus, bei der Verklärung auf Tabor und bei der Todesangst am Ölberg. Beim letzten Abendmahl lag Johannes auf dem Liegepolster bei Tisch zur Rechten des Herrn, sodass er dessen Worte bei den Abschiedsreden besonders aufgenommen und verstanden hat. Als einer der beiden »Donnersöhne« hat er aber keineswegs etwas Sentimentales in seinem Wesen. Als einziger der Apostel stand Johannes unter dem Kreuz des Herrn. Zusammen mit Petrus eilte er zum Grab Jesu und stellte fest, dass es leer war. Nach der Auferstehung des Herrn ging er mit Petrus in den Tempel und war mitbeteiligt, als Petrus vor der Tempelpforte den Lahmen im Namen Jesu heilte. Mit Petrus stand er vor dem Hohen Rat in Jerusalem und mit Petrus machte er die erste Visitationsreise bei den Christen in Samaria. Paulus rechnet ihn zu den »Säulen der Gemeinde« in Jerusalem. In den Apostelverzeichnissen wird er unmittelbar nach Petrus genannt. Ist Petrus der besondere Amtsträger unter den Aposteln, Felsenmann mit der obersten Binde- und Lösegewalt, so ist Johannes der besondere Geistträger, dem Herrn besonders nahestehend, gewissermaßen der Repräsentant der innerlichen Kirche des Geistes. Darum hat der sterbende Herr auch ihm seine Mutter anvertraut. Er ist wirklich »der Jünger, den Jesus lieb hatte«. Bei der Verfolgung der Christen unter Domitian wurde er auf die Felseninsel Patmos verbannt. Von dort kehrte er nach Ephesus zurück und starb hochbetagt zur Zeit des Kaisers Trajan.

Er ist Apostel nicht nur durch seine amtliche Stellung im Kollegium der Zwölf und in der Leitung der Kirche von Ephesus, sondern vor allem durch sein Evangelium, das einen ganz eigenen Klang in die urchristliche Verkündigung trägt und unter den Schriften des Neuen Testamentes eine der reichsten, tiefsten und schönsten ist. So hat Johannes seinen Auftrag als Apostel in hervorragender Weise erfüllt. Neben Matthäus ist er der Einzige der Zwölf, der ein Evangelium geschrieben hat, und so kommt dieser seiner Botschaft, die ganz von innen her gestaltet, ganz aus dem Geist Christi geboren ist, eine besondere Bedeutung zu. Die Sendung dieser Schrift ist nie abgeschlossen. Sie wirkt durch die Jahrhunderte und jeder, der mit wachem Geist und offenem Herzen die johanneische Schrift liest, erfährt die lebendige und lebensweckende Kraft dieses apostolischen Schreibens.

Zum Verständnis des Johannesevangeliums ist noch ein nicht unwesentliches Element hinzuzufügen: Es ist die Beziehung des Evangelisten zu Maria. Das Wort des sterbenden Herrn »Siehe, deine Mutter« und der nüchterne Satz »Und von jener Stunde an nahm sie der Jünger zu sich« zeigen, dass eine besondere Beziehung zwischen Maria und Johannes bestand, und zwar eine Beziehung, deren Ursache, Inhalt und Ziel Christus war. Es ist infolgedessen nicht nur eine fromme Meinung, sondern ganz einfach eine Tatsache, dass Johannes einen großen Teil seiner Kenntnis des Wesens Jesu Maria verdankt. Niemand hatte für die innerste Gesinnung und die verborgensten Absichten Jesu so viel Verständnis wie seine Mutter. Niemand konnte infolgedessen auch Johannes so tief in das Mysterium Jesu einführen wie diejenige, in deren Schoß das Wort Fleisch geworden ist. Das Johannesleben, die johanneische Theologie und Mystik gehen also weithin auf Maria zurück, die auch hier wieder, ihrer ganzen Art entsprechend, still und verborgen wirkt.

Die alte Tradition der Kirche hat um diese Beziehung und ihre Bedeutung gewusst und immer wieder Johannes mit Maria in Verbindung gebracht. Der Leser des Johannesevangeliums muss sich dieser Beziehung bewusst sein. Sie vertieft und bereichert die Erkenntnis.

2. Johannes ist Theologe. Das Objekt der Theo-logie ist der *Logos Theou*, das Wort Gottes. Das ganze Denken und Schreiben des heiligen Johannes kreist um diese Mitte, und zwar in dreifachem Sinn.

Einmal als Wort, das von Gott ausgeht und von Gott handelt, das Wort als *Selbstmitteilung Gottes.*

Jesus *ist* das vom Vater ausgehende Wort und *spricht* Worte Gottes. Ihnen gilt das ganze Interesse des Evangelisten. Er berichtet verhältnismäßig wenig aus dem irdischen Leben und Wirken Jesu. Und zwar nicht nur, weil Matthäus, Markus und Lukas das vor ihm bereits getan haben, sondern weil eben die Worte Jesu ihn besonders fesseln. Wenn er von Wundern berichtet, dann nur, weil sie Ausgangspunkt oder Bekräftigung einer Rede des Herrn sind. Der Prolog des ganzen Evangeliums beginnt mit dem Staunen über das ewige Wort, das in die Zeit gekommen ist, das schöpferische Wort, durch das alles geworden ist, und endet mit dem Jubelruf, dass der Einziggeborene des Vaters uns Kunde gebracht hat. Johannes berichtet die Worte Jesu an Einzelmenschen, etwa an Nikodemus, an die Frau am Jakobsbrunnen, an den Kranken am Teich, an den geheilten Blindgeborenen, aber auch die Reden Jesu zum ganzen Volk, vor allem bei den großen Festen im Tempel. Mit besonderer Eindringlichkeit gibt er die Worte des Herrn an den Kreis seiner Apostel bei den Abschiedsreden wieder, und alles gipfelt in den erschütternden Worten Jesu zum himmlischen Vater im Gebet. Und doch ist es nicht einfach eine erzählende Berichterstattung über diese Worte, sondern ein theologischer Bericht, also ein Nachdenken über diese Worte mit jener eigenartigen Mischung von Denken und Glauben, wie sie nur bei der Aufnahme des Gotteswortes möglich, aber auch notwendig ist. Dieses denkerische und seelische Eindringen in die Herrenworte ist Johannes so sehr zur zweiten Natur geworden, dass man in seinem Evangelium oft nicht leicht unterscheiden kann, was nun unmittelbares Wort Jesu ist und wo die Worte des Johannes über das Wort Jesu beginnen. Er ist ein Theologe, dem das Wort Gottes geistige Lebenssubstanz geworden ist.

Am Inhalt der Worte Jesu interessiert ihn in besonderer Weise das, was die Worte über Gott selbst aussagen, also das Wort, das Gott nicht nur zum Ursprung, sondern auch zum Inhalt hat, das Wort als Mitteilung Gottes über sich selbst. Dementsprechend ist in keinem Evangelium die Lehre des dreifaltigen, dreieinigen Gottes so groß und tief dargestellt wie bei Johannes. Vor allem sind es die Abschiedsreden Jesu, in denen vom Vater, vom Sohn, vom Geist die Rede ist, von den Dreien, die eins sind, von dem Einen, der sich als dreifach den Menschen kundtut. Es sind keine trinitarischen Spekulationen wie bei späteren Theologen, sondern es ist das erste Aufleuchten dieses zentralen Geheimnisses der christlichen Botschaft. Aber es ist schon die Grundlage für alles Weitere gegeben: das Hervorgehen des Sohnes aus dem Vater durch die ewige geistige Zeugung und die Sendung des Geistes durch den Vater und den Sohn oder, wie die Griechen gerade im Anschluss an Johannes betonen, aus dem Vater durch den Sohn. Johannes ist es auch, der die Liebe als das innerste Wesen Gottes bezeichnet und von daher Schöpfung und Erlösung, Schöpfungs- und Heilsplan als ein Werk göttlicher Liebe sichtbar macht.

Zur Botschaft des Johannesevangeliums über das Wort Gottes kommt aber ein zweites Element hinzu: Es ist *menschgewordenes Wort.* Der Satz des Prologs »Und das Wort ist Fleisch geworden und hat unter uns gewohnt, wir haben seine Herrlichkeit geschaut, die Herrlichkeit des Einziggeborenen des Vaters« steht wie eine Überschrift über dem ganzen Johannesevangelium. Beide Elemente sind betont, die Menschheit und die Gottheit Christi. Die Menschheit von der Taufe im Jordan an bis zur Passion mit dem Bericht vom durchbohrten Herzen, aus dem Blut und Wasser flossen. Aber auch die Gottheit Christi, wieder vom Zeugnis des Täufers »Dieser ist der Sohn Gottes« bis zum Leidensbericht mit seinem Hinweis auf die Erfüllung der messianischen Prophezeiungen vom geschlachteten Lamm, das die Sünden hinwegnimmt, und darüber hinaus bis zum Auferstandenen, dessen Menschheit der ungläubige Thomas stammelnd anerkennt, indem er seine

Hände in die Wundmale des Menschgewordenen legt, und dessen Gottheit der gläubig gewordene Ungläubige bekennt in den Worten »Mein Herr und mein Gott!«. Nur wer beides ernst nimmt, die volle Menschheit Christi mit dem menschlichen Leib, der menschlichen Seele, dem menschlichen Denken, Wollen, Fühlen, Lieben, Leiden, Sterben, und die Gottheit Christi mit ihrem Ursprung aus dem Vater, ihrem verborgenen Glanz in der Hülle des Menschlichen, ihrer Kraft in den Wundern, ihrer Weisheit in den Worten und ihrer Sieghaftigkeit über den Tod, und nur wer beide Naturen, die menschliche und die göttliche, in der Einheit der einen Person gläubig annimmt, steht auf dem Boden der johanneischen Christologie. Und wieder ist es die Liebe, die im menschgewordenen Gott sichtbar und hörbar erlebt wird. Diese Liebe ist nicht etwas Statisches, Ruhendes, sondern etwas Dynamisches, Bewegtes. Sie kommt zum Ausdruck in dem Wort Christi: »Ich bin vom Vater ausgegangen und in die Welt gekommen. Ich verlasse die Welt und gehe zum Vater.« Damit ist der Kreislauf der Liebe gezeichnet. In diesen Kreis ist nun der Mensch, ist die Menschheit, ist die ganze Welt hineingenommen. Denn vom Vater her kommt diese Liebe durch Christus zu uns, und durch die Liebe Christi gehen wir zum Vater. Damit ist das dritte Element der johanneischen Theologie gegeben:

Die Bedeutung des menschgewordenen Gottes für uns. Johannes bringt sie vor allem durch die Worte »Licht« und »Leben« zum Ausdruck.

Licht in mehrfachem Sinn. Einmal im Sinne der Erleuchtung unseres Geistes durch die Offenbarung der Wahrheit. Christus als das Wort spricht über den unaussprechlichen Gott Dinge aus, die sonst unserem Geist unzugänglich und verschlossen wären. Das Licht seiner Wahrheit leuchtet in das Dunkel unseres Nichtwissens und unseres Irrtums. Wahrheit dann aber auch im Sinne von Wirklichkeit. Die Symbole des Alten Testamentes werden in Christus abgelöst durch die Erfüllung. Der johanneische Wahrheitsbegriff hat diese Doppelbedeutung der Offenbarung und der

Erfüllung. Licht ist er aber auch für unser Wollen, Wünschen und Streben, das sich nun geborgen weiß in der ewigen Liebe, die uns in Christus geschenkt ist. Glaube ist das Aufnehmen dieses Lichtes, das Sich-durchstrahlen-Lassen von diesem göttlichen Licht. Und endlich ist Licht und Finsternis bei Johannes auch der Gegensatz von Gnade und Sünde, von Göttlichem und Dämonischem. Da Judas die Gemeinschaft der mit dem Herrn Verbundenen verlässt, weil »der Satan in ihn gefahren ist«, fügt Johannes hinzu »Es war aber Nacht«. Das Licht leuchtet in die Finsternis. Die Finsternis sucht es zu verschlingen und zu verschlucken. Aber es gelingt ihr nicht, denn in sieghafter Gotteskraft durchstrahlt dieses Licht alle Finsternis. Die Kinder des Lichtes können nun im Licht wandeln.

Leben ist das Zweite, noch Größere, das uns durch Christus geschenkt wurde. Der Kampf zwischen Licht und Finsternis in der Welt ist nur wie ein Abbild des Kampfes zwischen Leben und Tod. Ohne Gott ist der Mensch dem Tod verfallen. Christus aber ist gekommen, »damit wir das Leben haben und es in überströmender Fülle haben«. In ihm war das Leben, aber aus seiner Fülle haben wir alle empfangen. Er, der dem Blindgeborenen das Licht schenkt, hat auch den toten Lazarus zum Leben erweckt. Er schreitet selbst wie Lazarus durch Tod und Grab, wird aber wie Lazarus zum Leben erweckt und lässt uns an seinem Leben teilhaben. Diese Gemeinschaft mit seinem Leben ist die Gnade. Wir sind Rebzweige an ihm, dem göttlichen, lebendigen Weinstock, haben aus ihm das göttliche Leben, das den Tod überwindet und im ewigen Leben nicht ein Ende findet, sondern ein Leben ohne Ende.

Die Darlegungen der Theologie des Johannesevangeliums sind zusammengefasst im Schlusssatz: »Diese Worte sind aufgezeichnet, damit ihr glaubt, dass Jesus der Messias, der Sohn Gottes ist und damit ihr im Glauben in seinem Namen das Leben habt.«

Die Theologie des heiligen Johannes hat aber ihr eigenes und besonderes Gepräge dadurch, dass dieser Theologe nicht nur denkend, sondern betend über das Geheimnis Jesu und seiner

Botschaft nachsinnt. Und zwar betend in der besonderen und höchsten Form. Denn

3. *Johannes ist Mystiker.* Das Wesen der Mystik ist die eingegossene Beschauung. Das besagt in der Abgrenzung nach unten eine Beschauung, die nicht durch Übung erworben, sondern von Gott gegeben ist, also eine übernatürliche Art der Gotteserkenntnis, die nicht nur ein Glauben ist, sondern ein Innewerden Gottes, ein inneres Berührtwerden durch Gott. In der Abgrenzung nach oben besagt es, dass diese Beschauung nicht ein unmittelbares Sehen Gottes von Angesicht zu Angesicht ist, denn dieses kommt erst im Jenseits und bewirkt die ewige Seligkeit. Die Beschauung ist somit eine Art Mitte zwischen bloßem Glauben einerseits und unmittelbar beseligender Gottesschau anderseits. Gott durchstrahlt und erfüllt den betrachtenden Menschen so, dass dieser innerlich Gott erfährt, und zwar nicht nur in seinem Denken oder seinem Fühlen, sondern in liebender Wahrnehmung, die sich in Bildern ausdrückt, in denen Gott geschaut wird. Wenn Johannes im Prolog sagt: »Wir haben seine Herrlichkeit geschaut«, so liegt hier das Fundament seiner Mystik. Was er mit äußeren Augen schaut, ist nicht die Herrlichkeit, sondern vielmehr die Knechtsgestalt, also die Erniedrigung Gottes in Jesus. In Wirklichkeit aber schaut er die Herrlichkeit, denn er durch-schaut die äußere Hülle des Menschlichen und schaut durch das innere Licht Christus als den Herrlichen, in welchem die *Gloria Patris* aufleuchtet. Dieses Hindurchschauen durch die Dinge ist für die johanneische Mystik wesentlich. Johannes löst sich nicht von den Dingen los, kehrt sich nicht von ihnen ab, verliert sich aber nicht an sie und bleibt nicht an ihnen haften, sondern sieht durch die Dinge hindurch und sieht *in* ihnen die ganz andere Welt der Herrlichkeit des Herrn. Bei der Hochzeit von Kana sieht Johannes die geistige Hochzeit, die nun gefeiert wird zwischen dem göttlichen Bräutigam und seiner Braut, der Kirche, und dass damit das Wasser des Nur-Menschlichen in den Wein des Göttlichen verwandelt wird. Die Fülle der

Zeit schenkt alles in strömender Fülle. Darum schließt sein Bericht über Kana mit den Worten »Er offenbarte seine Herrlichkeit«. Bei der Tempelreinigung sieht Johannes mit den Augen Jesu nicht nur den äußeren Tempel aus Stein, sondern den Leib Christi als den lebendigen Tempel des Heiligen Geistes, darum zitiert er das Wort Jesu: »Reißt diesen Tempel nieder und in drei Tagen werde ich ihn wieder aufrichten.« Beim Gespräch mit Nikodemus hört Johannes mit Christus im Rauschen des Windes das Wehen des Gottesgeistes. Der Samariterin am Jakobsbrunnen spricht Jesus vom lebendigen Wasser, das er geben wird. Der Mystiker Johannes erfasst dieses Wort und weiß, dass es um den strömenden, belebenden Reichtum der Wasser des Geistes geht. In den wogenden Kornfeldern, die zum Schneiden reif sind, sieht er die geistige Ernte des Gottesreiches und die Schnitter, die kommen werden, die Ernte einzubringen. So geht es weiter durchs ganze Evangelium. Das Wunder der Brotvermehrung ist nur wie ein äußeres Zeichen jenes ganz anderen, übernatürlichen Geschehens im eucharistischen Mysterium. Die Lichtfeier am Laubhüttenfest ist nur das äußere Zeichen Christi, des wahren Lichts der Welt. Der Blindgeborene, der durch Jesus geheilt wird, zeigt, dass »die nicht Sehenden sehen und die Sehenden blind werden« (9,39). Die Auferweckung des Lazarus, die Fußwaschung, der Weggang des Verräters, all das redet von etwas ganz anderem, das sich hinter dem äußeren Geschehen abspielt. Das eigentliche Mysterium des Mystikers Johannes ist der verborgene, aber in Jesus sichtbar gewordene, geheimnisvolle Gott. Weil aber Jesus der Sohn des himmlischen Vaters ist und weil sein Geheimnis der Geist ist, der in ihm lebt, wird in den Abschiedsreden der trinitarische Charakter der Johannesmystik deutlich. Und weil alle echte und wahre Mystik zum *Raptus* (»Fortgerissensein«, Anm. d. V.) durch die Liebe führt, ist auch die Johannesmystik und gerade sie in besonderer Weise von den verhaltenen Feuern der Gottesliebe durchglüht. Diese Mystik hat eine ganz seltsame Verbundenheit von etwas Sanft-Fließendem, Leise-Strömendem einerseits mit etwas

Unwiderstehlich-Mitreißendem, Majestätischem anderseits. So wie ja auch in der Apokalypse des Johannes der verherrlichte Christus zugleich das geschlachtete Lamm, der siegreiche Reiter und unerbittliche Weltenrichter ist. Man bezeichnet die Botschaft des Johannes häufig als das pneumatische Evangelium. Das besagt nicht nur, dass er ausführlicher und eindringlicher als die anderen Evangelisten vom Heiligen Geist spricht, sondern vor allem, dass seine Art, Jesus und sein Werk zu sehen, mehr vom Gottesgeist gegeben ist als vom menschlichen Denken. Johannes ist der vom Geiste Jesu innerlich in besonderer Weise erfüllte Evangelist, der das Mysterium Gottes durch die Beschauung, die Gott ihm gegeben, innerlich erfasst und erlebt hat und es von innen her darstellt, mit einem Wort: der Mystiker. Was die Mystiker schauen, vermögen sie kaum richtig auszudrücken. Sie kleiden es in die tiefsinnige Sprache der Bilder, die wohl etwas Schillerndes hat, oft ohne scharfe Konturen, aber dafür voller Ahnungen und geheimnisvoller Tiefe ist. Damit ist das Vierte gegeben:

4. Johannes ist Künstler. Das zeigt sich in der Art, wie er sein Evangelium aufbaut, in der Sprache, in der er seine Erkenntnisse vermittelt, und in den Bildern, in denen er sie darstellt.

Der *Aufbau* des Evangeliums ist einfach und übersichtlich, mit klarem Grundriss und durchsichtiger Architektur. Nach dem Wort Christi »Ich bin vom Vater ausgegangen und in diese Welt gekommen« behandelt die erste Hälfte des Evangeliums das Schreiten Christi durch diese Welt. Und nach dem Wort »Ich verlasse die Welt und gehe zum Vater« behandelt des Evangeliums zweite Hälfte den Abschied von dieser Welt in den Worten der Abschiedsreden, im Opfer des Leidens und Sterbens, in Auferstehung und Himmelfahrt.

Die erste Hälfte gliedert sich nach einem kurzen Einführungsabschnitt in sechs Teile – im Anschluss an die Festfeiern Israels –, nämlich in das erste Osterfest, das Pfingstfest, das Laubhüttenfest, in die Zeit des zweiten Osterfestes, das Tempelweihfest und das letzte Osterfest. So sind es also mit dem Einführungsabschnitt sieben Teile, somit eine Gliederung nach dem Siebnerschema und damit nach der Zahl der Vollkommenheit und Vollendung, wie sie im Schöpfungsbericht der sieben Wochentage grundgelegt ist.

Die zweite Hälfte des Evangeliums gliedert sich ebenfalls in sieben Abschnitte, nämlich fünf Abschnitte des Abschieds: die Vorbereitung auf die Abschiedsreden, die drei Abschiedsreden selbst und deren Krönung im hohepriesterlichen Gebet und die zwei Abschnitte des Weggangs durch den Tod und des Heimgangs durch die Verklärung.

Dem ganzen Evangelium ist ein feierlicher Prolog vorausgeschickt, und eine Art Postskriptum über das Schicksal des Petrus und des Johannes ist der Schrift angefügt. So ist der Aufbau leicht zu überblicken. Alle Einzelheiten, sowohl die Wunder als auch die Reden, sind in diesen Rahmen gefügt und bilden so zugleich ein logisches und ein psychologisches Ganzes. Aber die Gliederung ist nicht brutal hingestellt ohne Übergänge. Das Skelett des Aufbaus ist verhüllt, die Ecken und Kanten abgeschliffen, die Übergänge fließend. Der Leser und Hörer wird unmerklich weitergeführt.

Künstlerisch ist auch die *Sprache* des heiligen Johannes. Man hat oft gesagt, dass der Jesus des Johannesevangeliums ein anderer sei als der Jesus der Synoptiker. Denn es könne nicht der gleiche Mann so verschieden sprechen. Aber es ist doch sehr natürlich und ein Zeichen der geistigen Spannweite und Größe Jesu, dass er zu den Fischern und Bauern Galiläas anders spricht als zu den Menschen in der Stadt Jerusalem, besonders zu den dortigen Vertretern der Priesterschaft und der Schriftgelehrsamkeit. Die mehr theologischen Darlegungen fordern eine andere Sprache als die Gleichnisse vom Reich Gottes, die erzählend und leicht verständlich dargelegt sind. Vor allem aber spielt hier noch etwas anderes hinein, nämlich das Zusammenklingen der Sprache Jesu und der Sprache des Verfassers des Evangeliums. Inspiration besagt nicht, dass Gott seine Worte dem menschlichen Verfasser diktiert, wie man in ein Diktiergerät spricht oder auf eine Maschine tippt, sondern der menschliche Verfasser behält durchaus die Eigenart seines Denkens, Arbeitens, Darstellens, Schreibens. Ein Künstler ist imstande, sich so in sein Werk einzuleben, dass er ganz darin aufgeht. Er wird gewissermaßen vorübergehend der Mensch, den er darstellt, ob er nun Dichter, Maler, Bildhauer oder Schauspieler ist. Er wird eins mit der darzustellenden Person, geht völlig auf in deren Werk. Und doch erkennt man in der Darstellung auch den Darsteller, seine Diktion, den Klang seiner Stimme, seine Art der Farbgebung und Pinselführung. So ist es auch im Johannesevangelium. Die Worte dieser seltsamen Schrift sind zweifellos und eindeutig die Worte Jesu in jenem unnachahmlichen, einmaligen Klang, der nur ihm eigen ist. Und doch sind es zugleich Worte des Johannes mit der unüberhörbaren Tönung, die sich nur bei ihm findet. Er ist so sehr in die Art seines Meisters eingegangen und doch so sehr er selbst geblieben, dass es oft unmöglich ist, säuberlich zu trennen und zu scheiden, was nun ausschließlich Wort Jesu und was johanneische Reflexion darüber ist. Gerade dieses völlige Einsgewordensein gibt dem Johannesevangelium seine Eigenart. Der Geist des Herrn hat hier einen Menschen mit besonderem naturhaftem Einfühlungsvermögen und künstlerischem Wesen inspiriert, sodass hier der göttliche Künstler mit dem Werkzeug menschlich-künstlerischer Gestaltungskraft ein Kunstwerk von besonderer Schönheit geschaffen hat. Die Darstellungskunst zeigt sich besonders in der Art, wie die Reden Jesu mitgeteilt werden. Jesus war kein Dozent, der über ein Thema einen Vortrag gehalten hat. Er ging jeweils von irgendeiner konkreten Situation aus, einem Ereignis, einer Frage oder dergleichen, und so wurden seine Ausführungen häufig zu Gesprächen entweder mit Einzelnen oder mit den Aposteln, dem Volk, den Feinden. Das Johannesevangelium hat eine große Abwechslung von Dialogen einerseits und durchkomponierten Reden anderseits, wobei nicht mit Sicherheit festgestellt werden kann, wie weit die Komposition von Christus oder von Johannes stammt oder lediglich johanneische Beifügungen enthält.

Eine Eigenart dieser künstlerischen Darstellung ist noch besonders hervorzuheben: die *Bildhaftigkeit* der Sprache. Jesus hat mit Vorliebe in Gleichnissen gesprochen. Er ist als Logos der Ausdruck, die Ausprägung des Vaters, und als Mensch das »Bild des unsichtbaren Gottes« (Kol 1,15). Darum bevorzugt er in seinem Sprechen die bildhafte Form des Ausdrucks und der Prägung. So auch Johannes. Wenn er von den göttlichen Dingen schreibt, so stellt er sie dar in den Bildern des Wassers, des Brotes, des Windes, des Weines, der Rebe, des Lichtes, des Feuers, des reifenden Kornfeldes und des schreitenden Hirten, der Braut und des Bräutigams und der Hochzeit. Und doch haben die Bilder des Johannesevangeliums nicht die erschreckende Kühnheit der Geheimen Offenbarung. Dort schreibt Johannes in der literarischen Form der Apokalyptik, hier dagegen lebt er sich ganz ein in die Bilderwelt Jesu selbst. Seine Theologie ist anschaulich und gerade durch ihre Bildhaftigkeit voller Geheimnisse. Auch hier ist die Liebe die gestaltende Kraft. Sie hat der künstlerischen Begabung das besondere Vermögen der Einfühlung gegeben, sodass er mit Jesus, dessen Wesen und Werk er zeichnet, eins geworden ist. Er ist der Jünger, den »Jesus lieb hatte«.

5. *Der Heilige.* Die Schrift und ihre Eigenart verrät auch den Geist des Verfassers. Er ist ein Heiliger. Selbst wenn die Kirche uns nicht diese ausdrückliche Versicherung gäbe, wäre es aus dem Evangelium ersichtlich. Es zeigt sich in der Betonung der Liebe und im kontemplativen Wesen, aus dem dieses Verständnis der Liebe fließt.

Die *Betonung der Liebe* zeigt sich fast in allen Kapiteln. Die Heiligkeit besteht weder in den besonderen Gebetsgnaden des Mystikers noch in der visionären Schau des Künstlers noch in der rastlosen Aktivität des religiösen Eroberers noch in der Bußstrenge des Asketen noch in der intellektuellen Tiefe des Theologen, sondern wesentlich in der Liebe. Es gibt aber nur Einen, der die Liebe in der Vollkommenheit besitzt, weil die Liebe sein Wesen ist, weil er menschgewordene Liebe ist: Jesus Christus: *Tu solus sanctus* (»Du allein bist heilig«, Anm. d. V.). Heilig ist der Mensch somit nur dann und in dem Maß, wie er an Christus, der inkarnierten Liebe, Anteil hat. Gerade Johannes ist es nun, in dessen ganzem Evangelium dieser Atem zu spüren ist. Es ist das Evangelium der Liebe.

Es beginnt schon nach dem Prolog mit der Feier der Hochzeit zu Kana. Die Jünger werden zuerst zu einem Fest der Liebe geführt. Von dort geht es weiter zum Gespräch mit Nikodemus: »So sehr hat Gott die Welt geliebt, dass er seinen eingeborenen Sohn für sie dahingegeben hat.« Weiter zum Gespräch mit der Samariterin von den strömenden Wassern der Gottesliebe. Die ganze eucharistische Rede behandelt das Geheimnis der sich schenkenden Liebe Gottes und alle Bilder des Laubhüttenfestes vom Licht, vom Wasser und vom guten Hirten sind Symbole der Liebe des Herrn. Vor allem aber ist dieser Geist in der zweiten Hälfte des Evangeliums zu spüren. Dieser zweite Teil beginnt mit den Worten »Da er die Seinen liebte, liebte er sie bis ans Ende!«. In den Abschiedsreden spricht der Herr vom neuen Gebot, das er den Seinen gebe: »Ein neues Gebot gebe ich euch: Liebt einander! Wie ich euch geliebt habe, so sollt auch ihr einander lieben. Daran sollen alle erkennen, dass ihr meine Jünger seid, wenn ihr einander liebt.« In der zweiten Abschiedsrede heißt es: »Wer meine Gebote hat und sie hält, der ist es, der mich liebt; wer aber mich liebt, wird von meinem Vater geliebt werden und auch ich werde ihn lieben und mich ihm offenbaren« (Joh 14,21). Und noch einmal in den Abschiedsreden: »Das ist mein Gebot, dass ihr einander liebt, so wie ich euch geliebt habe. Es gibt keine größere Liebe, als wenn einer sein Leben für seine Freunde hingibt« (Joh 15,12–13). Die Reden werden abgeschlossen im hohepriesterlichen Gebet mit den Worten des Herrn: »So sollen sie vollendet sein in der Einheit, damit die Welt erkennt, dass du mich gesandt hast und sie ebenso geliebt hast, wie du mich geliebt hast« (Joh 17,23). Der letzte Satz lautet: »Ich habe ihnen deinen Namen kundgetan und werde ihn kundtun, damit die Liebe, mit der du mich geliebt hast, in ihnen ist und ich in ihnen bin« (Joh 17,26).

Der Leidensbericht gipfelt in der Durchbohrung des Herzens des Herrn, diesem Mysterium der Liebe, die sich verströmt im Blut, das unsere Kelche füllt, und im Wasser des Geistes, der uns in Fülle geschenkt wird. Der Auferstandene erscheint nach dem johanneischen Bericht Maria von Magdala, in welcher die Liebe den bösen Geist vertrieben hatte, und Thomas, dem Ungläubigen, der sich zum Glauben bekehrt. Ja sogar der Nachtrag des Evangeliums enthält die Liebe. Dreimal muss Petrus die Versicherung geben, dass er den Herrn liebe, und nur unter dieser Voraussetzung wird ihm das hohe Amt der Leitung der Kirche übertragen. So ist also die ganze Schrift ein Beweis, wie sehr Johannes das Verständnis der Liebe hatte.

Die Heiligkeit des Johannes hat ihr Sondergepräge. Sie ist *kontemplative Heiligkeit.* Sie ist nicht ein Vorwärtsdrängen, ein leidenschaftliches, stürmisches Feuer wie bei Paulus, auch nicht das Bekehrungserlebnis eines Petrus, in welchem die Liebe immer einen leisen, schmerzlichen Beiklang hat, noch weniger hat sie das Gepräge der Gesetzlichkeit eines Gebundenseins an Bestimmungen wie bei Jakobus, sondern sie ist bei Johannes beinahe etwas Selbstverständliches. Sie ist zu seiner zweiten Natur geworden. Als ganz junger Mensch ist er in die Gefolgschaft des Herrn getreten und so hat er den Geist der Liebe in ein junges, waches, bereites Herz aufgenommen. Auch er ist ein großer Arbeiter gewesen. Man denke an seine Visitationsreisen, an die Leitung der Kirche in Ephesus, die Abfassung des Evangeliums und der Apokalypse. Auch er hat den Kelch des Leidens getrunken in der Verfolgung, in der Einsamkeit, in den Enttäuschungen. Aber bei ihm ist alles wie von selbst von innen heraus geformt und gestaltet. Er ist ein wesentlich kontemplativer Mensch, der ständig auf Christus schaut und aus dieser Schau heraus liebt und lebt. So ist die Liebe bei ihm gestaltende Kraft, *amor transformans.*

Sein Wesen lässt sich in die Worte fassen: Er ist der Jünger, *den* Jesus lieb hatte, und er ist der Jünger, *der* Jesus lieb hatte. So hat seine Heiligkeit etwas besonders Gewinnendes und Anziehendes.

Er ist der Liebhaber der östlichen Kirche bis auf den heutigen Tag. Seine kontemplative Art und sein selbstverständlicher Primat der Liebe wären auch für den westlichen, im Egoismus und Aktivismus verkommenden Menschen von größter Bedeutung.

Johannes selbst hat im Schlusssatz der ursprünglichen Fassung seines Evangeliums alles zusammengefasst in die Worte: »Dies ist aufgezeichnet, damit ihr glaubt, dass Jesus der Messias, der Sohn Gottes ist, damit ihr im Glauben das Leben habt in seinem Namen.« Jesus bildet also den eigentlichen Inhalt dieser Schrift, und zwar Jesus als Messias und Sohn Gottes. Die Wirkung Jesu ist der Glaube, der Leben weckt. Und alles ist geschrieben und gegeben in seinem Namen. Der Name und damit die Offenbarung des Wesens Jesu ist das innerste Geheimnis des Apostels, Theologen, Mystikers, Künstlers und Heiligen Johannes.

DAS VORWORT DES EVANGELIUMS

Joh 1,1–18

Im Anfang war das Wort
und das Wort war bei Gott
und das Wort war Gott.
Dieses war im Anfang bei Gott.
Alles ist durch das Wort geworden
und ohne es wurde nichts, was geworden ist.
In ihm war Leben
und das Leben war das Licht der Menschen.
Und das Licht leuchtet in der Finsternis
und die Finsternis hat es nicht erfasst.

Ein Mensch trat auf, von Gott gesandt;
sein Name war Johannes.
Er kam als Zeuge, um Zeugnis abzulegen für das Licht,
damit alle durch ihn zum Glauben kommen.
Er war nicht selbst das Licht,
er sollte nur Zeugnis ablegen für das Licht.
Das wahre Licht, das jeden Menschen erleuchtet,
kam in die Welt.
Er war in der Welt
und die Welt ist durch es geworden,
aber die Welt erkannte ihn nicht.
Er kam in sein Eigentum,
aber die Seinen nahmen ihn nicht auf.
Allen aber, die ihn aber aufnahmen,
gab er Macht, Kinder Gottes zu werden,
allen, die an seinen Namen glauben,
die nicht aus dem Blut,

nicht aus dem Willen des Fleisches
nicht aus dem Willen des Mannes,
sondern aus Gott geboren sind.

Und das Wort ist Fleisch geworden
und hat unter uns gewohnt
und wir haben seine Herrlichkeit geschaut,
die Herrlichkeit des einzigen Sohnes vom Vater,
voll Gnade und Wahrheit.
Johannes legt Zeugnis von ihm ab und ruft:
Dieser war es, über den ich gesagt habe:
Er, der nach mir kommt, ist mir voraus,
weil er vor mir war.
Aus seiner Fülle haben wir alle empfangen,
Gnade über Gnade.
Denn das Gesetz wurde durch Mose gegeben,
die Gnade und die Wahrheit kamen durch Jesus Christus.
Niemand hat Gott je gesehen.
Der Einzige, der Gott ist
Und am Herzen des Vaters ruht,
er hat Kunde gebracht.

Johannes schickt seinem Evangelium eine ebenso seltsame wie tiefsinnige Einleitung voraus.

1. Der *Zweck* ist ein mehrfacher. Es ist ein *Prolog*. Größe und Wichtigkeit der ganzen folgenden Schrift werden darin angedeutet. Von Gott, Welt und Mensch ist die Rede und vom wichtigsten Geschehen zwischen Gott, Welt und Mensch durch das Kommen Gottes in diese Welt in der Gestalt des Menschen.

Es ist ein *Eingangsportal*, das durch seinen majestätischen Bau Ehrfurcht gebietet, denn es führt in ein Heiligtum, in welchem durch den heiligen Gott der unheilige Mensch geheiligt wird, das aber seinerseits wieder wie eine gewaltige Vorhalle zum himmlischen Heiligtum ist, zum vollendeten *fanum* (»Heiligtum«, Anm. d. V.), in welchem dann alles Pro-fane ausgeschlossen ist.

Es ist *Ouvertüre.* Die Motive des göttlichen Dramas klingen zum ersten Mal auf: Wort, Wahrheit, Licht, Leben, Gotteszelt unter den Menschen, Kindschaft Gottes, die Herrlichkeit des Herrn.

Es ist *Präfation*, denn das Evangelium hat liturgischen Charakter. Es berichtet von der einen großen Opferfeier, durch welche Welt und Mensch geheiligt werden zur Verherrlichung Gottes. Irdische und himmlische Liturgie klingen zusammen im Lob der Gnade, die zum Schauen führt, damit das Werk des Herrn, das *opus Dei,* jetzt dem Glauben, dann dem Schauen offenbar wird.

So ist das Ganze wirklich ein Vorwort für eine Schrift, welche die Menschwerdung des göttlichen Wortes darstellt.

2. Der *Inhalt* ist dementsprechend ein doppelter. Zuerst ist die Rede vom präexistenten Logos, also vom Wort Gottes, wie es im Anfang war, bevor es die Welt und den Menschen und irgendetwas Geschaffenes gab. Gott selbst war und ist das Wort. Dann aber ist der zweite Inhalt die Fleischwerdung dieses Wortes. Das Wort Gottes ist nicht nur personifiziert, sondern es ist Person und diese göttliche Person hat menschliches Fleisch angenommen, sodass nun göttliches Wort und menschliches Wesen, Geist und Fleisch, eins geworden sind, um die Menschenkinder zu Gotteskindern zu machen. Gott ist Mensch geworden, damit die Menschen, durch Teilnahme am Gottessohn, Söhne Gottes werden.

3. Die *Form* ist in mehrfacher Hinsicht bedeutsam. Der Prolog ist weder Poesie noch Prosa, sondern geschrieben in der liturgischen Sprache eines feierlichen Hymnus, ist getragener und beschwingter Rhythmus. Der Hauptgedanke ist in drei Kreisen entwickelt. Und jeder Kreis besteht aus drei Sektoren. Im ersten Kreis wird das Verhältnis des Logos zu Gott, zur Schöpfung und zum Menschen dargestellt. Im zweiten Kreis die Vorbereitung des Kommens in die Welt, das Kommen selbst und die Wirkung dieses Kommens. Im dritten Kreis werden die Tatsache der Menschwerdung, die Bezeugung dieser Tatsache und ihre Bedeutung

aufgezeigt. Die einzelnen Abschnitte sind jeweils durch Leitworte als Einheit gezeichnet, z. B. der erste Abschnitt durch das Wort »war«, der zweite durch »geworden«, der dritte durch »Leben« und »Licht« usw. Zweimal wird der Gedankenfluss des Prologs unterbrochen, und zwar beide Male durch Hinweis auf Johannes den Täufer. Es sind vielleicht spätere Einfügungen, aber diese sind wohl durch den Evangelisten selbst vorgenommen worden, denn sie sind dem Ganzen so eingefügt und eingegliedert, dass man zwar den Charakter des Nachträglichen erkennen kann, dass aber doch die Architektur des Ganzen keinen Schaden leidet. So ist der Prolog an Inhalt und Form ein Kunstwerk. Und sowohl die Form des Ganzen wie der Einzelheiten ist völlig in den Dienst des Gedankens, also in den Dienst der Verkündigung gestellt.

Aufbau des Prologs:

I. Das Wort:

1. Sein Verhältnis zu Gott
2. Sein Verhältnis zur Welt
3. Sein Verhältnis zum Menschen

II. Sein Kommen in die Welt:

1. Die Vorbereitung
2. Das Kommen
3. Die Wirkung

III. Sein Kommen durch die Menschwerdung:

1. Die Tatsache
2. Die Bezeugung
3. Die Bedeutung

Erster Kreis: Der Logos

1. Sein Verhältnis zu Gott: Im Anfang. Das erste Buch des Alten Testamentes beginnt mit den Worten »Im Anfang schuf Gott Himmel und Erde«. In deutlicher Anknüpfung daran beginnt Johannes sein neutestamentliches Buch mit den Worten »Im Anfang war«. Er betont also nicht das, was im Anfang geschehen ist, jenes Geschehen, durch das überhaupt erst ein Anfang wurde, sondern er greift hinter jenen Anfang zurück, zu dem, was im Anfang und damit vor dem Anfang schon war. In seiner zweiten Schrift, der Geheimen Offenbarung, schreibt Johannes von einem neuen Anfang, wenn nämlich Gott den neuen Himmel und die neue Erde schafft. Die zweite Johannesschrift greift somit über das Ende hinaus. So umgreift Johannes Anfang und Ende, er beginnt mit jener vor allen Anfängen liegenden Ewigkeit und schließt mit jener nach allem Ende liegenden Ewigkeit. Gott ist der Zeitlose, der alle Zeit umfasst, weil er außerhalb und über aller Zeit ist. Nur das Geschaffene, Nichtgöttliche kennt das Nacheinander der Zeit. Gott ist zeitlos ohne Anfang und ohne Ende.

Es gibt verschiedene Anfänge. Markus beginnt sein Evangelium mit dem Anfang des öffentlichen Wirkens Jesu, Lukas mit dem Anfang des Lebens Jesu, Matthäus greift weiter zurück bis zum Anfang des auserwählten Volkes in Abraham, Johannes bis zum Anfang aller geschaffenen Dinge, ja darüber hinaus bis zum anfangslosen Urgrund jeglichen Seins.

»Im Anfang war.« Das Wort »Anfang«, *archae,* enthält vielleicht auch einen Hinweis auf die *archai,* die Mächte, Gewalten, Herrschaften, welche nach gnostischer Irrlehre (vgl. Brief an die Kolosser) die Entstehung und Leitung des Kosmos bewirken. Der Logos ist aber vor jeder *archae* und steht über ihr. Johannes spricht nicht vom Werden, sondern von dem, was vor allem Werden war, somit von dem, der schlechthin transzendent, alles übersteigend ist, jenseits von Welt und Geschehen, von Raum und Zeit. Das, wovon er spricht, war immer, weil das Sein sein Wesen ist und das Nichtsein ihm infolgedessen widerspricht. Er spricht von dem, der immer war, weil er nicht nicht sein kann. Er ist aus sich, in sich, durch sich, er ist schlechthin. Alles gründet in ihm als dem Urgrund, der in sich selbst gründet. Der Mensch kann sich in seinem Denken mit irgendeinem Anfang zufriedengeben, er fragt und muss fragen, was vor dem Anfang war, und findet den anfangslos Seienden.

Viermal steht in diesen ersten zwei Versen das Wort »war«. Es ist somit bewusst gewählt. Gott ist nicht ein Werden, sondern ein Sein.

»Das Wort.« Hier beginnt die Überraschung. Man erwartet »Gott« oder »der Seiende« oder »der Unendliche« oder »die Liebe« oder »die Kraft, die alles stützt, bewegt und schafft«, etwas Derartiges. Am allerwenigsten erwartet man »das Wort«. Aber dieser Ausdruck ist sehr bewusst gewählt und sehr tiefsinnig. Vielleicht knüpft Johannes mit Rücksicht auf seine griechischen Leser an den Logos griechischer Gedankenspekulation an. Bei den griechischen Philosophen, bei Heraklit, bei der Stoa und anderen, ist der Logos eine kosmische Macht, immanente Weltvernunft, das Weltgesetz, nach dem sich alles vollzieht. Er bewirkt die Einheit der Natur und ist das Gesetz der Geschichte. Johannes greift dieses Denken auf, bejaht die Existenz eines solchen Logos, erklärt ihn dann aber ganz anders. Vielleicht knüpft er auch mit Rücksicht auf seine kleinasiatischen Leser an die dort verbreitete Lehre der Gnosis an. Nach dieser Lehre ist der Logos eine Art Zwischenwesen zwischen Gott und Welt. Denn einmal besteht die Welt wesentlich aus Materie, und diese kann als das Niedrige und Böse nicht vom Geist Gottes stammen. Die Entstehung der Welt ist ein tragisches Geschehen. Zwischen Gott und Welt ist somit eine Distanz. Der Logos als das Zwischenwesen ist dann gewissermaßen die Brücke, die trennt und verbindet. Der Mensch hat weiterhin in der Welt ein Fremdheitsgefühl. Der Logos ist für ihn infolgedessen nicht nur der *Demiurg* (»Schöpfer, Erbauer«, Anm. d. V.), sondern auch der Heilsbringer, *Soter*. Der Mythos vom

Wirken und Kommen des Logos als der schaffenden und helfenden Macht ist für Johannes Ausgangs- und Anknüpfungspunkt, aber nur um zu zeigen, dass dieser Logos als Schöpfer und Heilsbringer in Wirklichkeit etwas ganz anderes ist, als die Gnosis es verkündet. Vor allem aber knüpft Johannes an das Alte Testament an, und zwar in dreifachem Sinn: einmal an die dort verkündete Weisheitslehre. Die Weisheit wird immer wieder gepriesen als etwas Unendliches, Göttliches, als das, was die Welt schafft und auf sie einwirkt. Und diese Weisheit wird geradezu personifiziert. Im Buch der Weisheit und im Buch der Sprüche, bei Jesus Sirach und im Buch Ijob, in den Prophetentexten und im Buch der Psalmen ist von dieser Weisheit die Rede. Johannes zeigt nun, dass diese Weisheit nicht nur personifiziert, sondern wirklich eine göttliche Person ist. Weiterhin spricht das Alte Testament in besonderer Weise und besonders häufig von der Kraft und der Macht des Wortes Gottes. Der Gläubige lebt vom Wort Gottes, denn das Wort ist Selbstmitteilung Gottes, also der Weg von Gott her und zu Gott hin. Gott offenbart sich und tut sich kund durch das Wort. Alles, was nicht Gott ist, ist nur durch sein Wort und ist somit seinshafte Antwort. Und endlich greift Johannes hier den Schöpfungsbericht der Bibel auf, in welchem es heißt: »Gott sprach, und es wurde.« Dieses Sprechen als schöpferisches Wort Gottes wird nun in seiner Größe, Tiefe und Kraft aufgezeigt. Wenn alles durch das Wort Gottes geworden ist, so war dieses Wort vor allen Anfängen. Griechische Philosophie, orientalische Gnosis und alttestamentliche Weisheit klingen somit hier zusammen.

Und das Wort war bei Gott. Es geht in diesem ersten Gedankenkreis des Prologs noch nicht um die Welt und die Schöpfung, sondern um den Logos in sich. Hier wird nun deutlich, dass er nicht einfach ein Gedanke Gottes oder ein Sprechen Gottes ist, sondern er ist »bei Gott« – wesentlich überweltlich, vor der Welt da und auf der Ebene Gottes – wesentlich göttlich, denn er ist in der Sphäre Gottes selbst – und doch irgendwie von Gott unterschieden, denn er ist »bei« Gott. Das könnte streng genommen noch immer eine Personifizierung sein wie die Weisheit im Alten Testament. Das wird aber unmöglich durch den nächsten Satz.

Und das Wort war Gott. Es ist also Gott selbst und zugleich wieder von ihm verschieden. Es gibt nur *einen* Gott. Und doch ist hier von einem Doppelten in Gott die Rede. Es ist das, was die Theologen später in klarer Begrifflichkeit herausgearbeitet haben: *ein* Gott, aber nicht nur *eine* göttliche Person, ein Gott, aber in zwei Personen. Von der dritten Person ist hier einstweilen noch nicht die Rede. Das göttliche Wesen, die göttliche Natur, ist also sprechend und gesprochen. Die nur äußere Anknüpfung an die griechische Logos-Philosophie genügt nicht als Erklärung. Die Begründung liegt tiefer, im Wesen des Wortes selbst. Das Wort ist Ausdruck des innerlichen Gedankens. Wenn der Geist etwas innerlich erkennt und es zum Ausdruck bringen will, spricht er es im Wort aus, und zwar sowohl im innerlichen als auch im äußerlich hörbaren Wort. Die zweite Person der Gottheit ist Ausdruck des innersten Wesens Gottes, Ausdruck der göttlichen Selbsterkenntnis, und ist darum Gottes inneres Wort. Die Menschwerdung Gottes in Jesus Christus wird dann das in die Welt gesprochene Wort sein, darum menschgewordenes Wort. Und schließlich ist das schöpferische Tun Gottes Ausdruck des inneren Denkens und Wollens Gottes und darum schaffendes, schöpferisches Wort. Das menschliche Wort hat in Analogie zum göttlichen Wort etwas Ähnliches. Auch der Mensch kann sein inneres Denken innerlich formulieren. Dieser formulierte Gedanke ist menschliches Wort. Auch er kann seinem Gedanken hörbaren Ausdruck geben. Dann ist es nach außen hin gesprochenes Wort. Hier liegt die große Bedeutung der menschlichen Rede im gewöhnlichen Sprechen von Mensch zu Mensch, in der Kraft und Größe des dichterischen Wortes und überhaupt im Ausdruck menschlicher Mitteilung in Bild und Ton, also in Malerei und Musik, in Bildhauerei, Architektur usw. All das, was der Mensch in irgendeiner Form ausspricht, hat letztlich seinen Urgrund im innersten Wort Gottes, im Logos. Damit ist nun auch das Zweite und Dritte gegeben: das Verhältnis des Logos zur Schöpfung und zum Menschen in der Schöpfung. Aber zuerst wird der Gedanke noch abgeschlossen durch die Worte:

Dieses war im Anfang bei Gott. Damit ist gesagt, dass dieses Aussprechen des innersten Erkennens Gottes nicht etwas ist, das erst später, gewissermaßen in der Zeit geschah, sondern es war immer, also schon am Anfang und vor allen Anfängen. Denn am Anfang wurde es nicht, sondern war es schon. Mit anderen Worten: Das Aussprechen Gottes als Ausdruck der Erkenntnis seines Wesens ist Gott wesentlich. Es gehört zu ihm, es kann nicht fehlen. Gott erkennt notwendig und von Ewigkeit her sich selbst. Dieses Sich-selbst-Erkennen ist sein Wesen und darum ist das innere Sprechen dieses Erkennens, also das innere Wort, Gott wesentlich. Gott spricht notwendig sich selbst.

2. *Sein Verhältnis zur Welt:* Stand über dem ersten Gedanken viermal die Formulierung »war«, so steht über dem zweiten dreimal der Ausdruck »wurde«. Werden ist etwas, das zuvor nicht war, ist also zeitlich begrenzt. Neben dem ruhigen, majestätisch sich dehnenden »war« steht nun plötzlich das unruhige, den Augenblick bestimmende »wurde«.

Alles ist durch das Wort geworden. »Geworden« besagt die Genesis aller Dinge. Die Schöpfung ist also nicht ewig. Sie hat einen Anfang gehabt. Der Entstehungsprozess ist hier zurückgeführt auf seine letzte Ur-Sache. Alle Sachen gründen in einer Ur-Sache. Nur diese Ur-Sache ist nicht geworden, weil sie in sich selbst gründet und darum im Anfang schon war.

»Alles« ist geworden. Es stehen sich somit gegenüber auf der einen Seite der ungewordene, immer seiende Gott und auf der anderen Seite alles, was nicht Gott ist, als das Gewordene. Alles nicht göttliche Sein ist ein Geworden-Sein und somit nicht in sich ruhend, nicht durch sich selbst gehalten, nicht gesichert in sich. Im Wort »alles« liegt auch die Formulierung des Credo: *visibilium omnium et invisibilium,* Sichtbares und Unsichtbares, Materielles und Geistiges, Menschen, Engel und Dämonen.

Durch ihn, den Logos, ist alles geworden. Durch das schöpferische Wort »es werde« ist alles entstanden. Dieses Wort ist der Logos. Der präexistente Christus ist also bei der Schöpfung wesentlich beteiligt. Er war nicht nur vor ihrem Beginn, sondern ihr Beginn ist durch ihn erfolgt. Da die Schöpfung sein Effekt ist, ist er deren *causa efficiens,* die Ursache, welche die Welt bewirkt, also deren Wirk-Ursache als das von Gott gesprochene Wort. Es ist darum nicht verwunderlich, dass dann auch in den Worten des menschgewordenen Wortes eine schöpferische Kraft liegt, jene Kraft, welche die Kranken heilt, über die Kräfte der Natur verfügt, Tote ins Leben ruft, den Dämonen gebietet. Und es ist weiterhin nicht mehr erstaunlich, dass auch das Wort, das der Menschgewordene durch seinen mystischen Leib, die Kirche, spricht, eine übermenschliche Kraft hat etwa in den Wandlungsworten der Messe, in den Lossprechungsworten des Bußsakramentes usw.

Und ohne es wurde nichts, was geworden ist. Die positive Formulierung wird hier durch die negative ergänzt. Es gibt also kein ewiges Urprinzip des Bösen, keinen Dualismus von ewig Gutem und ewig Bösem, ewigem Licht und ewiger Finsternis, ewigem Leben und ewigem Tod, sondern vor den Anfängen war nur Gott. Durch sein Wort ist alles, wirklich alles, geworden. Es liegt in dieser Erkenntnis eine optimistische Weltbejahung, ein freudiges Anerkennen aller Wirklichkeiten, eine Gottbezogenheit von allem, was ist, und darum für den menschlichen Geist auch die Möglichkeit, diese Gottbezogenheit zu erkennen und so vom Erschaffenen zum Unerschaffenen aufzusteigen durch alles hindurch, ja in allem Gott zu finden. Der Weg zu Gott ist also nicht Abkehr von der Welt, völlige Distanz von ihr, sondern heißt, die Welt als eine von Gott gesprochene zu erkennen. Also in ihr den hörbar gewordenen Gott zu finden. Es ist die natürliche Offenbarung, die Selbstmitteilung Gottes in und durch die Natur, *revelatio naturalis.*

Damit ist schon die besondere Stellung des Menschen in der Schöpfung angedeutet.

3. *Sein Verhältnis zu den Menschen: In ihm war Leben.* Manche verbinden diesen Text anders und übersetzen »In dem, was geworden ist, war Leben«. Aber es ist doch wohl richtiger, dieses Leben auf den Logos zu beziehen, denn von ihm ist hier vor allem die Rede. Wenn gesagt wird, in ihm »war« Leben, so heißt das natürlich nicht, dass es jetzt nicht mehr in ihm sei, sondern dass es von Ewigkeit her war, weil es zu seinem Wesen gehört. Der Begriff »Leben« zieht sich durch die ganze johanneische Schrift. Die Hochzeit von Kana zeigt das Hereinbrechen neuen Lebens in die einsame und verlassene Menschheit. Die Hochzeit der Welt nimmt ihren Anfang. Bei der Tempelreinigung spricht Jesus schon von seinem Tod und seinem Auferstehen und damit vom neuen Leben. Im Gespräch mit Nikodemus ist die Rede von der Wiedergeburt, also von einem neuen Leben, das kommt. Der Samariterin verspricht Christus lebendiges Wasser. Beim Sohn des königlichen Beamten heißt es triumphierend »Dein Sohn lebt«. Und beim 38-jährigen Kranken sagt Christus: »Der Sohn macht lebendig, wen er will. Wer mein Wort hört, hat das Leben.« Bei der Brotvermehrung nennt sich Jesus das Brot des Lebens. »Wer an mich glaubt, hat das Leben. Wer dieses Brot isst, wird in Ewigkeit leben.« Der Abschnitt schließt mit dem Bekenntnis »Du hast Worte des ewigen Lebens«. Beim Laubhüttenfest verspricht der Herr Ströme lebendigen Wassers. Und im Anschluss an das Hirtengleichnis sagt er: »Ich bin gekommen, damit sie das Leben haben und es in Fülle haben.« Er redet von dem, der sein Leben hingibt, um das Leben der anderen zu retten. Die Auferweckung des Lazarus, bei der ein Toter lebendig wird, führt zum Wort Christi: »Ich bin die Auferstehung und das Leben.« In den Abschiedsreden zeigt er das Gleichnis vom Weinstock und den Rebzweigen, also vom Leben der Einzelnen durch ihn, der das Leben in sich hat. Das Evangelium schließt mit dem Satz, alles sei geschrieben, damit sie durch den Glauben das Leben haben. Dieses Motiv des

Lebens klingt hier im Prolog zum ersten Mal auf. Das Wort Gottes ist Leben spendendes Wort, weil die Fülle des Lebens in ihm ruht. Es ist der lebendige Gott.

Und das Leben war das Licht der Menschen. Am Laubhüttenfest wird Jesus rufen: »Ich bin das Licht der Welt. Wer mir nachfolgt, wandelt nicht im Dunkeln, sondern wird das Licht des Lebens haben.« Den Blindgeborenen schenkt er das Licht der Augen, »damit die nicht Sehenden sehen und die Sehenden blind werden«. Sein lebendiges Wort ist Licht für die Menschen, denn als Offenbarung ist es Licht für den Verstand zu klarem Erkennen und als Verkündigung der Gnade und Liebe ist es Licht für die Herzen. Immer heller leuchtet dieses Licht, zuerst als *lumen naturae,* dann als *lumen gratiae* und endlich als *lumen gloriae.* Das äußere Licht ist Zeichen des inneren, das natürliche ist Zeichen des übernatürlichen Lichtes.

Und das Licht leuchtet in der Finsternis. Im Schöpfungsbericht der Genesis ist vor allem vom Licht der Natur die Rede, im Johannesevangelium vom Licht der Gnade, in der Apokalypse vom Licht der Herrlichkeit, *lumen naturae, lumen gratiae, lumen gloriae.* Wenn Johannes schreibt »es leuchtet«, so sagt er damit, dass es nicht nur ein einmaliges Geschehen in der Vergangenheit war, sondern dass dieses Licht ständig leuchtet. Es ist ein Gegenwartsgeschehen. Es liegt etwas Triumphierendes im ersten Wort Gottes, das in der Bibel berichtet wird: »Es werde Licht. Und es wurde Licht.« Die Unheimlichkeit der Finsternis ist überwunden. Das Dunkel ist durchbrochen, die ewige Nacht gespalten. Sieghaft durchdringt das Licht alle Finsternis und flutet durch alle Räume des Kosmos, alles durchströmend mit seinen strahlenden, wärmenden Wellen. Ähnlich sieghaft klingt es hier im Evangelium: »Und das Licht leuchtet in der Finsternis.« Es ist da und verlöscht nicht mehr, es setzt sich durch, es durchdringt alles Gewölk und zerreißt alle Nebel. Es wird noch sieghafter klingen in der Apokalypse, wo es am Anfang bei der Christusvision heißt: »Sein Gesicht leuchtete wie die machtvoll strahlende Sonne«, und wo es am Ende heißt:

»Die Stadt braucht weder Sonne noch Mond, die ihr leuchten. Denn die Herrlichkeit Gottes erleuchtet sie und ihre Leuchte ist das Lamm.« Durch das Sprechen Gottes ist das Licht der Natur geworden, durch das Kommen Gottes das Licht der Gnade und durch die Wiederkunft Gottes das Licht der Herrlichkeit für alle Begnadeten.

Mit dem Wort »Finsternis« klingt ein neues Motiv auf, das ebenfalls im ganzen Evangelium zu finden ist. Die äußere Finsternis der Nacht ist nur Zeichen der inneren Finsternis der Herzen. Diese ist Auswirkung der abgründigen Finsternis des Satanisch-Dämonischen.

»Die Finsternis hat es nicht erfasst.« Zwei Gedanken liegen darin. Einmal, dass die Finsternis es nicht aufgenommen hat. Gleich danach ist die Rede von denen, die das Licht aufnahmen. Infolgedessen ist hier nicht gemeint, dass das Wort überhaupt kein Gehör fand, wohl aber, dass es viele gab, die ihm kein Gehör schenkten. Hier klingt zum ersten Mal der leise, tiefe Schmerz des Johannesevangeliums auf, die Tragik des Neinsagens, der Ablehnung der Gnade, der Verhärtung der Menschen, des Bösen in der Welt. Auch das klingt weiter durchs Evangelium bis zum Tod mit dem Lanzenstoß ins Herz des Herrn. Das menschliche Nein steht hier zum ersten Mal gegen das göttliche Ja. Das Nein des Todes gegen das Ja des Lebens, das zerstörende Nein des Menschenwortes gegen das schöpferische Ja des Gotteswortes. Aber noch ein zweites Element liegt darin.

Man kann übersetzen »Die Finsternis hat es nicht vernichtet« oder »nicht verhindert«. Die Antwort der Finsternis war somit nicht nur eine passive Verschlossenheit, verstockte Unzugänglichkeit, sondern ein aktiver Gegenstoß, kämpferischer Angriff. Licht und Finsternis sind im Evangelium nicht nur zwei Mächte, sondern zwei miteinander ringende Mächte. Es ist der Kampf zwischen Licht und Finsternis, zwischen Leben und Tod mit dem vorläufigen Sieg der Finsternis und dem endgültigen Sieg des Lichts, mit dem Tod, der Leben spendet, mit dem Untergang in die Finsternis und dem Aufgang eines nicht mehr untergehenden Lichts.

Damit ist der erste Gedankenkreis des Prologs abgerundet. Das Wort ist aufgezeigt als ewiges Wort, als schöpferisches Wort, als strahlendes und siegreiches Wort. Der zweite Gedankenkreis greift nun das Wichtigste auf, das durch das Wort geschehen ist und wodurch alles Geschehen zum Heilsgeschehen, die Geschichte zur Heilsgeschichte wird: sein Kommen in die Welt.

Zweiter Kreis: Das Kommen des Logos

1. Die Vorbereitung: Ein Mensch trat auf, von Gott gesandt; sein Name war Johannes. Zum Geschehen der Schöpfung kommt das neue Geschehen, dass nämlich das Licht in die Schöpfung hineinkommt. Aber das geschieht nicht ohne Vorbereitung. Ein Mensch soll ihm als Zeuge vorausgehen. Bisher kam alles von oben her, jetzt kommt ein Mensch von unten her. Aber er ist von Gott gesandt. Er kommt von unten, ist aber von oben her beglaubigt und beauftragt. Sein Name ist Johannes. Der Evangelist kommt aus seiner Jüngerschaft, kennt ihn also, war bei ihm, hat sein Wort gehört und weiß um seinen Auftrag. Dieser Auftrag ist, Zeugnis abzulegen. Er ist also wesentlich der Finger, der auf einen anderen weist. Er bezeugt einen anderen. Er weist über sich hinaus. Er schickt von sich selbst weg zu einem anderen hin. Er ist nur Wegweiser, nur Bote.

Er kam als Zeuge, um Zeugnis abzulegen für das Licht, damit alle durch ihn zum Glauben kommen. Zeuge des Lichts ist er. Er steht also noch im Finstern der Welt, sagt aber das Kommen des Lichts voraus, weist auf die aufgehende Sonne hin. Sein Auftrag ist, Glauben zu wecken. Er lebt selbst aus dem Glauben und ist Verkünder des Glaubens, Glaubensbote im vollen Sinne des Wortes. Es gab Anhänger des Täufers, die an diesem festhielten und sich von ihm nicht zu Christus führen ließen. Diesen Anhängern des Täufers sagt Johannes in aller Deutlichkeit, dass sie Stellung, Funktion und Aufgabe ihres Meisters nicht erfasst haben, wenn sie sich von diesem nicht weiterführen lassen zum eigentlichen Licht.

2. *Das Kommen in die Welt: Das wahre Licht, das jeden Menschen erleuchtet, kam in die Welt.*

Das wahre Licht: Alles andere ist nur insoweit Licht, als es von ihm, der wahren Lichtquelle, einen Strahl auffängt. Er erleuchtet jeden Menschen. Ohne ihn ist somit alles im Dunkeln. Der Täufer und jeder Glaubensbote, jeder Prediger, jeder Priester, jeder Christ kann nur so viel Licht weitergeben und ausstrahlen, wie er selbst von Christus empfängt. Dieser allein ist das eigentliche wahre Licht. Alles andere ist nur Widerschein, Spiegel oder wenigstens Glasscherbe, die etwas von diesem Licht auffängt und dadurch glitzert und leuchtet.

Jeden Menschen: Ein gewaltiges Offenbarungswort! Es ist also keiner ausgenommen. Die Universalität des Heils liegt darin geheimnisvoll beschlossen. Jeder Mensch empfängt von Christus Licht, auch wenn er es nicht weiß. Auch der Heide, der nie etwas von ihm gehört hat. Wer also gerettet wird und zum Heil gelangt, wird es durch dieses Licht, das er innerlich vom einzigen Heilsbringer empfängt. Gewaltige Möglichkeiten der Heilserklärung tun sich hier auf, auch für die Frage nach dem Heil der ungetauften Kinder.

Das Licht kam in die Welt: Hier steht das Wort Kosmos. Damit ist die kosmische Bedeutung Christi grundgelegt. Es geht nicht nur um eine kleine Gruppe Erwählter, auch nicht nur um die Menschen, sondern um die gesamte Welt, die nun von Christus ihr eigentliches Licht erhält. Die Schöpfung liegt ohne ihn im Dunkeln, hat aber durch ihn Licht. Darum lassen sich die Geheimnisse der Welt und des Weltgeschehens letztlich nur von Christus her durchleuchten und begreifen.

Er *kam* in die Welt: Hier ist das entscheidend Neue gesagt. Das Wort klingt nicht nur von ferne her in die Welt hinein. Das Licht strahlt nicht nur aus unendlichen Räumen auf diese Erde, sondern es kommt selbst in die Welt. Er, der im unzugänglichen Lichte wohnt, durchbricht die Schranken der Unzugänglichkeit und tut den entscheidenden Schritt zur Welt und zum Menschen hin. Das Heil ist also nicht zuerst ein Gehen des Menschen zu Gott, sondern ein Kommen Gottes zum Menschen. Die Initiative liegt bei Gott. Sein Kommen ist der Anfang des Heils.

3. *Die Wirkung* ist eine Scheidung der Geister. Zuerst das Negative:

Er war in der Welt und die Welt ist durch ihn geworden, aber die Welt erkannte ihn nicht.

Er war in der Welt: Er – der Logos, das Wort, war also nicht mehr fern, sondern nah, man musste also nicht mehr zu ihm hin, sondern lediglich ihn, der kam, aufnehmen.

Und die Welt ist durch ihn geworden. Die Schöpfung hätte den Schöpfer erkennen können. Sein Kommen hätte ein freudiges Echo auslösen müssen. Er war kein Fremdkörper. Die Welt trug ja sein Gepräge, denn sie war von ihm geprägt. Sie trug seine Züge, denn sie war sein Abbild. Und doch *erkannte die Welt ihn nicht.* Viermal steht hier das Wort »Kosmos«. Durch dieses Nichterkennen und Ablehnen behält nun dieses Wort »Welt« im Johannesevangelium einen störenden Klang, etwas Düsteres, Beschattetes, Feindseliges. Das Nichterkennen ist schuldhaft, denn die Welt hätte ihn erkennen können und erkennen sollen. Wenn sie ihn nicht erkannt hat, dann nur, weil sie ihn nicht erkennen *wollte.* Sie sahen, wollten aber nicht sehen. Sie hörten, wollten aber nicht hören. Sie wollten ihr eigenes Licht leuchten lassen und nur ihr eigenes Wort zur Geltung bringen.

Er kam in sein Eigentum, und die Seinen nahmen ihn nicht auf. Die Welt ist das Haus, das er gebaut hat, das Heiligtum, das für ihn bestimmt ist, der Boden, der ihm gehört, und die Menschen selbst sind sein Eigentum, ihm hörig und gehörig. Aber in Selbst-Herrlichkeit wollten sie selbst die Herren sein. Darum lehnten sie den Herrn ab. Die Menschen haben das, was Gott gehört, selbst beschlagnahmt und es gewaltsam an sich gerissen. Damit ist das Heiligtum der Welt profaniert und entweiht. Die

Kultur der Erde gipfelt nicht mehr im Kultus Gottes, sondern im Kult des Menschen. Durch die Ablehnung des menschgewordenen Gottes besteht eine vergötterte Welt und der zum Götzen gewordene Mensch.

Daneben steht aber auch das *Positive: Allen aber, die ihn aufnahmen.* Noch einmal: Es ist nicht ein Geben und ein Tun, sondern ein Empfangen und ein Auftun. Es ist nicht einmal ein Suchen, sondern ein Sich-finden-Lassen. Nicht ein Geben, sondern ein Nehmen. *Gab er Macht, Kinder Gottes zu werden.* Er *gab:* Er ist der Gebende, so wie er der Kommende und der Sprechende ist. Und zwar gibt er *Macht.* Die ungläubigen Neinsager lehnen ab, sie fürchten, die Macht über sich und die Welt zu verlieren. In Wirklichkeit haben sie diese Macht gar nicht, sondern es ist nur eine Scheinmacht und Tarnung ihrer Ohnmacht. Wer aber im Glauben die Schwäche seines Erkennens und Wollens eingesteht und sich dem Kommen des Allmächtigen öffnet, empfängt von ihm Macht. Diese Macht besteht in der Teilnahme an seiner Sohnschaft. Der an die Welt und die Sünde und sich selbst versklavte Mensch wird in die Freiheit der Kinder Gottes geführt. Er empfängt Anteil am Sohn Gottes, ist damit in die Sohnschaft aufgenommen und steht nun an der Seite des allmächtigen Gottes.

Allen, die an seinen Namen glauben: Das Aufnehmen, Jasagen, Sich-finden-Lassen geschieht durch den Glauben. Dieser Glaube ist vom Menschen her Wurzel und Grundlage des Heils. Er ist das Offensein der Bereitschaft. Und die Wirkung ist die Gotteskindschaft, das neue Leben aus ihm. Es ist ein ganz anders geartetes Leben.

Nicht aus dem Blut: also nicht Leben aus fleischlich-körperlicher Abstammung wie in Israel und nicht durch bluthafte Zugehörigkeit zu einem bestimmten Volk. Die Geburt ist bluthaft, die Neugeburt oder Wiedergeburt ist geistig.

Nicht aus dem Willen des Fleisches: Es geht nicht um körperliches Zeugen und Gebären. Denn dieses neue Leben kommt nicht von unten her, nicht vom Menschen, sondern von oben, von Gott.

Nicht aus dem Willen des Mannes: Das Neue ist nicht menschliches Gestalten und Planen, männliches Wirken und Werk.

Sondern aus Gott geboren: Es ist eine wirkliche Geburt, also ein Empfang von Leben. Etwas, das nicht ist, wird. Es ist ein Zeugen und Gebären. Ein neuer Lebensstrom, der sich ergießt, und zwar aus Gott selbst. Aus dem Schoß Gottes quillt dieses Leben und ist göttliches Leben. Von den unendlichen Bergen Gottes rauschen diese Lebensströme. Gott ist der lebendige Gott, im personalen Wort Gottes ist das Leben. Von ihm geht dieses göttliche Leben über auf den Menschen, der nun dadurch im eigentlich vollen Sinn des Wortes Kind Gottes wird, weil aus Gott gezeugt und geboren. Der Sohn Gottes hat dieses Leben wesentlich, substanziell, der Mensch hat es aus Gnade, akzidentell. Der Sohn Gottes hat es naturhaft, der Mensch empfängt es als gnadenhafte Überhöhung seiner Natur. Christentum ist also nicht nur das Vernehmen einer neuen Botschaft, das Empfangen einer neuen Kraft, sondern es ist ein neues Sein, ein neues Leben, das von Gott her den Menschen geschenkt wird.

Damit ist der zweite Kreis abgerundet: Das Kommen Gottes in die Welt ist ein Kommen, das die Scheidung der Geister bewirkt, Tod für die einen, Leben für die anderen. Die Aufnahmebereiten und durch den Glauben Aufnahmewilligen werden nun in dieses Kommen Gottes hineingenommen und dadurch befähigt, mit dem Sohn und im Sohn zum Vater zu gehen, um an dessen Herrlichkeit Anteil zu haben. Der lebendige Gott, der zu ihnen kommt, schenkt ihnen das neue Leben. Der Sohn macht sie zu Söhnen. Aber noch fehlt der dritte Kreis, der die Art dieses Kommens zeigt.

Dritter Kreis: Die Menschwerdung

1. *Die Tatsache:* Da steht zuerst einmal schlicht und einfach und doch hingestellt mit ungeheurer Wucht wie ein gewaltiger Block der Satz:

Und das Wort ist Fleisch geworden. Das *Wort* ist die rein geistige, göttliche Person, eins mit dem Vater, von Ewigkeit her bei Gott und Gott selbst. Dieses Wort ist *Fleisch* geworden. In der Bibel ist das Fleisch der Inbegriff des Hinfälligen und Schwachen, des Bloß-Menschlichen, wie es bei Joel heißt: »Ich werde meinen Geist ausgießen über alles Fleisch« (Joel 3,1). Oder im Sintflutbericht: »Ich sehe, das Ende aller Wesen aus Fleisch ist gekommen« (Gen 6,13). Die Fleischwerdung des Wortes ist der gewaltigste Brückenschlag, der sich denken lässt und der jemals geschehen ist. Hier sind Himmel und Erde, Ewigkeit und Zeit, Unendliches und Endliches, Schöpfer und Geschöpf, in sich selbst ruhendes Sein und gewordenes Sein zur Einheit verbunden, im fleischgewordenen Geist, im menschgewordenen Gott. Alte Mythologien wissen wohl um das Kommen von Göttern in Menschengestalt. Aber sie wissen, dass es nur Sehnsüchte, Konstruktionen, Wünsche und Träume sind. Gnostiker reden wohl im Anschluss an platonische Ideen vom Absturz aus der Lichtwelt in die Materie. Aber es ist dann nicht ein Kommen, sondern ein Gefallensein, nicht eine Verbindung zweier Naturen in der Einheit einer Person, sondern ein widernatürliches Vergewaltigtsein und Zusammengeschmiedetwerden von Fremdkörpern, die auseinanderstreben, sodass der Geist seufzt, bis er wieder befreit ist von der lästigen Fessel, vom Grab des Fleisches. Hier dagegen ist es Wirklichkeit, historisches Geschehen aus freiem Liebeswillen Gottes. Und die Verbindung und Verbundenheit wird bleiben in alle Ewigkeit. Es ist die gewaltigste Aussage, die Johannes macht. Diese Aussage ist gemacht von einem, der mit diesem fleischgewordenen Wort jahrelang zusammen war, es in nächster Nähe und in persönlichem Umgang kannte. Hätte ein anderer das geschrieben in großer zeitlicher und räumlicher Distanz, so hätte man wohl einen Mythos vermutet. Da nun aber feststeht, dass Johannes selbst es ist, der das schreibt, so lässt sich dieser Satz nicht einfach entmythologisieren, sondern er ist ganz einfach Wahrheit und Wirklichkeit, von einem Augen- und Ohrenzeugen des menschgewordenen Wortes bezeugt. Mit diesem Satze steht und fällt das eigentliche Christentum. Darum ist es nicht erstaunlich, dass die Konzilien und Kirchenväter sich gegen alle Leugnung, Verkleinerung oder Entstellung dieser fundamentalsten Tatsache mit aller Leidenschaft zur Wehr gesetzt haben. Die Kirche wiederholt täglich, ja mehrmals am Tag den johanneischen Satz: *Verbum caro factum est.*

Seitdem ist auch alle Körperverachtung unmöglich. Denn nun ist das Fleisch geheiligt durch den Geist und alle Menschenwürde ist ins Ungeahnte emporgehoben, weil das ewige Wort Mensch geworden ist. Seitdem hat auch das menschliche Wort eine ganz neue Bedeutung und geheimnisvolle Größe. Denn wenn das göttliche Wort Mensch geworden ist und also im Menschenwort und durch das Menschenwort sich ausgesprochen hat, ist nun dieses Menschenwort in ganz neuer Weise und Möglichkeit Träger des Gotteswortes. Auch die Erde ist nun geweiht und geheiligt, denn diese Erde ist von da an nicht mehr nur Wohnung Gottes, sondern Wohnung des Gottmenschen.

Und hat unter uns gewohnt. Wörtlich heißt es: »Er hat sein Zelt unter uns aufgeschlagen.« Das menschliche Wohnen auf dieser Erde ist nur ein vorübergehendes Zelten. Das Zelt des menschgewordenen Wortes wird hier sein, solange die Erde besteht. Denn er, der sichtbar sein Zelt hier aufgeschlagen hat, bleibt unsichtbar im irdischen Zelt bis zum Ende dieser Tage. Es liegt in diesem Ausdruck weiterhin die Erinnerung an das durch die Wüste wandernde Israel, das bald da, bald dort seine Zelte aufschlug. Mitten im Zeltlager des neuen geistigen Israel, des neuen Gottesvolkes, der Kirche, steht nun das Zelt des menschgewordenen Gottes. Als Mitte, Geheimnis, Schutz, Hilfe und Heiligtum. Und es liegt im Bild endlich der Gedanke des Wohnens Gottes. Das war

Israels Stolz und Größe, dass die Herrlichkeit Gottes in seiner Mitte wohnte, im Tempel des Herrn unsichtbar über der Bundeslade. Der Mensch Jesus ist nun der eigentliche lebendige Tempel, in welchem die Gottheit wohnt, und seit der Himmelfahrt des Herrn wohnt der menschgewordene Gott mit Gottheit und Menschheit sakramental überall dort, wo das in sein Fleisch und Blut verwandelte Brot aufbewahrt ist. Darum nennen wir auch diesen Wohnort *tabernaculum,* Zelt, des wohnenden Gottes in unserer Mitte. Mit dem »uns« und »wir« tritt der Text aus seiner Objektivität heraus und in unsere Subjektivität hinein. Alles wird persönlich und existenziell. Es geht uns an.

Wir haben seine Herrlichkeit geschaut. Die Herrlichkeit war verhüllt durch den schweren Tempelvorhang und verhüllt durch die Wolke, beides nur ein äußeres Zeichen des Verhülltseins für das geistige Auge des Menschen. Jetzt kann Johannes sagen, dass er und die anderen diese Herrlichkeit geschaut haben. Auch sie schauten sie verhüllt. Aber nun ist es eine Hülle, durch die der Glanz Gottes leuchtet, spricht und wirkt, die Hülle des Fleisches, der Menschengestalt, in welcher die Herrlichkeit des Herrn lebte und wirkte. Dieses Schauen des Johannes ist die Kontemplation des Glaubens, der durch Menschenwort hindurch das Gotteswort vernimmt und durch Menschengestalt hindurch die *forma Dei* (vgl. Phil 2), die Gestalt Gottes, schaut. Alles Reden und Tun, das Johannes vernimmt und sieht, ist nun Reden und Tun Gottes selbst und darum ein Aufstrahlen der Herrlichkeit des Herrn.

Die Herrlichkeit des einzigen Sohnes vom Vater, voll Gnade und Wahrheit. Ein Zweifaches fügt der Evangelist hinzu, nämlich die Herrlichkeit, die der menschgewordene Gott in sich hat, und die Herrlichkeit für uns Menschen. Die innere Herrlichkeit ergibt sich aus seinem Wesen selbst, dass er nämlich der einzige Sohn des Vaters ist. Er trägt also die Herrlichkeit des Vaters selbst in sich, sodass er sagen kann: »Wer mich sieht, sieht auch den Vater.« Er ist der Sohn des Vaters, von ihm gezeugt, von ihm geliebt, ihm wesensgleich. Und er ist der einziggeborene Sohn des Vaters, von allen anderen völlig verschieden. Seine Sohnschaft ist die Ur-Zeugung, von der alle menschliche Zeugung, alle menschliche Vaterschaft und Sohnschaft nur ein schwaches Abbild ist.

Die Herrlichkeit *für uns* ist gegeben in den Worten »voll Gnade und Wahrheit«. Gnade ist der Inbegriff des Schenkens. Aus der Fülle seines Reichtums schenkt er uns. Die Quellen und Brunnen seines Lebens rauschen als Gnade in die Tiefe unserer nur menschlichen Existenz. Es ist die göttliche Wirklichkeit dessen, was wir seinshafte Gnade nennen, Leben aus Gott, Teilnahme an seiner Kindschaft.

Wahrheit ist es, einmal weil nun alle Zeichen, Vorherbilder, Hinweise, Symbole durch die Wirklichkeit abgelöst sind, Wahrheit aber auch in dem Sinne, dass mit dem neuen Leben auch eine neue Erkenntnis verbunden ist, denn die Gnade wird nicht in tote Gefäße geschüttet, sondern in erkennenden Menschengeist. Und diese Gnade und Wahrheit ist »in Fülle« im menschgewordenen Wort, sodass er nicht spärlich austeilt, zählend und rechnend, sondern in strömender Fülle immer wieder, immer mehr und immer neu.

2. *Johannes legt Zeugnis für ihn ab:* Wieder weist der Evangelist auf den Vorläufer hin, auf Johannes den Täufer. Dieser hat auf den anderen hingewiesen und von diesem anderen gesagt: »Er, der nach mir kommt, ist mir voraus, weil er vor mir war.« Er ist also zeitlich vor dem Täufer und auch seinshaft und wertmäßig und in jeder Hinsicht ihm voraus. Die Tatsache ist also nicht nur durch den Evangelisten und die Apostel bezeugt, sondern auch schon durch das Zeugnis des Täufers beglaubigt. Der Täufer, der in Israel anerkannt war, führt zu ihm. Folglich müssen alle, die dem Täufer wirklich folgen wollen, zu ihm gehen. Das Zeugnis des Täufers besagt nicht nur, dass das Wort in diese Welt gekommen ist, sondern darüber hinaus, dass das Wort Fleisch geworden ist. Sein Zeugnis ist also nicht nur Wortverkündigung wie das Zeugnis der anderen Propheten, sondern Hinweis auf das menschgewordene Wort, also auf das Wort schlechthin. So steht der Täufer

zwischen den Propheten und Jesus groß im Licht der Propheten, klein im Vergleich zu Jesus.

3. *Die Bedeutung:* Nach der Unterbrechung des Gedankens durch den Hinweis auf das Zeugnis des Täufers greift der Evangelist sein Wort von der Fülle, die da aufbricht, wieder auf.

Aus seiner Fülle haben wir alle empfangen. Der Mensch lebt aus Gott, aber nun genauer aus dem menschgewordenen Gott. Wenn das Alte Testament in allen Tonarten den Reichtum des Gotteswortes preist, jenes Wortes, das dem Menschen Licht, Kraft, Trost, Hilfe, Schutz, Segen und alles bedeutet, so zeigt nun das Neue Testament, dass all das aus der Fülle und in Fülle den Menschen gegeben wird, weil das Wort Fleisch geworden ist. Der Mensch ist seitdem in ganz anderer Weise ein Empfangender.

Gnade über Gnade. Das, was der Mensch empfängt und weil er es empfängt, ist Gnade. Und umgekehrt, weil es Gnade ist, ist er nur Empfangender, aber wirklich Empfangender. Das wird deutlich gemacht im Unterschied zum mosaischen Gesetz. Das Gesetz war schon eine besondere Gnade. Aber jetzt kommt anstelle des Gesetzes die wahre und eigentliche Gnade, auf die das Gesetz vorbereitet hatte.

Denn das Gesetz wurde durch Mose gegeben, die Gnade und die Wahrheit kamen durch Jesus Christus. Das Gesetz war für den Juden alles, weil es von Gott gegeben war. Aber bei allem Reichtum und aller Größe war es doch nur Gesetz. Gnade und Wahrheit dagegen sind erst durch Jesus Christus gekommen. Der Unterschied von Gesetz und Gnade, der bei Paulus so breit und tief entwickelt ist, blitzt hier kurz auf: das todbringende Gesetz, das dem Menschen erst recht sein Unvermögen aufzeigt, und die Leben spendende Gnade, welche die menschliche Schwäche durch die göttliche Kraft ablöst und ersetzt. Das todbringende Gesetz ist durch die Leben spendende Gnade abgelöst. In Mose und seinem Gesetz ist die ganze Fülle Israels enthalten. Die Fülle Israels hat erst jetzt ihre eigentliche (Er-)Füllung erhalten. Israel und sein Gesetz waren nur Vorherbild, Hinweis, Ahnung, Umgraben des

Ackerbodens. Die Gnade ist »Wahrheit«, Wirklichkeit, wachsende Saat. Gegen die Überschätzung der Thora ist hier betont, dass die eigentliche Fülle der Gnade erst und nur durch Christus gegeben ist.

Durch Jesus Christus. Damit ist nun endlich der entscheidende Name genannt. Jener Name, der die Spitze der Gedankenpyramide des Prologs bildet, den Gipfel dieses geistigen Hochgebirges. Um ihn ging es von Anfang an. Er ist das Wort, das im Anfang war, das im Anfang bei Gott war und Gott selbst war. Durch ihn ist alles geworden. In ihm ist das Leben. Er ist das Licht der Welt, das in die Finsternis leuchtet. Er ist von Johannes dem Täufer bezeugt. Sein Eigentum ist die Welt, die auf ihn hin erschaffen ist. Die Menschen sind wirklich »die Seinigen«, denn er ist das Haupt der Menschheit. Er ist der Sohn, der den anderen die Gnade der Kindschaft gibt. Er ist im vollsten Sinne des Wortes aus Gott geboren. Er ist der fleischgewordene Gott, der sein Zelt unter uns aufgeschlagen hat. Er ist der Einziggeborene des Vaters, dessen Herrlichkeit die Apostel geschaut haben. Aus seiner Fülle empfangen wir alle. Er ist der von Mose, diesem »Erzieher auf Christus hin«, und seinem Gesetz vorausgesagte Bringer von Gnade und Wahrheit. Er ist also nicht bloßer Mensch, auch nicht der am meisten begnadigte und gotterfüllte Mensch, sondern er ist der präexistente Logos, der Fleisch geworden ist. So steht gleich im Prolog des Johannesevangeliums das entscheidende, durch diese ganze Schrift sich durchziehende Bekenntnis zu Jesus als dem Christus, dem menschgewordenen Gott.

Niemand hat Gott je gesehen. Selbst die großen Mystiker, Seher, Propheten, selbst Mose auf dem Berg sahen Gott noch verhüllt, denn die unmittelbare Anschauung Gottes ist dem anderen Leben vorbehalten.

Der Einzige, der Gott ist und am Herzen des Vaters ruht, er hat Kunde gebracht. Weil er der Einziggeborene ist, aus dem Schoß des Vaters ständig hervorgehend, d. h. im geistigen Wesen des Vaters ruhend und doch als Erkannter und somit als Wort vom Vater gesprochen, schaut er den Vater wesentlich. Denn er ist ja sein Abbild, und zwar sein geistig erkennendes, unendlich vollkommenes Abbild. Er, der in Gott selbst ist, hat die Kunde gebracht. Er ist der große Ausleger und Deuter des göttlichen Wesens. Er, das Wort, ist selbst Ausleger, Interpret des Wortes. Er, die lebendige menschgewordene Botschaft, ist selbst der »Exeget« dieser Botschaft.

So führt der Prolog in konzentrischen Kreisen immer tiefer hinein in die Mitte, in der der menschgewordene Gott steht, der Mittler zwischen Gott und Mensch. Der erste äußerste Kreis ist Gott, aus dem das Wort hervorgeht. Der zweite Kreis ist das Kommen dieses Wortes in die Welt und der dritte Kreis ist die Fleischwerdung des Wortes, also das Kommen Gottes in die Welt im Gottmenschen Jesus, dem Christus, dem Messias, dem Gesalbten. Nun verschwindet das Wort Logos aus dem Evangelium, denn nun tritt an seine Stelle der Name Jesus Christus. Jeder Leser weiß nun, was mit diesem Namen gemeint ist. Der (Pro-)Log hat die Lehre vom Logos vorausgeschickt, um nun sein Leben unter den Menschen aufzuzeigen. Der Logos des Prologes ist Jesus Christus, der eigentliche Inhalt des Evangeliums.

Reflexion

Zwei Hauptgedanken sind im Anschluss an den Prolog zu überlegen.

1. Die Aussagen über Gott, und zwar in drei Kreisen oder Stufen. Da ist zuerst der seltsame Ausdruck *Logos*. Das Wort ist schon im menschlichen Leben etwas Merkwürdiges. Tiere und Vögel können sich verständlich machen, und zwar oft auf eine seltsame und komplizierte Art. Aber eine eigentliche Sprache, aus der sich eine regelrechte Literatur ergibt, hat nur der Mensch. Das Wort ist Ausdruck seines Wesens schon im Klang der Stimme und erst recht in seinem Inhalt. Was verborgen als Gedanke in ihm ruht, tritt im »Aus-druck«, also im Wort nach außen. So ist auch Christus das Hervortreten Gottes aus seiner Verborgenheit. Er ist äußere Hörbarkeit Gottes. Seitdem wissen wir auch um die tiefere Bedeutung, um das Geheimnis des Menschenwortes, sowohl des Wortes in der Verkündigung als auch des Wortes in sich. Wo ein Prediger Gottes Wort auszulegen sucht, ein Dichter das richtige Wort prägt, ein Schauspieler als echter Künstler dem Wort Gestalt und Leben gibt, da steht geheimnisvoll hinter allem immer wieder jenes andere Wort, das aller Worte Wort ist, der Logos.

Von diesem Logos heißt es, er sei »bei Gott« und zugleich, »er ist Gott«. Es gibt also in Gott wenigstens zwei Personen. Von einer dritten ist hier noch nicht die Rede. Das ist etwas, was unser Verstehen völlig übersteigt. Und auch alle Theologie kann es durch ihr Nachsinnen und ihre Systeme nicht erklären. Wenn sie es wirklich erklärt, muss das System falsch sein, denn das Unerklärliche kann man nicht restlos klarmachen.

Wenn es dann im dritten Gedankenkreis noch heißt, das Wort sei Fleisch geworden, also der Gegensatz von Geist und Fleisch, von Schöpfer und Geschöpf, von Gott und Mensch endgültig überwunden ist, wird das Erstaunliche noch größer.

So zwingen diese Gedanken, die ja nur das Präludium zum ganzen Evangelium bilden, zur Anerkennung des schlechthin unfasslichen, geheimnisvollen Wesens Gottes und auch des menschgewordenen Gottes, Jesus Christus. Wir können in der Natur nach den Spuren Gottes forschen, in den Schriften von Theologen, Mystikern, Heiligen diese Kenntnis erweitern, aber je tiefer wir in diesen Wald eindringen, desto überwältigender wird uns die Undurchdringlichkeit dieses (Ur-)Waldes bewusst. Gott ist immer wieder der ganz andere, der Geheimnisvolle und Unzugängliche. In dem Augenblick, da du nach ihm greifst, entzieht er sich dir, aber nur, um sich wieder aufs Neue kundzutun. Das Nachsinnen über Gott ist das tiefste Spiel des Geistes und zugleich des Menschen ernsteste Beschäftigung, und Theologie ist das interessanteste, mit leidenschaftlicher Liebe zu betreibende Studium.

2. *Das Verhältnis Gottes zu uns:* Drei Worte sind im Prolog besonders hervorgehoben: Licht – Leben – Gnade.

Licht: Das erste Schöpfungswort »Es werde Licht« und die erste Feststellung »Und es wurde Licht« ist wie der erste Jubelruf der Schöpfung, weil nun das Dunkel überwunden ist, der Mensch die Nacht nicht mehr fürchten muss, selbst nicht die Nacht des Todes. Sooft er das Licht des Tages aufleuchten sieht, das Spiel des Lichts in allen Farben bewundert, kann er um Christus als das Licht der Welt wissen. Zum natürlichen Licht kommt das übernatürliche der Erleuchtung durch die Offenbarung. Auch hier hat der Mensch ein Licht, das ihm Wege zeigt und Durchblicke ermöglicht, die ihm sonst verschlossen wären. Darum weiß der Mensch, der die Offenbarung kennt, vieles, das den anderen verborgen ist, und zwar nicht auf diesem oder jenem Teilgebiet irdischer Wissenschaft, sondern in den Fragen des Lebens und Sterbens. Und endlich kommt als Drittes das innere Licht, das der Mensch betend von Gott empfängt. Das hat mit der Naturbeobachtung und dem theologischem Studium nicht unmittelbar zu tun, sondern setzt die seelische Empfänglichkeit, die Reinheit des Herzens voraus, die das Licht auffangen kann. Dann wird Christus in einer anderen, ganz persönlichen Art dem Menschen aufleuchten: *Lumen de lumine.* Es sind Erleuchtungen, die fürs ganze Leben bedeutsam sein können. Der nicht betende Mensch weiß nichts von diesem Reichtum, der betende weiß so viel davon, dass er ihn gegen nichts anderes eintauschen möchte.

Leben: Immer wieder sinnen die Menschen über das Geheimnis des Todes nach: in den Tragödien und Mysterien der Griechen, in alten Kulten der Ägypter, in den Totentänzen des Mittelalters, in der neuzeitlichen Philosophie über die menschliche Existenz als ein Sein zum Tode. In der Tat stehen ja auch Leben und Sterben dem Menschen ständig vor Augen: bei jedem Morgen, der taufrisch den Menschen weckt, bei jedem Frühling, der die Wiesen mit Blumen übersät und aus hartem Gezweig die weichen Blätterschleier zaubert, bei jeder jungen Mutter, die Leben zur Welt bringt, bei jeder Generation, die neue Aktivität entfaltet. Aber auch dieser Wechsel von Leben und Tod ist nur wie ein äußeres Spiel, hinter dem sich ein tiefer innerer Ernst verbirgt, denn das wahre Leben ist Christus und der eigentliche Tod ist der Abfall von Christus. Das Ja des Gehorsams, das Christus gesprochen hat, führte durch den äußeren Tod zum lebendigen Gott. Das Nein der Sünde führt durch äußeren Lebensgenuss in die Todesstarre der Gottferne. Vor diese Entscheidung ist der Mensch gestellt. Und darum ist jedes Sinnen über Leben und Tod letztlich eine religiöse Angelegenheit.

Gnade: Der Prolog stellt die Gnade dem Gesetz gegenüber. So macht es ja auch Paulus. Gesetz ist ein Müssen, Gnade ein Dürfen. Gesetz ist Aufgabe, Gnade ist Gabe. Gesetz ist starr, Gnade ist lebendig. Gesetz hat ein hartes und strenges Antlitz, Gnade ein gütiges Lächeln. Immer wieder meint eine zwar begreifliche, aber falsche Religiosität, es hänge letztlich alles am Tun des Menschen und dieses Tun sei Erfüllung eines gottgegebenen Gesetzes. Aber das bringt im Grunde genommen die Religion nur in Verruf, sie wird zur Last, sie schränkt die Freiheit ein und beeinträchtigt alle sprühende Lebenslust. In Wirklichkeit ist das Erste die frei geschenkte Gnade des Herrn und damit die Liebe. Alles menschliche Tun ist dann nur liebende Antwort. So bekommt die Frömmigkeit etwas Frohes, Freies, etwas Gelöstes. Das besagt nicht, dass es keine Verpflichtungen gibt. Aber diese werden dann geliebt und gar nicht oder kaum als Gesetz empfunden. Gesetzlichkeit führt zum Tod, Gnade durch den gnädigen Gott zum Leben. Christus ist menschgewordene Gnade.

DIE MESSIANISCHE ZEIT IST ANGEBROCHEN

Joh 1,19–28

Durch das feierliche Portal des Johannesprologs betritt man den Vorraum des Heiligtums. Dass Jesus selbst, das fleischgewordene Wort Gottes, dieses Heiligtum ist, steht aus dem Prolog bereits fest. Aber bevor das eigentliche Wirken Jesu beginnt, wird es im johanneischen Bericht in doppelter Weise vorbereitet: durch Johannes den Täufer als Vorläufer und durch Jesus selbst.

Und dies ist das Zeugnis des Johannes, als die Juden von Jerusalem aus Priester und Leviten zu ihm sandten mit der Frage: Wer bist du? Er bekannte und leugnete nicht; er bekannte: Ich bin nicht der Christus. Sie fragten ihn: Was dann? Bist du Elija? Und er sagte: Ich bin es nicht. Bist du der Prophet? Er antwortete: Nein. Da sagten sie zu ihm: Wer bist du? Wir müssen denen, die uns gesandt haben, Antwort geben. Was sagst du über dich selbst? Er sagte: Ich bin die Stimme eines Rufers in der Wüste: Ebnet den Weg für den Herrn!, wie der Prophet Jesaja gesagt hat. Die Abgesandten gehörten zu den Pharisäern. Sie fragten Johannes und sagten zu ihm: Warum taufst du dann, wenn du nicht der Christus bist, nicht Elija und nicht der Prophet? Johannes antwortete ihnen: Ich taufe mit Wasser. Mitten unter euch steht einer, den ihr nicht kennt, der nach mir kommt; ich bin nicht würdig, ihm die Riemen der Sandalen zu lösen. Dies geschah in Betanien, jenseits des Jordan, wo Johannes taufte.

Schon im Prolog war zweimal auf das Zeugnis des Johannes hingewiesen worden. Nun wird dieses Zeugnis ausgeführt, und zwar in doppelter Verkündigung.

Die *Frage*, die an den Täufer gerichtet wird, gibt ihm Anlass zu seinem Zeugnis. Es ist nicht irgendjemand, der die Frage an ihn stellt, sondern wichtige, offizielle, beglaubigte Fragesteller kommen zu ihm. Offenbar sind es zwei Gruppen, die sadduzäischen Priester und Leviten einerseits und die Pharisäer anderseits. Dementsprechend ist auch die Fragestellung eine doppelte.

Die *erste* Frage lautet: »Wer bist du?« Die Priesterschaft aus Jerusalem, die für das Wort Gottes und den Kultus verantwortlich ist, hat das Recht und die Pflicht, sich nach seiner Sendung und Bevollmächtigung zu erkundigen. Die Frage hat also ihr Gewicht. Darum nimmt der Gefragte auch, ohne auszuweichen, klar und eindeutig Stellung. Zuerst betont er, was er nicht sei. Vor allem ist er nicht der Messias. Er hat die messianische Zeit ausgerufen, das Kommen des Messias verkündet und damit eine messianische Bewegung ausgelöst. Eine große Unruhe hat sich des Volkes bemächtigt. Die Erregung wächst ständig. Viele halten ihn für den Messias. Darum seine klare Ablehnung: Er ist es nicht. Er ist auch nicht Elias, der nach der Tradition vor dem Ende kommen soll. Sein Erscheinen ist Zeichen für den Anbruch der messianischen Endzeit. Aber der Täufer, der in Lebensweise, Gewand und Auftreten in manchem dem großen Eiferer Jahwes gleicht, ist in Wirklichkeit nicht Elias. Er ist auch nicht »der Prophet«. Es ist nicht ganz eindeutig, was damit gesagt sein soll. Vielleicht ist damit der letzte große Prophet gemeint, auf den das Volk wartet, vielleicht auch *der* Prophet im vollen Sinne des Wortes, d. h. der in besonderer Weise von Gott zum Sprechen Gesandte, nämlich Mose. Auf dem Tabor werden Mose und Elias erscheinen. Vielleicht ist er gemeint. Auf alle Fälle lehnt Johannes der Täufer auch diese Vorstellung ab. Aber die Fragesteller sind mit dem Nein nicht zufrieden. Sie wollen positive Antwort. Sie wird ihnen zuteil.

Stellung und Aufgabe des Täufers ist im Hinweis des Propheten Jesaja gegeben (vgl. Jes 40). Dort wird dem Volk in der Gefangenschaft das große Wort des Trostes gegeben: »Es wird eine Stimme hören, die ruft: In der Wüste bereitet dem Herrn eine Straße.

Jedes Tal soll ausgefüllt, jeder Hügel abgetragen werden, denn die Herrlichkeit des Herrn soll erscheinen.« Das Bild, dass der Herr in Herrlichkeit auf einer königlichen Straße kommen wird, soll sich jetzt erfüllen. Das Wort des Prologs von der Herrlichkeit wird hier aufgegriffen. Diese Herrlichkeit des kommenden Herrn wird angekündigt. Der Täufer ist diese Stimme. Er ist Rufer, Herold, Ansager. Er fordert Bereitung und Bereitschaft und verheißt das Kommen der Herrlichkeit des Herrn. Damit ist seine Aufgabe eindeutig umrissen. Sie ist Forderung und Verheißung.

Jeder Mensch, der im Dienst Gottes steht und wirkt, vor allem jeder Priester und Prediger, aber auch jeder Christ, soll sich dieser seiner Funktion bewusst sein. Er ist nicht selbst der entscheidende Helfer, sondern nur dessen Ansager und Wegbereiter. Er ist auch nicht ein Elias, der in erster Linie in der Kraft seines Feuerwortes und seines Bußlebens wirkt. Er ist auch nicht ein Prophet, der aufgrund besonderer innerer Begnadigung redet, sondern er ist nicht mehr, aber auch nicht weniger als der Hinweis auf Christus, Wegbereiter für sein Kommen. Es gilt aber auch für jeden Menschen selbst, dass er sich bereiten muss und nach bestem Wissen und Können alles abtragen soll, was dem Herrn im Weg steht, und alles ergänzen soll, was fehlt. Es wird immer eine holprige Straße bleiben und sie wird immer in der Wüste sein. Aber wenn der Herr kommt, wird seine Herrlichkeit alles überglänzen und überstrahlen, sodass Wüste und Unebenheit im Licht Gottes verschwinden.

Die zweite Gruppe, die Pharisäer, stellt die *zweite* Frage. Es ist die Frage nach dem Tun des Vorläufers. Was er ist, geht aus seiner Antwort eindeutig hervor. Umso erstaunlicher scheint ihnen sein Wirken, dass er nämlich tauft. Das Taufen war nichts völlig Neues. Die Waschung des Körpers als Zeichen der seelischen Läuterung ist ein Natursymbol, findet sich darum auch bei verschiedensten Völkern und Religionen. Religiöse Reinigungsbäder waren auch bei den Essenern in Übung, denen Johannes der Täufer nahestand. Die Schriftrollen vom Toten Meer haben uns über diese Waschungen und Läuterungen genauen Aufschluss gegeben. Aber im Gesetz des Mose ist von der Taufe nicht die Rede. Darum wollen diese gesetzestreuen Pharisäer wissen, warum Johannes die Taufe vornimmt. Die Antwort des Täufers ist klar. Er stellt seine Taufe und damit sein Tun dem Tun des Messias gegenüber. Was er selbst tut, bedeutet nicht viel. Es ist nur ein Taufen mit Wasser, also nur Zeichen, Symbol, Vorbereitung, nichts anderes, als was bisher schon geschah. Er steht in der Linie alles Bisherigen, nur als Letzter dieser Linie. Aber das andere Neue, genauer *der* andere kommt nun, ja er ist schon da. Er steht mitten im Volke Israel, aber sie kennen ihn nicht. Der Täufer nennt noch keinen Namen, bezeichnet die Person noch nicht konkret. Aber er sagt, dass nun das messianische Reich anbricht. Der Messias ist bereits in ihrer Mitte. Dieser steht aber auf einer ganz anderen Ebene. Er ist das völlig Neue. Der Unterschied ist so groß, dass der Täufer sich nicht einmal für würdig hält, ihm Sklavendienste zu leisten und ihm die Schuhriemen zu lösen. Der Unterschied ist also größer als zwischen Herr und Knecht. Es ist der Unterschied zwischen göttlichem König und menschlichem Herold, zwischen Gott und Mensch.

Dann geht aber der Täufer noch weiter. Er sagt nicht nur, dass das messianische Reich gekommen und der Messias schon da sei, sondern er führt diesen nun persönlich ein.

JESUS IST DER MESSIAS

Joh 1,29–34

Am Tag darauf sah er Jesus auf sich zukommen und sagte: Seht, das Lamm Gottes, das die Sünde der Welt hinwegnimmt! Er ist es, von dem ich gesagt habe: Nach mir kommt ein Mann, der mir voraus ist, weil er vor mir war. Auch ich kannte ihn nicht; aber ich bin gekommen und taufe mit Wasser, damit er Israel offenbart wird.

Und Johannes bezeugte: Ich sah, dass der Geist vom Himmel herabkam wie eine Taube und auf ihm blieb. Auch ich kannte ihn nicht; aber er, der mich gesandt hat, mit Wasser zu taufen, er hat mir gesagt: Auf wen du den Geist herabkommen und auf ihm bleiben siehst, der ist es, der mit dem Heiligen Geist tauft. Und ich habe es gesehen und bezeugt: Dieser ist der Sohn Gottes.

Auch dieses zweite Zeugnis ist in zwei Abschnitte gegliedert, in die Verkündigung und in den Beweis.

Die Verkündigung ist schlicht und groß zugleich. Johannes sieht Jesus auf sich zukommen, ihn, von dem er gesagt hat, dass er bereits in ihrer Mitte stehe, bisher ungenannt und unbekannt, schlicht wie einer von ihnen, wirklich Mensch geworden. Aber jetzt weist der Täufer auf ihn hin mit dem Wort »Seht«. Damit wird Jesus aus ihrer Mitte herausgehoben. Ihre Ahnungslosigkeit ist zu Ende. Die Verkündigung des Täufers erreicht ihren Höhepunkt. Alle Linien seiner Worte und seines Taufens laufen in dem einen Punkt zusammen. Seine ganze Gestalt tritt nun zurück vor der Hand und dem Finger, der auf den anderen hinweist: »Seht.«

»Das Lamm Gottes, das die Sünde der Welt hinwegnimmt.« Zwei prophetische Linien treffen sich hier, die Linie des demütigen Geopfertwerdens und die Linie des machtvollen Erlösens. Das Lamm, das geschlachtet wird, ist der Messias, wie das

Knecht-Jahwe-Lied des Propheten Jesaja ihn schildert. Er lässt sich zur Schlachtbank führen ohne Widerstand, in geduldiger Opferbereitschaft. Zugleich ist der Text Hinweis auf das Paschalamm, dessen Opferblut Israel vor dem Würgengel bewahrt und seine Erstgeburt gerettet hat. Jesus wird das wahre Lamm sein, die eigentliche Erstgeburt Gottes. Sein Blut bewahrt das wahre Gottesvolk vor dem Würgengel Sünde und Satan, der es mit dem ewigen Tod bedroht. Die zweite Linie der Propheten ist Hinweis auf das Glück des befreiten und erlösten Volkes. Der Messias wird Schuld und Sünde hinwegnehmen und damit das Volk aus der geistigen Knechtschaft in die Freiheit des wahrhaft gelobten Landes, also ins vollendete Reich Gottes führen. Erste und zweite Ankunft Christi, Menschwerdung und Parusie, Opfertod und Herrlichkeit, Niederlage und Sieg klingen in diesem Hinweis zusammen. So ist im Anfang bereits das Ende enthalten, in der Täuferbotschaft des Johannesevangeliums fehlen die drohenden, scheltenden Worte des Täufers. Es ist da nicht die Rede vom Fegen der Tenne, von der Axt, die an die Wurzel gelegt ist, von Schlangenbrut und Natterngezücht und vom drohenden Gericht. Die ganze Botschaft ist in ihrer letzten Tiefe und Größe verkündet im Hinweis auf den sühnenden Opfertod des Gotteslammes. Zugleich ist auch der enge Rahmen Israels gesprengt, denn es ist die Rede von der Sünde der Welt. Deren Tilgung besagt die Universalität des Heils. Der Messias ist somit nicht national-irdisch, sondern geistig-göttlich.

Durch den Hinweis auf Jesus erhält auch das erste Täuferzeugnis seine letzte Deutlichkeit: »Er ist es, von dem ich gesagt habe: Nach mir kommt ein Mann, der mir voraus ist, weil er vor mir war.« Die geheimnisvolle, allgemein gehaltene Aussage ist jetzt verdeutlicht durch den Hinweis auf den einen Jesus. Es gibt nun keine Unsicherheit und keine Zweifel mehr. Jesus ist der Größere, der ihm in jeder Hinsicht voraus ist, zeitlich und wertmäßig, im Sein und im Tun, im Wort und im Werk. Johannes liefert auch den *Beweis* für die Richtigkeit seiner Aussage. Oder besser, der Beweis ist ihm von Gott selbst geliefert worden, denn Gott hat ihm gesagt, dass er den Geist wie eine Taube auf ihn herabsteigen sehen wird. Dieses Zeichen ist geschehen. Johannes hat es geschaut, der Beweis ist also erbracht. Die Taube ist das Symbol des leisen, liebenden Schwebens. Der Schöpfergeist, der über der Urflut schwebte, ruht auf Jesus. Die Taube, das Zeichen, dass die Sintflut zu Ende, die Sünde vergeben sei, ist hier Zeichen der verzeihenden Liebe Gottes, die uns im Geist Jesu gegeben ist. Weil aber Jesus den Geist Gottes besitzt und von ihm erfüllt ist, kann er diesen Geist auch spenden. Dadurch wird sein Taufen etwas ganz anderes. Das Zeichen wird abgelöst durch die Wirklichkeit. Die nur äußere und nur gesetzliche Waschung weicht nun der inneren Läuterung der Herzen. Das Zeichen wird jetzt geisterfüllt und zum Geistträger. Der bloße Ritus wird zum Sakrament. So sind Wort und Werk, Botschaft und Taufe des Johannes Hinweis auf Jesus, das menschgewordene Wort, dessen Werk die Tilgung der Sünde und Erneuerung der Menschheit ist.

Der ganze Abschnitt schließt mit den klaren Worten: »Und ich habe es gesehen und bezeugt: Dieser ist der Sohn Gottes.« Jesus ist der aus Gott Geborene, der durch die Taufe den Menschen die Wiedergeburt schenkt. Er ist der, in dem die Fülle des lebendigen Gottes lebt und der darum das Leben aus Gott den Menschen spendet. Er ist das Lamm, das geopfert wird. Aber sein Tod wirkt Leben.

Das Zeugnis des Täufers ist ungewöhnlich reich. Es besagt, dass die messianische Zeit gekommen ist, dass die Propheten nun ihre Erfüllung finden, dass die Symbole der Wirklichkeit weichen, dass das wahre Paschalamm nun geschlachtet wird, weil der Knecht Jahwes sich zur Schlachtbank führen lässt, dass nun der Geist Gottes durch den geschenkt wird, der nicht mit Wasser, sondern mit dem Heiligen Geiste tauft. All das geschieht, weil nun Jesus, der Sohn Gottes, da ist. Die Vorbereitung ist vollendet, die Verkündigung ist erfolgt. So kommt denn nun Jesus selbst.

Reflexion

JOHANNES DER TÄUFER

Er ist menschlich gesehen *ein Einsamer.* In der Einsamkeit einer Art klösterlicher Siedlung in der Wüste wächst er heran, wie die Handschriften von Qumran es nahelegen. Er liebt diese Einsamkeit, denn dort stören ihn weder der Lärm noch das Geschwätz der Menschen. Er kann ganz auf Gott und sein Wort lauschen und über sein Wesen nachsinnen. Alle Großen haben die Einsamkeit geliebt, die Einsamkeit der Berge, der Höhlen, der Klöster und nicht zuletzt die Einsamkeit der Wüste mit ihrem eigenartigen Zauber der sich dehnenden Unendlichkeit und des flimmernden und erhabenen friedlichen Lichts. Ein Einsamer war Abraham zu der Zeit, da er noch als Halbnomade seine Schafe hütete. Ein Einsamer war Mose, geächtet, verfolgt, fremd unter den Hirten am Sinai. Ein Einsamer war Elias, nach dem sich der Täufer kleidet und nährt. Ein Einsamer war Jeremias, den das Volk nicht verstanden hat. So ist auch der Täufer ein Einsamer. Und selbst am Ufer des Jordan, als ein Jüngerkreis sich um ihn schart, schickt er diese Jünger zu Jesus und bleibt als Einsamer zurück. Einsam verbringt er seine letzten Wochen im dunklen Verlies der Bergfestung, einsam und von allen verlassen stirbt er. Es ist nicht so sehr seinc äußere Entsagung, die in seinem asketischen Leben sichtbar wird und einer Zeit des Materialismus eine erschütternde Predigt hält, sondern es ist vor allem die innere, seelische Einsamkeit, seine Loslösung von den Menschen, sein Alleinstehen und seine einmalige, nur von ihm zu erfüllende und erfüllte Aufgabe, die Stimme des Rufers zu sein, der Finger, der unmittelbar auf den Herrn hinweist, Vorläufer des menschgewordenen Gottes. Ein tiefer Ernst und eine besondere Stille zeichnen dieses Antlitz. Und doch leuchten darin wie funkelnde Sterne zwei beglückte Augen, denn

Johannes ist ein *Beglückter.* Er durfte Christus schauen und die Menschen auf sein Kommen vorbereiten. Und zwar hat er in diesem Schauen durch Gottes Führung viel gelernt. Er dachte sich zuerst den Messias nur als den großen Richter Israels, der die Tenne fegt, mit der Axt die fälschlich aufragenden Bäume fällt und im Feuer des Gerichtes alles verbrennt, was nicht Gottes würdig ist. Die Unheimlichkeit Gottes stand im Vordergrund. Dann hat er aber Christus gesehen, wie er sich als Mensch unter die Menschen reiht, die Taufe der Buße empfängt, die Sünden der Menschen auf sich nimmt und als das Lamm bereit ist, sich schlachten zu lassen für die Menschen. Dadurch hat Johannes umgelernt und dann seinen Jüngern den Hinweis auf Jesus gegeben in den Worten: »Seht das Lamm Gottes.« So ist sein inneres Erkennen von der Strenge zur Milde, vom brennenden Feuer des Gerichtes zur stillen Flamme der Liebe, vom Strafen zum Mittragen, vom Verurteilen zum Sühnen geschritten. Diese Erkenntnis war für den sinnenden Mann etwas Beglückendes. Mehr und mehr hat dann die Freude die Oberhand in ihm gewonnen, bis er den eigenen Jüngern, die mit Eifersucht ihm berichteten, dass die Jünger Jesu tauften, die Antwort geben konnte: »Der Freund des Bräutigams freut sich, wenn er die Stimme des Bräutigams hört.« So weiß sich dieser Stille und Einsame hineingenommen in die Hochzeit des Freundes. Und während er äußerlich blutet als Opfer einer eifersüchtigen Frau und einer sex-appealigen Tänzerin, war er innerlich voll Freude, weil sein Tod ihn dem Bräutigam nähergeführt hat.

DIE ERSTEN JÜNGER

Joh 1,35–51

Am Tag darauf stand Johannes wieder dort und zwei seiner Jünger standen bei ihm. Als Jesus vorüberging, richtete Johannes seinen Blick auf ihn und sagte: Seht das Lamm Gottes! Die beiden Jünger hörten, was er sagte, und folgten Jesus. Jesus aber wandte sich um, und als er sah, dass sie ihm folgten, sagte er zu ihnen: Was sucht ihr? Sie sagten zu ihm: Rabbi – das heißt übersetzt: Meister –, wo wohnst du? Er sagte zu ihnen: Kommt und seht! Da kamen sie mit und sahen, wo er wohnte, und blieben jenen Tag bei ihm; es war um die zehnte Stunde.

Andreas, der Bruder des Simon Petrus, war einer der beiden, die das Wort des Johannes gehört hatten und Jesus gefolgt waren. Dieser traf zuerst seinen Bruder Simon und sagte zu ihm: Wir haben den Messias gefunden – das heißt übersetzt: Christus. Er führte ihn zu Jesus. Jesus blickte ihn an und sagte: Du bist Simon, der Sohn des Johannes, du sollst Kephas heißen, das bedeutet: Petrus, Fels. Am Tag darauf wollte Jesus nach Galiläa aufbrechen; da traf er Philippus. Und Jesus sagte zu ihm: Folge mir nach! Philippus war aus Betsaida, der Stadt des Andreas und Petrus. Philippus traf Natanaël und sagte zu ihm: Wir haben den gefunden, über den Mose im Gesetz und auch die Propheten geschrieben haben: Jesus, den Sohn Josefs, aus Nazaret. Da sagte Natanaël zu ihm: Kann aus Nazaret etwas Gutes kommen? Philippus sagte zu ihm: Komm und sieh! Jesus sah Natanaël auf sich zukommen und sagte über ihn: Sieh, ein echter Israelit, an dem kein Falsch ist. Natanaël sagte zu ihm: Woher kennst du mich? Jesus antwortete ihm: Schon bevor dich Philippus rief, habe ich dich unter dem Feigenbaum gesehen. Natanaël antwortete ihm: Rabbi, du bist der Sohn Gottes, du bist der König von Israel! Jesus antwortete ihm: Du glaubst, weil ich dir sagte, dass ich dich unter dem Feigenbaum sah; du wirst noch Größeres als dieses sehen. Und er sprach zu ihm: Amen, amen, ich sage euch: Ihr werdet den Himmel geöffnet und die Engel Gottes auf- und niedersteigen sehen über dem Menschensohn.

Die Ereignisse sind nicht nur äußerlich miteinander verknüpft, sodass es bei der ersten Jüngerberufung heißt »am Tag darauf« und beim ersten Wunder »am dritten Tag darauf«, sondern die Verbindung ist auch eine innerliche, denn Johannes der Täufer, von dem bisher die Rede war, schickt die ersten Jünger zu Jesus. Und zwar durch den gleichen Hinweis, den er bereits gebraucht hatte, nämlich durch das Wort vom Lamm Gottes.

Die ersten zwei: Sie kommen von Johannes und werden durch ihn zu Jesus geführt. Johannes hat selbst einen Jüngerkreis um sich gesammelt. Das Meister-Jünger-Verhältnis war schon bei den Propheten in Israel und dann später überhaupt bei den Gesetzeslehrern etwas sehr Häufiges. Überraschend ist höchstens, dass es Männer aus Galiläa sind, die hier diesem Jüngerkreis angehören. Durch ihre politisch exponierte Stellung waren sie für den messianischen Gedanken besonders empfänglich. Sie hatten wohl bei ihren Wallfahrten zu den Festen nach Jerusalem vom Täufer gehört, seinen Worten gelauscht und waren durch ihn gewonnen worden. Der eine ist offenbar Johannes selbst. Die ganze Art, wie er die Szene schildert, wie er äußerlich zurücktritt und doch in Wirklichkeit im Vordergrund steht, zeigt es. Der andere ist Andreas. Sein griechischer Name weist auf sein Wohnen im Grenzland hin, wo man mit Fremden mehr zu tun hatte und dem fremden Einfluss leichter zugänglich war. Sie hatten wohl den Täufer schon tags zuvor von Jesus reden hören und wohl auch mit ihrem Meister über ihn gesprochen. Der Hinweis »Seht das Lamm Gottes« ist für sie nicht nur Mitteilung, sondern Aufforderung, Jesus zu folgen. Die Selbstlosigkeit des Täufers, der die Menschen nicht für sich haben und um sich gruppieren will, sondern sie weiterführt zu Jesus hin, ist Vorbild für jeden, der im Dienst Christi mit

Menschen zu tun hat. Der rechte Jünger sucht nicht sich, sondern Christus, will darum die Menschen nicht an sich binden, sondern sie weiterleiten zu Christus hin.

Was sucht ihr? Das erste Jesuswort im Johannesevangelium ist eine Frage. Und zwar eine Frage, die ins Innere des Menschenherzens greift, um verborgene Wünsche sichtbar zu machen und gerade dadurch das, was im Herzen verschlossen ist, zu öffnen. Der suchende Mensch findet. Nur wer weiß, dass ihm noch etwas fehlt, ist empfänglich. Der Satte ist für Gott verschlossen.

Die Antwort der beiden lautet: *Meister, wo wohnst du?* Die Anrede »Meister« erkennt Jesus als Gesetzeslehrer an, als Führer, dem sie Gefolgschaft zu leisten gewillt sind. Die Frage nach seiner Wohnung besagt vorläufig nur, dass sie mit ihm sprechen und ihn kennenlernen wollen. Alles Weitere bleibt noch offen.

Kommt und seht! Es wird nichts von seiner Wohnung ausgesagt, auch nichts über die Gespräche, die er mit den beiden ersten Jüngern führte. Aber das Ergebnis ist aus ihren Worten ersichtlich: »Wir haben den Messias gefunden – das heißt übersetzt: Christus.« Das war ihre Sehnsucht und ihr Wunsch. Nun ist ihr Suchen belohnt, ihr Wunsch erfüllt. Ihr Leben hat den entscheidenden Inhalt gefunden. Die Stunde der Berufung war die Schicksalsstunde ihres Lebens. Sie sind sich dessen so sehr bewusst, dass sie ausdrücklich feststellen »Es war um die zehnte Stunde«, also nachmittags vier Uhr. Den Anruf Christi innerlich zu vernehmen, den Herrn kennenzulernen, in seine Jüngerschaft genommen zu werden, ist die große Gnade des Lebens. Es ist das Unvergessliche, das Scheidende und Entscheidende im Leben. Es war auch weltgeschichtlich und heilsgeschichtlich eine große Stunde, denn diese Berufung ist der erste Spatenstich zum Bau der Kirche.

Simon Petrus: Er ist zeitlich nicht der Erstberufene, wird aber in seiner Stellung, amtlich, der Erste sein. Er ist auch nicht unmittelbar durch den Täufer berufen, sondern durch seinen eigenen leiblichen Bruder. Menschen werden durch Menschen zu Christus geführt. Die persönlichen Bande des Blutes oder der Freundschaft werden von Gott benutzt und in den Dienst seiner Pläne gestellt.

Du bist Simon, der Sohn des Johannes. Eine überraschende Feierlichkeit schwingt in diesen Worten. Ihr Grund wird deutlich im neuen Namen, den Jesus ihm gibt. *Du sollst Kephas heißen, das bedeutet: Petrus, Fels.* Die Bedeutung des neuen Namens wird hier noch nicht ausgeführt, aber es ist ersichtlich, dass Jesus etwas Besonderes mit ihm plant. Er wird Fels sein, keineswegs aufgrund seines persönlich gefestigten Charakters – denn gerade das fehlte ihm noch –, sondern einzig und allein aufgrund der Erwählung und Ernennung durch Christus. Er ist der einzige der Apostel, der diesen Namen erhält, weil er der einzige ist, der diese besondere Funktion des Felsens ausüben soll. Er wird die Grundlage der zu bauenden Kirche werden, der besondere Amtsträger, der durch Christus eine besondere Autorität in seiner Kirche haben wird.

Philippus: Diese Berufung hat wieder ein anderes Gepräge. Der Herr sagt ihm kurz und bündig: »Folge mir nach!« Philippus hat dann den Herrn kennengelernt und das Ergebnis ist sein begeisterter Ausruf: »Wir haben den gefunden, über den Mose im Gesetz und auch die Propheten geschrieben haben: Jesus, den Sohn Josefs, aus Nazaret.« Wieder ist es die Erkenntnis, dass Jesus der Messias ist, die Erfüllung von Gesetz und Propheten. Die Zeit ist also erfüllt, das, worauf Israel gewartet hat, ist nun da, und zwar ganz konkret in Jesus, dem Sohn Josefs aus Nazaret. Christus verfügt frei und souverän über Menschen. Er ist der Herr jeder Kreatur, darum auch der Herr des Menschenlebens und Menschenschicksals. Es gibt Berufungen Gottes, die mehr eine leise Einladung sind, wieder andere, die wie ein bewusst oder unbewusst erhofftes Licht durch alle Nebel brechen. Es gibt aber auch Berufungen, durch welche Christus einfach die Hand auf einen Menschen legt: Du bist mein. Ein kurzes, kategorisches »Folge mir!«.

Natanaël wird wieder anders berufen. Sein Freund Philippus redet ihm von Jesus. Die erste Reaktion ist eher ablehnend. »Kann aus Nazaret etwas Gutes kommen?« Er erwartet offenbar aus Jerusalem das Große in Macht und Herrlichkeit. Wie soll der Josefssohn aus dem völlig unbedeutenden Nazaret Messias sein! Aber er will doch dem Rufe nicht einfach ausweichen. So geht er mit seinem Freund, um sich persönlich zu überzeugen, was an der Sache sei. Der erste Schritt dieser Berufung und Folgeleistung ist somit ein vorsichtiges Prüfen, Abwägen, Überlegen. Aber Jesus gibt ihm zu erkennen, dass er die Herzen der Menschen durchschaut. Das liegt schon in seinem ersten Urteil: »Sieh, ein echter Israelit, an dem kein Falsch ist.« Es wird aber vor allem im zweiten Satz sichtbar: »Schon bevor dich Philippus rief, habe ich dich unter dem Feigenbaum gesehen.« Jesus zeigt ihm also, dass er eine Kenntnis hat, die das Bloß-Menschliche übersteigt. Er weiß um verborgene, innerliche Vorgänge. Offenbar hat Natanaël unter dem Feigenbaum über die messianische Bewegung nachgesonnen oder innerlich in Auseinandersetzung sich an Gott gewandt und gebetet. Wir wissen es nicht mit Sicherheit. Auf alle Fälle hat das Wort Christi ihn im Innersten getroffen. Und so lautet seine Antwort: »Rabbi, du bist der Sohn Gottes, der König von Israel.« So ist bei allen Jüngern die messianische Erkenntnis zum Durchbruch gekommen und damit bilden sie des Messias erste Gefolgschaft.

Der Abschnitt schließt mit dem triumphalen Hinweis: »Amen, amen, ich sage euch: Ihr werdet den Himmel geöffnet und die Engel Gottes auf- und niedersteigen sehen über dem Menschensohn.« Das, was Jakob im Traume sah, ist hier Wirklichkeit. Durch das Kommen Christi vom Himmel her ist der Himmel geöffnet. Die Verbindung zwischen Himmel und Erde ist hergestellt. Das Auf- und Niedersteigen der Engel besagt, dass nun alles Verschlossene aufgebrochen ist, dass die große Zeit der Gnade begonnen hat. Damit hat Jesus eine erste Vorbereitung getroffen: Er hat einen ersten Kreis um sich geschart, sich ihnen zu erkennen gegeben als den Messias, der die neue Zeit heraufbringt und große Dinge tun wird.

Es liegt in dieser ersten Begegnung der Jünger mit Jesus noch ein ungebrochener Optimismus, etwas Frühlingshaftes, Strahlendes. Die Jünger haben noch manche falsche Vorstellung. Sie müssen noch geläutert werden und dunkle Nächte durchschreiten. Dann aber wird ihr Glaube und ihr froher Optimismus erst recht aufstrahlen als etwas nicht mehr zu Brechendes, nicht mehr Welkendes und nicht mehr Sterbendes. So ist der Weg jeder Hingabe an Christus und jede echte Nachfolge Christi. Der strahlende Morgen einer Berufung, der keimende Frühling erster Begeisterung darf nicht fehlen. Es ist nur der Anfang, aber immer der Anfang eines wirklich neuen Tages, der Frühling einer neuen Zeit.

Reflexion

DIE JÜNGER

Wir sind an das Wort »Jünger« zu sehr gewöhnt. Nun war es in der Antike sowohl in Griechenland und Rom wie vor allem auch im Orient die eigentlich übliche Art, wie ein hervorragender Lehrer seine Ideen der kommenden Generation vermittelte. Er war Meister und sammelte um sich einen Kreis von Jüngern. Aber bei Christus ist das an sich keine Selbstverständlichkeit. Wir müssen die Tatsache seines Meister-Jünger-Verhältnisses von zwei Seiten her ins Auge fassen.

1. *Von Christus her:* Er *wählt* die Jünger, zum Teil direkt, indem er sie einfach ruft: »Komm, folge mir!«, zum Teil indirekt, indem andere, Brüder oder Freunde, sie ihm zuführen und er sie dann in den Jüngerkreis aufnimmt. Er *schulte* seine Jünger, und zwar nicht durch systematische Vorträge oder Darlegungen über das Gesetz, die Propheten usw., sondern jeweils im Anschluss an das konkrete Leben, die Fragen, die es stellt, die Situationen, die es bietet. Eine besondere Art seiner Einführung in das Wesen seines Reiches ist die Schulung durch Gleichnisse. Diese entsprechen

ja ganz seiner persönlichen Aufgabe, vom Sichtbaren zum Unsichtbaren zu führen, die ganze sichtbare Welt als eine Art Bild und Gleichnis der unsichtbaren Welt Gottes aufzufassen und darzutun. Er *sendet* die Jünger, denn er gibt ihnen Vollmacht und Auftrag. So ist also die Jüngerschaft bei Christus etwas ganz Besonderes.

Die Frage nach dem *Warum* ist wohl am ehesten zu beantworten durch den Hinweis auf das Wesen seiner »Gemeinde«. So wie das alte Volk Gottes hierarchisch gebaut war, so wollte er nun auch das neue Gottesvolk, seine Gemeinde, die Kirche, hierarchisch bauen. Also nicht von unten nach oben, indem zuerst der Zusammenschluss der Gleichgesinnten erfolgt und aus ihrer Mitte sich dann durch Wahl der Gemeinde selbst und durch besondere Eigenschaft sich Führende herauskristallisieren, sondern immer die Gestaltung von oben nach unten, von Gott her die Wahl, der Auftrag und die Sendung. In einer Zeit des Demokratismus, der als Allheilmittel hingestellt wird, ist es wichtig, diese hierarchische Struktur wieder klar zu sehen. Man kann weder aus der Struktur der Kirche auf eine Idealstruktur des Staates schließen noch umgekehrt. Sondern beide Mächte sind in sich souverän, im innersten Wesen voneinander unabhängig, und gerade eine verschiedene Jüngerstruktur von Staat und Kirche, also etwa einer hierarchisch-monarchischen Struktur der Kirche und einer demokratischen Struktur des Staates, schafft im Volk und in der Menschheit einen Ausgleich, der von großer Bedeutung ist.

2. *Von den Jüngern her:* Maßgebend für die Jüngerschaft sind nicht in erster Linie persönliche Qualitäten, etwa der Intelligenz, des Charakters, der besonderen Begabungen usw., sondern entscheidend ist das Wesen der Jüngerschaft, das Geöffnetsein des Einzelnen nach oben, die Bereitschaft, dem Ruf zu folgen, und zwar nicht nur einem ersten Ruf, sondern dem jeweiligen Ruf. Innere Wachheit und Hellhörigkeit, eine seelische Sensibilität, verbunden mit wirklicher Energie und mit Charakter, sind das Wesentliche. Weil Gott das Entscheidende tut, ist vom Jünger her die

Bereitschaft notwendig, Gott das Entscheidende tun zu lassen und menschlich zum Mittun ehrlich gewillt zu sein.

Es gibt auch ein Wachstum in der Jüngerschaft. Wachstum ist ein tiefes inneres Erfassen der Verbundenheit des Menschen als Werkzeug mit der Hand Gottes als dem eigentlichen ausführenden und entscheidenden Faktor. Je mehr das Werkzeug sich dieser Hand einfügt und einschmiegt, desto besser. Versager im Einzelnen sind nicht schlimm, solange die grundsätzliche Haltung richtig ist.

Das wichtigste Tun des Jüngers ist dementsprechend das Zeugnisgeben für einen anderen, eben für Christus. Es geht darum bei seiner Verkündigung nicht um Rhetorik, sondern um ein Zeugnisgeben aufgrund des persönlichen Überzeugtseins. Der Jünger führt andere nur zum Meister, wenn er sich selbst als Jünger dieses Meisters weiß und ihn den alleinigen Meister sein lässt und als wirklichen Meister verkündet.

DAS ERSTE ZEICHEN

Joh 2,1–11

Am dritten Tag fand in Kana in Galiläa eine Hochzeit statt und die Mutter Jesu war dabei. Auch Jesus und seine Jünger waren zur Hochzeit eingeladen. Als der Wein ausging, sagte die Mutter Jesu zu ihm: Sie haben keinen Wein mehr. Jesus erwiderte ihr: Was willst du von mir, Frau? Meine Stunde ist noch nicht gekommen. Seine Mutter sagte zu den Dienern: Was er euch sagt, das tut! Es standen dort sechs steinerne Wasserkrüge, wie es der Reinigungssitte der Juden entsprach; jeder fasste ungefähr hundert Liter. Jesus sagte zu den Dienern: Füllt die Krüge mit Wasser! Und sie füllten sie bis zum Rand. Er sagte zu ihnen: Schöpft jetzt und bringt es dem, der für das Festmahl verantwortlich ist! Sie brachten es ihm. Dieser kostete das Wasser, das zu Wein geworden war. Er wusste nicht, woher der Wein kam; die Diener aber, die das Wasser geschöpft hatten, wussten es. Da ließ er den Bräutigam rufen und sagte zu ihm: Jeder setzt zuerst den guten Wein vor und erst, wenn die Gäste zu viel getrunken haben, den weniger guten. Du jedoch hast den guten Wein bis jetzt aufbewahrt.

So tat Jesus sein erstes Zeichen, in Kana in Galiläa, und offenbarte seine Herrlichkeit und seine Jünger glaubten an ihn.

Die Einzelheiten: Am dritten Tag: Die zeitliche Verknüpfung der Ereignisse zeigt, dass die Begebenheiten zusammengehören und eine Einheit bilden: die Einheit der Vorbereitung.

Eine Hochzeit ist zu Kana in Galiläa. Offenbar handelt es sich um Bekannte oder Verwandte Jesu und seiner Mutter. Sonst wären diese nicht eingeladen. Jesus, Maria und die Jünger sind zugegen. Jesus ist kein finsterer Asket. Er lebt unbefangen in der Mitte der anderen und nimmt auch an ihren Festen teil. Der erste Gang mit den Jüngern ist dementsprechend auch nicht in die

Einsamkeit, sondern unter die Menschen. Er schult die Seinen mitten im Leben unter den Menschen.

Der Wein geht den Hochzeitsleuten aus: Eine Hochzeit dauerte sieben Tage. Die Gäste kamen und gingen, offenbar sind mehr gekommen, als man erwartet hat. Die Situation ist jedenfalls peinlich. Maria macht ihren Sohn darauf aufmerksam. Sie erwartet, dass er Abhilfe schaffe, ob auf rein natürlichem Weg oder durch ein Wunder, bleibt offen. Seine Antwort »Was willst du von mir, Frau?« ist zweifellos auf der einen Seite eine Distanzierung und doch auf der anderen Seite keine völlige Ablehnung, denn das Wort Marias an die Diener »Was er euch sagt, das tut« zeigt, dass sie trotz seiner Antwort mit einem Eingreifen rechnet.

Die sechs Steinkrüge, die das Wasser für die vorgeschriebenen Waschungen enthalten, fassen gegen 500 Liter. Jesus lässt sie bis zum Rand füllen und wirkt das Wunder der Wandlung des Wassers in Wein. Er wirkt es ohne ein einziges Wort und ohne irgendeine Gebärde, völlig unauffällig. Niemand bemerkt es. Ahnungslos bringen die Diener dem Speisemeister auf sein Geheiß hin von diesem Wein. Er stellt fest, dass er vorzüglich ist, und macht deshalb dem Bräutigam Vorwürfe, der das Beste bis zuletzt aufbewahrt hat, da die Gäste die Gabe nicht mehr richtig zu schätzen wissen. Johannes betont, dass es das erste Wunder gewesen sei, das Jesus gewirkt habe. Dass er es bei einer Hochzeit wirkt, dass es die Wandlung des Wassers in Wein ist, dass es auf die eigenartige Vermittlung Marias hin geschieht und dass es in besonderer Weise für die Jünger gewirkt wurde, sind Einzelheiten, die nur vom Ganzen her ihre Erklärung finden.

Die Bedeutung: Der Schlüssel zum Verständnis ist durch die zwei Worte gegeben »Meine Stunde ist noch nicht gekommen« und »[Er] offenbarte seine Herrlichkeit und seine Jünger glaubten an ihn«. Wenn Jesus von seiner Stunde spricht, versteht er darunter immer die Stunde seiner Verherrlichung. Darum heißt es auch in Joh 13,1: »Es war vor dem Paschafest. Jesus wusste, dass seine Stunde gekommen war, um aus dieser Welt zum Vater hinüberzugehen.« Sein Heimgang ist der Gang in die Herrlichkeit. Diese Stunde steht von Anfang an vor seinem Geist. Alles ist daraufhin ausgerichtet. Auch seine Worte und sein Handeln zu Kana sind von daher zu erklären.

Seine Worte: Die Haltung seiner Mutter gegenüber ist eindeutig aus diesen Worten ersichtlich. Es liegt darin ein Nicht-mehr und ein Noch-nicht. Die Distanzierung besagt, dass nicht mehr das bisherige private Verhältnis von Mutter und Sohn vorherrschend ist. Das Noch-nicht besagt, dass sein messianisches Reich noch nicht begründet ist. Wenn es begründet sein wird, dann wird Maria wieder eine neue Aufgabe und Funktion haben, die ihr jetzt noch nicht zukommt. Wenn er jetzt trotzdem auf ihre Intervention hin das Wunder wirkt, dann ist es ein augenblickliches, vorübergehendes Aufleuchten des Kommenden, ein Anzeichen dessen, was nachher sein wird, wenn sie die Mittlerin in seinem Reich ist. Daher auch die feierliche Anrede »Frau«. Die Worte erinnern an die Frau im Paradies und die Worte werden wieder aufgegriffen durch Johannes im Passionsbericht und in der Apokalypse, im großen Zeichen am Himmel. Hier ist die Situation in Kana das Zwischen, zwischen damals und zwischen dereinst.

Maria ihrerseits weiß, dass Jesus nun auf andere, höhere Weisung zu achten hat, auf die Weisung seines Vaters im Himmel. Und so tritt sie zurück und spürt doch zugleich, dass er helfend eingreifen wird. Darum die Aufforderung an die Knechte, sich bereitzuhalten, wie immer er eingreifen oder entscheiden mag.

Sein Tun: Sein Kommen auf Erden ist der Beginn der Hochzeitsfeier, denn er ist gekommen als der göttliche Bräutigam, um zu freien um seine Braut, das geistige Israel, die Kirche. Darum führt er die Jünger zu dieser Hochzeitsfeier und verwandelt das Wasser in Wein, um zu zeigen, dass dereinst alles in herrlicher Fülle da sein wird. Wenn man auch einen Hinweis auf das eucharistische Wandlungswunder sehen will, so hat das durchaus einen tiefen Sinn, denn auch die Eucharistiefeier als Teilnahme am Leib und Blut des Herrn ist ja nur eine vorläufige *Communio* mit

Hinweis auf die Wiederkunft des Herrn, bei der dann die wahre *Communio* stattfinden wird, bei der großen Hochzeitsfeier beim himmlischen Hochzeitsmahl.

So ist also Reden und Tun auf das Dereinst ausgerichtet. Darum heißt es auch abschließend: »[Er] offenbarte seine Herrlichkeit.« Das Herrliche, das er hier spricht und wirkt, ist nur ein augenblickliches Aufleuchten der Herrlichkeit, die dereinst bei der Vollendung seines Reiches allen und in besonderer Weise seinen Jüngern zuteilwird. Nun könnten die Jünger wissen, um was es geht. Die Vorbereitung ist abgeschlossen, und zwar mit dem Blick auf das Ende und die Vollendung.

Reflexion

NACH DER HOCHZEIT ZU KANA

Es hat einen besonderen Reiz zu beobachten, wie bei diesem Ereignis eine ganze Reihe wichtiger Dinge leise angedeutet und zum Teil keimhaft schon darin enthalten sind. Johannes zeigt sich hier wieder als Meister der Darstellung. Nichts kommt völlig unvorbereitet, plötzlich, unerwartet. Alles entspricht einem großen, bis in die Einzelheiten gehenden Plan Gottes. Darum die vielen Andeutungen.

Da ist einmal die Tatsache der *Hochzeit.* Der Gang des Meisters mit den Jüngern zur Bauernhochzeit ist ja in der Tat ein etwas merkwürdiger Beginn der Ausbildung, wenn man daneben etwa die Schulung in einem Priesterseminar oder einem Noviziat stellt. Der Hochzeitsgedanke klingt im Evangelium häufig an. Der Täufer nennt sich Freund des Bräutigams. Das Gegenteil zum 16. Ezechiel-Kapitel findet nun seine Erfüllung. Die verworfene Menschheit wird erwählt, sie, welche auf Dirnengängen sich mit allen möglichen Kulten prostituiert hat, wird nun die erwählte Braut, vom göttlichen Bräutigam geliebt und geschmückt und gefreit.

Weiter klingt zum ersten Mal das *Wunder* an. Und zwar wird gleich seine eigentlich religiöse Bedeutung klargelegt: das Wunder als Zeichen. Es geht also nicht um Sensation, auch nicht nur um äußere Abhilfe, sondern es geht um den Erweis der Herrlichkeit und damit um den Ausweis der göttlichen Sendung. Das Wunder als Zeichen soll zeigen, wer hier tätig ist und spricht.

Zum ersten Mal ist hier auch von Maria die Rede, und zwar von Maria mit ihrer Aufgabe im messianischen Reich. Sie sieht die Not und Verlegenheit, wendet sich an Christus als den eigentlichen Helfer, überlässt darum mit ruhigem Vertrauen ihm den Weg der Hilfe. So übt sie die Mittlertätigkeit aus. Nichts liegt ihr ferner, als den Herrn zu verdrängen, sie will im Gegenteil die Menschen zum Herrn führen und auf ihn aufmerksam machen. *Echte* Marienverehrung verdrängt nie Christus, sondern führt zu ihm. Da, wo Maria gewissermaßen von Christus losgelöst wird, natürlich nicht theoretisch, sondern praktisch, da ist in der Verehrung ein wesentlicher Fehler und ist die katholische Linie verlassen.

Weiter ist in der Szene vom *Tun des Menschen* die Rede. Der Auftrag Marias lautet ausdrücklich: »Was er euch sagt, das tut!« Der Mensch muss mitwirken, er muss das Wort Gottes als Auftrag entgegennehmen und danach handeln im Geist des Glaubens, ohne die Einzelheiten immer zu verstehen und ohne das Ganze überblicken zu können. Das Wort des Herrn soll ihm genügen. In der Szene ist weiterhin die Rede *vom Wasser und vom Wein*. Beide spielen im Evangelium eine große Rolle. Das belebende Wasser als Ausdruck des Gottesgeistes wird vor allem im Gespräch mit der Samariterin am Jakobsbrunnen sichtbar werden. Der Wein als Zeichen Christi, der der wahre Weinstock ist, mit dem die Menschen als Rebzweige verbunden sind. Irgendwie ist ganz von ferne auch schon das Element des Sakramentalen angedeutet, weil hier die Substanzen Wasser und Wein in das Geschehen Christi miteinbezogen sind. Der Herr, der hier Wasser in Wein verwandelt, wird später den Wein in sein Blut verwandeln.

Im Bericht über die Hochzeit zu Kana ist weiterhin der Hinweis auf *das Ende* aller Dinge. Denn es wird auffallend betont, dass der gute Wein bis zum Schluss aufgespart wurde, während es bei den Menschen doch sonst umgekehrt der Brauch sei. So ist es auch im Reich Gottes. Das eschatologische Geheimnis gehört wesentlich zum Christentum. Vieles ist jetzt verborgen, was erst am Ende der Tage verständlich und sichtbar wird. Die Blickrichtung auf das Ende gehört zur christlichen Glaubenshaltung. Das Beste wird aufgespart bis zum Ende. Darum ist dies für den Gläubigen nicht etwas Schreckhaftes, sondern etwas Ersehntes.

Und endlich ist die Rede von der *Herrlichkeit* des Herrn, die hier zum ersten Mal aufleuchtet. Es ist wie ein Sonnenstrahl, der alle Tautropfen zum Funkeln bringt, erstaunliches Geleucht verborgener Schönheit.

Beide Elemente gehören einstweilen in der jetzigen Existenz zu Christus: die Verborgenheit und die Herrlichkeit, die Hülle und der Glanz.

Johannes liebt diese Art kurzer Hinweise, fast stichwortartiger Mitteilungen, überlässt es dann dem denkenden und betenden Geist, tiefer einzudringen.

DIE TEMPELSÄUBERUNG

Joh 2,12–25

Danach zog er mit seiner Mutter, seinen Brüdern und seinen Jüngern nach Kafarnaum hinab. Dort blieben sie einige Zeit.

Das Paschafest der Juden war nahe und Jesus zog nach Jerusalem hinauf. Im Tempel fand er die Verkäufer von Rindern, Schafen und Tauben und die Geldwechsler, die dort saßen. Er machte eine Geißel aus Stricken und trieb sie alle aus dem Tempel hinaus samt den Schafen und Rindern; das Geld der Wechsler schüttete er aus, ihre Tische stieß er um und zu den Taubenhändlern sagte er: Schafft das hier weg, macht das Haus meines Vaters nicht zu einer Markthalle! Seine Jünger erinnerten sich, dass geschrieben steht: »Der Eifer für dein Haus wird mich verzehren.« Da ergriffen die Juden das Wort und sagten zu ihm: Welches Zeichen lässt du uns sehen, dass du dies tun darfst? Jesus antwortete ihnen: Reißt diesen Tempel nieder und in drei Tagen werde ich ihn wieder aufrichten. Da sagten die Juden: Sechsundvierzig Jahre wurde an diesem Tempel gebaut und du willst ihn in drei Tagen wieder aufrichten? Er aber meinte den Tempel seines Leibes. Als er von den Toten auferweckt war, erinnerten sich seine Jünger, dass er dies gesagt hatte, und sie glaubten der Schrift und dem Wort, das Jesus gesprochen hatte.

Während er zum Paschafest in Jerusalem war, kamen viele zum Glauben an seinen Namen, da sie die Zeichen sahen, die er tat. Jesus selbst aber vertraute sich ihnen nicht an, denn er kannte sie alle und brauchte von keinem ein Zeugnis über den Menschen; denn er wusste, was im Menschen war.

Johannes gruppiert in der ersten Hälfte seines Evangeliums die Ereignisse jeweils um die Feste in Jerusalem. Damit hat er einen festen Rahmen, ein übersichtliches Ordnungsprinzip und unterscheidet sich wesentlich von den anderen Evangelisten, welche vor allem von den Ereignissen in Galiläa berichten. So lässt er denn auch jetzt gleich zu Beginn Jesus nach einem kurzen Aufenthalt in Kafarnaum hinaufziehen nach Jerusalem zum Osterfest. Bei den folgenden Ereignissen sind, wie überhaupt im Johannesevangelium, zwei Eigenarten dieses Evangelisten besonders zu berücksichtigen. Einmal der Blick für die geschlossene Einheitlichkeit und die durchgehende Linie im Leben Jesu. Johannes hat zu den Ereignissen eine Distanz von fünfzig Jahren. Er lässt infolgedessen viele Einzelheiten als weniger wichtig zurücktreten und arbeitet das Wesentliche schärfer heraus. Er überblickt in dieser Distanz das ganze Wirken des Herrn so, dass alle Dinge ineinandergreifen, das Ende schon am Anfang sichtbar wird und alles schon die Ausrichtung auf jenes Ende hat. Das Zweite ist die typische Art der Darstellung, durch welche das äußere Geschehen immer durchsichtig bleibt zu einem inneren, wesentlicheren Geschehen. Das Sichtbare ist nur das Vordergründige. Johannes lässt durch die Hülle hindurch immer etwas anderes, Hintergründiges durchscheinen. Das gilt sowohl für die Ereignisse als auch für die Reden Jesu. Dadurch erhält alles einen eigentümlichen Doppelklang. Aber gerade diese Art entspricht dem fleischgewordenen Logos, in welchem hinter der Sichtbarkeit des Menschlichen die Unsichtbarkeit Gottes erkennbar wird. Man muss zum rechten Verständnis des Evangeliums diese beiden Eigenarten der Darstellung sich immer vor Augen halten.

Das *Geschehen* ist einfach und ohne Weiteres verständlich. Im Tempelvorhof herrscht ein regelrechter Jahrmarktsbetrieb. An sich war der Verkauf von Opfertieren für die vielen Opfer notwendig. Auch die Buden der Geldwechsler entsprachen einem Bedürfnis, denn das römische, syrische, griechische und ägyptische Geld musste in die landesübliche Währung umgewechselt werden. Das Ungehörige bestand darin, dass sich dieser Marktbetrieb mit dem orientalischen Lärmen und Feilschen immer breiter machte und immer näher ans Heiligtum heranrückte. Dem macht Jesus gewaltsam ein Ende. Mit einer Geißel treibt er die Tiere und auch die Händler zum Tempel hinaus. Den Geldwechslern, die nicht weichen wollen, wirft er die Tische um, sodass die Münzen klirrend über die Steine rollen. Dazu spricht er autoritativ und zornig zugleich die Worte: »Macht das Haus meines Vaters nicht zu einer Markthalle!« Die Juden fordern von ihm die Legitimation zu diesem Vorgehen und verlangen ein Zeichen. Er weist auf den wahren Tempel hin, nämlich auf seinen eigenen Leib, den sie niederreißen werden im gewaltsamen Tod und den er am dritten Tag wieder aufbaut in der Auferstehung. Das ist das entscheidende Zeichen, das er wirken wird und das den Beweis zur Berechtigung seines Lebens und Tuns liefert.

Die *Bedeutung* des Geschehens ist vierfach:

a) Eine Selbstoffenbarung Jesu: Er tritt in Wort und Tat auf als derjenige, der Macht hat. Er braucht keine menschliche Vollmacht einzuholen. Die Macht ist ihm vom Vater im Himmel gegeben und ruht in seinem eigentlichen Wesen. Der Tempel ist das Haus seines Vaters. Er, als der einziggeborene Sohn des Vaters im Himmel, ist also im Tempel zu Hause und hat das Recht, darüber zu bestimmen und zu verfügen. Schon rein menschlich ist sein Auftreten gewaltig, denn allein wagt er es, gegen die Priesterschaft und die Führer Israels aufzutreten. Sie spüren seine Macht und weichen ängstlich. Die Selbstoffenbarung wird im zweiten Element dieses Ereignisses noch besonders deutlich.

b) Der Tempel: Der wahre Tempel ist er selbst. Der steinerne Tempel Israels war nur ein Vorherbild, eine Andeutung, ein Typus des wahren Heiligtums, in welchem der Vater wirklich im Geist und in der Wahrheit angebetet wird. Dieses wahre Heiligtum ist sein eigener Leib, seine menschliche Natur. In dieser Aussage wird das Schillernde und die Durch-Sichtigkeit seiner Rede besonders deutlich. Die Juden reden vom steinernen Tempel, seinem Bauen und seinem Niederreißen. Jesus dagegen redet vom lebendigen Tempel seines Leibes. Und hier wird auch die Einheitlichkeit des Lebens Jesu sichtbar, denn hier gleich zu Beginn redet Jesus schon vom Ende, von seinem Tod und seiner Auferstehung. Die Jünger werden am Ende seines Lebens, am Osterfest nach zwei Jahren, wenn dieser Tempel tatsächlich niedergerissen und durch die Auferstehung wieder aufgerichtet ist, sich dieses Anfangs erinnern und dadurch in ihrem Glauben gestärkt werden. Anfang und Ende greifen ineinander und bilden ein geschlossenes Ganzes. Auch das Wort »Der Eifer für dein Haus wird mich verzehren« bekommt dadurch eine tiefere Bedeutung. Es will nicht nur besagen, dass Jesus innerlich vom Eifer verzehrt wird, sondern dass dieser Eifer Ursache seines Todes sein wird. Denn die Juden werden sich *ihren* Tempel nicht nehmen lassen und darum *seinen* Tempel vernichten. Und doch wird gerade *sein* Ende in Wirklichkeit das Ende *ihres* Tempels bedeuten. Denn der Tempelkult mit den Tieropfern hat durch sein Kreuzesopfer grundsätzlich ein Ende gefunden. Sein Anfang ist ihr Ende. Auch in diesem Sinn greifen hier Anfang und Ende ineinander. Aber auch das dritte Element ist noch beizufügen, damit der Gedankengang vollständig wird.

c) Israel wird gesäubert: Israel war das Haus Jahwes, ein Heiligtum des Herrn. Aber seine Führer haben aus der Religion und besonders aus dem Kult ein Geschäft gemacht. Ihre Frömmigkeit ist in den Dienst des Eigennutzes getreten, ihr Pochen auf Gerechtigkeit aufgrund ihres Tuns hat etwas Geschäftliches, Rechnerisches, Händlermäßiges an sich. Sie wollen sich für ihr Tun von Gott bezahlen lassen, fordern irdischen Lohn im materiellen Wohlergehen. Diesen händlerischen Geist treibt Christus gewaltsam aus und verkündet das Heil durch die Gnade. Sie werden das nicht ertragen und ihn umbringen. Er aber wird durch sein Opfer den neuen Geist einer wahrhaften Anbetung und innerlichen Huldigung bringen, durch den das neue geistige Israel nun wirklich das Haus seines Vaters wird.

d) Ostern: Über der ganzen Szene liegt zugleich das Geheimnis des Osterfestes. Ostern ist das Fest, an dem das Lamm geschlachtet wird, darum weist Jesus jetzt schon hin auf die Schlachtung des wahren Lammes am letzten Tag seines Lebens. Ostern ist weiterhin das Fest der ungesäuerten Brote. Der alte Sauerteig wird ausgefegt. Christus wird den Sauerteig der Sünde entfernen und den Menschen das ungesäuerte Brot des Lebens, in welchem Sünde und Bosheit nicht mehr zu finden sind, bringen. Und Ostern ist das Frühlingsfest einer frohen Tischgemeinschaft. Jesus wird den wahren Frühling eines neuen Lebens bringen und die Tischgemeinschaft der Seinen durch Teilnahme an seinem Fleisch und Blut mit dem Ausblick auf das ewige Osterfest, bei welchem die Seinen endgültig im Haus seines Vaters durch die Gemeinschaft mit ihm eine Gemeinschaft der Heiligen werden.

So sind die Worte Jesu voll tiefsinniger Andeutungen und Hinweise und ist sein Tun machtvoll und geheimnisvoll zugleich. Die Schilderung ist echt johanneisch und in ihrer geheimnisvollen Tiefe nie ganz auszuschöpfen.

Die *Wirkung:* Auf der einen Seite glauben viele an Jesus. Aber es ist nicht der rechte Glaube, denn er beruht zu ausschließlich auf seinen Wundern. Jesus hat offenbar in Jerusalem Wunder gewirkt. Johannes hat nur das eine Zeichen herausgegriffen, die Säuberung des Tempels, mit dem geheimnisvollen Wort vom wahren Tempel. Es geht ihm eben nicht um Wunderberichte. Die Juden dagegen wollen immer neue Zeichen sehen. Sie bleiben an den Zeichen hängen, anstatt sich durch sie zu Jesus als dem Sohn Gottes führen zu lassen. Glaube ist nicht das Staunen über Wunder, sondern das Sichöffnen für das Wort Gottes. Das Wunder ist dazu nur Ausgangspunkt, Ansatz, Anlass. Die Haltung dem Wort des lebendigen Gottes gegenüber ist das Entscheidende. Und gerade das fehlt den Juden, von denen Johannes hier spricht.

Auf der anderen Seite glaubt Jesus nicht an diese Menschen. Der Bericht über den Glauben der Juden beim ersten Auftreten des Herrn hat also nichts Begeistertes. Jesus gibt sich keinen Täuschungen hin. Er kennt die Menschen, durch-schaut sie, weil er in ihr Innerstes hineinschaut. Er weiß, dass ihr Ja mit einem Nein enden wird, ihre Hingabe mit einer Abkehr. Sie wundern sich zwar über die Macht, mit der er den äußeren Tempel säubert, verstehen aber nicht, dass sie selbst durch sein Wort sich säubern lassen müssten. Sie disputieren über seine Rede vom Zerstören und Aufbauen des steinernen Tempels, werden aber ihrerseits an der Zerstörung seines lebendigen Tempels beteiligt sein und dessen Aufbau am dritten Tag nicht verstehen.

So ist die Wirkung des ersten Auftretens Jesu bei Johannes sehr nüchtern gehalten, ja es klingt sogar leise jene Trauer an, die echt johanneisch ist und die jeden erfüllt, der sowohl Gott wie die Menschen liebt und feststellen muss, dass das Licht in die Finsternis scheint, dass die Finsternis es aber nicht aufnimmt.

Reflexion

ZUR TEMPELREINIGUNG

Auf zwei Dinge ist vielleicht noch besonders hinzuweisen.

1. *Die Gestalt Christi:* Sie tritt uns hier in einer besonderen Weise entgegen. Nichts Weichliches, nichts Trübseliges, Melancholisches ist hier zu verspüren. Die Nazarenerkunst hat sein Bild verfälscht. Weitgehend ist auch die Predigt an der Verfälschung beteiligt. Wenn man den Herrn mit Vorliebe als den guten Hirten schildert, der das Lamm auf den Schultern trägt, ist nicht nur diese Schilderung einseitig, sondern ist selbst das Bild noch unrichtig gezeichnet. Denn es ist dort die Rede vom Hirten, der sich dem Wolf stellt. Im Wesen Christi ist auch keine bloße Passivität. Er duldet also nicht stillschweigend das Böse, er überwindet es auch keineswegs ausschließlich durch die Liebe, wenigstens nicht, wenn die Liebe falsch verstanden wird als Nachgeben und Weichheit, sondern es ist Christus, der kraftvoll eingreift, der weiß, dass er sich damit Feinde schafft, nicht nur oben unter den Führern, die allein über den Tempelraum bestimmen wollen, sondern auch im Volk, aus dem er hier manchem eine Gewinnmöglichkeit nimmt und ein Geschäft verdirbt. Er weckt einen eigentlichen Tumult.

Aber unbekümmert um all das greift er durch. Es gibt somit einen berechtigten Zorn, ein notwendiges Eingreifen, ein entschiedenes Neinsagen. Es gibt Reformen, die man nicht hinausschieben darf oder wegen der Unannehmlichkeiten liegen lassen kann. Man muss unter Umständen den Mut haben, unbeliebt zu werden, auch gegen Gewohnheiten, eingesessene Gebräuche aufzutreten, überall dort, wo sie Missstände des religiösen und kirchlichen Lebens enthalten. In alle sentimentale Liederfrömmigkeit und alles muffige Getue fährt dieser Bericht über die Tempelreinigung wie ein frischer Sturm. Der jugendlich-männliche Christus in seiner unbekümmerten Entschiedenheit steht vor uns.

2. *Das Tun der Menschen:* An sich ist es durchaus begreiflich, dass die Händler und Trödler sich dort im Tempelvorhof festgesetzt haben. Es begann in guter Absicht, um den Pilgern die zum Kult nötigen Einkäufe zu ermöglichen. Dann glitt es langsam ab in gelegentliche Missbräuche, bis schließlich das Ganze zu einem wirklich skandalösen Jahrmarktbetrieb ausartete. Ins Geistige übertragen besagt es, dass das Tun der Menschen zwar an sich begreiflich und notwendig und infolgedessen eine Betonung dieses Tuns und eine Hochschätzung der Leistung bis zu einem gewissen Grad berechtigt ist, aber dann schleicht sich allmählich eine Überbetonung dieser menschlichen Komponente ein. In der Religion wird dann das menschliche Tun langsam wichtiger als die Gnade des Herrn oder wenigstens wird es so, dass das Menschliche mehr und mehr zu wuchern beginnt. Die Kirche hat ihre gottgegebenen Ämter. Aber wenn dann allmählich ein Amtsschimmel daraus wird, der Papierkrieg beinahe wichtiger wird als die Seelsorge, die Statistiken bedeutsamer als das Gebet, das äußere Auftreten der Amtsträger sich mehr und mehr von der Gestalt und dem Auftreten Christi entfernt, ist es ein Wucherungsprozess. In der Lehre ist die Formulierung durch menschliche Begriffe und Worte berechtigt, infolgedessen auch eine gewisse Systembildung, aber wenn dann die ganze Menschheit auf Systeme festgelegt werden soll, so tritt hier der Faktor des menschlichen Intellektes und der

arbeitenden und ordnenden Ratio nicht mehr klärend, sondern im Grunde genommen verkleinernd vor die Unfasslichkeit der Glaubenswahrheiten, die sich in kein System einfangen lassen. Man kann das wogende Meer der Gottesworte nicht in die Eimer menschlicher Systematik fassen. Der Kultus braucht seine Formen. Sie sollen festgefügt sein, der Ästhetik entsprechen und einigermaßen ein Gewand der Braut Christi bilden. Aber wenn die Schönheit dann wichtiger ist als der Empfang der Gnade, wenn die Ästhetik die Teilnehmer allmählich vom dunklen und aufwühlenden Geheimnis des gekreuzigten Herrn wegführt und die *crux gemmata* (das Gemmenkreuz ist ein mittelalterliches Kreuz, das mit Edelsteinen, Perlen oder Filigran versehen ist, Anm. d. V.) die eigentliche Kreuzigung Christi nur noch ahnen lässt, ist es Vermenschlichung einer erschütternden Gottestat. Wenn an Feiertagen die äußere Feier wichtiger wird als der Gottesdienst, beispielsweise die Geschenke an Weihnachten eine größere Rolle spielen als die Geburt des Herrn oder an Ostern die Frühlingsfreude den Auferstehungsgedanken überblendet, ist es ebenfalls eine Vermenschlichung. Wenn Vereine und Organisationen Machtpolitik treiben und Kollektivegoismus mit Berufung auf die *actio catholica*, ist auch das eineVermenschlichung.

So ist es notwendig, immer wieder die Größe der Majestät Christi in Erscheinung treten zu lassen.

DAS GESPRÄCH MIT NIKODEMUS

Joh 3,1–21

Es war da einer von den Pharisäern namens Nikodemus, ein führender Mann unter den Juden. Der suchte Jesus bei Nacht auf und sagte zu ihm: Rabbi, wir wissen, du bist ein Lehrer, von Gott gekommen; denn niemand kann die Zeichen tun, die du tust, wenn nicht Gott mit ihm ist. Jesus antwortete ihm: Amen, amen, ich sage dir: Wenn jemand nicht von oben geboren wird, kann er das Reich Gottes nicht sehen.

Nikodemus entgegnete ihm: Wie kann ein Mensch, der schon alt ist, geboren werden? Kann er etwa in den Schoß seiner Mutter zurückkehren und noch einmal geboren werden? Jesus antwortete: Amen, amen, ich sage dir: Wenn jemand nicht aus dem Wasser und dem Geist geboren wird, kann er nicht in das Reich Gottes kommen. Was aus dem Fleisch geboren ist, das ist Fleisch; was aber aus dem Geist geboren ist, das ist Geist. Wundere dich nicht, dass ich dir sagte: Ihr müsst von oben geboren werden. Der Wind weht, wo er will; du hörst sein Brausen, weißt aber nicht, woher er kommt und wohin er geht. So ist es mit jedem, der aus dem Geist geboren ist. Nikodemus erwiderte ihm: Wie kann das geschehen? Jesus antwortete: Du bist der Lehrer Israels und verstehst das nicht? Amen, amen, ich sage dir: Was wir wissen, davon reden wir, und was wir gesehen haben, das bezeugen wir und doch nehmt ihr unser Zeugnis nicht an. Wenn ich zu euch über irdische Dinge gesprochen habe und ihr nicht glaubt, wie werdet ihr glauben, wenn ich zu euch über himmlische Dinge spreche? Und niemand ist in den Himmel hinaufgestiegen außer dem, der vom Himmel herabgestiegen ist: der Menschensohn. Und wie Mose die Schlange in der Wüste erhöht hat, so muss der Menschensohn erhöht werden, damit jeder, der glaubt, in ihm ewiges Leben hat. Denn Gott hat die Welt so sehr geliebt, dass er seinen einzigen Sohn hingab, damit jeder, der an ihn glaubt, nicht verloren geht, sondern ewiges Leben hat. Denn Gott hat seinen Sohn nicht in die Welt gesandt, damit er die Welt richtet, sondern damit die Welt durch ihn gerettet wird. Wer an ihn glaubt, wird nicht gerichtet; wer nicht glaubt, ist schon gerichtet, weil er nicht an den Namen des einzigen Sohnes Gottes geglaubt hat. Denn darin besteht das Gericht: Das Licht kam in die Welt, doch die Menschen liebten die Finsternis mehr als das Licht; denn ihre Taten waren böse. Jeder, der Böses tut, hasst das Licht und kommt nicht zum Licht, damit seine Taten nicht aufgedeckt werden. Wer aber die Wahrheit tut, kommt zum Licht, damit offenbar wird, dass seine Taten in Gott vollbracht sind.

Neben dem ungenügenden Glauben der Masse gibt es einige wenige, die innerlich durch Jesu Wort und Werk aufgerüttelt und aufgewühlt sind und sich nun ernstlich zu fragen beginnen, wer er ist und was seine Botschaft besagt. Als Beispiel führt Johannes den reichen Ratsherrn Nikodemus an.

Die Szene wechselt. Stand in der ersten Szene Jesus in der breiten Öffentlichkeit der Tempelvorhöfe, von den Volksmassen umringt, so ist nun die zweite Szene, die Johannes berichtet, ein Gespräch zwischen zwei Männern, Jesus und dem jüdischen Gesetzeslehrer. Und zwar ein Gespräch in der Stille der Nacht, irgendwo in einem privaten Haus oder auf dem flachen Dach unter dem Sternenhimmel. Es geht dabei um tiefste Fragen der Frömmigkeit und der Theologie.

Das Gespräch: Das Gespräch dreht sich sachlich um zwei Fragen, nämlich: *Was* soll geschehen und *wie* kann es geschehen?

Was soll geschehen? Die *Frage* ist ernst gemeint. Der Fragesteller ist ein bedeutsamer Mann, Mitglied des Hohen Rates, religiös, ein Pharisäer, also ein Vertreter der strengen Richtung in der Gesetzesbeachtung. Er weiß noch nichts von der Messianität Jesu und noch weniger von seiner Gottessohnschaft. Aber er gibt seiner

Überzeugung Ausdruck, dass Jesus ein von Gott gesandter Lehrer sei. Zu dieser Erkenntnis ist er durch die Wunder Jesu gekommen. Er ist also nicht am Äußeren dieser Wunder hängen geblieben, sondern hat daraus die Konsequenzen gezogen und wendet sich darum mit der entscheidenden Frage an diesen gottgesandten Lehrer. Dieser soll im Namen Gottes ihm sagen, was zur Erlangung des Heils geschehen müsse. Es ist die Frage eines jeden religiösen Menschen.

Dem Ernst der Frage entspricht der Ernst der *Antwort*. Darum die feierliche Betonung: »Amen, Amen, ich sage dir.« Der Inhalt der Antwort ist für den pharisäischen Fragesteller eine außerordentliche Überraschung. Es ist die Forderung der Wiedergeburt. »Wenn jemand nicht von oben geboren wird, kann er das Reich Gottes nicht sehen.« Es geht also beim Reich Gottes und damit beim Heil nicht nur um eine Theorie, eine Erkenntnis, auch nicht nur um ein Tun, die Gesetzesbeachtung, sondern um etwas völlig Neues. Der Mensch muss neu geboren werden. Es geht um ein neues Sein und ein neues Leben, das der Mensch empfangen muss. Die Frage nach dem Heil ist also in dem Sinne eine Existenzfrage, dass dieses Heil dem Menschen eine neue Existenz, ein neues Sein und Dasein gibt. In dem Wort »von oben geboren« schillert ein doppeltes Element. Einerseits das »noch einmal«. Der Mensch hat ja bereits seine Geburt hinter sich und nun muss er noch eine zweite Neugeburt oder Geburt von oben empfangen. Dann aber auch das Element »von oben«. Die erste Geburt hat der Mensch von unten, aus Menschen, die zweite von oben, aus Gott. Nikodemus stellt kopfschüttelnd und verständnislos die Frage: »Wie kann ein Mensch, der schon alt ist, geboren werden? Kann er etwa in den Schoß seiner Mutter zurückkehren und noch einmal geboren werden?« Nun wird Jesus deutlicher. Die Wiedergeburt vollzieht sich aus dem Wasser und dem Geist. Aus dem Wasser: Das Wasser ist bei den Propheten und überhaupt im Alten Testament für das Volk, das am Rande der Wüste lebt, das Zeichen Leben spendender Kraft und damit das Zeichen des Geistes Gottes, aus dem alles Leben strömt. Hier wird sichtbar, dass die Taufe nicht nur ein Symbol der Waschung, Reinigung und Läuterung ist, sondern darüber hinaus ein Zeichen des aus dem Geist Gottes strömenden Lebens. Der Mensch ist nicht nur Geist, sondern Geist und Körper. Darum soll das unsichtbar-geistige Geschehen ihm sichtbar gemacht werden durch ein Geschehen an seinem Körper: das Eintauchen in die Fülle des Wassers oder das Übergossenwerden von ihm. Und durch das äußere Geschehen geschieht das innere. Durch das strömende Wasser empfängt er das neue Leben aus dem Geist.

Aus dem Geist: Alles äußere Leben in der Schöpfung ist Zeichen und Wirkung des inneren Lebens Gottes selbst. Aus Gott wird dem Menschen in der Taufe ein neues Leben geschenkt. Darum ist die Taufe eine Neuschöpfung, und weil der Empfang des Lebens ein Geborenwerden ist, ist diese Neuschöpfung eine Neugeburt. Der Mensch hat also eine doppelte Existenz, eine fleischliche und eine geistige, die fleischliche durch die Geburt von unten her aus dem Fleisch, die geistige von oben her aus dem Geist. Ein natürliches Leben durch natürliche Empfängnis und Geburt und ein übernatürliches Leben durch ein Empfangen vom Heiligen Geist und die Geburt aus Gott. Natur und Übernatur, Fleisch und Geist, Geburt von unten und Geburt von oben, waren ursprünglich eine Einheit, und darum waren nach dem ursprünglichen Plane Gottes Zeugung und Geburt ein Sakrament. Durch die Sünde ist die Einheit zerrissen worden, durch die Gnade ist sie wiederhergestellt, aber so, dass der Mensch sich nun seiner Doppelexistenz durch die Doppelgeburt bewusst wird und dadurch weiß, dass sein entscheidendes Sein und Leben Gnade des Gottesgeistes ist. Durch dieses neue Geschehen wird er dem Reich der Finsternis entrissen und ins Reich des Lichts verpflanzt. Er geht ein ins Reich Gottes. So wird in der Antwort Jesu die Größe seiner Botschaft und seines Tuns offenbar. Es ist die Aufrichtung des Reiches Gottes, und zwar so, dass die Menschen durch Empfang eines neuen Lebens aus Gott Kinder Gottes und damit in die

Familie des himmlischen Vaters aufgenommen werden und so dem Reich der Liebe angehören. Es ist also etwas viel Größeres, Reicheres und Tieferes, als Nikodemus es je gedacht oder auch nur geahnt hätte. Es ist ein Geheimnis, das der Mensch naturhaft nicht verstehen kann. Aber schon in der Natur ist der Mensch ja von Geheimnissen umgeben. Jesus weist den Lehrer Israels hin auf das leise Wehen und Rauschen des Windes. Er kommt und geht, ohne dass der Mensch recht weiß, wie, und ohne dass der Mensch darauf einwirken kann. Dieser Wind, dessen Name im Hebräischen und im Griechischen der gleiche ist wie der Name »Geist«, ist ein Naturzeichen des übernatürlichen Geistes. Sein geheimnisvolles Wehen kann und soll darum dem Menschen Zeichen vom Wehen des Gottesgeistes sein. Nikodemus stellt verwundert die zweite Frage:

Wie kann das geschehen? Jesus gibt nun ebenfalls seiner Verwunderung Ausdruck. »Du bist Lehrer Israels und verstehst das nicht?« Die offizielle Lehrerschaft Israels hat also den tiefsten Sinn des Alten Testamentes, das, was Gesetz und Propheten letztlich sagen wollten, nicht verstanden. Sie sind am Buchstaben hängen geblieben und haben den Geist nicht erfasst. Der tote Buchstabe hat ihnen durch ihr mangelndes Verständnis nur die todbringenden Gesetzeswerke verkündet, wobei doch der Geist, der hinter den Buchstaben steht, ihnen vom Leben in Gott und aus Gott hätte sprechen sollen. So ist der Schriftgelehrte noch nicht reif und bereit, das Tiefste zu erfassen. Jesus kann es ihm nur andeuten, kann nur sein geheimnisvolles Wort in die offene Furche dieses Menschengeistes legen, damit es dort keimt und wächst, bis es dann eines Tages zur Reife gelangt. So ist die zweite Antwort Jesu, die wieder mit der feierlichen Formel »Amen, amen, ich sage dir« eröffnet wird, nur Andeutung eines großen Geschehens, das erst, wenn es dann geschehen ist, verständlich wird, die Offenbarung von der Schenkung des neuen Lebens durch den Tod, dass nämlich die Menschen durch die Geburt von oben Söhne Gottes werden, weil der Sohn Gottes nach seiner menschlichen Geburt durch sein Sterben ihnen das Leben schenkt. In zwei Gedanken entwickelt Jesus diese Andeutung. Er gibt ihm zuerst zu verstehen, dass seine Botschaft eine Botschaft von Gott ist. Er redet von himmlischen Dingen, denn er ist ja vom Himmel herabgestiegen und redet darum von etwas, das er weiß und bezeugen kann. Aber es ist für die Menschen schwer zu glauben. Sie nehmen schon ein irdisches Zeugnis über irdische Dinge nur schwer an. Wie sollen sie sein vom Himmel stammendes Zeugnis über himmlische Dinge verstehen und annehmen? Und nun spricht er den zweiten großen Gedanken aus: die Lehre vom Kreuz. Mose hat in der Wüste die eherne Schlange aufgerichtet und erhöht, damit die Menschen durch das Aufschauen zu diesem Bild gerettet wurden. Die Schlange ist ein seltsames Symbol. An sich ist sie Zeichen der Fruchtbarkeit, aber die Menschen, die im Paradies die wahre Fruchtbarkeit nicht von Gott empfangen, sondern selbst gewaltsam an sich reißen wollten, also eine Fruchtbarkeit als verbotene Frucht wollten, haben dadurch nicht Leben, sondern Tod empfangen. Die Schlange im Paradies ist das Zeichen Satans, der Leben verspricht, aber den Tod gibt. Nun wird der Gottessohn jenes Symbol erfüllen am Kreuz, als ein Zeichen des Todes wird er erhöht, denn er stirbt am Kreuz. Wer aber zu ihm aufschaut im Glauben, wird durch ihn die Überwindung des Todes und das wahre Leben empfangen. Das neue Leben, von dem Jesus spricht und das er verheißt, das Leben aus Gott, ist also einerseits gegeben durch den Tod des Gottessohnes, der am Kreuz erhöht wird, anderseits durch das gläubige Aufschauen zu ihm und den gläubigen Empfang aus ihm. Göttliches Leben für die Menschen durch den Tod des Gottessohnes und Annahme dieses göttlichen Sterbens durch den Glauben der Menschen sind die beiden Kräfte, die das Heil wirken und so den Menschen den Zugang zum Reich Gottes eröffnen. Es ist in erster Linie und vor allem ein Tun Gottes in Christus, dem Gekreuzigten, ist dann aber auch ein Tun des Menschen durch den Glauben an den Leben spendenden Tod des Gottessohnes. So ist auf die Grundfrage des Gesetzeslehrers in Israel die grundlegende Antwort durch den wahren Lehrer und Meister Israels gegeben. Über den weiteren Verlauf und das Ergebnis des Zwiegespräches berichtet Johannes nichts. Denn es ist nicht wesentlich. Die Frage und die Antwort waren das Wesentliche und das ist in wenigen großen, majestätischen Sätzen gezeichnet. Nikodemus wird sinnend weggegangen sein. Das Licht muss zuerst das Dunkel seines Geistes erhellen, die Saat muss reifen. Aber Johannes knüpft nun seinerseits rückblickend auf jenes Ereignis und nach Vollendung all des Geschehens tiefsinnige Gedanken an jenes Gespräch an. Er hat sich so sehr in Jesu Denken und Reden hineingelebt, dass er seinen eigenen Reflexionen den Klang der Sprache Jesu verleiht und man nicht mit Sicherheit sagen kann, wo das Wort Jesu in diesem Gespräch aufhört und das Wort des Evangelisten über dieses Gespräch anfängt. Es ist ein Ineinanderfließen der Gedanken und Worte des Gottessohnes und des vom Geist Gottes erfüllten Jüngers der Liebe.

Die Reflexion des Evangelisten: Zwei große Erkenntnisse ergeben sich aus dem Heilsplan, den Jesus entwickelt hat. Die erste ist die Tatsache der unendlichen Liebe Gottes. Sie zeigt sich darin, dass er seinen einziggeborenen Sohn für die Welt hingegeben hat. Gott will nicht den Tod, das Verlorengehen der Menschen, sondern will ihnen ewiges Leben schenken. Darum ist der Sohn nicht gekommen zu richten, sondern zu retten. Die Herrschaft Gottes im Reich Gottes zeigt sich also in der Liebe Gottes. Gott gebraucht seine Macht zum Helfen, weil sein innerstes Wesen die Liebe ist. Aber gerade darum will Gott die Menschen nicht zwingen, sondern, das ist die zweite Erkenntnis, der Mensch soll in freiem Jawort zu dieser Liebe das Heil erlangen. Darum scheiden sich die Geister im Glauben und im Unglauben. Wer das Böse will, flieht das Licht. Er ist verschlossen, unempfänglich, er sucht nur sich selbst und will darum nicht, dass seine innerste Gesinnung sichtbar wird. Er missbraucht seine Freiheit, um zu Gott Nein zu sagen. Er wird infolgedessen streng genommen gar nicht gerichtet, sondern er richtet sich selbst, weil er seinem Leben die

Richtung von Gott weg gibt. Der gläubige Mensch dagegen öffnet sich Gott, nimmt das Licht von oben an. Was er tut, tut er in Gott. Er gibt allem die Richtung auf Gott hin. So ist er ein Geretteter. Er wünscht nichts anderes, als dass diese Wahrheit offenbar wird, denn es ist die Wahrheit, die Gott verherrlicht. Das Ende ist für ihn darum nicht das Gericht, sondern das Aufstrahlen der Herrlichkeit Gottes. So sind die Menschen vor die Entscheidung gestellt. Sie entscheiden sich zwischen Glauben und Unglauben und damit zwischen Licht und Finsternis. Wer sich für Gott entscheidet, wird durch dessen Sohn in die Kindschaft aufgenommen. Wer sich nicht für Gott entscheidet, hat am Sohn keinen Anteil. Er bleibt in sich selbst eingeschlossen und darum von Gott und seinem Reich ausgeschlossen. Das ist die Krise, das Gericht, das durch das Kommen Gottes in Christus seinen Anfang genommen hat und das jeden Menschen vor die Entscheidung stellt, bis einmal im öffentlichen Endgericht diese Entscheidung eines jeden Einzelnen sichtbar wird. Dann ist Gott in Christus die Ehre gegeben. Dann erst ist der Heilsplan voll verwirklicht und ist die Frage des Nikodemus nach dem Heil und dem Reich Gottes endgültig beantwortet.

Reflexion

GEBURT UND TOD

Geburt und Tod spielen in diesem seltsamen Gespräch eine besondere Rolle.

Die *Geburt* ist und bleibt ja im natürlichen Bezirk immer wieder etwas Erstaunliches. Die Bibel gibt diesem Staunen Ausdruck bei der Geburt des ersten Menschen und dem verwunderten Ausruf Evas, der ersten Mutter. Und der Mensch spürt immer wieder etwas vom Geheimnis, das wie ein Schleier das Gebären umgibt, wenn er zum ersten Mal Zugang erhält zu diesem Geschehen. Oft genug ist es ein grausames, unzeitiges Zerreißen dieses Schleiers, aber immer wieder ein Staunen des Menschen. Christus selbst ist als Kind geboren worden, und im Weihnachtsmysterium schweigt das Staunen und jubelt die Freude zu gleicher Zeit über diese Geburt aus dem Schoß einer Mutter. Und doch ist alles Gebären nur ein Abbild der eigentlichen Geburt aus Gott. Jener Geburt von oben her, wie es im Nikodemusgespräch genannt wird, jener Wiedergeburt, wie die Kirche es nennt. Denn zum natürlichen Leben empfängt der Mensch das übernatürliche Leben aus Gott, und er empfängt es wieder aus dem Schoß einer Mutter, diesmal aus dem mütterlichen Schoß der Kirche.

Der Taufritus hat im Lauf der Jahrhunderte eine merkwürdige Entwicklung genommen. Zuerst war es im Anschluss an die Paulusworte im 1. Korintherbrief ein völliges Untertauchen in die Flut als Bild des Sterbens und ein Heraufgehobenwerden als Bild neuen Lebens. Dann wurde es ein von oben her Überströmtwerden von den Wassern als Bild der Geistesfülle, die über den Menschen kommt. Dann wieder wurde es bloße Waschung als Zeichen der seelischen Abwaschung der Sünden, also der inneren Läuterung. Und heute sind im Grunde genommen fast nur noch klägliche Reste davon übrig geblieben. Nimmt man dazu noch die eigenartigen Absagen an die christusfeindliche, satanische Welt, so ist es Absage an das seelische Sterben. In all diesen Riten liegt das Gemeinsame eines geistigen Prozesses, der durch das materielle Fließen des Wassers zum Ausdruck gebracht wird. Ob dieser geistige Prozess nun mehr das negative Element der Läuterung oder das positive der Geistesfülle oder endlich das eigentliche Auferstehen mit Christus zum Ausdruck bringt, es ist immer Teilnahme am lebendigen Christus und damit Empfang eines neuen Lebens.

Aber auch das *Sterben* hat im Nikodemusgespräch ein besonderes Gewicht. Da ist die Rede von der ehernen Schlange, die durch Mose aufgerichtet wurde. Von der Schlange war schon im Bericht über das Paradies die Rede. Sie versetzt den Menschen durch ihren Giftzahn den tödlichen Biss, verspricht auch anderseits mit betrügerischen Worten »Keineswegs werdet ihr sterben«. Der Schlangenkult war weitverbreitet im Vorderen Orient, und diese todbringende Schlange war zugleich Zeichen besonderer Fruchtbarkeit. Daher dieser seltsame Kultus. Durch die Schlangenbisse wurde das Volk Israel in der Wüste hingerafft, durch den Aufblick zu einem Schlangenbild sollte es Heilung finden. Hier im Nikodemusgespräch wird der tiefste Sinn dieses Bildes als eines Vorherbildes auf Christus hin sichtbar gemacht. Bei ihm erfüllt sich das Sterben durch den Todesbiss der Paradiesschlange beim äußeren Sieg Satans auf Golgota. In Wirklichkeit ist er es, der der Schlange gerade damals, gerade dort und gerade dadurch den Kopf zertreten, im Innersten alle Dämonie entmachtet hat, denn die Überwindung des Todes in der Auferstehung zeigt ihn als den Allmächtigen, gegen den jede menschlich-feindliche Macht und auch jede untermenschlich-todbringende Macht zur Ohnmacht wird. Sein Sterben führt zum Leben. Wer am Sterben Christi Anteil hat, empfängt durch Christus das wahre Leben. Das Ostermysterium leuchtet hier auf, es vollzieht sich nicht nur einmal in der Heilsgeschichte bei Tod und Auferstehung Christi, auch nicht nur einmal im Jahr in der kultischen Feier des Ostertages, sondern es erfüllt sich im ganzen äußeren und vor allem auch inneren Leben des Christen. Sterben ist der Weg zum Leben.

Die Menschen werden mit der Tatsache von Geburt und Tod nie recht fertig. Der Christ dagegen weiß um den tiefsten Sinn dieses Geschehens.

DER TÄUFER

Joh 3,22–36

Darauf kam Jesus mit seinen Jüngern nach Judäa. Dort hielt er sich mit ihnen auf und taufte. Aber auch Johannes taufte damals, und zwar in Änon bei Salim, weil dort viel Wasser war; und die Leute kamen und ließen sich taufen. Johannes war nämlich noch nicht ins Gefängnis geworfen worden. Da kam es zwischen den Jüngern des Johannes und einem Juden zum Streit über die Frage der Reinigung. Sie kamen zu Johannes und sagten zu ihm: Rabbi, der Mann, der auf der anderen Seite des Jordan bei dir war und für den du Zeugnis abgelegt hast, der tauft jetzt und alle kommen zu ihm. Johannes antwortete: Kein Mensch kann etwas nehmen, wenn es ihm nicht vom Himmel gegeben ist. Ihr selbst seid meine Zeugen, dass ich gesagt habe: Ich bin nicht der Christus, sondern nur vor ihm hergesandt. Wer die Braut hat, ist der Bräutigam; der Freund des Bräutigams aber, der dabeisteht und ihn hört, ist voller Freude über die Stimme des Bräutigams. Diese Freude hat sich nun bei mir vollendet. Er muss wachsen, ich aber geringer werden. Er, der von oben kommt, steht über allen; wer von der Erde stammt, ist irdisch und redet irdisch. Er, der aus dem Himmel kommt, steht über allen. Was er gesehen und gehört hat, bezeugt er, doch niemand nimmt sein Zeugnis an. Wer sein Zeugnis annimmt, hat besiegelt, dass Gott wahrhaftig ist. Denn der, den Gott gesandt hat, spricht die Worte Gottes; denn ohne Maß gibt er den Geist. Der Vater liebt den Sohn und hat alles in seine Hand gegeben. Wer an den Sohn glaubt, hat das ewige Leben; wer aber dem Sohn nicht gehorcht, wird das Leben nicht sehen, sondern Gottes Zorn bleibt auf ihm.

Die erste große Selbstoffenbarung Jesu begann in Jerusalem. Sie findet ihre Fortsetzung auf dem Rückweg nach Galiläa. Die Gliederung im Evangelium ist hier sowohl zeitlich wie räumlich gestaltet. Dementsprechend zerfällt der zweite Teil dieser ersten großen Selbstkundgebung in drei Abschnitte: in Judäa, in Samaria und in Galiläa.

Der *Anlass* ist die Frage der Johannesjünger an ihren Meister. Jesus, der von der Wiedergeburt aus dem Wasser und dem Geist zu Nikodemus gesprochen hat, beginnt zu taufen. Der Täufer seinerseits will nichts anderes als die Menschen vorbereiten und sie für Jesus, sein Werk und sein Tun empfänglich machen. Aber die Jünger haben nicht die Geistesgröße ihres Meisters. Eifersüchtig stellen sie fest, dass auch Jesus zu taufen beginnt und dass das Volk ihm zuströmt. Sie spüren, dass die Tätigkeit des Täufers ihrem Ende zugeht, während die Tätigkeit Jesu erst ihren Anfang genommen hat. Eine Mischung von Unverständnis und ein Mangel an selbstloser Großzügigkeit und Weitherzigkeit vermischt sich bei ihnen. Und hinter dem Ganzen steht die Sachfrage nach dem Wesen der Reinigung und Reinheit. Genügt die Johannestaufe als Ausdruck der Bußgesinnung, um den Menschen innerlich zu reinigen, oder braucht es die Jesustaufe, die den Menschen im Innersten seinshaft erneuert? Ezechiel hat im 36. Kapitel geschrieben: »Ich gieße reines Wasser über euch aus, dann werdet ihr rein. [...] Ich gebe euch ein neues Herz und einen neuen Geist gebe ich in euer Inneres. [...] Ich gebe meinen Geist in euer Inneres.« Ist dieses Wort, das Gott durch den Propheten gesprochen hat, schon durch die Taufe des Johannes erfüllt oder ist erst die Taufe, die Jesus spendet, die eigentliche Erfüllung? Darum geht es. An sich ist die Frage der Johannesjünger noch verfrüht. Denn, wie aus dem zweiten Abschnitt des nächsten Kapitels hervorgeht, war es noch gar nicht Jesus selbst, der taufte, sondern dessen Jünger. Was sie spendeten, war somit höchst wahrscheinlich nichts anderes als ebenfalls ein symbolischer Ritus, ähnlich dem des Täufers. Aber die Reinigungsfrage war nun einmal aufgeworfen und so musste Johannes dazu Stellung nehmen.

Die *Antwort* des Täufers ist klar. Es stehen sich gegenüber kleinliche Eifersucht, die letztlich sich selbst sucht, und hochherzige Liebe, die nur an den denkt, der geliebt wird. Der Täufer zeigt sich hier als Meister allen seinen Jüngern geistig überlegen. Sein Ausgangspunkt ist Gott und Gottes Wille. Gott gibt jedem aus freiem Ermessen seine Aufgabe und seine Funktion. Der Mensch kann nichts Besseres tun, als dieser Aufgabe und Funktion möglichst zu entsprechen. Seine, des Johannes Aufgabe besteht darin, als Vorläufer vor Christus herzugehen, sein Kommen zu verkünden und ihm den Weg zu bereiten. Darum freut er sich, wenn seine Aufgabe vollendet ist, der verheißene König auftritt und auf der Straße, die der Wegbereiter ihm geebnet hat, einherschreitet. Noch schöner ist das andere Bild, das Johannes gebraucht. Christus ist der Bräutigam, der im Auftrag des himmlischen Vaters gekommen ist, um für seine Braut, die Kirche, zu werben. Johannes ist Freund des Bräutigams. Er will ihm die Braut zuführen und freut sich infolgedessen, wenn er diesen Dienst leisten kann. Nun ist seine Aufgabe im Wesentlichen erfüllt. Er kann zurücktreten. In voller Klarheit spricht er es aus: »Er muss wachsen. Ich aber muss geringer werden« (30).

Reflexionen des Johannes: Wieder knüpft der Evangelist seine besinnlichen Gedanken an die Ereignisse an. Der Unterschied zwischen den Menschen und Christus, ihrem Denken, Reden, Urteilen und seiner inneren Gesinnung, ist deutlich in Erscheinung getreten. Sie sind von unten, denken und reden dementsprechend irdisch, erdgebunden, darum eng und kleinlich. Er dagegen, und wer wie der Täufer von seinem Geiste erfüllt ist, hat seine Kenntnis von oben, vom Geist Gottes, spricht darum von überirdischen Dingen, die er geschaut und gehört hat. Das gilt von allen Gottgesandten und gilt vor allem vom Sohn Gottes selbst, den der Vater liebt und in dessen Hände der Vater alles gelegt hat.

Die Stellungnahme zu ihm entscheidet über Wert und Unwert des menschlichen Lebens, denn wer an ihn glaubt, hat das Leben aus Gott. Wer ihm nicht den Glaubensgehorsam leistet, zieht sich den Zorn Gottes zu. Das Kommen Jesu ist, je nach dem Verhalten des Menschen, ein *dies gratiae* (»Tag der Gnade«) oder *dies irae* (»Tag des Zorns«, Anm. d. V.).

Reflexion

ZEUGNIS

Es ist auffallend, wie sehr der Zeugnischarakter der Täufertätigkeit bei Johannes betont wird. Jeder, der Christus die Wege bereiten will, also vorbereitend in seiner Sendung steht, soll Zeuge Christi sein.

Die *Tatsache* dieses Zeugnisgebens ist wichtig. Es ist dabei gewissermaßen die Grenze nach oben und nach unten aufgezeigt. Die *Grenze nach oben* besteht darin, dass der Zeuge nichts kundtut, was nur von ihm stammt, denn das wäre eine Verfälschung des Zeugnisses. Es geht also nicht um eigenes Studium und um persönliche Forschung. Studium und Forschung haben nur Sinn, wenn und soweit sie im Dienst der Christusbotschaft stehen, d. h. sich um die Klarheit mühen, was Christus wirklich gesagt und getan hat. Weil es nicht um das Persönliche geht, ist auch die Verkündigung etwas ganz anderes als etwa das Dozieren eines Wissenschaftlers über sein Fach und erst recht etwas anderes als menschliche Rhetorik, die zu irgendwelchen menschlichen Zielen aufrufen und anfeuern will. Wer darum die Regeln der Rhetorik einfach auf das Zeugnisgeben des Predigers überträgt, handelt kurzsichtig. Gewiss soll Überzeugung hinter dem Ganzen stehen, aber eben (Über-)Zeugung, d. h. man gibt Zeugnis von etwas, von dem man völlig erfüllt ist, sodass die eigenen Brunnen des Geistes förmlich überfließen. Verkündigung muss aus der Fülle strömen, aus jener Fülle, die in Studium und Gebet gewonnen wird, also in der geistigen und in der Herzens-Verbundenheit mit Christus ihren eigentlichen Ursprung hat.

Das, was wir verkünden, ist auch nicht in erster Linie die Lehre Christi oder das Wort Christi, sondern es ist das Tun Christi. Jenes Tun, das nicht in äußerem Aktivismus besteht, auch nicht vor allem in seinen Wundern, sondern in der Darbringung seines Lebensopfers. Das bildet denn auch den Hauptinhalt der urchristlichen Verkündigung. Es geht in den Apostelpredigten immer wieder um Sterben und Auferstehung des Herrn. Das ist das entscheidende Tun, das wir als wirkliche (Tat-)Sache verkünden und als Mitte des ganzen Heilsgeschehens aufzeigen.

Die *Grenze nach unten* wird dadurch gegeben, dass Christus menschliche Zeugen will. Auch hier kommt die Menschwerdung zur Geltung. Das Menschliche ist einbezogen in den großen Plan Gottes, also auch in die geplante Ausbreitung der Botschaft. Darum ist die Verkündigung nichts Nebensächliches. Es genügt nicht, Liturgie zu feiern, sondern die Verkündigung ist unerlässlich. An sich wäre sie von Gott her gesehen nicht nötig. Aber in freiem Entschluss hat Christus dieses menschliche Zeugnis gewollt, und zwar sowohl in der Vorbereitung auf ihn durch Johannes den Täufer als auch in der Verkündigung seines Tuns durch die Apostel und die von den Aposteln Gerufenen und Gesandten. So gehört das Zeugnisgeben zum Wesen des Christentums.

Die *Art des Zeugnisses* kann dabei sehr verschieden sein. Es ist Zeugnis des Wortes, und zwar sowohl des offiziellen kirchlich beglaubigten Wortes in der Predigt und Lehrverkündigung als auch das Zeugnis des privaten Wortes von Mensch zu Mensch, jenes Zeugnisgeben, das auch dem Laien aufgetragen ist und das für ihn, wenn er von Christus erfüllt ist, beinahe zur Selbstverständlichkeit wird. Durch nichts aufzuhalten, wird er diesem Zeugnis Ausdruck geben. Dazu kommt das Zeugnis der Tat in der praktischen Lebenshaltung, und zwar sowohl im privaten Leben als auch in der beruflichen Arbeit, in der Gestaltung der Familie und der Öffentlichkeit. Und endlich das Zeugnis des Blutes und des Lebens, das *martyrion,* im vollsten Sinne des Wortes. Es geschieht immer dann, wenn der Mensch sich entscheiden muss, ob ihm Christus das Wichtigste ist, also wichtiger als die eigene Existenz, oder ob er nur etwas innerhalb seines Lebens ist. Mit anderen Worten, ob er gewillt ist, für Christus den Preis des Lebens zu zahlen oder nicht. Die Art des Zeugnisgebens ist auch persönlich nach der seelischen Struktur, nach der sozialen Stellung, nach dem Milieu usw. recht verschieden. Aber an jeden ergeht in irgendeiner Form die Forderung: »Ihr sollt meine Zeugen sein.«

GESPRÄCH AM JAKOBSBRUNNEN

Joh 4,1–42

Jesus erfuhr, dass die Pharisäer gehört hatten, er gewinne und taufe mehr Jünger als Johannes – allerdings taufte nicht Jesus selbst, sondern seine Jünger –; daraufhin verließ er Judäa und ging wieder nach Galiläa. Er musste aber den Weg durch Samarien nehmen. So kam er zu einer Stadt in Samarien, die Sychar hieß und nahe bei dem Grundstück lag, das Jakob seinem Sohn Josef vermacht hatte. Dort befand sich der Jakobsbrunnen. Jesus war müde von der Reise und setzte sich daher an den Brunnen; es war um die sechste Stunde. Da kam eine Frau aus Samarien, um Wasser zu schöpfen. Jesus sagte zu ihr: Gib mir zu trinken! Seine Jünger waren nämlich in die Stadt gegangen, um etwas zum Essen zu kaufen. Die Samariterin sagte zu ihm: Wie kannst du als Jude mich, eine Samariterin, um etwas zu trinken bitten? Die Juden verkehren nämlich nicht mit den Samaritern. Jesus antwortete ihr: Wenn du wüsstest, worin die Gabe Gottes besteht und wer es ist, der zu dir sagt: Gib mir zu trinken!, dann hättest du ihn gebeten und er hätte dir lebendiges Wasser gegeben. Sie sagte zu ihm: Herr, du hast kein Schöpfgefäß und der Brunnen ist tief; woher hast du also das lebendige Wasser? Bist du etwa größer als unser Vater Jakob, der uns den Brunnen gegeben und selbst daraus getrunken hat, wie seine Söhne und seine Herden? Jesus antwortete ihr: Wer von diesem Wasser trinkt, wird wieder Durst bekommen; wer aber von dem Wasser trinkt, das ich ihm geben werde, wird niemals mehr Durst haben; vielmehr wird das Wasser, das ich ihm gebe, in ihm zu einer Quelle werden, deren Wasser ins ewige Leben fließt. Da sagte die Frau zu ihm: Herr, gib mir dieses Wasser, damit ich keinen Durst mehr habe und nicht mehr hierherkommen muss, um Wasser zu schöpfen! Er sagte zu ihr: Geh, ruf deinen Mann und komm wieder her! Die

Frau antwortete: Ich habe keinen Mann. Jesus sagte zu ihr: Du hast richtig gesagt: Ich habe keinen Mann. Denn fünf Männer hast du gehabt und der, den du jetzt hast, ist nicht dein Mann. Damit hast du die Wahrheit gesagt. Die Frau sagte zu ihm: Herr, ich sehe, dass du ein Prophet bist. Unsere Väter haben auf diesem Berg Gott angebetet; ihr aber sagt, in Jerusalem sei die Stätte, wo man anbeten muss. Jesus sprach zu ihr: Glaube mir, Frau, die Stunde kommt, zu der ihr weder auf diesem Berg noch in Jerusalem den Vater anbeten werdet. Ihr betet an, was ihr nicht kennt, wir beten an, was wir kennen; denn das Heil kommt von den Juden. Aber die Stunde kommt und sie ist schon da, zu der die wahren Beter den Vater anbeten werden im Geist und in der Wahrheit; denn so will der Vater angebetet werden. Gott ist Geist und alle, die ihn anbeten, müssen im Geist und in der Wahrheit anbeten. Die Frau sagte zu ihm: Ich weiß, dass der Messias kommt, der Christus heißt. Wenn er kommt, wird er uns alles verkünden. Da sagte Jesus zu ihr: Ich bin es, der mit dir spricht.

Inzwischen waren seine Jünger zurückgekommen. Sie wunderten sich, dass er mit einer Frau sprach, doch keiner sagte: Was suchst du? oder: Was redest du mit ihr? Die Frau ließ ihren Wasserkrug stehen, kehrte zurück in die Stadt und sagte zu den Leuten: Kommt her, seht, da ist ein Mensch, der mir alles gesagt hat, was ich getan habe: Ist er vielleicht der Christus? Da gingen sie aus der Stadt heraus und kamen zu ihm. Währenddessen baten ihn seine Jünger: Rabbi, iss! Er aber sagte zu ihnen: Ich habe eine Speise zu essen, die ihr nicht kennt. Da sagten die Jünger zueinander: Hat ihm jemand etwas zu essen gebracht? Jesus sprach zu ihnen: Meine Speise ist es, den Willen dessen zu tun, der mich gesandt hat, und sein Werk zu vollenden. Sagt ihr nicht: Noch vier Monate dauert es bis zur Ernte? Sieh, ich sage euch: Erhebt eure Augen und seht, dass die Felder schon weiß sind zur Ernte! Schon empfängt der Schnitter seinen Lohn und sammelt Frucht für das ewige Leben, sodass sich der Sämann und der Schnitter gemeinsam freuen. Denn hier hat das Sprichwort recht: Einer sät und ein anderer erntet. Ich habe euch gesandt zu ernten, wofür ihr euch nicht abgemüht habt; andere haben sich abgemüht und euch ist ihre Mühe zugutegekommen.

Aus jener Stadt kamen viele Samariter zum Glauben an Jesus auf das Wort der Frau hin, die bezeugt hatte: Er hat mir alles gesagt, was ich getan habe. Als die Samariter zu ihm kamen, baten sie ihn, bei ihnen zu bleiben; und er blieb dort zwei Tage. Und noch viel mehr Leute kamen zum Glauben an ihn aufgrund seiner eigenen Worte. Und zu der Frau sagten sie: Nicht mehr aufgrund deiner Rede glauben wir, denn wir haben selbst gehört und wissen: Er ist wirklich der Retter der Welt.

Wieder ist es ein Gespräch von Mensch zu Mensch, wie mit Nikodemus, und doch ganz anders. Dort sind schon die äußeren Umstände anders als hier, denn dort war das Gespräch in der Nacht, hier am helllichten Tag um die sechste Stunde, also um 12 Uhr mittags. Dort im Verborgenen und in der Stille eines Hauses, hier draußen im Freien, am Rand des Brunnens. Dort ein ernster, besinnlicher, nachdenklicher Mann, hier eine leichte, oberflächliche, ehebrecherische Frau. Dort ein Jude, Pharisäer und Schriftgelehrter in der Hauptstadt des Judentums, Jerusalem. Hier eine halb heidnische Samariterin und doch auf altem historischem Boden bei dem Grundstück, das der Stammvater Jakob seinem Sohn Josef geschenkt hatte. Bei aller Verschiedenheit haben die beiden Gespräche auch gemeinsame Züge. Da ist einmal inhaltlich bei beiden vom neuen Leben die Rede, das Christus bringt. Er ist nicht nur Künder einer neuen Wahrheit, sondern Bringer eines neuen Lebens. Es geht ihm also nicht um irgendein Denksystem, sondern um das Seinshafte, um die lebendige Existenz, um die Leben schaffende, gestaltende Gotteskraft. Beide Gespräche haben auch im Formalen eine Ähnlichkeit, denn bei beiden geht Christus vom Äußerlichen aus, um die Menschen zum Innerlichen zu führen. Bei Nikodemus vom Wehen und Brausen des Windes, der ein Zeichen vom Wehen des Gottesgeistes ist. Bei der Samariterin vom erfrischenden, strömenden Wasser, einem Zeichen der Fülle des Gottesgeistes, der erquickendes Leben schenkt. Beide Male spricht er also vom lebendigen Geist Gottes, der den Geist der Menschen lebendig macht, aber in beiden Gesprächen löst er den Menschen vom Verhaftetsein ans Äußerlich-Irdische und führt ihn geduldig und behutsam zur höheren Welt des unsichtbaren Geistes. Die Art des Sprechens und Lehrens Jesu wird hier sichtbar. Er verachtet keinen und verstößt keinen. Er ist bereit, mit jedem zu sprechen und jedem das Geheimnis des neuen Lebens zu enthüllen, dem Schriftgelehrten in Jerusalem ebenso wie der ehebrecherischen Bauernfrau aus Sychar. Aber bei aller Anpassung verliert Jesus nie etwas von seiner Größe und Würde und immer spürt man die sorgende, werbende Liebe dessen, der nicht gekommen ist zu richten, sondern zu retten, das Ideal des Seelsorgers und seines Sprechens.

Das Gespräch gliedert sich deutlich in zwei getrennte Teile: in das Gespräch mit der Frau und in das Gespräch mit den Jüngern.

Das Gespräch mit der Frau (Joh 7–26)

Der Ausgangspunkt: Jesus bittet die Frau um einen Trunk Wasser. Zwei Dinge werden dabei als erstaunlich hervorgehoben: einmal, dass er mit einem Menschen aus Samaria spricht. »Wie kannst du als Jude mich, eine Samariterin, um etwas zu trinken bitten?« Die Juden wollten mit den Samaritern nichts zu tun haben. Sie verachteten sie als eine halb heidnische Bevölkerung, die auf ihrem Berg ein eigenes Heiligtum besaß. Ein frommer Jude musste den Verkehr mit solchen Menschen meiden. Für Jesus bestehen derartige Schranken nicht. Er ist für alle da und will alle zum Heil führen. So lässt er sich denn auch auf diese Frage überhaupt nicht ein. Er ist zu groß, um über solche Kleinigkeiten zu stolpern. Das zweite Merkwürdige besteht darin, dass er allein mit einer Frau spricht. In Vers 27 wird es betont: »Sie wunderten sich, dass er mit einer Frau sprach.« Das war bei den Gesetzeslehrern verpönt und galt als leichtsinnig und unstatthaft. Auch diesen kleinlichen Vorwurf würdigt Jesus nicht einmal einer Antwort.

In der *ersten Hälfte* des Gespräches geht es um den Messiasglauben.

Die messianische Gabe: Jesus beginnt mit dem Äußeren, Materiellen, mit der Bitte um einen Trunk Wasser. Damit ist ein Anknüpfungspunkt gegeben und zugleich für die Frau die Möglichkeit, ihm etwas Gutes zu tun. Sie wird dadurch seelisch bereitet. Das Geben lockert den Menschen auf und macht ihn dadurch zum Nehmen von etwas Größerem und Besserem empfänglich. Aber dann teilt sich das Gespräch. Es bewegt sich auf zwei ganz verschiedenen Ebenen. Die Frau bleibt auf der unteren Ebene des äußeren, materiellen Wassers haften, Jesus dagegen bewegt sich sofort auf einer höheren Ebene und redet von dem, das durch das Wasser versinnbildet ist. Und zwar berührt er gleich im ersten Satz die beiden Themen des Gespräches, die messianische Gabe »Wenn du wüsstest, worin die Gabe Gottes besteht« und die Person des Messias »Und wer es ist, der zu dir sagt«. Aber die Frau versteht unter lebendigem Wasser nur das strömende Quellwasser in der Tiefe des Brunnens im Unterschied zum stehenden Zisternenwasser. Darum kann sie nicht verstehen, dass Jesus von diesem Wasser geben will, wo er doch weder einen Eimer noch ein Seil zum Heraufziehen eines gefüllten Eimers hat. Ein zweites Mal setzt Jesus an, um das Verständnis der Frau zu wecken. Er verspricht ein Wasser, das in die Ewigkeit hinüberströmt und den seelischen Durst des Menschen stillt. Es ist das Wasser der Gnade, die Fülle des Gottesgeistes.

Die messianische Botschaft: Aber die Frau versteht noch immer nicht. Sie bittet nun ihrerseits um dieses Wasser, aber nur mit der primitiven Begründung, sie werde dann nicht mehr dürsten und nicht mehr kommen müssen, um Wasser zu schöpfen. Nun gibt Jesus dem Gespräch gewaltsam eine Wendung, sodass die Frau nicht mehr ausweichen kann. Sie soll ihren Mann holen. Auf ihre Antwort, dass sie keinen Mann habe, zeigt ihr Jesus, dass er ihr ganzes Leben und ihr Innerstes kennt. Jetzt endlich geht die Frau mit auf die religiöse Ebene. Sie weicht zwar der peinlichen Gewissenserforschung durch Jesus aus und biegt vom Persönlich-Subjektiven das Gespräch ab auf etwas Sachlich-Objektives. Aber sie erkennt immerhin Jesus jetzt als Propheten. So rollt sie die Frage nach dem Tempel auf. Wieder führt Jesus die Frau und ihr Denken höher hinauf. An sich ist die Antwort zur Frage nach dem Tempel klar, denn das Heil kommt von den Juden, also ist der Tempel in Jerusalem der richtige Ort der Anbetung. Dort weiß man auch, was man anbetet. Aber die Streitfrage ist jetzt hinfällig geworden. Denn von jetzt an zählt überhaupt nicht mehr der steinerne Tempel, nicht mehr die Anbetung im Symbol und in der bloßen Andeutung, sondern jetzt ist die Stunde, da der Vater seinen Sohn gesandt hat. Die Symbole weichen nun der Erfüllung durch die Wirklichkeit. Die Anbetung wird jetzt Anbetung im Geist, weil der Geist Gottes nun durch den Sohn den Menschen gegeben ist. Die messianische Zeit ist also angebrochen. Die Stunde des Heils hat geschlagen. Man erkennt nun Gott als den Vater, betet ihn an im Geist und durch den Geist, den dieser Vater gesandt hat, und betet ihn an in der Wahrheit und Wirklichkeit des Sohnes selbst.

Der Messias selbst: Nun erklimmt das Gespräch seine letzte Höhe. Die Frau, die Jesus nicht versteht, sucht wieder auszuweichen und redet vom Messias, der alles klarmachen wird. Aber die Antwort Jesu trifft wie ein Blitz: »Ich bin es, der mit dir spricht.« Die Frau lässt den Wasserkrug stehen, eilt in die Stadt und ruft die Bevölkerung zu Jesus mit dem Hinweis, dass er ihr Innerstes und ihr ganzes Leben kenne und der Messias sei.

Damit sind die drei großen Gedanken entwickelt: die messianische Gabe in der Fülle des Geistes, die messianische Botschaft vom Vater und seiner wahren Anbetung und der Messias selbst als der menschgewordene Sohn des Vaters im Himmel. Die gewaltigen

Worte sind an eine einfache, in Sünden verstrickte, am Irdischen hängende Frau gesprochen, aber trotz der schwerfälligen und ausweichenden Art des Menschen ist es der geduldigen, aber ernsten und unausweichlichen Art Jesu, des großen Seelsorgers, geglückt, die Frau zum Verständnis seiner Messianität zu führen und sie zum Boten seiner Verkündigung zu den anderen hin zu machen. Jesus wird beim Gespräch nicht ungeduldig, gibt auch die Hoffnung nicht auf, diese Frau zu retten, lässt sich aber anderseits nicht vom klaren, tiefen Gedankengang abbringen, sondern verbindet feinfühlige Anpassung mit klarer Zielstrebigkeit, und alles ist eingetaucht in die tiefe Fülle seines inneren Reichtums und in die Größe seines Wesens, seiner Botschaft und seines Wirkens.

Das Gespräch mit den Jüngern

Der *zweite* Teil des Gespräches (V. 27–38) vollzieht sich zwischen Jesus und den aus dem Ort zurückkehrenden Jüngern. Er ist ähnlich wie der erste Teil und doch wieder ganz anders. Ähnlich darin, dass es wieder vom Materiellen ins Geistige, vom Äußeren ins Innere, vom Niedrigen zum Höheren führt. Und zwar wieder so, dass zuerst ein Unverständnis des Gesprächspartners sichtbar wird, dieser aber dann nicht in seiner verständnislosen Auffassung beharrt, sondern wenigstens schweigt und dadurch zu verstehen gibt, dass er über die Worte nachsinnt. Ein Unterschied liegt auch im Ausgangspunkt. Im ersten Teil ging es um das Wasser als Symbol, im zweiten Teil um das Brot. Zwei Stufen des Gespräches zeichnen sich ab.

In der *ersten* Stufe ist vom Brot die Rede. Die Jünger bieten dem Meister Brot an, das sie in der Stadt gekauft haben. Aber Jesus ist von ganz anderen Gedanken erfüllt. Seine Speise kommt von oben her, nicht von unten. Es ist die Nahrung seines Geistes und Herzens, und zwar ist es Wille und Werk seines himmlischen Vaters. Davon lebt er. Das ist seine Kraft, die sich täglich erneuert in der

Bereitschaft, Gottes Willen zu tun. Und dieser Wille ist nichts anderes als Auftrag und Sendung, Gottes Werk zu vollenden. Das Schöpfungswerk, das durch die Sünde nicht zerstört, aber geschädigt ist, soll durch das Heilswerk nicht nur wieder gutgemacht, sondern die Schöpfungsordnung soll in die Heilsordnung eingebaut werden und die *culpa* (»Schuld«) als eine *felix culpa* (»glückliche Schuld«, s. Osterlob »Exsultet«, Anm. d. V.) aufzeigen. Die Gnade Gottes ist größer als die Menschensünde und so trägt alles, selbst die Sünde, zur Verherrlichung Gottes bei und die Herrlichkeit des Herrlichen strahlt nur umso heller auf. Das ist Jesu Lebenswerk und Lebensaufgabe.

Die *zweite* Stufe des Gespräches leitet vom Brot über zu den reifen Kornfeldern. Das Reich Gottes ist die reifende Saat. Äußerlich gesehen braucht es noch vier Monate bis zur Ernte. Aber innerlich, im Reich Gottes, sind die Menschen bereit, das Wort des Herrn aufzunehmen. Gerade hier in Samaria wird es deutlich. Es klingt durch diese Worte Christi eine tiefe Freude. Er ist der Sämann, die Jünger sind die Schnitter. Und nun erleben Sämann und Schnitter hier gemeinsam schon die Ernte des Glaubens. Der Logos hat schon im Alten Bund gesät und nun geht durch sein Kommen die Saat auf. Die Apostel als Schnitter können die Ernte heimbringen.

Das Ergebnis: Viele Samariter kommen auf die Aussagen der Frau hin hinaus zum Jakobsbrunnen. Sie bitten Christus, dass er bei ihnen bleibe. Und er bleibt zwei Tage. Viele kommen zum Glauben, und zwar nicht so sehr wegen der Worte der Frau, die nur Ausgangspunkt waren, sondern weil sie nun ihn selbst und seine Lehre vernehmen können. Das Ergebnis lautet: »Er ist wirklich der Retter der Welt.«

Die ganze Szene hier in Samaria ist sowohl in der Form wie im Gehalt von außergewöhnlicher Schönheit und Tiefe. Die Form zeigt sich in der Führung der Gespräche mit der Frau und mit den Jüngern, im rein äußerlich zahlenmäßigen Fortschritt, zuerst nur die einzelne Frau, dann der größere Kreis der Jünger und schließlich das Volk Samariens. Eine formale Schönheit ist auch im Ausgehen von den Dingen, die dem Bauern am nächsten liegen und seinem Denken am zugänglichsten sind, dem Trank und der Speise, dem Wasser, das seine Felder befruchtet, dem Korn, das auf seinen Äckern reift. Inhaltlich ist eine deutliche Stufung sichtbar. Jesus ist zuerst für die Samariterin nur ein gewöhnlicher, ja ein feindlich gesinnter Jude. Dann ein Prophet, schließlich der Messias und am Ende der Retter der ganzen Welt. Das, wovon Christus spricht, ist die messianische Gabe, das messianische Reich, die messianische Zeit und die messianische Wirkung. Je mehr man sich besinnlich in eine solche Szene vertieft, desto mehr freut man sich über die Schönheit der Darstellung, die Feinheit der seelischen Führung, die Tiefe der Gedanken, die Größe Jesu und die Kraft, die von seiner Gestalt und von seinem Wort ausgeht.

Reflexion

NACH DER SZENE AM JAKOBSBRUNNEN

Schon die Form dieses Gespräches ist von besonderem Interesse. Es ist voll psychologischer Feinheit. Äußerlich ist das Gespräch vonseiten der Frau fast spielerisch. Sie weicht immer wieder aus, erhebt sich nicht auf die höhere Ebene, auf die Christus sie führen will. Aber dann wird sie doch gegen ihren Willen ins eigentlich Religiöse hineingezogen, in die Frage des Kultes und vor allem in die Frage nach dem Messias. Aber noch ist nicht die höchste Stufe erklommen. Die Menschen kommen aus Samarien teils aus Sensationsgier, teils mit messianischer Hoffnung. Und nun werden auch sie höher geführt, bis alles schließlich endet im Glauben an Christus als den Retter der Welt.

Aber wichtiger als die Form ist der Inhalt. Unter zwei Bildern sind vor allem zwei große Wahrheiten betont.

1. Der Trank: Christus selbst kommt dürstend zum Brunnen. Unter der heißen Sonne des Orients, nach langer Wanderung, hat er den Durst kennengelernt. Er wird ihm zum letzten Mal sterbend am Kreuz Ausdruck geben. Ohne Wasser vertrocknet der Mensch, vertrocknet das Land und stirbt alles Leben.

Christus gibt sich zu erkennen als die eigentlich strömende Quelle. Er ist nicht bloß Zisterne, die das Regenwasser sammelt und festhält wie die Menschen, die die Offenbarung aufnehmen, sondern er ist sprudelnder Quell, unerschöpflich, immer wieder frisch und erfrischend. Ohne Christus vertrocknet der Mensch, er mag äußerlich geistsprühend sein, mag Leistungen vollbringen, sein Innerstes ist ausgedörrt. Das göttliche Leben ist erstorben und unter dem Gluthauch des Irdischen ausgebrannt. Weithin in der Menschheit gibt es dieses Phänomen der verbrannten Erde und der dürren Felder. Nur Christus kann göttliches Leben schenken, weil er allein menschgewordener Gott ist. Auch der religiöse Mensch leidet gelegentlich unter innerer Trockenheit und Dürre. Aber das ist dann im Grunde genommen ein Ausdruck der innersten Sehnsucht nach Christus als dem Wasser des Lebens. Es ist nur eine vorübergehende Trockenheit, die erst recht das Verlangen nach Christus weckt, umso näher zu Christus hinführt, der dann plötzlich das Land der Seele überströmt mit seiner Gnade und Freude.

2. Die Speise: Wie der Trank, spielt auch das Brot im Evangelium eine Rolle. Christus hat in der Wüste die Brotvermehrung als satanische Versuchung von sich gewiesen, nämlich dort, wo sie als Wichtigstes erscheint, wo also die Materie vor dem Geist kommt, das Irdische vor dem Göttlichen. Er hat dann in seinen Gleichnissen vom Sämann von der wachsenden Saat und den Getreidefeldern gesprochen, hat das Brot vermehrt, als das Volk durch das Hören auf sein Wort sogar das Brot vergaß. Und er hat vor allem in der Eucharistie das Brot benutzt, um es zu wandeln in seinen heiligen Leib, den er ja als Brot der Seele, d. h. als Speise und Nahrung übernatürlichen Lebens, den Menschen schenkt. Hier in der

Szene am Jakobsbrunnen nennt er den Willen Gottes seine Speise. Es ist für ihn die innere Kraft und innere Sättigung, dass er Gottes Willen erkennt und erfüllt. Dieses Bewusstsein, im Willen Gottes zu stehen, nach dem Willen Gottes zu handeln, ist für ihn etwas so Selbstverständliches wie das tägliche Brot. Aber gerade dadurch auch etwas so Notwendiges und etwas so Kräftigendes wie die Tagesnahrung für den Leib. Die Menschen, die immer nur dem eigenen Willen folgen oder sich nach dem Willen anderer Menschen richten, anstatt den Willen Gottes zum eigentlichen Gesetz ihres Lebens zu machen, wissen von diesem beruhigenden, sichernden und erfüllenden Bewusstsein nichts. Sie sind schwankende Existenzen, während der Wille Gottes den Menschen geradlinig führt. Sie kreisen um sich selbst, während der Wille Gottes sie von sich selbst löst und in die Unendlichkeit seines eigenen Wesens hineinführt. Gottes Wille ist Weisheit und Liebe, darum ist die Erfüllung dieses Willens das Beste, was der Mensch tun kann.

IN GALILÄA

Joh 4,43–54

Nach diesen beiden Tagen ging er von dort nach Galiläa. Jesus selbst hatte nämlich bezeugt: Ein Prophet wird in seiner eigenen Heimat nicht geehrt. Als er nun nach Galiläa kam, nahmen ihn die Galiläer auf, weil sie alles gesehen hatten, was er in Jerusalem auf dem Fest getan hatte; denn auch sie waren zum Fest gekommen. Jesus kam wieder nach Kana in Galiläa, wo er das Wasser in Wein verwandelt hatte. In Kafarnaum lebte ein königlicher Beamter; dessen Sohn war krank. Als er hörte, dass Jesus von Judäa nach Galiläa gekommen war, suchte er ihn auf und bat ihn, herabzukommen und seinen Sohn zu heilen; denn er lag im Sterben. Da sagte Jesus zu ihm: Wenn ihr nicht Zeichen und Wunder seht, glaubt ihr nicht. Der Beamte bat ihn: Herr, komm herab, ehe mein Kind stirbt! Jesus erwiderte ihm: Geh, dein Sohn lebt! Der Mann glaubte dem Wort, das Jesus zu ihm gesagt hatte, und machte sich auf den Weg. Noch während er hinabging, kamen ihm seine Diener entgegen und sagten: Dein Junge lebt. Da fragte er sie genau nach der Stunde, in der die Besserung eingetreten war. Sie antworteten: Gestern in der siebten Stunde ist das Fieber von ihm gewichen. Da erkannte der Vater, dass es genau zu der Stunde war, als Jesus zu ihm gesagt hatte: Dein Sohn lebt. Und er wurde gläubig mit seinem ganzen Haus. So tat Jesus sein zweites Zeichen, nachdem er von Judäa nach Galiläa gekommen war.

Jesus kehrt nach Galiläa zurück. Die Begründung, kein Prophet gelte etwas in seiner Heimat, ist merkwürdig. Sie besagt entweder, dass Judäa an sich die geistige und als solche von den Propheten betonte Heimat des Messias ist, dass er dort aber keine Aufnahme finde. Die andere Deutung will es so erklären, dass er nach

Galiläa, seiner irdischen, äußerlichen Heimat geht, obwohl ein Prophet in seiner Heimat keinen Glauben findet. Aber zu diesem Obwohl ist im Text kein Anhaltspunkt. Möglich ist auch die Erklärung, dass er nach Galiläa geht, weil er dort weniger Aufsehen erregt, also längere Zeit ohne Gefahr wirken kann, sich aber keineswegs der Täuschung hingibt, er werde dort mehr Glauben finden, sondern, in echt johanneischer Darstellung, schon am Anfang um sein Ende weiß.

Die Szene, die berichtet wird, enthält ein Doppeltes, nämlich eine neue Selbstoffenbarung Jesu durch ein Heilungswunder und das Aufbrechen des Glaubens in Galiläa.

Das Wunder: Ein Mann von den Beamten des Vierfürsten Herodes, des Herrschers über Galiläa, bittet Jesus, dass er komme und seinen sterbenden Sohn rette. Jesus läutert den Glaubensgeist des Mannes, und zwar einmal dadurch, dass er die Wundersucht zurückweist, und dann auch dadurch, dass er den Mann nicht nach dessen Wunsch persönlich begleitet, sondern ihn heimschickt mit dem Wort »Geh, dein Sohn lebt«. Er verlangt also Glauben, ohne das Wunder schon zu sehen, einen Glauben, der nicht schaut, sondern einfach das Wort Jesu annimmt. Die Selbstoffenbarung Jesu zeigt sich hier einerseits im machtvollen Wirken. Sein bloßes Wort genügt, um den Sterbenden in der Ferne gesund zu machen. Er braucht ihn weder zu sehen noch mit ihm zu sprechen noch ihn zu berühren. Er ist der Herr über alle Kreatur, also auch Herr über die Krankheit eines Menschen. Die Größe Jesu zeigt sich aber auch darin, dass er diesen selbstverständlichen Glauben auf sein bloßes Wort hin fordert. So ist diese Szene in doppeltem Sinne Offenbarung Jesu.

Der Glaube, der nun in Erscheinung tritt, ist in mehrerer Hinsicht bedeutsam. Einmal durch die Tatsache, dass Jesus sich weigert, einfach als Staunen erweckender Wundertäter aufzutreten. Denn da würde das Wunder nicht im Dienst des Glaubens stehen. Dann aber auch dadurch, dass er solchen Glauben fordert. Glaube ist Annahme des Wortes Gottes, ob dieses nun schlichte

Mitteilung ist oder ernste Forderung oder, wie in diesem Fall, tröstliche Verheißung, es ist immer Gott, der spricht, Gottes Wort, das ergeht. Der Mensch soll hören und die Antwort seines Glaubens geben. Darum heißt es ausdrücklich: »Der Mann glaubte dem Wort, das Jesus zu ihm gesagt hatte.« Es geht um das Wort Gottes und seine Annahme im Glauben. Der Glaube beginnt nun auch schon weitere Kreise zu ziehen. Darum wird hinzugefügt: »Und er wurde gläubig mit seinem ganzen Haus.« Es ist wieder ein Mann, von dem dieser Glaube nicht ohne Weiteres erwartet werden konnte. Denn er lebt in der mehr heidnischen als jüdischen Atmosphäre des königlichen Hofes des Herodes, ist als Beamter von diesem abhängig, kann also unter Umständen durch seinen Glauben seine Existenz und die der ganzen Familie gefährden. Umso wertvoller ist dieser Glaube. Bei der jüdischen Priesterschaft im Tempel kann Jesus keinen Glauben finden, beim pharisäischen Schriftgelehrten Nikodemus war es nur ein leises Aufdämmern, bei der halb heidnischen Samariterin und dem samaritanischen Volk war es wirklicher Glaube, und hier in Galiläa tritt ihm vonseiten der scheinbar frivolen, zum Glauben wenig bereiten Kreise am Hof des Herodes ein Mann des Glaubens entgegen.

Der letzte Satz »So tat Jesus sein zweites Zeichen, nachdem er von Judäa nach Galiläa gekommen war« verbindet das Wunder am Sohn des Beamten mit dem Wunder auf der Hochzeit zu Kana. Denn dieser Satz soll doch wohl nicht nur eine Art Korrektur anderer Berichte sein, sondern will das erste und das zweite Wunder zueinander in Beziehung bringen. Dort war es ein Fest, hier Trauer und Gefahr, dort ging es um die tote Materie, hier um das Leben des Menschen. In Freude und in Trauer, bei der Hochzeitsfeier und in Krankheitsfällen zeigt sich Jesus als der souveräne Herr, dem die Kräfte der Natur gehorchen. Er verwandelt das Wasser in Wein und er macht den Kranken gesund. So ist es in beiden Fällen die Selbstoffenbarung seiner Herrlichkeit. Das Licht leuchtet in der Finsternis.

Reflexion

VON DER GNADE DES GLAUBENS

Christus findet Glauben, wo es nicht zu erwarten ist, und findet den Glauben nicht, wo man es erwarten müsste. Damit stellt sich die Frage nach dem Geheimnis des Ja und des Nein, des gläubigen und ungläubigen Menschen.

Wer kommt zum Glauben und wer nicht? Schon das ist ein Geheimnis, das wir nicht durchschauen können. Gewiss spielen *äußere Faktoren* dabei eine Rolle, etwa die Umgebung des proletarischen Milieus oder einer satten Bürgerlichkeit oder eines laxen Lebens, in dem ein Mensch heranwächst. Ist er zur Reife gekommen, so sind viele Dinge für ihn selbstverständlich, von denen er sich doch eigentlich lösen müsste. Und er wird sich dieser Verpflichtung oft kaum bewusst. Dazu kommt das geistige Milieu etwa einer materialistisch denkenden Umwelt, für die alles Metaphysische und erst recht alles Religiöse Illusion und Torheit ist oder die im dialektischen Materialismus den Glauben als Schädling des Volkes und seines Aufstieges betrachtet. Ein anderer Faktor ist die falsche Erziehung, die auch in christlichen Familien sich leider häufig genug findet. Wenn der Vater es nicht unterlassen kann, durch zynische Bemerkungen und Sticheleien Kirche, Klerus und Glauben immer wieder herabzusetzen, oder eine frömmlerische Mutter nicht genug tun kann mit religiöser Beeinflussung, wenn in Internaten oder Waisenhäusern Zwang ausgeübt wird, muss man sich im Grunde genommen nicht wundern, dass bei einer solchen Jugend plötzlich mit beinahe eruptiver Gewalt aus dem gläubigen Ja ein radikales Nein wird.

Solche Dinge sind durchaus natürlich und doch erlebt man überraschenderweise oft genug das Gegenteil. Das Licht der Gnade zündet auf einmal im Menschen, der dort lebt, bringt ihn zur Einsicht und Umkehr. Es vollziehen sich dann Bekehrungen, die den äußeren Faktoren in keiner Weise entsprechen, ja im Gegensatz zu ihnen stehen.

Ähnlich ist es mit *inneren Faktoren.* Wenn der Mensch seelische Reinheit besitzt, charakterliche Ehrlichkeit, die Dinge nicht unerledigt vor sich herschiebt usw., ist er, natürlich gesprochen, für den Anruf der Gnade bereit. Und doch erfährt man oft genug, dass der Entschluss zum Glauben nicht erfolgt. Und umgekehrt können Menschen, die in Sünde verstrickt sind, charakterlich eher schwach, geistig problematisierend, doch auf einmal zu einem Durchbruch kommen, sich aufraffen und den Weg über die Schwelle der Kirche gehen. Man denke an den großen Augustinus.

Aus all diesen Erkenntnissen wird deutlich, wie sehr der Glaube eine Gnade des Herrn ist. Wir können in Wort und Schrift, in der Fundamentaltheologie alle möglichen »Argumente« vorbringen, aber es ist nie ein Beweis des Glaubens, weil das ein innerer Widerspruch wäre, denn ein Beweis wird nicht geglaubt und ein Glaube nicht bewiesen, sondern wir können damit lediglich die Glaubwürdigkeit darlegen. Der entscheidende Sprung über den Graben bleibt dann immer noch zu machen. Gerade dieser Sprung kann nur mithilfe der Gnade gemacht werden. Damit rückt der Glaube in die Geheimniswelt Gottes hinein. Und es bleiben hier eigentlich nur zwei Gedanken übrig, die miteinander verbunden werden müssen. Da ist einmal die *Freiheit Gottes.* Er ist der souveräne Herr, der gibt, wem er geben will, wann er geben will und wie er geben will. Das Wort »Jakob habe ich geliebt, aber Esau habe ich gehasst« und das andere Wort »Ich will das Herz des Pharao verhärten« sollen in ihrer schroffen Formulierung gerade diese gnadenhafte Freiheit grell beleuchten. Es geht beim Glauben nicht um das einfache Resultat eines *Syllogismus* (logischen Schlusses, Anm. d. V.), sondern um das Empfangen eines Geschenks, das wesentlich unverdient ist und das der Mensch sich infolgedessen nie selbst zuschreiben kann. Die andere Wahrheit ist das tröstliche Wort des Johannesprologs, dass *das wahre Licht, das jeden Menschen erleuchtet, in die Welt [kam].* Irgendein Funke dieses Feuers, ein Strahl dieses Lichtes trifft somit jeden Menschen. Der souverän freie Gott gibt also jedem Menschen eine

Möglichkeit zum Heil. Wie das im Einzelnen geschieht, ist sein Geheimnis.

Der königliche Beamte kam aus sehr ungünstigem Milieu. Die schwere Erkrankung seines Sohnes schien ein Unglück, und doch ist gerade dieser Mann mit seinem ganzen Haus gläubig geworden. Pharisäer und Schriftgelehrte kamen aus einer religiösen Umgebung, waren also rein naturhaft in günstiger Situation, und sind nicht zum Glauben gekommen. Der Mensch steht hier vor einem Geheimnis, über das er nachsinnen kann und soll, das er aber nie seines Geheimnischarakters entkleiden kann, sondern das immer ein Mysterium bleibt. Aber hinter diesem Mysterium steht das Geheimnis der Liebe Gottes zum Menschen. Jener Liebe, die so groß ist, dass sie alle Menschen umfasst und keinen ausschließt, und doch zugleich die Freiheit der Menschen respektiert und keinen zwingt.

DIE BROTVERMEHRUNG

Joh 6,1–15

Danach ging Jesus an das andere Ufer des Sees von Galiläa, der auch See von Tiberias heißt. Eine große Menschenmenge folgte ihm, weil sie die Zeichen sahen, die er an den Kranken tat. Jesus stieg auf den Berg und setzte sich dort mit seinen Jüngern nieder. Das Pascha, das Fest der Juden, war nahe. Als Jesus aufblickte und sah, dass so viele Menschen zu ihm kamen, fragte er Philippus: Wo sollen wir Brot kaufen, damit diese Leute zu essen haben? Das sagte er aber nur, um ihn auf die Probe zu stellen; denn er selbst wusste, was er tun wollte. Philippus antwortete ihm: Brot für zweihundert Denare reicht nicht aus, wenn jeder von ihnen auch nur ein kleines Stück bekommen soll. Einer seiner Jünger, Andreas, der Bruder des Simon Petrus, sagte zu ihm: Hier ist ein kleiner Junge, der hat fünf Gerstenbrote und zwei Fische; doch was ist das für so viele? Jesus sagte: Lasst die Leute sich setzen! Es gab dort nämlich viel Gras. Da setzten sie sich; es waren etwa fünftausend Männer. Dann nahm Jesus die Brote, sprach das Dankgebet und teilte an die Leute aus, so viel sie wollten; ebenso machte er es mit den Fischen. Als die Menge satt geworden war, sagte er zu seinen Jüngern: Sammelt die übrig gebliebenen Brocken, damit nichts verdirbt! Sie sammelten und füllten zwölf Körbe mit den Brocken, die von den fünf Gerstenbroten nach dem Essen übrig waren. Als die Menschen das Zeichen sahen, das er getan hatte, sagten sie: Das ist wirklich der Prophet, der in die Welt kommen soll. Da erkannte Jesus, dass sie kommen würden, um ihn in ihre Gewalt zu bringen und zum König zu machen. Daher zog er sich wieder auf den Berg zurück, er allein.

Man nimmt heute ziemlich allgemein an, dass schon sehr früh ein Abschreiber Kapitel 5 und 6 vertauscht hat, sodass in unseren heutigen Bibelausgaben nicht die richtige Reihenfolge steht. Denn sobald man die Kapitel umtauscht, also das 6. vor dem 5. nimmt, schließen sich die Ereignisse lückenlos und ohne störenden Übergang einander an. Es erklärt sich alles sowohl in der Form der Darstellung als auch im Inhalt ohne Schwierigkeit, während die andere Reihenfolge viele Komplikationen und Unebenheiten mit sich bringt. Wir halten uns infolgedessen an die Ergebnisse der neueren Bibelwissenschaft.

Die Selbstoffenbarung des Herrn wird deutlicher, greift weiter in die breiten Massen des Volkes, verschärft aber auch den Widerstand und die Scheidung der Geister.

Jesus schickt seiner großen Offenbarungsrede zwei Zeichen voraus, um das Volk und vor allem die Jünger vorzubereiten und für die großen, erstaunlichen Worte empfänglich zu machen.

Das erste Zeichen ist die Brotvermehrung. *Die Situation:* »Das Pascha, das Fest der Juden, war nahe.« Jesus geht diesmal nicht nach Jerusalem. Das letzte Osterfest hat gezeigt, wie gefährlich dort, am Sitz der Führer Israels, die Lage für ihn bereits geworden ist. So hält er sich fern. Das nächste Osterfest wird er in Jerusalem feiern. Es wird aber seinen Tod durch die Kreuzigung bringen. Noch ist diese Stunde nicht gekommen. Er muss noch wirken, dem Volk die Frohe Botschaft bringen, die Jünger sammeln und schulen und so das Werk seiner Kirche grundlegen. Alle Gedanken während dieser Wochen in Galiläa kreisen um das Ostergeheimnis. Ostern ist das Fest der ungesäuerten Brote. Dieser ganze Teil des Evangeliums ist darum vom Gedanken an das wahre Brot und von der eucharistischen Brotrede erfüllt. Dementsprechend beginnt dieser Teil mit dem Zeichen der Brotvermehrung, geht von dort weiter zu den Worten, dass er, Jesus, das Brot des Lebens sei, und noch weiter zur Offenbarung des sakramentalen Brotes. Ostern ist weiterhin das Fest des geschlachteten Lammes, dessen Fleisch in der Tischgemeinschaft Israels genossen wird. Darum spricht Jesus davon, dass sie sein Fleisch essen und sein Blut trinken sollen, um das wahre Leben zu besitzen. So wie das Blut des Lammes die Juden beim Auszug aus Ägypten vor dem Würgengel des Todes bewahrt hat, so soll der Genuss seines, Christi Blutes, das neue Israel vor dem seelischen Tod bewahren und beschützen. Und so wie die Israeliten nach dem Auszug aus Ägypten in der Wüste das Manna als Brot vom Himmel empfangen haben, so soll das geistige Israel, die Kirche, bei der Wanderung durch die Jahrhunderte des Erdenlebens in Christus das wahre Manna als wahres Brot vom Himmel empfangen und dadurch die Kraft zum Weiterwandern haben. So liegen die Ostergedanken über dem Ganzen dieses Abschnittes.

»Als Jesus aufblickte und sah, dass so viele Menschen zu ihm kamen.« Diesmal ist es nicht eine kleine Gruppe seiner Jünger, sondern eine große Volksmenge, der sich der Herr kundtut. Die messianische Bewegung ist also in vollem Gange. Die Massen sind begeistert. In Scharen strömen sie herbei. Zum Teil kommen sie zu Fuß auf die andere Seite des Sees, zum Teil fahren sie in Booten hinüber. Durch seine Wunder werden sie zur Begeisterung hingerissen und wollen ihn zum König machen. In dieser Volksmenge spielen die Jünger eine besondere Rolle. Philippus und Andreas werden eigens genannt, unter den Händen der Jünger geschieht das Wunder; und die zwölf Körbe, mit denen man die Reste einsammelt, sind ein deutlicher Hinweis auf die zwölf Apostel. Osterfreude, Volksbegeisterung und Hervorhebung der Zwölf sind die Kennzeichen der Situation.

Ohne das Wunder ist die Lage allerdings bedenklich. Die große Volksmenge hat nichts zu essen. Es wird ausdrücklich betont, dass es etwa 5000 Männer waren, dazu noch die Frauen und Kinder. Philippus stellt fest, dass 200 Denare nicht ausreichen würden, um Brot zu kaufen, selbst wenn jeder auch nur ein klein wenig erhalten sollte. Nach der Mitteilung des Andreas ist nur ein Knabe da, der fünf Brote und zwei Fische zur Verfügung hat. Die Menge ist also hilflos. Johanneisch gesehen besagt das, dass die Menschen ohne Christus, dieses Brot des Lebens, dem Hunger ausgeliefert sind und dass menschliche Hilfe nicht ausreichen kann, diesen Hunger zu stillen. Aber Christus hilft.

Das Wirken des Wunders geschieht durch Christus. Drei Züge werden dabei betont. Einmal, dass das Wunder denkbar schlicht und einfach geschieht. Jesus hält weder eine Rede zur Vorbereitung noch vollzieht er das Wunder unter seinen eigenen Händen noch macht er eigens das Volk auf das, was nun geschehen soll, aufmerksam, sondern ganz einfach dankt er und lässt die Brote austeilen. Es bleibt alles im Schlicht-Menschlichen, selbst das Einsammeln der Reste, damit nichts verderbe. Der zweite Zug ist der Reichtum und die Fülle des Gebens. An alle wird ausgeteilt, alle bekommen zu essen und alle so viel, dass sie gesättigt werden, und es bleiben auch dann noch zwölf volle Körbe übrig. Unversehens hat sich das Brot und haben sich die Fische vermehrt. Das Austeilen geht einfach ständig weiter, ohne dass man zuerst das Erstaunliche dieses Geschehens beachtet. Alle sind mit dem Entgegennehmen und Essen beschäftigt, und erst das Ergebnis lässt die Menge auf einmal aufschauen und aufhorchen und sich des Erstaunlichen, Wunderbaren dieses Geschehens bewusst werden. Der dritte Zug ist das Wirken des Wunders unter den Händen der Apostel. *Sie* machen auf die bedrohliche Lage aufmerksam, *sie* fordern das Volk auf, sich zu lagern, *sie* zählen die Männer, *sie* nehmen aus den Händen des Herrn die Brote und Fische entgegen, *sie* teilen aus. *Ihre* Hände werden nicht leer. *Sie* sammeln in Körben die übrig gebliebenen Stücke. So sind sie also in besonderer Weise aktiv am Wunder mitbeteiligt.

Die Wirkung ist auf der einen Seite die stürmische Begeisterung der Volksmassen. Sie erkennen Jesus als den großen Propheten, der in die Welt kommen soll, und nun wollen sie ihn zum König machen. Aber ihre Erkenntnis ist ungenügend. Sie dringen nicht durch bis zum tieferen Erfassen seiner Selbstmitteilung, dass er nämlich selbst vom Himmel herabgekommen ist, um die Menschen zu stärken und seelisch zu nähren. Sie wollen ihn nicht wegen seiner geistigen und religiösen, gottmenschlichen Größe zum

König Israels machen, sondern sie sind von dem Brotmessias begeistert, der ihnen materiell hilft, also irdischen Wohlstand bringt, ihre äußere Notlage behebt und ihnen damit alle Sorgen abnimmt. So bleiben sie am Irdischen haften, anstatt das irdische Geschehen als Zeichen überirdischen Wunders zu erfassen. Sie sind mit dem materiellen Brot zufrieden und erheben sich nicht zum Hunger nach dem geistigen Brot seines Wortes und seines Wesens. Jesus will aber etwas ganz anderes. Das Wunder ist nur ein Zeichen, das ihnen zeigen soll, dass er vom Himmel herabgekommen ist. Am nächsten Osterfest wird er ihnen das eucharistische Brot geben. Eine leise Andeutung an die Eucharistie liegt hier schon im Wortlaut des Geschehens, wenn es heißt, er dankte, *eucharistaesas*. Er wird ihnen dann das Brot seines Leibes als das Fleisch des geschlachteten Lammes geben. Sie erfassen von alldem nichts. Darum entzieht er sich ihnen und geht allein auf den Berg. Es ist eine schmerzliche Einsamkeit, das Alleinsein dessen, der in seinem tiefsten Anliegen nicht verstanden wird. Er will ihnen Geistiges bringen, sie wollen materiellen Besitz. Er will ihnen Gott bringen, sie wollen menschliche Sättigung. Sie nehmen das Zeichen als Erfüllung, wobei es doch in Wirklichkeit auf eine ganz andere Fülle und Erfüllung hinweisen soll. Dieses Sichzurückziehen nach der Hingabe, diese Einsamkeit nach dem Verweilen in der Volksmenge, dieses Nichtverstandensein von denen, deren Verständnis er wecken wollte, hat etwas Erschütterndes.

Reflexion

BROTVERMEHRUNG

1. Die Haltung des Volkes. Damals: Die Haltung des Volkes ist weithin begreiflich. Dieses schlichte Volk war zwar an ein denkbar primitives Leben gewöhnt und war mit wenig zufrieden. Aber es litt doch unter dem Gegensatz, dass die einen vom mühsamen

Taglohn lebten oder sich auf einem kleinen Äckerlein mit wenig Humus in Sorge und Unsicherheit einen kärglichen Ertrag abrackern mussten und dabei immer in Angst vor Dürre und Trockenheit lebten. Geld hatte man wenig, denn der römische Unterdrücker, die eingeborenen Fürsten und der Kultus des Tempels schöpften mit ihren Steuern immer wieder die Hauptsache ab. Auf der anderen Seite sah dieses Volk den Luxus der römischen Offiziere und ihrer Damen, das Leben voll rauschender Feste am Hof des Herodes und die Bevorzugung derer, die es verstanden, durch Schmeicheleien die Gunst der hohen Herren zu gewinnen. Das Gleichnis vom reichen Prasser und armen Lazarus zeigt die Situation in voller Deutlichkeit.

Gerade darum setzt das Volk seine Hoffnung auf den kommenden Messias. Er soll das Reich Davids wieder aufrichten in einem Land, das von Milch und Honig fließt, wo die Tiere also fette Weide finden und die Bienen den Honig in blühenden Gärten, im reichen Blumenschmuck sich ausdehnender Felder. Die Kunde, dass Jesus von Nazaret der Messias sei, und die Vermehrung des Brotes hat alle diese Hoffnungen neu geweckt und damit das Volk in einen Taumel der Begeisterung versetzt.

Heute würde es wohl ähnlich gehen. Jährlich verhungern Hunderttausende von Menschen. Gewaltige Bevölkerungsmassen leben dauernd unter dem Existenzminimum oder an seiner äußersten Grenze. Das Gespenst der Arbeitslosigkeit als Wirkung der technischen Prozesse droht da und dort, Streiks flackern auf, die Unruhe gärt in der armen Bevölkerung. Daneben stehen Menschen und Firmen mit Rieseneinnahmen, schütten gewaltige Dividenden aus, leben in einem Standard, der nicht mehr zu verantworten ist. So ist auch hier der Gegensatz scharf und schroff.

Ist es dann nicht begreiflich, dass die Volksmassen denen nachlaufen, die ihnen materielle Sicherheit und Wohlfahrt versprechen?

2. *Die Haltung Jesu:* Jesus weiß um Not und Armut. Zur Welt gekommen in einem Stall, nach einer Jugend unter den Armen des

Dorfes Nazaret, das Leben fristend mit der harten einförmigen Arbeit eines Dorfzimmermanns, hat er die Not am eigenen Leib verspüren müssen. Darum kann er sagen »Mich erbarmt dieses Volkes«. Und doch hat er in der Wüste es als teuflische Versuchung von sich gewiesen, Steine in Brot zu verwandeln, und er ist auch jetzt in der Rede nach der Brotvermehrung unwillig über die Forderungen des Volkes. Es gibt Höheres als das Brot und Wichtigeres als die rein materielle Existenz. Ein gehobenerer Standard ist alles andere als identisch mit höherem Menschentum. Ein gefüllter Magen bewirkt oft einen entleerten Geist. Ein weichliches Leben bewirkt oft genug eine Verhärtung des Herzens. Brot und Spiele will das Volk, moderner formuliert: Wirtschaft und Sport. Jesus will nicht zuerst die materielle Sicherung und Besserstellung, sondern es geht ihm um das Reich des Vaters und die Empfänglichkeit dafür. Das besagt nicht, dass das Christentum für die Zukurzgekommenen sei, wohl aber besagt es, dass zwar nicht ein Bettlerelend – Christus ist nie bettelnd durchs Land gezogen –, aber ein Leben gelegentlicher Entbehrung und ein Leben der Einfachheit den Menschen vom Irdisch-Diesseitigen, Bloß-Menschlichen löst und ihm den Weg freigibt zum Überirdisch-Jenseitigen, zu Gott. Darum das Wort des Herrn »Selig die Armen« und das Wort des Magnifikat »Die Hungrigen füllt er mit Gütern, die Satten lässt er leer ausgehen«.

Aus diesem Doppelelement des Verständnisses für die Not des darbenden Volkes einerseits und für die größere Wichtigkeit des Reiches Gottes anderseits ergibt sich die klare, eindeutige Haltung Christi. Er hilft in der Not, doch es ist nicht seine eigentliche Aufgabe, und darum hilft er auch nicht immer. Er stillt aber den seelischen Hunger, und das immer. Auch hier wird wieder sichtbar, wie sehr das Irdische, in diesem Fall das Brot, Zeichen von etwas Geistigem, Überirdischem ist, in diesem Fall Christus selbst als das, was dem Menschen seelisch Genüge verschafft. Er ist Fülle und Erfüllung für alle diejenigen, die nur durch Unendliches ausgefüllt werden können.

DAS WANDELN AUF DEM WASSER

Joh 6,16–24

Als es aber Abend geworden war, gingen seine Jünger zum See hinab, bestiegen ein Boot und fuhren über den See, auf Kafarnaum zu. Es war schon dunkel geworden und Jesus war noch nicht zu ihnen gekommen. Da wurde der See durch einen heftigen Sturm aufgewühlt. Als sie etwa fünfundzwanzig oder dreißig Stadien gefahren waren, sahen sie, wie Jesus über den See kam und sich dem Boot näherte; und sie fürchteten sich. Er aber rief ihnen zu: Ich bin es; fürchtet euch nicht! Sie wollten ihn zu sich in das Boot nehmen, aber schon war das Boot am Ufer, das sie erreichen wollten.

Am nächsten Tag stand die Menge am anderen Ufer des Sees; sie hatten gesehen, dass nur ein Boot dort gewesen war und dass Jesus nicht mit seinen Jüngern ins Boot gestiegen war, sondern dass seine Jünger allein abgefahren waren. Von Tiberias her kamen andere Boote in die Nähe des Ortes, wo sie nach dem Dankgebet des Herrn das Brot gegessen hatten. Als die Leute sahen, dass weder Jesus noch seine Jünger dort waren, stiegen sie in die Boote, fuhren nach Kafarnaum und suchten Jesus.

Das zweite Zeichen wird nur kurz geschildert: Das Wandeln auf dem Wasser.

Wieder wird zuerst die *Situation* dargelegt. Die Jünger fahren allein über den See. Es ist dunkle Nacht. Sie sind mitten auf dem See. Der Sturm bricht herein. Es ist also wieder die Hilflosigkeit der auf sich selbst gestellten Menschen. Aber hier geht es nicht um die Volksmenge, sondern hier soll nun den Jüngern ihre Hilflosigkeit ohne Jesus und die Hilfe durch Jesus gezeigt werden.

Das Wunder ist ein doppeltes Zeichen. Zuerst die Tatsache, dass Jesus plötzlich mitten in der Nacht über das Wasser wandelnd zu ihnen kommt. Und das Wunder liegt weiterhin in der Tatsache, dass sie in dem Augenblick, da er ins Boot steigt, schon am Ufer sind. Sie sollen dadurch erkennen, dass er Macht hat über die Kräfte der Natur. Diese Erkenntnis soll sie befähigen, das Wandlungswunder der Eucharistie im Glauben anzunehmen. Er, der wunderbar das Brot vermehrt, über die Wasser wandelt, Distanzen nicht kennt, also die Kräfte der Natur völlig beherrscht, kann auch das Brot verwandeln in seinen Leib und den Wein in sein Blut. Er offenbart sich ihnen hiermit als Herr aller Kräfte und Gesetze der Schöpfung.

Die Wirkung (22–26) beim Volk ist auch diesmal unbefriedigend. Sie sind wohl sehr verwundert, fragen ihn erstaunt: »Rabbi, wann bist du hierhergekommen?« Aber den eigentlichen Sinn und die Absicht auch dieses zweiten Wunders haben sie nicht erfasst. Sie erkennen ihn aufgrund des Wunders nicht als den Wunderbaren. Darum sagt er ihnen: »Amen, amen, ich sage euch: Ihr sucht mich nicht, weil ihr Zeichen gesehen habt.« Sie kommen vielmehr, weil er ihnen Brot gibt, ohne dass sie arbeiten müssen. »Ihr sucht mich, weil ihr von den Broten gegessen habt und satt geworden seid.« Wieder geht es ihnen nur um das Materielle. Immer dort, wo die Volksmassen materiellen Gewinn, Annehmlichkeit des Lebens, wirtschaftliche Vorteile, soziale Besserstellung erhoffen, sind sie zu finden. Aber nur spärlich wachsen sie darüber hinaus und erheben sich zu geistigen Dingen und noch schwerer zum entscheidenden Religiösen. Das Irdische sollte sie zum Überirdischen führen, das Menschliche zum Göttlichen, das Vergängliche zum Unvergänglichen, das Zeitliche zum Ewigen. Aber sie erfassen die Zeichenbedeutung und den Zeichencharakter des Sichtbaren nicht. Darum die Mahnung Jesu: »Müht euch nicht ab für die Speise, die verdirbt, sondern für die Speise, die für das ewige Leben bleibt.«

Über *beiden* Wundern liegt das große Wort des Herrn: »Ich bin es, fürchtet euch nicht.« – »Ich bin es« ist der Inhalt seiner Selbstoffenbarung. Nicht das, was er bringt und gibt, ist das Große, sondern er selbst. Sie brauchen sich nicht mehr zu fürchten, weder vor dem Hunger noch vor dem Sturm. Denn er ist es, der nun *bei* ihnen ist. Wenn sie im Glauben ihn aufnehmen, dann geschieht das eigentliche, entscheidende, große Wunder. Denn dann haben sie das Brot des Lebens, das ihnen im Innersten Sättigung gibt und Lebenskraft. Dann sind sie auch in den Stürmen des Lebens und der Geschichte nicht mehr auf sich selbst angewiesen, ja sie sind mit ihm und durch ihn dann eigentlich schon am anderen Ufer, am Ufer Gottes, am Ufer der neuen Zeit, die durch sein Kommen angebrochen ist und kein Ende mehr findet. So ist dieser ganze Abschnitt Selbstmitteilung, Selbstoffenbarung Jesu. Wer diese Offenbarung versteht, braucht sich nicht mehr und vor nichts mehr zu fürchten. Damit sind Glauben und Vertrauen vorbereitet.

Reflexion

STURM AUF DEM SEE

Es geht im Zusammenhang des Evangeliums im Bericht über den Sturm nicht um die Einzelheiten, sondern um das eine Wichtige: die Macht Jesu über die Kräfte der Natur, denn diese wird in den Reden vom wahren Brot vorausgesetzt. Wohl aber kann und soll die Reflexion die im Bericht nur eben berührten Einzelheiten überdenken.

Der Sturm: Die Absicht der Jünger ist gut, ihr Eifer groß, dennoch bricht der Sturm unversehens über sie herein.

Leben im Dienst Christi besagt weder äußere noch innere Ruhe, sondern vielmehr Krisen und Erschütterungen. Man darf auch keine widerspruchslose Begeisterung der Umgebung erwarten, sondern muss mit hartem Widerstand, ja bisweilen mit stürmischer Gegnerschaft rechnen. Doppelt gilt das für die Fahrt der Gesamtkirche über die Wasser der Jahrhunderte. Politische Mächte, wirtschaftliche und soziale Organisationen, geistige Auffassungen und Weltanschauungen, andere Kulturen, Religionen, »Kirchen« werden ihr immer wieder schärfsten Kampf ansagen. So ist der Sturm für die Christen und die christliche Kirche eine Wirklichkeit, die sich mit meist sehr kurzen Atempausen immer wieder einstellt.

Die Nacht: Der Tag hat etwas Beruhigendes an sich. Man sieht klar und fühlt sich sicher. In der Nacht können die Gefahren durch die menschliche Einbildung ins Ungeheuerliche wachsen und groteske Formen annehmen. Das Nichtsehen steigert die imaginäre Vorstellung. Das gilt auch für seelische Dunkelheiten, für Zeiten innerer Finsternis im Suchen nach dem Willen Gottes und im Verlangen nach der Hilfe Gottes. Es gilt für jedes Hinausstarren in das Dunkel der Zukunft, der Menschen, der Völker, der Kirche. Gewiss gibt es liebliche Silbernächte milden Mondscheins, geheimnisvolle Nächte schöpferischer Stille, samtweiche Nächte in der Geborgenheit und ruhige Nächte gesammelten Betens. Aber es gibt auch die unheimlichen Nächte der Hilflosigkeit und Gebrochenheit, qualvolle Nächte der Schmerzen, in denen die Stunden stillzustehen scheinen und selbst die Minuten nur schleichend ihren Gang kriechen. Es gibt dämonische Nächte, in denen der Fürst der Finsternis zerstört, was am Tage aufgebaut worden ist, und hohnlachend alles menschliche Planen durch seine Fragezeichen lähmt und bricht.

Die Einsamkeit: Im Boot ist eine ganze Anzahl junger, kräftiger, erprobter Männer, die nicht zum ersten Mal in der Nacht den Sturm durchfahren. Sie kennen sich, sind befreundet, vom gleichen Geist erfüllt. Und doch fühlen sie sich jetzt verlassen und einsam, denn der eine fehlt, der ihnen Mitte und Seele ist, ihrer Arbeit Sinn gibt und ihrem Ruder Richtung: Christus der Herr.

Nach dem Bericht der Bibel, der auf uralter Überlieferung beruht, hat die Menschheit versucht, ihre Einheit selbst zu sichern durch Schaffung eines einheitlichen Reiches, einer befestigten Hauptstadt mithilfe organisierter Massen, technischer Errungenschaften und planmäßigen Vorgehens. Dazu kam die innere Einheit durch die einheitliche Sprache, gemeinsamen Ruhm und eine von Menschen gestaltete und letztlich im Dienste menschlichen Planens stehende Religion. Das ist der Sinn des Berichtes über den babylonischen Turmbau. Aber es war alles zu äußerlich gedacht, zu menschlich unternommen, zu sehr auf eigene Kraft gebaut. Darum zerbrach die Einheit. Die zentrifugalen Kräfte wurden stärker, das Auseinanderbrechen war unvermeidlich. Wahre innerste Gemeinschaft hat nur Bestand, wenn sie in Gott begründet ist, denn nur er, der in sich und aus sich Ewige, kann Ewiges gestalten. Christus als menschgewordener Gott hat darum das Reich gegründet, das die wahre und dauernde Einheit bildet, die Kirche. Hier kann und soll die Einsamkeit des Einzelnen überwunden werden durch die Gemeinschaft der durch Gott Geheiligten, der *communio sanctorum*.

Die Angst: Im Bericht des Evangeliums heißt es: »Sie fürchteten sich.« Das ist an sich überraschend. Wieder ist es das Alte Testament, das von der Geburt der Angst vor Gott durch die Sünde spricht und vom Entstehen der Angst vor dem Mitmenschen durch die Verantwortungslosigkeit, wie sie bei Kain gegenüber Abel in Erscheinung tritt. Aber Christus hat nun doch das Verhältnis zu Gott und zum Mitmenschen grundlegend geändert. Er ist es, der den Sturm überwindet, der als Licht der Welt die Nacht besiegt und die wahre Gemeinschaft grundlegt. Darum müssten die Jünger an sich von der Angst befreit sein. Aber das Ereignis kam zu plötzlich, unerwartet, schockartig über sie. Das Leben in der Nachfolge Christi wurde ganz anders, als sie es erwartet hatten. So auch im Menschenleben. Es kann Unerwartetes über den Menschen, und zwar gerade über den gläubigen Menschen hereinbrechen, Krankheit, Zurücksetzung, Misserfolg, eigenes Versagen usw.

Aber die Antwort Jesu an die Jünger im Sturm »Ich bin es« gibt ihnen die Ruhe zurück. Das »Ich bin es« ist die große Offenbarung für die Menschen, die durch den Glauben seelische Bereitschaft haben. Wenn der Mensch durch alles Dunkel und alle

Schwierigkeiten hindurch Christus erkennt, dann erfasst er auch, dass alle Krisen und Schwierigkeiten äußerer und innerer Natur, im Kleinen und im Großen, letztlich nur ein Läuterungsprozess sind, durch den Gott den Menschen heilt und heiligt.

Die Rettung: Es heißt, dass die Stille plötzlich entstand. Das gilt auch im Seelischen. Auf einmal können unerwartet die große Ruhe und jener innere Frieden über den Menschen kommen, die nur Christus geben kann. Als Weiteres wird betont, dass sie sofort am Ufer waren und damit wieder festen Boden unter den Füßen hatten. Das eigentliche Ufer ist für den Menschen das Jenseits und für die Kirche die Wiederkunft Christi, die das Hereinbrechen der Herrlichkeit für die Gesamtkirche bedeutet. Wer sich an Christus hält, ist unversehens am Ufer der Ewigkeit.

In den Homilien der Kirchenväter findet sich diese Art Auslegung und Anwendung sehr häufig. Sie liegt nicht unmittelbar in der Linie des Evangeliums und seines Aufbaus, ist aber auch nicht völlig abwegig, denn das Äußere auf das Innere anzuwenden, vom Äußeren auf das Innere zu schließen, ist johanneischer Geist.

DIE REDE JESU

Joh 6,25–71

Als sie ihn am anderen Ufer des Sees fanden, fragten sie ihn: Rabbi, wann bist du hierhergekommen? Jesus antwortete ihnen: Amen, amen, ich sage euch: Ihr sucht mich nicht, weil ihr Zeichen gesehen habt, sondern weil ihr von den Broten gegessen habt und satt geworden seid. Müht euch nicht ab für die Speise, die verdirbt, sondern für die Speise, die für das ewige Leben bleibt und die der Menschensohn euch geben wird! Denn ihn hat Gott, der Vater, mit seinem Siegel beglaubigt. Da fragten sie ihn: Was müssen wir tun, um die Werke Gottes zu vollbringen? Jesus antwortete ihnen: Das ist das Werk Gottes, dass ihr an den glaubt, den er gesandt hat. Sie sagten zu ihm: Welches Zeichen tust du denn, damit wir es sehen und dir glauben? Was für ein Werk tust du? Unsere Väter haben das Manna in der Wüste gegessen, wie es in der Schrift heißt: Brot vom Himmel gab er ihnen zu essen. Jesus sagte zu ihnen: Amen, amen, ich sage euch: Nicht Mose hat euch das Brot vom Himmel gegeben, sondern mein Vater gibt euch das wahre Brot vom Himmel. Denn das Brot, das Gott gibt, kommt vom Himmel herab und gibt der Welt das Leben. Da baten sie ihn: Herr, gib uns immer dieses Brot! Jesus antwortete ihnen: Ich bin das Brot des Lebens; wer zu mir kommt, wird nie mehr hungern, und wer an mich glaubt, wird nie mehr Durst haben. Aber ich habe euch gesagt: Ihr habt gesehen und doch glaubt ihr nicht. Alles, was der Vater mir gibt, wird zu mir kommen, und wer zu mir kommt, den werde ich nicht abweisen; denn ich bin nicht vom Himmel herabgekommen, um meinen Willen zu tun, sondern den Willen dessen, der mich gesandt hat. Das aber ist der Wille dessen, der mich gesandt hat, dass ich keinen von denen, die er mir gegeben hat, zugrunde gehen lasse, sondern dass ich sie auferwecke am Jüngsten Tag. Denn das ist der Wille meines

Vaters, dass jeder, der den Sohn sieht und an ihn glaubt, das ewige Leben hat und dass ich ihn auferwecke am Jüngsten Tag.

Da murrten die Juden gegen ihn, weil er gesagt hatte: Ich bin das Brot, das vom Himmel herabgekommen ist. Und sie sagten: Ist das nicht Jesus, der Sohn Josefs, dessen Vater und Mutter wir kennen? Wie kann er jetzt sagen: Ich bin vom Himmel herabgekommen? Jesus sagte zu ihnen: Murrt nicht! Niemand kann zu mir kommen, wenn nicht der Vater, der mich gesandt hat, ihn zieht; und ich werde ihn auferwecken am Jüngsten Tag. Bei den Propheten steht geschrieben: Und alle werden Schüler Gottes sein. Jeder, der auf den Vater hört und seine Lehre annimmt, wird zu mir kommen. Niemand hat den Vater gesehen außer dem, der von Gott ist; nur er hat den Vater gesehen. Amen, amen, ich sage euch: Wer glaubt, hat das ewige Leben. Ich bin das Brot des Lebens. Eure Väter haben in der Wüste das Manna gegessen und sind gestorben. So aber ist es mit dem Brot, das vom Himmel herabkommt: Wenn jemand davon isst, wird er nicht sterben. Ich bin das lebendige Brot, das vom Himmel herabgekommen ist. Wer von diesem Brot isst, wird in Ewigkeit leben. Das Brot, das ich geben werde, ist mein Fleisch für das Leben der Welt. Da stritten sich die Juden und sagten: Wie kann er uns sein Fleisch zu essen geben? Jesus sagte zu ihnen: Amen, amen, ich sage euch: Wenn ihr das Fleisch des Menschensohnes nicht esst und sein Blut nicht trinkt, habt ihr das Leben nicht in euch. Wer mein Fleisch isst und mein Blut trinkt, hat das ewige Leben und ich werde ihn auferwecken am Jüngsten Tag. Denn mein Fleisch ist wahrhaft eine Speise und mein Blut ist wahrhaft ein Trank. Wer mein Fleisch isst und mein Blut trinkt, der bleibt in mir und ich bleibe in ihm. Wie mich der lebendige Vater gesandt hat und wie ich durch den Vater lebe, so wird jeder, der mich isst, durch mich leben. Dies ist das Brot, das vom Himmel herabgekommen ist. Es ist nicht wie das Brot, das die Väter gegessen haben, sie sind gestorben. Wer aber dieses Brot isst, wird leben in Ewigkeit.

Diese Worte sprach Jesus, als er in der Synagoge von Kafarnaum lehrte.

Viele seiner Jünger, die ihm zuhörten, sagten: Diese Rede ist hart. Wer kann sie hören? Jesus erkannte, dass seine Jünger darüber murrten, und fragte sie: Daran nehmt ihr Anstoß? Was werdet ihr sagen, wenn ihr den Menschensohn aufsteigen seht, dorthin, wo er vorher war? Der Geist ist es, der lebendig macht; das Fleisch nützt nichts. Die Worte, die ich zu euch gesprochen habe, sind Geist und sind Leben. Aber es gibt unter euch einige, die nicht glauben. Jesus wusste nämlich von Anfang an, welche es waren, die nicht glaubten, und wer ihn ausliefern würde. Und er sagte: Deshalb habe ich zu euch gesagt: Niemand kann zu mir kommen, wenn es ihm nicht vom Vater gegeben ist.

Daraufhin zogen sich viele seiner Jünger zurück und gingen nicht mehr mit ihm umher. Da fragte Jesus die Zwölf: Wollt auch ihr weggehen? Simon Petrus antwortete ihm: Herr, zu wem sollen wir gehen? Du hast Worte des ewigen Lebens. Wir sind zum Glauben gekommen und haben erkannt: Du bist der Heilige Gottes. Jesus erwiderte: Habe ich nicht euch, die Zwölf, erwählt? Und doch ist einer von euch ein Teufel. Er sprach von Judas, dem Sohn des Simon Iskariot; denn dieser sollte ihn ausliefern: einer der Zwölf.

Die Selbstoffenbarung des Herrn ist in dieser Rede in besonderer Weise geheimnisvoll. Darum wird sie eingeführt durch die Forderung des Glaubens. Die Juden sollen nicht am Vergänglichen hängen bleiben, sich also nicht um vergängliche Speise bemühen, sondern sollen sich erheben zum Unvergänglichen, sich um unvergängliche Speise bemühen. Diese Speise gibt ihnen der Menschensohn, der vom Vater beglaubigt ist. Sie können das nur verstehen, wenn sie das eine entscheidende Werk des Glaubens an ihn verrichten. Alle anderen Werke sind bedeutungslos, wenn sie nicht von diesem einen entscheidenden Werk getragen sind, vom Glauben. Und zwar ist es nicht einfach der Glaube an Gott, sondern der Glaube an den von Gott Gesandten, also an ihn. Er, der als Menschensohn vor ihnen steht, ist in Wirklichkeit Gottes Sohn. Das ist nur im Glauben fassbar. Die Art, wie er sich ihnen mitteilt, ist ein Glaubensgeheimnis im vollsten Sinn des Wortes, *mysterium fidei.* Das Schauen bleibt im Irdischen, am Irdischen haften, nur der Glaube hebt sich empor. Das Schauen ist vom Vordergründigen gefangen, der Glaube dringt durch das Sichtbare hindurch zum Hintergründigen, durch das Menschliche zum Göttlichen, durch den Menschensohn zum Gottessohn, durch vergängliche Speise zu ihm, der die unvergängliche Speise der Menschen ist. Geheimnisgeladen sind diese Worte, nur der Glaubende hört sie richtig. In das geheimnisvolle Land, das Jesus hier eröffnet, führt nur das Portal des Glaubens. Das ist die unabdingbare Voraussetzung, die unumgängliche Forderung.

Die Rede zerfällt nun deutlich in zwei Abschnitte.

Erster Teil: Jesus als Brot (V. 30–50): Die Rede wird hier als Dialog entwickelt. Ein Wort der Juden löst immer weitere Worte Jesu aus.

1. Das wahre Brot kommt vom Himmel. Die *Juden* fordern, dass er ihnen ein Zeichen gebe, und zwar ein Zeichen, wie Mose es durch die Spendung des Manna gewirkt hat. Sie knüpfen diese Forderung an das vorausgehende Wunder der Brotvermehrung an, greifen also den Brotgedanken und die Brotforderung auf.

Jesus antwortet ihnen, dass gar nicht Mose das Brot vom Himmel gegeben habe, sondern dass der himmlische Vater es gibt. Schon das Brot der Vergangenheit, das Manna, war vom Vater gegeben, und erst recht ist das Brot der Gegenwart vom Vater gegeben. Es ist das wahre Himmelsbrot im Unterschied zum nur symbolischen Brot, d. h. im Unterschied zum Manna, das zwar irdische Speise war, aber eben nur irdische Speise, das aber zugleich Symbol, Vorzeichen einer ganz anderen, geistigen, himmlischen Speise war. Dieses wahre Himmelsbrot ist jetzt durch ihn gegenwärtig. Dieses Brot spendet Leben. Drei Gedanken sind in diesen Worten enthalten, nämlich das Kommen des Brotes vom Himmel, und zwar durch den Vater im Himmel und so, dass es den irdischen Menschen wahres himmlisches Leben schenkt.

2. *Jesus selbst ist dieses Brot.* Der zweite Gedanke wird wieder durch die *Juden* eingeführt. Und zwar durch die Bitte: »Herr, gib uns immer dieses Brot.« Sie haben ihn noch nicht verstanden, sondern denken immer noch an ein Brot, das dem Manna gleicht. Sie wollen also das Wunder der Brotvermehrung als etwas Ständiges, Fortdauerndes besitzen. *Jesus* wird nun deutlicher. »Ich bin das Brot des Lebens.« Wieder steht hier dieses majestätische »Ich bin«. Er *gibt* also nicht nur, sondern er *ist* es selbst. Wenn er sich ihnen gibt, gibt er ihnen damit das wahre Brot. Die Lebensgemeinschaft mit ihm wirkt wahres Leben, denn er ist der Lebendige. Wer durch den Glauben an ihn Gemeinschaft mit ihm hat, der lebt im eigentlichen Sinne des Wortes. Und er lebt so, dass er nicht mehr hungert und nicht mehr dürstet, denn er hat Speise und Trank ganz besonderer Art. In diesem Zusammenhang ist das Essen und Trinken ein Bild des Glaubens. Im zweiten Teil der Rede wird es noch in tieferem Sinne ein Essen und Trinken sein, denn dann wird er sprechen vom Essen seines Fleisches und Trinken seines Blutes. Die Gemeinschaft mit ihm durch den Glauben weckt ein Leben, das kein Sterben mehr kennt, denn der Wille seines Vaters, der ihn gesandt hat, besteht ja gerade darin, dass er nichts verloren gehen lässt, sondern die Glaubenden am Jüngsten Tag auferweckt. Wer darum den Menschensohn sieht und durch den Glauben in ihm lebt, wird ewig leben. Der Auferweckte wird ihn auferwecken. Glaube bewirkt die Tischgemeinschaft mit Jesus. Und diese Tischgemeinschaft heißt, mit ihm verbunden zu sein, und diese Verbundenheit ist nicht etwas nur Vorübergehendes, sondern führt zu einer dauernden Lebensgemeinschaft und einem ewigen Verbundensein mit ihm.

3. *Alles ist Geschenk des Vaters im Himmel*, sowohl er selbst als Brot der Menschen als auch der Glaube, durch den man dieses Brot isst und damit die Lebensgemeinschaft mit ihm hat.

Die *Juden* fragen jetzt nicht mehr, bitten auch nicht, sondern murren. Anstelle des Glaubens tritt ungläubige Ablehnung. Sie haben ihn an sich richtig verstanden, denn sie nehmen Anstoß an seiner Behauptung, er sei das Brot, das vom Himmel herabgekommen ist. Aber sie kennen doch seinen Vater Josef und seine Mutter Maria. Er scheint also von unten zu kommen, nicht von oben, von der Erde, nicht vom Himmel.

Jesus antwortet durch den Hinweis, ihr Murren zeige, dass sie sich dem Vater im Himmel nicht willig öffnen. Niemand kommt zu Jesus, wenn nicht der Vater ihn zieht. Der Glaube ist kein Zwang, sondern ein Angezogenwerden, kein Müssen, sondern ein Dürfen, nicht ein Genötigtwerden, sondern ein Gerufensein durch den Vater. Glaube ist Gnade. Der Glaubende ist der Mensch, der von Gott belehrt wird, weil er sich von Gott belehren lässt. Wer also auf das Wort Gottes hört und sich innerlich durch dieses Wort anziehen lässt, also ihm Folge leistet, der kommt zu Jesus. Glaube ist nicht nur theoretisches Erkennen, sondern existenzielles Angerufensein, ist nicht nur ein Horchen, sondern ein (Ge-) Horchen, ist nicht nur ein Zustand, sondern eine Bewegung, etwas Dynamisches, weil Lebendiges. Den Glauben zu haben heißt noch nicht, den Vater zu sehen, es heißt aber, dem zu folgen, der wirklich den Vater gesehen hat und ihn ständig sieht. Wieder steht also hier die Glaubensforderung, aber jetzt zugleich mit der großen Verheißung, dass der Mensch dadurch ewiges Leben hat und somit einmal, durch die Verbundenheit mit dem, der den Vater gesehen hat und vom Vater gekommen ist, selbst zum Vater kommt und den Vater sehen wird, denn das ist das ewige Leben.

Noch einmal wiederholt Jesus den gewaltigen Satz: »Ich bin das Brot des Lebens.« Er ist das wahre Manna. Das symbolische Manna hat in der Wüste nur vorübergehendes Leben geschenkt. Das wahre Manna, also er, wird ewiges Leben schenken, denn er ist lebendiges Brot und er ist vom Himmel herabgekommen. Wer also von diesem Brote isst, wird das Leben haben, und zwar ein Leben im Himmel und damit in der Ewigkeit.

So ist der Gedankengang abgerundet. Vom Manna als einem wunderbaren, aber irdischen Brot hat er seinen Anfang genommen. Dann hat die Rede Jesu die Hörer höher führen wollen zum Urheber des wahren Brotes, zum Vater. Noch tiefer war das Eindringen in das Geheimnis durch den Hinweis, dass er, Jesus, selbst dieses Brot ist, das der Vater den Menschen gibt. Und endlich, dass er als das wahre Lebensbrot allen, die ihn im Glauben aufnehmen, wahres und ewiges Leben spendet. Die zentralen Gedanken dieser Rede lauten somit: der Vater als Urheber von allem und damit auch als Spender des wahren Brotes, Christus als der vom Himmel Gekommene, vom Vater Gesandte und damit als das wahre Lebensbrot; der Glaube der Menschen als Voraussetzung für den Genuss dieses wahren Lebensbrotes und das ewige Leben als die eigentliche Wirkung. Gott – Christus – die gläubigen Menschen und das ewige Leben. Der Vater als Spender des Brotes, Christus als das Brot, der gläubige Mensch als derjenige, der dieses Brot genießt, und das Leben als Wirkung des vom Vater durch Christus dem Glaubenden geschenkten Brotes. Die Rede ist somit in ihrer Gedankenführung durchaus einheitlich und geschlossen. Aber jeder einzelne Satz ist mit Wahrheiten und Offenbarungen schwer befrachtet. Man müsste bei jedem Satz verweilen, um seine tiefsinnige Bedeutung zu erfassen. Und doch ist es wichtig, jeden Satz auch im unmittelbaren Zusammenhang zu sehen und immer wieder auf den einheitlichen Gedankengang zu achten.

Während Jesus den Reichtum seiner Gedanken und seiner Gaben immer breiter und herrlicher entfaltet, werden die Zuhörer immer zurückhaltender und schließlich ablehnend.

Und doch hat Jesus das Tiefste noch nicht gesagt, denn er ist noch in anderer, noch viel geheimnisvollerer Weise das Brot der Menschen.

Zweiter Teil: Jesu Fleisch und Blut, die Nahrung der Menschen (V. 51–58):

Die Verbindung zwischen dem ersten und zweiten Teil ist durch ein Doppeltes gegeben, einmal durch den Gedanken der Nahrung. Christus ist die Nahrung der Menschen nicht nur durch den Glauben, sondern auch auf sakramentale Weise. Dann aber auch durch die Beziehung zum Osterfest. Ostern ist nicht nur das Fest der ungesäuerten Brote, sodass der Brotgedanke naheliegt, sondern auch das Fest des geschlachteten Lammes, sodass die Gedankenverbindung mit dem Genuss des Opferfleisches ebenfalls gegeben ist. Dieses Zweite wird nun im zweiten Teil der großen Offenbarungsrede des Herrn aufgegriffen und behandelt. Der Text ist kurz, aber gedankenreich und voller Geheimnisse. Auch hier ist der Glaube die einzige Zugangsmöglichkeit zum Verständnis.

1. *Sein Fleisch ist wahrhaft eine Speise:* Er spricht hier nicht mehr bildhaft, also von der Verbundenheit mit ihm durch den Glauben, sondern er spricht mit besonderer und auffallender Eindringlichkeit ständig zu wiederholten Malen vom Essen und Trinken, von wirklicher Speise und wirklichem Trank. Das Manna in der Wüste, das Wasser aus dem Felsen waren einerseits Symbole des geistigen Erfülltwerdens durch den Glauben. Beides war aber anderseits noch Symbol eines wirklichen Essens, einer Speise, die er gibt, und des Trinkens eines Trankes, den er reicht. Dieses Brot ist sein Leib, dieser Trank ist sein Blut. Die Juden verstehen ihn wörtlich: »Wie kann er uns sein Fleisch zu essen gehen?« Er will auch wörtlich verstanden sein. Nur ist hier noch nicht ersichtlich, wie sein Fleisch das Brot ist, das er ihnen zu essen gibt. Das Wie bleibt hier offen. Erst die Abendmahlszene am kommenden Osterfest wird ihnen zeigen, wie er seine Worte gemeint hat und wie sie die Erfüllung finden, wenn er nämlich das Brot in sein Fleisch verwandelt und den Wein in sein Blut.

2. *Diese Nahrung bewirkt in ihnen das Leben:* Auch das wird mehrmals betont: »Das Brot, das ich geben werde, ist mein Fleisch für das Leben der Welt. [...] Wenn ihr das Fleisch des Menschensohnes nicht esst und sein Blut nicht trinkt, habt ihr das Leben nicht in euch. Wer mein Fleisch isst und mein Blut trinkt, hat das ewige Leben.« Alle Sakramente der Kirche haben eine Beziehung zum neuen Leben aus Gott. Die Taufe spendet dieses Leben, die Firmung sichert es, die Buße gibt das verlorene Leben zurück, die Priesterweihe gibt die Fähigkeit, es auch anderen zu spenden, die

Ehe verbindet natürliches und übernatürliches Leben, natürliche und übernatürliche Zeugung. Die Krankensalbung stärkt das natürliche Leben und sichert das ewige Leben. Und mittendrin steht das eigentliche Sakrament des Lebens, die lebenserhaltende Speise des Fleisches Christi und der lebenserhaltende Trank des Blutes Christi.

3. *Dieses Leben gewinnt der Mensch durch die Gemeinschaft mit Christus und durch ihn mit dem Vater:* »Wer mein Fleisch isst und mein Blut trinkt, der bleibt in mir und ich bleibe in ihm.« Der Mensch wird eins mit Christus in der Einswerdung der *communio*. Und Christus wird eins mit ihm, der ihn in der Speise aufnimmt. Es ist dieser Assimilierungsprozess, der im Zeichen des Essens und Trinkens gezeigt und in der unsichtbaren Wirklichkeit übernatürlichen Verbundenseins vollzogen wird. Der Lebensstrom quillt aus dem Vater: »Wie mich der lebendige Vater gesandt hat und wie ich durch den Vater lebe, so wird jeder, der mich isst, durch mich leben.« Die Geburt des Sohnes aus dem Vater ist Lebensempfang. Das Aufnehmen des Sohnes durch den Genuss seines Fleisches und Blutes ist Empfang dieses Lebens für den Menschen. So wird die lebendige Einheit vollendet: vom Vater her durch Christus in den Menschen hinein, vom Menschen durch Christus zum Vater hin. Gerade darum ist dieses Brot nicht nur von vorübergehender Wirkung wie das Manna, sondern wer dieses Brot isst, wird leben in Ewigkeit. »Eure Väter haben in der Wüste das Manna gegessen und sind gestorben.« Christus ist das wahre Manna. Wer es isst, stirbt nicht, denn wenn er auch äußerlich, körperlich stirbt, hat er doch ein Leben in sich, das nicht dem Tod verfallen ist, und selbst äußerlich, körperlich wird er auferweckt am Jüngsten Tag.

Was besagt der Text des zweiten Teils dieser Rede? Die einen wollen ihn nur bildlich nehmen als massiven Ausdruck des Glaubens. Aber vom Glauben war im ersten Teil die Rede. Der zweite Teil ist ohne jeden Zweifel auf einen anderen Ton abgestimmt und birgt einen tieferen Inhalt. Zu deutlich und zu eindringlich und wiederholt ist hier vom Genuss des Fleisches und Blutes Christi die Rede. Christus selbst macht einen deutlichen Unterschied zwischen dem Kommen zu ihm im Glauben und dem Essen und Trinken seines Fleisches und Blutes im Sakrament.

Andere deuten dieses Essen seines Fleisches und Trinken seines Blutes durch das Kreuzesopfer. Aber die Kreuzigung als solche ist nicht das Essen seines Fleisches und das Trinken seines Blutes. Christus würde ja direkt zu seiner eigenen Tötung auffordern. Wohl aber besteht eine innere Beziehung zum Kreuz, denn das Fleisch, das hier gegessen wird, ist der geopferte Leib des Herrn, und das Blut, das getrunken wird, ist das Blut, das er am Kreuz vergossen hat. Das Mahl, von dem er spricht, ist somit Opfermahl.

Eine unvoreingenommene Exegese, eine vorurteilslose Lesung des Textes kommt nicht um die Tatsache herum, dass Jesus hier ein Brot verheißt, das in Wirklichkeit sein Leib ist, und einen Trank, der in Wirklichkeit sein Blut ist, und dass dieses Essen und Trinken den Menschen das wahre Leben erhält und sichert durch Gemeinschaft, also durch *communio* mit ihm, der sich opfert. Sakramentale Speise, Kommunion als Opfermahl und dadurch Leben in ihm und mit ihm ist der große Inhalt dieser geheimnisvollen Rede. Christus hat nicht nur eine Botschaft gebracht. Darum ist das Christentum nicht nur eine Wortreligion. Christus hat auch nicht nur ein Gesetz aufgestellt. Darum ist das Christentum nicht bloßes Ethos. Sondern Christus hat in geheimnisvollen, doch bedeutsamen Zeichen dem Menschen eine göttliche Wirklichkeit geschenkt. Darum ist das Sakrament im Christentum wesentlich. Und das tiefsinnigste und größte aller Sakramente ist die Speise unter dem Zeichen des Brotes, das in Wirklichkeit der Leib Christi ist, also Empfang des wirklichen Christus, der sich selbst den Menschen hingibt als lebendiger, Leben spendender, menschgewordener, die Menschen mit Gott erfüllender Gottmensch. Man wird den Reichtum dieser Worte nie völlig erfassen, ihre Tiefe nie ausschöpfen, ihre erstaunliche Wirklichkeit nie staunend genug entgegennehmen können. Manna und Brotvermehrung,

Hingabe des Leibes und Blutes am Kreuz, Genuss dieses Leibes und Blutes im Zeichen des Brotes gehören zusammen und bilden eine Einheit. Der Glaube ist für den Menschen Voraussetzung zum Verständnis dieser einheitlichen und großen Wirklichkeit. Man muss den ganzen Christus mit allen seinen Worten, mit seinem ganzen Tun, mit seiner Liebe zum Symbolischen, mit seiner realen Körperlichkeit und seiner sakramentalen Wirklichkeit nehmen. Dann erst hat man die Fülle des Christlichen.

Die Wirkung der Rede (V. 59–71): Bei der Wirkung der Rede des Herrn werden zwei Gruppen unterschieden, die Jünger im weiteren Sinne des Wortes und die Zwölf als der engere Jüngerkreis.

1. *Die Jüngerschaft:* Viele nehmen an dieser Offenbarung des Herrn Anstoß. Sie finden die Worte unerträglich. Jesus nimmt aber seine Worte nicht zurück, schwächt sie auch in keiner Weise ab, sondern gibt eine sehr überraschende Antwort. Er weist hin auf seine Verklärung und Himmelfahrt. Darin liegt ein Doppeltes. Einmal ist er der, der vom Himmel gekommen ist und zum Himmel wieder zurückkehrt. Er steht also über dem Irdischen mit seinen Daseinsformen und Gesetzen. Somit ist es ihm möglich, Dinge zu tun, die dem rein irdischen Denken unfasslich sind. Die sakramentale Speisung ist ein Wunder, setzt also die Beherrschung der Naturgesetze voraus. Es liegt darin aber noch ein Zweites. Seine Himmelfahrt zeigt, dass sein Leib nicht nur in der jetzigen, irdischen Existenzform möglich ist, sondern einmal in einer anderen Daseinsform leben wird. In dieser neuen Daseinsform des verklärten Leibes wird er sich den Seinen als Speise und Trank geben. Er ist also der, der ganz aus dem Geist Gottes lebt. Darum sind auch seine Worte Geist und Leben, weil sie Worte des lebendigen Gottesgeistes sind. Wer am Irdisch-Fleischlichen haften bleibt, nimmt Anstoß. Wer an sein überirdisches Wesen denkt, der weiß, dass der Herr nach der Auferstehung ein völlig geistdurchwirktes Leben führen wird, dass also die Teilnahme an ihm durch den Genuss des verklärten Leibes Teilnahme an diesem Geist und Leben sein wird.

Das setzt aber den Glauben voraus. Noch einmal betont hier Christus den Glauben. Der Glaube ist eine Gnade, die Gott dem Menschen gibt. Und so wiederholt er sein bereits gesagtes Wort: »Niemand kann zu mir kommen, wenn es ihm nicht vom Vater gegeben ist.« Das Ergebnis lautet: »Daraufhin zogen sich viele seiner Jünger zurück und gingen nicht mehr mit ihm umher.« Der Herr lässt sie gehen. Sie haben nicht den rechten Glauben, und so sind sie der Lebensgemeinschaft mit ihm nicht fähig.

2. *Die Zwölf:* Jesus stellt sie deutlich und klar vor die Entscheidung: »Wollt auch ihr weggehen?« Die Antwort wird durch Simon Petrus gegeben: »Herr, zu wem sollen wir gehen? Wir sind zum Glauben gekommen und haben erkannt: Du bist der Heilige Gottes.« Auch die Zwölf verstehen ihn nicht. Aber sie haben erkannt und geglaubt, dass er von Gott kommt, dass er an der Heiligkeit Gottes Anteil hat, dass er also etwas ganz anderes ist als alle übrigen Menschen, und darum halten sie sich trotz allem an ihn und sein Wort. Es gibt für sie keinen anderen Lebensinhalt mehr. Sie sind ihm nachgefolgt und wollen auf diesem Wege weitergehen. Die Antwort des Simon Petrus ist die Antwort des Glaubens. In ihnen ist die Glaubensforderung des Herrn auf guten Boden gefallen.

Und doch vollzieht sich auch unter diesem kleinen Kreis der Zwölf noch eine Scheidung der Geister, denn es ist einer in ihrer Mitte, Judas, der Sohn des Simon aus Karioth. Er wird nicht auf dem Wege Gottes wandeln, sondern auf dem Weg des Teufels. So geistert auch in diesem letzten Satz, dass einer aus den Zwölf ihn verraten wird, die Unheimlichkeit des nächsten Osterfestes mit dem Tod des Herrn und damit der Schlachtung des Lammes und der blutigen Hingabe seines Leibes und Blutes am Kreuz als Voraussetzung und Vorbedingung für die sakramentale Hingabe für die Menschen.

Glaube oder Unglaube ist die Entscheidung für die Gemeinschaft mit Christus oder mit dem Teufel. Und damit die Entscheidung für Leben oder Tod. Es geht somit ums Letzte, um Sein oder Nichtsein.

Reflexion

ZUR EUCHARISTISCHEN REDE

Die Rede des Herrn führt den Menschen auf drei Stufen empor.

1. Das Manna: Es ist wesentlich Zeichen. Einmal weil es von Gott kommt. Das Manna braucht somit keineswegs seiner Natur nach ein Wunder zu sein. Es findet sich da und dort in der Wüste. Aber wunderbar ist es in der Art und Weise, wie Gott es dem Volke schenkt, d. h. dass dieses dem Verhungern nahe Volk zur rechten Zeit in eine Gegend gelangt, in welcher es dieses Manna findet, ist Führung und Hilfe Gottes. Zeichen ist es weiterhin, weil es Kraft zum Wandern gibt. Der Mensch hat wesentlich eine Wanderschaft zu vollenden, und auch die Kirche ist wesentlich wandernde Kirche.

Das Manna als Zeichen zeigt dem Menschen einerseits sein Angewiesensein auf Gott, anderseits aber auch die Hilfe Gottes, wenn sich der Mensch der Führung Gottes wirklich anvertraut. So ist das Manna in seiner zeichenhaften Bedeutung der gegebene Ausgangspunkt sowohl in der Frage des Volkes als auch vor allem in der Antwort Christi.

2. Christus: Er selbst ist das Brot des Lebens. Das Volk hat den eigentlichen Zeichencharakter des Mannas nicht verstanden, sondern bleibt am Materiellen hängen und erwartet somit von Christus das irdische Brot. Behutsam sucht der Herr das Volk nun höher zu führen. Er selbst ist das Brot des Lebens, denn wie das Manna kommt er von Gott. Die Menschen brauchen ihn, wie Israel das Manna gebraucht hat, um nicht zu verhungern. Gott schickt ihn zur rechten Zeit, um den Menschen zu helfen, und auch hier gilt, dass er Hilfe ist zum Wandern. Israel war sich seiner Wanderaufgabe, wenn auch nicht tatsächlich, so doch grundsätzlich bewusst, denn in der Bundeslade mussten ständig die Tragstangen stecken, damit man jederzeit weiterziehen konnte. Auch die Kirche ist wesentlich auf der Wanderschaft. Unser

Bürgerrecht ist, wie Paulus sagt, im Himmel, nicht auf der Erde. Das Ziel ist somit nicht irdisch, sondern überirdisch. Gerade deswegen kann auch die Kirche ihre Wanderschaft nicht aus eigener Kraft vollenden, sondern nur in der Kraft dessen, der vom Irdischen höher führt ins Überirdische, vom Diesseitigen ins Jenseitige. So ist Christus die Erfüllung des eigentlichen Mannas.

3. *Das eucharistische Sakrament:* Beide Elemente, das Element des Zeichens und das Element der Erfüllung in Christus, sind nun im Sakrament verbunden, denn es ist Christus selbst, der hier zugegen ist, aber zugegen ist er unter der Gestalt des nährenden Brotes. Wieder erfüllen sich hier die beiden Elemente, die im Manna sichtbar waren, denn das Sakrament kommt von Gott wie das Manna und wie Christus selbst. Nur Gott hat die Kraft, das Brot umzuwandeln in den Leib des Herrn, denselben einen Leib tausendfach gegenwärtig zu machen, wo immer die Wandlung sich vollzieht. Das zweite Element der Kraft zum Wandern ist deutlich. Paulus betont ausdrücklich im 1. Korintherbrief, dass wir dieses Mysterium feiern sollen, bis der Herr wiederkommt. Die Blickrichtung ist also wesentlich auf das Ende hin, das Ende des Einzellebens und das Ende der Welt. Dann hört das Zeichenhafte endgültig auf, weil die Erfüllung in vollendetem Zustand gegeben ist.

So gehören alle drei Elemente zusammen: das Zeichen, die rein geistige unsichtbare Erfüllung und die geistige Erfüllung in sichtbarer Gestalt. Dementsprechend auch die dreifache Aufnahme: Das Manna wird rein körperlich aufgenommen, Christus rein geistig im Glauben, das Sakrament körperlich und geistig und damit vom ganzen Menschen. So ist die geheimnisvolle Eucharistierede doch zugleich etwas echt Menschliches.

BEIM PFINGSTFEST IN JERUSALEM

Joh 5,1–47

Danach war ein Fest der Juden und Jesus ging hinauf nach Jerusalem. In Jerusalem gibt es beim Schaftor einen Teich, zu dem fünf Säulenhallen gehören; dieser Teich heißt auf Hebräisch Betesda. In diesen Hallen lagen viele Kranke, darunter Blinde, Lahme und Verkrüppelte. Dort lag auch ein Mann, der schon achtunddreißig Jahre krank war. Als Jesus ihn dort liegen sah und erkannte, dass er schon lange krank war, fragte er ihn: Willst du gesund werden? Der Kranke antwortete ihm: Herr, ich habe keinen Menschen, der mich, sobald das Wasser aufwallt, in den Teich trägt. Während ich mich hinschleppe, steigt schon ein anderer vor mir hinein. Da sagte Jesus zu ihm: Steh auf, nimm deine Liege und geh! Sofort wurde der Mann gesund, nahm seine Liege und ging.

Dieser Tag war aber ein Sabbat. Da sagten die Juden zu dem Geheilten: Es ist Sabbat, du darfst deine Liege nicht tragen. Er erwiderte ihnen: Der mich gesund gemacht hat, sagte zu mir: Nimm deine Liege und geh! Sie fragten ihn: Wer ist denn der Mensch, der zu dir gesagt hat: Nimm deine Liege und geh? Der Geheilte wusste aber nicht, wer es war. Jesus war nämlich weggegangen, weil dort eine große Menschenmenge zugegen war.

Danach traf ihn Jesus im Tempel und sagte zu ihm: Sieh, du bist gesund geworden; sündige nicht mehr, damit dir nicht noch Schlimmeres zustößt! Der Mann ging fort und teilte den Juden mit, dass es Jesus war, der ihn gesund gemacht hatte. Daraufhin verfolgten die Juden Jesus, weil er das an einem Sabbat getan hatte. Jesus aber entgegnete ihnen: Mein Vater wirkt bis jetzt und auch ich wirke. Darum suchten die Juden noch mehr, ihn zu töten, weil er nicht nur den Sabbat brach, sondern auch Gott seinen Vater nannte und sich damit Gott gleichmachte. Jesus aber sagte zu ihnen: Amen, amen, ich sage euch: Der Sohn kann nichts von sich aus tun, sondern nur, wenn er den Vater etwas tun sieht. Was nämlich der Vater tut, das tut in gleicher Weise der Sohn. Denn der Vater liebt den Sohn und zeigt ihm alles, was er tut, und noch größere Werke wird er ihm zeigen, sodass ihr staunen werdet. Denn wie der Vater die Toten auferweckt und lebendig macht, so macht auch der Sohn lebendig, wen er will. Auch richtet der Vater niemanden, sondern er hat das Gericht ganz dem Sohn übertragen, damit alle den Sohn ehren, wie sie den Vater ehren. Wer den Sohn nicht ehrt, ehrt auch den Vater nicht, der ihn gesandt hat.

Amen, amen, ich sage euch: Wer mein Wort hört und dem glaubt, der mich gesandt hat, hat das ewige Leben; er kommt nicht ins Gericht, sondern ist aus dem Tod ins Leben hinübergegangen. Amen, amen, ich sage euch: Die Stunde kommt und sie ist schon da, in der die Toten die Stimme des Sohnes Gottes hören werden; und alle, die sie hören, werden leben. Denn wie der Vater das Leben in sich hat, so hat er auch dem Sohn gegeben, das Leben in sich zu haben. Und er hat ihm Vollmacht gegeben, Gericht zu halten, weil er der Menschensohn ist. Wundert euch nicht darüber! Die Stunde kommt, in der alle, die in den Gräbern sind, seine Stimme hören und herauskommen werden: Die das Gute getan haben, werden zum Leben auferstehen, die das Böse getan haben, werden zum Gericht auferstehen. Von mir selbst aus kann ich nichts tun; ich richte, wie ich es vom Vater höre, und mein Gericht ist gerecht, weil ich nicht meinen Willen suche, sondern den Willen dessen, der mich gesandt hat.

Wenn ich über mich selbst Zeugnis ablege, ist mein Zeugnis nicht wahr; ein anderer ist es, der über mich Zeugnis ablegt, und ich weiß: Das Zeugnis, das er über mich ablegt, ist wahr. Ihr habt zu Johannes geschickt und er hat für die Wahrheit Zeugnis abgelegt. Ich aber nehme von keinem Menschen ein Zeugnis an, sondern ich sage dies nur, damit ihr gerettet werdet. Jener war die

Lampe, die brennt und leuchtet, doch ihr wolltet euch nur eine Zeit lang an ihrem Licht erfreuen. Ich aber habe ein gewichtigeres Zeugnis als das des Johannes: Die Werke, die mein Vater mir übertragen hat, damit ich sie zu Ende führe, diese Werke, die ich vollbringe, legen Zeugnis dafür ab, dass mich der Vater gesandt hat. Auch der Vater selbst, der mich gesandt hat, hat über mich Zeugnis abgelegt. Ihr habt weder seine Stimme je gehört noch seine Gestalt gesehen und auch sein Wort bleibt nicht in euch, weil ihr dem nicht glaubt, den er gesandt hat. Ihr erforscht die Schriften, weil ihr meint, in ihnen das ewige Leben zu haben; gerade sie legen Zeugnis über mich ab. Und doch wollt ihr nicht zu mir kommen, um das Leben zu haben. Ehre von Menschen nehme ich nicht an. Ich habe euch jedoch erkannt, dass ihr die Liebe zu Gott nicht in euch habt. Ich bin im Namen meines Vaters gekommen und ihr nehmt mich nicht an. Wenn aber ein anderer in seinem eigenen Namen kommt, dann werdet ihr ihn annehmen. Wie könnt ihr zum Glauben kommen, wenn ihr eure Ehre voneinander annehmt, nicht aber die Ehre sucht, die von dem einen Gott kommt? Denkt nicht, dass ich euch beim Vater anklagen werde; Mose klagt euch an, auf den ihr eure Hoffnung gesetzt habt. Wenn ihr Mose glauben würdet, müsstet ihr auch mir glauben; denn über mich hat er geschrieben. Wenn ihr aber seinen Schriften nicht glaubt, wie könnt ihr dann meinen Worten glauben?

Jesus geht zu einem Fest nach Jerusalem. Es wird nicht näher gesagt, um welches Fest es sich handelt, am wahrscheinlichsten ist es das Pfingstfest des zweiten Jahres des Wirkens Jesu.

1. *Die Lage:* Die innere geistige Lage spitzt sich zu. Das Wirken des Herrn hat sich dem Höhepunkt genähert. In Galiläa gehen die Wogen hoch. Auf der einen Seite ist das Volk begeistert wegen der Macht seiner Persönlichkeit, der befreienden Größe seiner Worte und der erstaunlichen Wundertaten. Alles spricht von ihm, in hellen Scharen laufen sie ihm nach. Auf der anderen Seite beginnt sich der Widerstand zu verdichten. Selbst eine größere Zahl derer,

die bereits seine Jünger geworden waren, hat sich von ihm wieder losgesagt. Er hat viele enttäuscht, weil er trotz des Wunders der Brotvermehrung sich weigert, ihnen irdische Wohlfahrt zu bringen, und weil er trotz der Möglichkeit zur Machtergreifung die Krone ausgeschlagen hat. Es ist also von ihm weder Reichtum noch Macht zu erwarten. Er hat außerdem geheimnisvolle, schwer verständliche Lehren verkündet, so die geheimnisvollen Todesdrohungen und vor allem die merkwürdige Rede vom Leben durch den Genuss seines Fleisches und Blutes. So ist das Volk gespalten.

Nun will er auch in Jerusalem Klarheit schaffen. Sein Auftreten am ersten Osterfest war machtvoll, denn der Täufer hatte ihn beim Volke eingeführt, die Kunde über die Wunder aus Galiläa, vor allem bei der Hochzeit zu Kana, war bis nach Jerusalem gedrungen, und sein Auftreten bei der Tempelsäuberung hatte ihm zwar Feindschaft eingebracht, aber zugleich seine Gegner eingeschüchtert. Sie haben seitdem unter der Hand gegen ihn intrigiert und gearbeitet, sodass er Jerusalem längere Zeit gemieden hat. Jetzt ist er wieder zum Fest gekommen, sein Vorgehen während des Festes ist für die Feinde geradezu eine Herausforderung, sowohl sein Tun wie sein Sprechen. Beim Osterfest ging es um den Tempel, jetzt geht es um das Gesetz, also beide Male um Wesentliches.

2. *Das Wunder:* Das Wunder, das Jesus wirkt, hat wieder deutlich Zeichencharakter. Es geht dabei gar nicht in erster Linie um die persönliche Hilfe am kranken Menschen, sondern um die Offenbarung des Geistes Gottes. Jesus hätte ja alle Kranken am Teich heilen können, hat es aber nicht getan. Ein besonders schwieriger Fall genügt als Zeichen.

Die *Tat* ist schlicht und einfach berichtet. Sie geschieht am Teich Betesda beim Schaftor. Einzelne Handschriften schreiben Bezatha. So heißt das dortige Quartier. Andere schreiben Bethesda, zu Deutsch »Haus der Barmherzigkeit«. Der Name wäre dann darin begründet, dass dort nach der Überzeugung des Volkes viele Kranke Heilung fanden. Es handelt sich wohl um eine schwefel- oder mineralhaltige Quelle, die in unregelmäßigen Abständen besonders stark aufsprudelte und dann besondere Heilkraft besaß. Das Volk schrieb dieses Aufquellen einem Engel zu.

Der Teich bestand aus zwei rechteckigen Bassins. Vier Säulenhallen umschlossen das Ganze und eine fünfte Säulenhalle war auf der Halbierungsmauer errichtet. In den Säulenhallen liegen zur Zeit Jesu eine Menge Kranke, die auf den Augenblick des Aufquellens warten. Jesus geht dorthin und spricht einen Mann an, der schon seit 38 Jahren gelähmt ist oder 38 Jahre alt und schon längere Zeit lahm ist. Beides ist möglich. Dass dieser Mann trotz der Aussichtslosigkeit einer Heilung immer noch dort liegt, ist im Orient nicht erstaunlich, denn ob er hier oder anderswo bettelt, kommt schließlich auf eines heraus. Jesus heilt ihn mit dem befehlenden Wort: »Steh auf, nimm deine Liege und geh!« Auf der Stelle ist der Mann gesund. Aber in der Volksmenge, die sich jetzt in besonderer Weise um ihn sammelt, verliert er den Herrn aus den Augen. Im Tempelvorhof begegnet er ihm wieder. Aus dem seltsamen Wort Christi »Sieh, du bist gesund geworden; sündige nicht mehr, damit dir nicht noch Schlimmeres zustößt!« ergibt sich, dass die Krankheit dieses Menschen eine Folge der Sünde war. Offenbar handelt es sich um einen bereits älteren Mann, dessen liederliches Jugendleben ihm schwere Krankheit eingebracht hat. Die Warnung vor dem Schlimmeren, das ihm zustoßen könnte, ist wohl nicht in erster Linie irdisch zu verstehen, sondern bezieht sich auf die Strafe im Jenseits. Die endgültige Verwerfung ist schlimmer als alles irdische Elend. Mag die irdische Krankheit noch so schlimm und noch so schmerzlich sein, sie findet doch im Tod ein Ende. Die ewige Verwerfung findet kein Ende und ist darum das Schlimmste, das dem Menschen zustoßen kann. So erweist sich Jesus bei dieser Heilung als der Herr, der über das Schicksal im Diesseits und Jenseits bestimmen kann. Es liegt in seinem Wort eine Andeutung vom Gericht. Die Rede, die er im Anschluss an dieses Wunder hält, wird darum auch von ihm als Richter und vom Gericht handeln.

Das äußere Geschehen des Wunders hat aber noch ein besonderes *inneres Gepräge.* Dieses wird aus der Darstellungsform des

Johannes sichtbar. Die persönliche Frage des Mannes, der geheilt wird, tritt zurück hinter der sachlichen Frage des Sabbatgesetzes. Um dieses geht es Jesus. Das wird aus den Einzelheiten deutlich. Jesus wartet nicht auf die Bitte des Kranken, fordert von ihm auch nicht den Glauben, wie er es sonst tut, sondern er wählt offenbar absichtlich einen besonders hoffnungslosen Fall, und zwar wohl nicht zufällig einen Gelähmten, d. h. einen Menschen, dem Werk und Wirken unmöglich ist. Vielleicht ist auch die Zahl 38 nicht zufällig, sondern ein symbolkräftiger Hinweis auf die 38 Jahre, während derer Israel außerhalb des Gelobten Landes in der Wüste weilen musste. Somit wäre der Gelähmte ein Zeichen Israels, das ohne die Hilfe des Herrn überhaupt hilflos ist. Die Aufforderung, seine Liege zu tragen und damit nicht einfach nach Hause zu gehen, sondern herumzugehen, ist für die gesetzestreuen Juden eine Herausforderung in aller Öffentlichkeit, denn am Sabbat einen Gegenstand zu tragen, ist nach rabbinischer Gesetzesauslegung streng verboten. Die Absicht des Gesetzgebers war die Sicherung größerer Besinnlichkeit. Aber die Ausleger des Gesetzes haben dieses Wichtigste außer Acht gelassen und nur die äußere Vorbedingung betont, das Unterlassen körperlicher Arbeit. Jesus fordert also den Geheilten nach jüdischer Auffassung zu einer Übertretung des Sabbatgesetzes auf. Dementsprechend ist auch die Wirkung. Sie sagen zum Geheilten: »Es ist Sabbat, du darfst deine Liege nicht tragen.« Der Geheilte beruft sich auf Jesus, der ihn geheilt hat, und zeigt ihn den Führern der Juden an, entweder in völliger Harmlosigkeit oder, was wahrscheinlicher ist, aus Angst vor den Führern, denn so kann er die Verantwortung von sich abwälzen und sich einer drohenden Strafe entziehen. Die Wirkung wird sichtbar, wenn es heißt, die Juden verfolgten Jesus, weil er dies an einem Sabbat getan hatte. Damit ist der Auftakt zur geistigen Auseinandersetzung gegeben. Es geht um die richtige und die falsche Einstellung zum Gesetz. Die Auseinandersetzung geht zwischen Jesus einerseits und den Führern der Juden anderseits.

Reflexion

DER 38-JÄHRIGE KRANKE

Zwei Gedanken sind besonders betont:

1. *Die völlige Hilflosigkeit:* Schon lange liegt dieser Mann da. Er stellt selbst fest, dass er sich allein nicht helfen kann. Wenn das Wasser in Wallung gerät, müsste er sofort hineinkommen. Aber er hat keinen Menschen, der ihm hilft. Er ist völlig auf andere angewiesen, diese aber lassen ihn im Stich.

Der Gelähmte ist ein Bild des Menschen ohne Christus. Allein kann er sein Ziel nicht erreichen, denn er ist ein seelisch Gelähmter. Er hat nicht die nötige innere Kraft, um zu Gott zu gelangen. Andere Menschen helfen ihm nicht. Ja, es ist eigentlich im Religiösen noch schlimmer. Denn hier fehlt es nicht nur am Helferwillen, sondern an der Hilfsmöglichkeit. Selbst wenn andere helfen wollten, können sie es nicht. Denn damit, dass man allenfalls dem Menschen theoretisch den Weg zu Gott zeigt, ist noch nicht das Entscheidende geschehen. Die Kenntnis von Ziel und Weg vermittelt noch keineswegs die Kraft, diesen Weg zu gehen, dieses Ziel zu erreichen. Christus ist der Einzige, der helfen kann. Sein Wort hat heilende Kraft, ob es nun sakramental gesprochenes Wort ist »Ich spreche dich los von deinen Sünden«, ob es innerlich Anruf der Gnade ist, auf den der Mensch hört, ob es geschriebenes Wort ist, das der Mensch in gläubiger Bereitschaft aufnimmt, ob es Wort der Kirche ist, die im Namen Gottes spricht, immer ist es Christus, der gekommen ist zu heilen und zu retten.

2. Merkwürdig ist *das Wort*, das Christus zum Geheilten spricht: »Sündige nicht mehr, damit dir nicht noch Schlimmeres zustößt!« Wieder ist also hier angespielt auf das Verhältnis von Sünde und Krankheit. Krankheit ist einmal eine Art äußeres Zeichen der inneren seelischen Krankheit. So wie der körperlich Kranke hilflos ist, so erst recht der seelisch Kranke. Krankheit hat also eine Art Zeichencharakter in der Menschheit. Weiterhin zeigt

das Verhältnis von Krankheit und Sünde, dass Leib und Seele im Menschen eine Einheit bilden, eines auf das andere einwirkt. Damit ist keineswegs die Behauptung aufgestellt, dass jede Krankheit auf eine Fehlhandlung der Seele als Ursache schließen lässt. Ebenso wenig ist gesagt, dass es für jede Krankheit eine Heilung durch den Geist gibt, wohl aber dass eine Wechselbeziehung besteht, d. h. dass eine körperliche Krankheit auf das seelische Verhalten des Menschen einwirkt und dass umgekehrt die Seele einwirkt auf den körperlichen Zustand. Beides kann im schlechten, aber gerade durch den Glauben auch im guten Sinne geschehen. Endlich liegt im Wort Christi ein Hinweis darauf, dass die letzte Ursache aller Krankheiten die Sünde ist, denn der Abfall von Gott, dem eigentlichen Baum des Lebens, hat die Menschheit der Anfälligkeit durch die Zerstörungskräfte der Natur und damit letztlich dem Tod überliefert. Erst Christus wird dieses Gesetz aufheben, und zwar gerade dadurch, dass er die Sünde und damit auch den Tod auf sich nimmt, aber durch diesen seinen Tod die Sünde überwindet. Der Todesbaum des Kreuzes eröffnet der Menschheit wieder den Zugang zu Gott als dem Baum des Lebens. Jeder Kranke kann durch Krankheit in der Verbundenheit mit Christus teilhaben am großen Sühnewerk, das die Sünde überwindet, und damit am großen Heilswerk, das den Menschen und die Menschheit heiligt, alles nur durch Christus, den menschgewordenen Gott, der die Sünder zur Heiligkeit ruft.

Gerade in dieser Szene ist wieder die johanneische (Durch-)Sichtigkeit besonders deutlich.

3. *Die Rede:* Sie zerfällt in zwei Abschnitte.

1) Die Selbstoffenbarung Jesu: Der Angriff der Juden gegen sein Wirken am Sabbat wird mit einem einzigen wuchtigen, aber höchst erstaunlichen Satz zurückgewiesen: »Mein Vater wirkt bis jetzt und auch ich wirke.« Jesus lässt sich also nicht in eine kleinliche, kasuistische Polemik ein, was am Sabbat erlaubt und was nicht erlaubt sei, auch nicht einmal über den Unterschied zwischen dem Buchstaben des Gesetzes und dem Geist des Gesetzes.

Er greift viel höher und gräbt viel tiefer, denn er greift hinauf bis zum Vater im Himmel und gräbt in die Tiefe, um sein eigenes Wesen bloßzulegen und ihnen darzustellen. Sein Vater im Himmel wirkt. Die äußere Ruhe am Sabbat sollte die Menschen veranlassen, ihren Blick vom eigenen alltäglichen Wirken zu erheben zu Gott selbst und zu seinem Wirken. Dieses Wirken Gottes geht ständig und ununterbrochen weiter in der Erhaltung der Schöpfung, in der Vorsehung, die alles lenkt und leitet, in der Gnade, die er spendet, also in Natur und Übernatur. Wenn der Mensch lernt, zu Gott aufzublicken, wird er das wahre Wirken und Tun lernen, jenes Tun, das auch am Sabbat kein Ende findet, sondern gerade dann in besonderer Weise intensiviert wird. Es ist das Tun der Liebe, die Verherrlichung Gottes, denn Gott die Ehre zu erweisen gilt für den Menschen ständig, auch am Sabbat und auch in der ewigen Sabbatruhe. Die Sabbatbestimmung des Gesetzes ist nur ein Hilfsmittel, um den Menschen den wahrhaft wirkenden Gott zu zeigen.

Christus wirkt, wie der Vater wirkt. Er stellt sich hier in eine Linie mit dem Vater. Er und der Vater sind eins. Das Ungeheuerliche dieser Behauptung, durch die Jesus sich über alles Menschliche hinaushebt und als auf der Ebene Gottes stehend offenbart, ist von den Juden durchaus richtig verstanden worden. Darum heißt es: »Darum suchten die Juden noch mehr, ihn zu töten, weil er nicht nur den Sabbat brach, sondern auch Gott seinen Vater nannte und sich damit Gott gleichmachte.«

Jesus begnügt sich aber nicht mit diesem Zurückweisen des Vorwurfs, sondern er führt nun positiv den Hinweis auf das Tun des Vaters im Einzelnen aus. Tiefsinnige Gedanken liegen in den folgenden Versen.

Ein Erstes: Das ganze Wirken des Sohnes geht vom Vater aus. Der Vater liebt den Sohn. Darum zeigt er ihm sein ganzes Wirken. Das, was die Menschen durch mühsames Nachdenken oder aufgrund der Offenbarung einigermaßen erfassen, das *sieht* der Sohn im Vater. Der Vater zeigt es ihm: Weil der Sohn es sieht, wirkt er wie der Vater selbst. Vater und Sohn sind eins, nicht nur im Sein, sondern auch im Tun.

Ein Zweites: Gerade darum wirkt der Sohn Großes, und zwar noch viel Größeres als das, was er hier durch die Heilung eines Gelähmten den Menschen gezeigt hat, denn größer als die Heilung eines Gelähmten ist die Erweckung eines Toten. Gerade das wirkt aber der Sohn: »Denn wie der Vater die Toten auferweckt und lebendig macht, so macht auch der Sohn lebendig, wen er will.« Diese Totenerweckung vollzieht sich schon jetzt im geistigen Sinne. Der Gelähmte war durch seine Sünde seelisch tot. Er ist durch das heilende Wort Christi seelisch lebendig geworden. Das äußere Heilen war somit begleitet von einem inneren Erwecken eines Toten. Die Totenerweckung wird aber im ganzen, vollen Sinne und umfassend am Jüngsten Tage erfolgen. Dann werden die Menschen an Leib und Seele erweckt.

Ein Drittes: Diese Erweckung geschieht durch das Gericht.

Die Juden wollen hier über das Tun Jesu zu Gericht sitzen. In Wirklichkeit hat aber der Vater das ganze Gericht dem Sohn übertragen. Die Stellungnahme hinsichtlich des Sohnes entscheidet darum über Leben und Tod der Menschen vor dem Gericht Gottes. Wer an den Sohn glaubt und den Sohn ehrt, ehrt damit den Vater und erlangt dadurch das Leben. Wer an den Sohn nicht glaubt, ehrt den Vater nicht und ist darum dem Tod verfallen.

Ein Viertes: Das Wirken und Richten sind nur Vorbereitung und Hilfsmittel zum eigentlich Entscheidenden: zum Spenden des wahren und ewigen Lebens. Wer darum den Sohn hört und an sein Wort glaubt, hat das ewige Leben. Beim Gericht werden die Toten die Stimme des Sohnes hören und wer diese Stimme glaubend hört, wird leben, denn der Vater hat dem Sohn verliehen, nicht nur das Leben zu haben, sondern denen, die Gutes getan haben, auch das Leben zu spenden. Die Entscheidung geht also um Leben und Tod, und zwar um ewiges Leben und ewigen Tod.

»Und noch einmal führt Jesus alles auf den Vater zurück. Von mir selbst aus kann ich nichts tun; ich richte, wie ich es vom Vater höre, und mein Gericht ist gerecht, weil ich nicht meinen Willen suche, sondern den Willen dessen, der mich gesandt hat.« Das ganze Tun Jesu, sein Wirken, sein Erwecken, sein Richten und sein Spenden des Lebens, geht vom Vater aus, wird aber durch den ihm wesensgleichen Sohn vollzogen. Die Grundgedanken dieser ganzen Offenbarungsrede sind somit: Wirken, Richten, Erwecken, Leben spenden. Das Wirken war ja der Inhalt des jüdischen Vorwurfs. Das Richten haben die Juden sich angemaßt. Es gehört aber in Wirklichkeit dem Sohn. Das Erwecken ist mehr als das Heilen des Gelähmten. Der Sohn hat aber die Macht zu erwecken. Und alles mündet ein in das Leben aus dem lebendigen Gott, durch den Leben spendenden Sohn für alle die, die durch den Glauben das Wort des Sohnes aufnehmen und so das Leben empfangen.

2) Die Beglaubigung: Die Behauptungen Jesu sind unerhört. Er muss diese Behauptungen bezeugen können. Darum betont er: »Wenn ich über mich selbst Zeugnis ablege, ist mein Zeugnis nicht wahr; ein anderer ist es, der über mich Zeugnis ablegt, und ich weiß: Das Zeugnis, das er über mich ablegt, ist wahr.« Gott selbst, der Vater ist es, der den Sohn bezeugt. Dieses Bezeugen erfolgt auf dreifache Weise.

Durch Johannes den Täufer: Er war eine »brennende und leuchtende Lampe«. Sein Zeugnis war klar. Man hätte ihn ohne Weiteres verstehen können und müssen. Aber die Juden waren zu oberflächlich. Sie haben ihm nur so lange geglaubt, wie er ihren eigenen Wünschen entsprechend predigte. Sobald die messianische Bewegung, die er auslöste, eine andere Richtung nahm, als sie es wollten und wünschten, wandten sie sich von ihm ab. Sie haben sich also am Schein dieser Lampe nur eine Zeit lang ergötzt.

Höher steht das *Zeugnis der Werke Christi*, denn: »Die Werke, die mein Vater mir übertragen hat, damit ich sie zu Ende führe, diese Werke, die ich vollbringe, legen Zeugnis dafür ab, dass mich der Vater gesandt hat. Auch der Vater selbst, der mich gesandt hat, hat über mich Zeugnis abgelegt.« Weil die Juden aber an den vom Vater Gesandten nicht glauben, vernehmen sie eben nicht die Stimme des Vaters und halten darum an seinem Wort nicht fest. Auch dieses Zeugnis hat an sich nichts zu wünschen übrig gelassen. Aber es hat bei den Juden nichts genützt.

Die Schriften des Alten Testamentes sind gottgegebenes Zeugnis: »Mose klagt euch an, auf den ihr eure Hoffnung gesetzt habt. Wenn ihr Mose glauben würdet, müsstet ihr auch mir glauben; denn über mich hat er geschrieben. Wenn ihr aber seinen Schriften nicht glaubt, wie könnt ihr dann meinen Worten glauben?« Dieses Zeugnis ist sehr bedeutsam. Christus erklärt hier ausdrücklich, dass die Schriften des Alten Bundes von ihm handeln, also christologisch und christozentrisch auszulegen sind. Das Gesetz ist, nach den Worten des Apostels Paulus, »Erzieher auf Christus hin«. Die Propheten sind Wegbereiter Christi und Wegweiser zu ihm hin. Die Psalmen singen und sagen letztlich vom Messias. Wenn Christus hier besonders von Mose spricht, dann eben im Zusammenhang mit dem Gesetz. Der Vorwurf der Juden gegen ihn ist ja vom Gesetz ausgegangen, genauer von der Sabbatforderung des Gesetzes. Nun betont Christus, dass dieses Gesetz letztlich auf ihn vorbereiten wollte, dass er dessen Erfüllung ist und dass er somit den eigentlichen Inhalt des Sabbats bildet. So ist der Vorwurf, er halte den Sabbat nicht, eine Lächerlichkeit, die sich selbst richtet.

Zusammenfassend betont Christus, die Ursache des jüdischen Unglaubens bestehe darin, dass sie keine Liebe zu Gott haben und darum Gott nicht die Ehre geben. Sie suchen sich selbst und die eigene Ehre, anstatt Gott zu suchen und Gottes Ehre. Darum sind sie unfähig, den Gottgesandten zu erkennen und seine Gottesoffenbarung aufzunehmen.

Die ganze Szene ist wie eine Gerichtsverhandlung. Die Juden sind Ankläger, Jesus verteidigt sich, bringt seine Zeugen vor, wird dann aber seinerseits zum Ankläger der Juden. Und er wird auch der Richter sein. Die Untersuchung wird sich dann auf Glauben oder Unglauben beziehen und das Urteil wird dementsprechend auf Leben oder Tod lauten. Ein erschütternder Ernst geht durch diese Selbstoffenbarung Jesu mit ihrer Mahnung und Warnung. Sie galt nicht nur damals, sie gilt auch heute.

Reflexion

BUCHSTABE UND GEIST

Neben der Frage nach dem Sinn des mosaischen Gesetzes zieht sich durch alle vier Evangelien auch die Auseinandersetzung um die rechte und falsche Beachtung des Gesetzes. Wenn die Juden, vor allem ihre Führerschaft am eigentlichen Sinn des mosaischen Gesetzes vorbeisehen, so liegt die Ursache darin, dass sie eine falsche Art der Beachtung erstreben. Sie treiben kleinliche Wortklauberei anstatt großzügige Geisteshaltung.

1. *Um was geht es?* Wenn hier von großzügiger Haltung im Gegensatz zu einem Dreschen von Paragrafen und einem Buchstabenreiten die Rede ist, so soll damit keineswegs der Leichtsinn gemeint sein, d. h. dass man leichten Sinnes sich über Vorschriften hinwegsetzt. Ebenso wenig ist das andere Extrem gemeint, eine Skrupulosität, die sich nicht vom Wort loslösen kann, sondern gemeint ist die echt religiöse Haltung. Sie wird hier bei der Heilung des 38-jährigen Kranken sichtbar. Kleben am Buchstaben, nicht über den Paragrafen hinwegsehen, besagt, hier das Sabbatgebot äußerlich und kleinlich beachten. Das Heilen Christi ist ein Tun und somit nach der Überzeugung der Gesetzeslehrer am Sabbat nicht erlaubt, weil dann alles Tun verboten ist. Und erst recht gilt das vom Tragen der Liege, während doch Christus ausdrücklich den Geheilten zu diesem Tragen auffordert. Richtige Haltung würde den Sinn des Sabbatgebotes sehen, nämlich sich vom äußerlichen

Wirken zurückzuziehen und zu distanzieren und eben über das Wirken Gottes nachzudenken. Der Mensch soll nicht nur *homo faber* sein, der von seinem Werk, dem menschlichen Werk, beherrscht wird, sondern auch *homo quiescens,* der in Ruhe Distanz nehmen kann von seiner Arbeit, um den Blick und das Herz zu Höherem zu erheben, zum unendlich ruhigen und doch zugleich unendlich wirksamen Gott.

2. Die Stellung Jesu: Der Vater ist Urheber des Gesetzes und Mose ist Mittler des Gesetzes. Das Gesetz ist somit durchaus ernst zu nehmen. Aber ernst zu nehmen nach dem Sinn der Absicht Gottes.

Das gilt in weiterem Sinne von jedem rechtmäßigen Gesetz. Gesetze hängen nicht in der Luft und sind nicht von der Willkür des Volkes abhängig, auch nicht von bloß menschlicher Macht diktiert, sondern sie gehen zurück auf ein Naturgesetz, weil die Natur der Menschen so geschaffen ist, dass eine richtige Zusammenarbeit auf Dauer nur möglich ist durch Gesetzmäßigkeit, also durch gesetzliche Regulierung. Das Erlassen von Gesetzen entspricht also dem Schöpferwillen und damit der Schöpfungsordnung Gottes.

Ganz besonders gilt das nun vom geoffenbarten Gesetz, das den Willen Gottes kundtut. Jedes leichtfertige Sich-nicht-darum-Kümmern oder Sich-darüber-Hinwegsetzen ist ein Durchbrechen der gottgezogenen Schranke. Aber auch hier gilt, dass das Gesetz frei machen will. Je mehr der Mensch nach dem Willen Gottes fragt, desto selbstverständlicher wird für ihn dann auch die Erfüllung dieses Willens. Damit wird ihm die Beachtung gottgegebener Gesetze nicht mehr ein Zwang, sondern ein freudiges Jasagen zur Kundgabe der Weisheit und Liebe des eigentlichen und wahren Herrn.

Wer am Buchstaben hängt und in seiner äußerlichen Erfüllung das Heil sieht, hat vom Geist Gottes nichts verspürt. Wer sich um den Buchstaben grundsätzlich und tatsächlich nicht kümmert, hat den Sinn gottgegebenen Gesetzes und damit die Majestät Gottes nicht erfasst. Wo dagegen im Blick auf Gottes Größe das Jawort zum Gottesgesetz gesprochen wird, da ist echt religiöser Geist lebendig.

Reflexion

VOM GESETZ

Es geht hier nicht um die Frage von Gesetz oder Gnade, also von Tun oder Empfangen, jene Frage, die bei Paulus ständig wiederkehrt. Gewiss ist auch bei Johannes davon die Rede, schon im Prolog. Aber hier, im Zusammenhang des Kapitels, geht es vor allem um den Sinn des mosaischen Gesetzes. Ein doppelter Sinn wird hervorgehoben.

1. Christus als Inhalt: Hier steht das überraschende Wort Jesu »Über mich hat Mose geschrieben«. Nun liest man im mosaischen Gesetz sehr wenig oder kaum etwas Direktes von Christus. Mehr schon in den Psalmen und vor allem bei den Propheten. Und doch gilt das Wort Christi, dass er selbst den eigentlichen Inhalt des mosaischen Gesetzes bildet.

Das ist einmal *indirekt* der Fall, denn das Gesetz zeigt das völlige Zerbrechen des Menschen und des Volkes, wenn es auf sich selbst baut. Immer wieder ist vom Nichthalten die Rede, vom Übertreten, von der Untreue. Und zwar wird das auch von den Besten gesagt, ja von Mose selbst. Und er kann darum das Gelobte Land nur von ferne sehen, kann es nicht betreten. Es gehört also mit zum Sinn des Gesetzes, dass es allenfalls gehalten werden könnte, aber tatsächlich nicht gehalten werden kann. Der Mensch ist ein wesentlich versagender Mensch. Er mag in unreifer Jugendlichkeit und stürmischem Enthusiasmus der Selbstüberschätzung noch wähnen, dass seinen Kräften alles möglich sei, dass er alle Tore sprengen und alle Hindernisse nehmen könne. Aber allmählich erfährt er in schmerzlichem Prozess das eigene Ungenügen, das Nichtkönnen. Damit steht er vor der großen Entscheidung, ob er endgültig aufgeben und verzichten will oder sich mit irgendeinem dürftigen Ersatz zufriedengeben soll oder ob es ihm endlich klar wird, dass gerade dieses Zerbrechen, dieses Nichtkönnen eine wesentliche Voraussetzung ist für die richtige Bereitschaft. Wenn er das erfasst hat, ist er gerüstet zur entscheidenden Haltung des Glaubens.

Dazu kommt aber auch der *direkte* Hinweis des Gesetzes auf Christus, wenigstens in der Weise, dass zwischen den Zeilen immer wieder der Hinweis auf Christus zu finden ist. Das Gesetz ist in seinem Text wie ein Schleier, durch den man das verborgene Antlitz Christi zwar verschleiert, aber doch zugleich sichtbar erkennen kann. Im Schöpfungsbericht heißt es, dass alles durch das Wort erschaffen ist, also durch den Logos, dass alles auf den *einen* Menschen hingerichtet ist, der im vollen Sinne Bild Gottes ist, also wieder Christus. Man kann beinahe Kapitel für Kapitel des Buches Genesis durchgehen, den Bericht vom Sündenfall, vom Hirten Abel, vom Bau der Arche, vom babylonischen Turm, von Jakob, dem Vater des Zwölfstämmevolkes, vom ägyptischen Josef usw., immer wieder erkennt man im Licht des Neuen Testaments einen tieferen Sinn, gewissermaßen einen Hintergrund und Untergrund des alttestamentlichen Textes, in dem Christus zu finden ist. So geht es weiter durch das Buch Exodus mit dem Bericht über Mose, der verworfen und doch in Wirklichkeit der Retter ist, mit der Erzählung über Tod und Rettung der Erstgeburt, der leisen Andeutung auf Christus, den eigentlich Erstgeborenen und einziggeborenen Sohn Gottes, der durch seinen Tod Leben schenkt, hin zum Bericht über die Führung des geknechteten Volkes in die Freiheit mit dem Hinweis auf die Knechtschaft der Sünde und die Freiheit der Kinder Gottes, geschenkt durch Christus, hin zum Bund am Sinai, von dort weiter zur Führung des Volkes durch den unsichtbaren Gott, der dann doch wieder in Zeichen sichtbar wird, bis Christus kommt als sichtbar gewordener Gott, der das wahre Gottesvolk in das gelobte Land Gottes führt. Die Linie lässt sich durch alle fünf Bücher Mose führen. Ja man hat den eigentlichen Sinn des Gesetzes erst dann erfasst, wenn man es in seiner Christusbezogenheit sieht. Christus selbst, der wahre Interpret und Exeget des Alten Testamentes, gibt uns das Recht, ja die Pflicht, das Gesetz so auszulegen: »Über mich hat Mose geschrieben.«

2. *Der Vater als Urheber des Gesetzes:* Der Vater hat das Gesetz gegeben, wacht über seine Beachtung, richtet die Menschen und das Volk aufgrund des Gesetzes. Darum sagt Christus gerade in diesem Zusammenhang, der Sohn wirkt nur, was er den Vater tun sieht, denn er, der Sohn, gibt das wahre neue Gesetz der Liebe, dringt auf die Beachtung des neuen Gesetzes und wird die Menschen nach dieser Beachtung beurteilen. Darum ist auch gerade in diesem Zusammenhang die Rede vom Gericht, das der Vater dem Sohn übergeben hat.

Man muss aber nun beides, Christus als Inhalt des Gesetzes und Christus im Auftrag des Vaters als Beurteiler des Gesetzes und Richter über die Beachtung im Zusammenhang sehen. Dann ergibt sich, dass Christus die Menschen nicht richten wird nach der Beachtung des mosaischen Gesetzes durch ihr Tun, sondern danach, ob sie den Sinn des Gesetzes erfasst haben, d. h. im Glauben den Zugang zu ihm, zu Christus, gefunden haben. »Wer nicht glaubt, ist schon gerichtet.« Wahre Beachtung des Gesetzes ist somit Glaube an Christus, freilich nicht ein bloß theoretischer Glaube, ein intellektuelles Jawort, eine grundsätzliche Bereitschaft, sondern ein lebendiger Glaube, also ein Glaube, der sich im Leben auswirkt, also Werke schafft, die *in* Christus und damit letztlich *durch* Christus getan sind, aber nicht durch Christus allein, sondern durch Christus, der im Menschen und durch den Menschen wirkt. Das ist letztlich das geheimnisvolle Gesetz des Tuns Gottes am Menschen und durch den Menschen in und durch den Sohn, Jesus Christus.

DIE SELBSTOFFENBARUNG JESU BEIM LAUBHÜTTENFEST

Joh 7,1–13

Danach zog Jesus in Galiläa umher; denn er wollte sich nicht in Judäa aufhalten, weil die Juden ihn zu töten suchten. Das Laubhüttenfest der Juden war nahe. Da sagten seine Brüder zu ihm: Geh von hier fort und zieh nach Judäa, damit auch deine Jünger die Taten sehen, die du vollbringst! Denn niemand wirkt im Verborgenen, wenn er öffentlich bekannt sein möchte. Wenn du dies tust, offenbare dich der Welt! Auch seine Brüder glaubten nämlich nicht an ihn. Jesus sagte zu ihnen: Meine Zeit ist noch nicht gekommen, für euch aber ist immer die rechte Zeit. Euch kann die Welt nicht hassen, mich aber hasst sie, weil ich bezeuge, dass ihre Taten böse sind. Geht ihr nur hinauf zum Fest; ich gehe nicht zu diesem Fest hinauf, weil meine Zeit noch nicht erfüllt ist. Das sagte er zu ihnen und er blieb in Galiläa. Als aber seine Brüder zum Fest hinaufgegangen waren, zog auch er hinauf, jedoch nicht öffentlich, sondern im Verborgenen. Die Juden suchten beim Fest nach ihm und sagten: Wo ist er? Und in der Volksmenge wurde viel über ihn hin und her geredet. Die einen sagten: Er ist ein guter Mensch. Andere sagten: Nein, er führt das Volk in die Irre. Aber niemand redete öffentlich über ihn aus Furcht vor den Juden.

Der nächste Abschnitt des Johannesevangeliums ist besonders bewegt, und zwar sowohl durch die Aufeinanderfolge verschiedenartigster Szenen als auch durch die Leidenschaftlichkeit der Worte und Diskussionen. Die zusammenhängenden Reden sind aufgelockert und durchbrochen durch Zwischenrufe, Bemerkungen, Fragen, Einwürfe und Vorwürfe der Juden. Die Führer haben sich bereits gegen Jesus entschieden. So beginnt nun ein Ringen um die Seele des Volkes voll stürmischer Szenen. Und doch ist die Fülle des Stoffes durchsichtig gegliedert. *Zeitlich* durch die drei Abschnitte: vor dem Fest, beim Fest, nach dem Fest. Beim Fest ist ebenfalls eine zeitliche Teilung gegeben durch die Ereignisse in der Mitte des Festes und diejenigen am letzten Haupttag des Festes. Aber auch *inhaltlich* ist eine Gliederung sichtbar. Die Auseinandersetzung in der Mitte des Festes geht um die Messianität Jesu. Die Worte am letzten Tag des Festes handeln mehr von dem, was Jesus für die Menschen ist, also nicht bloß in sich selbst. Beide Abschnitte schließen mit einer ebenso bezeichnenden wie betrüblichen Feststellung, nämlich in Joh 7,32: »Da schickten die Hohepriester und die Pharisäer Gerichtsdiener aus, um ihn festnehmen zu lassen« und in 8,59: »Da hoben sie Steine auf, um sie auf ihn zu werfen. Jesus aber verbarg sich und verließ den Tempel«. Der dritte Teil, nach dem Fest, ist in der gewohnten johanneischen Weise aufgebaut. Er beginnt mit einem Zeichen, daran schließt sich die Rede des Herrn an.

Die Stimmung vor dem Fest, wie sie in diesen Versen gezeichnet wird, ist sehr verschiedenartig. »Das Laubhüttenfest der Juden war nahe.« *Das Volk* ist, aufs Ganze gesehen, in froher Stimmung, denn das Fest ist eine Art Winzerfest. Die Weinernte ist eingebracht und damit die gesamte Ernte überhaupt. Die Hauptarbeit ist geleistet. Freude erfüllt die Gemüter. Dazu kommt der religiöse Gehalt. Das Wohnen in Laubhütten soll die Juden an den Durchzug durch die Wüste erinnern und damit an den besonderen Schutz Gottes. Am Morgen wird in feierlicher Prozession am Teich Schiloach Wasser geschöpft, am Abend werden die mächtigen Kandelaber angezündet. Man gedenkt auch der Tage, da das Volk in die Freiheit geführt wurde, geleitet vom Herrn, der die Seinen weidet wie der Hirt seine Herde. Um diese Gedanken kreisen denn auch die Worte. Es ist darin die Rede vom Wasser, vom Licht, vom Tod des wahren Opferlammes, von der Freiheit der Kinder Abrahams und vom Herrn als dem guten Hirten. So ist alles lebendig, bewegt und voll Erwartung. Darum heißt es: »Die Juden suchten beim Fest nach ihm und sagten: Wo ist er? Und in der Volksmenge wurde viel über ihn hin und her geredet.«

Anders die *Brüder Jesu*, also der engere Kreis um ihn, vor allem seine eigenen Verwandten. Sie sind unruhig und drängen ihn vorwärts. Sie wollen seinen Triumph erleben. Er soll endlich die Macht ergreifen und sich in aller Öffentlichkeit durchsetzen. Darum fordern sie ihn auf: »Geh von hier fort und zieh nach Judäa, damit auch deine Jünger die Taten sehen, die du vollbringst! Denn niemand wirkt im Verborgenen, wenn er öffentlich bekannt sein möchte. Wenn du dies tust, offenbare dich der Welt!« Sie wollen nicht in Geduld warten, sondern drängen ihn in die Öffentlichkeit und zur Entscheidung.

Wieder anders ist die Stimmung der *führenden Juden*. Sie sind eindeutig gegen ihn, ja sie trachten ihm bereits nach dem Leben. Darum heißt es: »Danach zog Jesus in Galiläa umher; denn er wollte sich nicht in Judäa aufhalten, weil die Juden ihn zu töten suchten.« Es ist schon so weit gekommen, dass man auch im Volk nicht mehr wagt, offen zu reden und für ihn Partei zu ergreifen. »Aber niemand redete öffentlich über ihn aus Furcht vor den Juden.«

Jesus selbst steht mittendrin. Er kennt den Hass der Führer, lässt sich nicht beeindrucken vom Drängen der Seinen, weiß um die schwankende Stimmung der Volksmassen. Aber das Einzige, das sein Tun und seine Haltung bestimmt, ist der Wille seines Vaters im Himmel. Er hält sich an die Stunde, die der Vater ihm bestimmt hat. Darum lässt er sich weder abhalten noch drängen. »Meine Zeit ist noch nicht gekommen, für euch aber ist immer die rechte Zeit. Euch kann die Welt nicht hassen, mich aber hasst sie, weil ich bezeuge, dass ihre Taten böse sind.« So entschließt er sich denn zwar, zum Fest hinaufzugehen und nicht auszuweichen, aber nicht gleich zu Beginn und gewissermaßen nicht offiziell mit den galiläischen Pilgerzügen, um die Gegner nicht vorzeitig herauszufordern. Er geht erst einige Tage später in aller Stille und unauffällig. So haben seine Feinde nicht mehr genügend Zeit, ihren Plan seiner Verhaftung durchzuführen, und er hat doch die Möglichkeit, noch einmal mahnend und werbend vor das Volk zu treten und sich ihnen zu offenbaren.

DIE AUSEINANDERSETZUNG MIT DEN FÜHRERN ISRAELS

Joh 7,14–24

Schon war die Hälfte der Festwoche vorüber, da ging Jesus zum Tempel hinauf und lehrte. Die Juden wunderten sich und sagten: Wie kann der die Schrift verstehen, ohne dafür ausgebildet zu sein? Darauf antwortete ihnen Jesus: Meine Lehre stammt nicht von mir, sondern von dem, der mich gesandt hat. Wer bereit ist, den Willen Gottes zu tun, wird erkennen, ob diese Lehre von Gott stammt oder ob ich von mir aus spreche. Wer von sich aus spricht, sucht seine eigene Ehre; wer aber die Ehre dessen sucht, der ihn gesandt hat, der ist wahrhaftig und in ihm ist keine Ungerechtigkeit. Hat Mose euch nicht das Gesetz gegeben? Aber keiner von euch befolgt das Gesetz. Warum sucht ihr mich zu töten? Die Menge antwortete: Du bist von einem Dämon besessen. Wer sucht dich denn zu töten? Jesus entgegnete ihnen: Ich habe nur ein einziges Werk vollbracht und ihr alle wundert euch darüber. Mose hat euch die Beschneidung gegeben – sie stammt freilich nicht von Mose, sondern von den Vätern – und ihr beschneidet einen Menschen auch am Sabbat. Wenn ein Mensch am Sabbat die Beschneidung empfangen darf, damit das Gesetz des Mose nicht missachtet wird, warum zürnt ihr mir, weil ich am Sabbat einen Menschen als Ganzen gesund gemacht habe? Urteilt nicht nach dem Augenschein, sondern urteilt gerecht!

Das Fest, das acht Tage dauert, ist schon zur Hälfte vorüber. Da tritt er im Tempel auf und lehrt. Damit beginnt auch sofort die Auseinandersetzung. Es geht dabei um ein Doppeltes, nämlich um seine Vollmacht zu lehren und zu wirken.

Die Vollmacht zu lehren: »Wie kann der die Schrift verstehen, ohne dafür ausgebildet zu sein?« Sie lassen ihn nicht gelten, weil er nicht von der Zunft ist. Er hat nicht den normalen Studiengang eines Schriftgelehrten gemacht. Darum zählt er bei ihnen nicht und hat kein Recht, als Lehrer aufzutreten. Sie kleben an den Buchstaben und am Gesetzesparagrafen. Er aber hat eine ganz andere Auffassung von der Schrift und vom Gesetz. So stehen sich zwei ganz verschiedene Auffassungen und Haltungen gegenüber.

Er selbst beruft sich auf einen Höheren, auf den Urheber des Gesetzes und der ganzen Heiligen Schrift, auf Gott selbst. »Meine Lehre stammt nicht von mir, sondern von dem, der mich gesandt hat.« Er ist von Gott beauftragt und darum auch von Gott bevollmächtigt. Er braucht somit weder menschliche Belehrung noch menschliche Bevollmächtigung. Wenn sie das nicht anerkennen, dann nur deswegen, weil sie gar nicht für Gott geöffnet sind, weil es ihnen nicht um den Willen Gottes, das Wort Gottes und den Geist Gottes geht, sondern um die eigene Stellung und Ehre als Lehrer. Ein Prediger, der sich selbst sucht in irgendwelcher Selbstgefälligkeit und rhetorischen Eitelkeit, wer aufgrund seines Predigens geehrt und geachtet sein will, ist kein richtiger Verkünder des Wortes und Willens Gottes. Er hat seine Funktion als Werkzeug und seinen Botendienst gar nicht erfasst. Er treibt Missbrauch mit dem Wort Gottes. Das gilt für die Lehrer Israels und die christlichen Prediger.

Die Vollmacht zu wirken: Die Führer Israels berufen sich auf das Gesetz des Mose, aber nicht um die Wahrheit zu verkünden und den Geist des Herrn, sondern um sich selbst Ehre zu verschaffen und darum jeden zu hassen und zu bekämpfen, der ihnen entgegentritt. Das Vorgehen gegen Jesus zeigt es. Sie berufen sich z. B. auf das Sabbatgesetz und verbieten darum jedwede Tätigkeit, und doch nehmen sie am Sabbat beispielsweise die Beschneidung vor. Wie können sie dann Jesus vorwerfen, dass er am Sabbat einen Menschen geheilt hat? Wenn es ihnen nicht um den Buchstaben, sondern um den Geist des Gesetzes geht, wenn ihnen das Gesetz also nicht Selbstzweck oder gar Mittel zu selbstsüchtigen Zwecken ist, dann müssten sie das heilende und helfende Wirken

Jesu auch am Sabbat gelten lassen. Wenn nicht, so beweisen sie damit, dass sie nicht nach Gerechtigkeit urteilen, also nach dem inneren Wesen des Gesetzes, sondern nach dem äußeren Schein, also nach dem, was äußerlich sichtbar ist und in die Augen springt. Der Unterschied zwischen ihrer kleinlichen Gesetzesauslegung und selbstsüchtigen Lehrweise einerseits und der innerlich freien, überlegenen, souveränen Auffassung und Lehre Jesu ist so deutlich, dass sie sich nur noch mit Gewalt zu helfen wissen. »Da suchten sie ihn festzunehmen; doch keiner legte Hand an ihn, denn seine Stunde war noch nicht gekommen.«

Reflexion

DU BIST BESESSEN, WER TRACHTET DIR NACH DEM LEBEN?

Den Vorwurf der Besessenheit gegen Christus zu erheben, ist etwas vom Unglaublichsten und Unfasslichsten. Er ist der menschgewordene Gott und befreit die Besessenen. Die Menschen aber erheben gerade gegen ihn den Vorwurf der Besessenheit und damit des Gottwidrigen. Die Behauptung wird nicht nur einmal erhoben, sondern mehrmals (7,20; 8,48; 10,20 usw.). Im siebten Kapitel ist der unmittelbare Anlass die Behauptung Jesu, dass sie ihm nach dem Leben trachten. Die Antwort der Juden zeigt ein Doppeltes.

1. *Eine völlige Unkenntnis der wirklichen Lage:* In Wirklichkeit wächst der Hass gegen Christus ständig. Der Wille, ihn aus dem Weg zu räumen, ist bei den Vorstehern bereits eindeutig. Der Gegensatz für und wider ihn klafft immer weiter auseinander. Die Auseinandersetzung in Worten zwischen ihm und den Führern des Volkes ist so stark, dass ein Zusammenprall in der Tat fast unvermeidlich ist. Dazu kommt bei den Jüngern nach der Eucharistierede eine Distanzierung und ein Abfall mehrerer und endlich bei der großen Masse die Enttäuschung, dass er die Brotvermehrung nicht

wiederholt, ihnen also nicht das gibt, was sie eigentlich erwarten und erhoffen. Christus selbst ist sich über die Situation völlig im Klaren. Darum erscheint er zum Laubhüttenfest nicht gleich zu Beginn, sondern geht ganz verborgen hinauf, also offenbar nicht mit der offiziellen Wallfahrt aus Galiläa. Er darf nicht unmittelbar zu stark provozieren, weil seine Stunde noch nicht gekommen ist. Das Volk dagegen ist naiv und merkt noch gar nicht, wie stark die Stimmung gegen ihn geworden ist.

Ähnlich ist es heute. Man sieht wohl die Anziehungskraft Roms, den Zusammenstrom der Massen dorthin, man sieht den Aufmarsch bei Katholikentagen, Kongressen, Kundgebungen, man sieht auch gefüllte Kirchen, besonders in den Städten, aber man ist sich zu wenig im Klaren, in welchem Ausmaß die vom Christentum im Wesentlichen noch völlig unberührten Heidenvölker zunehmen, unterschätzt auch die Welt erobernde Kraft des Kommunismus, des dialektischen Materialismus und gibt sich nicht klar Rechenschaft über Skepsis und moralischen Zerfall im Lager der Christen. Nichts ist gefährlicher, als die Dinge nicht sehen zu wollen oder tatsächlich nicht zu sehen, wie sie sind.

2. *Und doch eine Ahnung von tieferen Kräften:* Wenn sie Christus Besessenheit vorwerfen, so drücken sie damit aus, dass etwas Untergründiges, Überirdisches um ihn geistert. Er beruft sich auf den Vater und zugleich weckt er infernalischen Hass. Christus ist eben nicht nur ein umkämpfter Mensch, sondern er steht zwischen Himmel und Hölle, und darum prallen an seiner Gestalt Göttliches und Dämonisches hart aufeinander. Er ist der menschgewordene Gott und so vollzieht sich auch eine Art Menschwerdung des Dämonischen durch die Tatsache, dass so viele Besessene Christus begegnen. So unglaublich der Vorwurf der Besessenheit ist, so ist er doch in gewisser Hinsicht noch besser als eine völlige Desinteressiertheit und Gleichgültigkeit oder eine Nivellierung seines Wesens auf die Ebene des Bloß-Menschlichen hin. Wer nicht um Dämonie und ihre zerstörende Macht weiß, versteht das Leben Jesu, vor allem das Sterben Jesu nicht.

Bei aller Naivität bei der Beurteilung der äußeren Lage zeigt sich also bei diesem noch zutiefst religiösen Volk Israel ein Wissen um die treibenden Kräfte und die entscheidenden Faktoren, um Gott und Satan.

Wie darum die Juden, wiederum im 8. Kapitel, den Vorwurf der Besessenheit gegen Christus erheben, berufen sie sich auch darauf, dass sie selbst Söhne Abrahams sind. Christus aber antwortet ihnen, dass sie in Wirklichkeit Söhne des Teufels sind. Er selbst ist nicht nur Sohn Abrahams, sondern Sohn des Vaters im Himmel. Sie dagegen sind eine Satansbrut. Daher muss der Vorwurf der Besessenheit nicht gegen ihn, sondern gegen sie erhoben werden. Er stammt von Gott, sie stammen vom Teufel. In Wirklichkeit ist also das gerade Gegenteil dessen, was sie behaupten, der Fall. Besessenheit ist da, aber nicht in ihm, sondern in ihnen. Er ist gekommen, nicht die Dämonie zu bringen, sondern von der Dämonie zu befreien. Sie sind in Wirklichkeit Sklaven Satans, obwohl sie sich auf ihre scheinbare Freiheit berufen. Er dagegen ist der frei geborene Sohn Gottes, der ihnen die Freiheit bringen will.

So berührt diese Auseinandersetzung sein tiefstes Wesen und ihr tiefstes Wesen.

DIE AUSEINANDERSETZUNG MIT DEM VOLK

Joh 7,25–36

Da sagten einige Leute aus Jerusalem: Ist das nicht der, den sie zu töten suchen? Und doch redet er in aller Öffentlichkeit und man lässt ihn gewähren. Sollten die Oberen wirklich erkannt haben, dass er der Christus ist? Aber von dem hier wissen wir, woher er stammt; wenn jedoch der Christus kommt, weiß niemand, woher er stammt. Während Jesus im Tempel lehrte, rief er: Ihr kennt mich und wisst, woher ich bin; aber ich bin nicht von mir aus gekommen, sondern er, der mich gesandt hat, ist wahrhaftig. Ihr kennt ihn nur nicht. Ich kenne ihn, weil ich von ihm komme und weil er mich gesandt hat. Da suchten sie ihn festzunehmen; doch keiner legte Hand an ihn, denn seine Stunde war noch nicht gekommen. Aus der Menge kamen viele Leute zum Glauben an ihn; sie sagten: Wird der Christus, wenn er kommt, mehr Zeichen tun, als dieser getan hat? Die Pharisäer hörten, was die Leute heimlich über ihn redeten. Da schickten die Hohepriester und die Pharisäer Gerichtsdiener aus, um ihn festnehmen zu lassen. Jesus aber sagte: Ich bin nur noch kurze Zeit bei euch; dann gehe ich fort zu dem, der mich gesandt hat. Ihr werdet mich suchen und ihr werdet mich nicht finden; denn wo ich bin, dorthin könnt ihr nicht gelangen. Da sagten die Juden zueinander: Wohin will er denn gehen, dass wir ihn nicht finden können? Will er etwa in die Diaspora der Griechen gehen und die Griechen lehren? Was bedeutet es, wenn er gesagt hat: Ihr werdet mich suchen, aber nicht finden; denn wo ich bin, dorthin könnt ihr nicht gelangen?

Die Auseinandersetzung dreht sich nicht so sehr um sein Lehren und seine Gesetzesauslegung, sondern um sein Wesen als Messias. Das Volk schwankt in seiner Meinung unsicher hin und her.

Auf der einen Seite stellen sie staunend fest, dass er nun in aller Offenheit und öffentlich redet und keiner ihm entgegentreten kann. So drängt sich ihnen förmlich die Frage auf: »Sollten die Oberen wirklich erkannt haben, dass er der Christus ist?« Aber auf der anderen Seite erwarten sie einen Messias, der auf den Wolken des Himmels kommt. Von Jesus dagegen wissen sie genau, dass er ein Galiläer ist, also doch kaum der Messias sein kann. So können sie sich nicht recht entscheiden. Auch ihnen gegenüber beruft sich Jesus auf Gott, der ihn gesandt hat. Er kommt von Gott, das ist das Entscheidende. Er stammt von Gott und hat die Sendung von Gott. So wie er seine Lehre von Gott hat und die Vollmacht, am Sabbat zu wirken, vom Vater erhalten hat, so hat er seine ganze Sendung, ja seinen Ursprung aus Gott. Er ist also der Messias. Aufgrund dieser Worte, gegen die nichts einzuwenden ist, kommen viele aus dem Volk zum Glauben an ihn. Sie hören seine Worte, sehen seine Wunder und kommen so zum Glauben. Aber Jesus lässt sich nicht täuschen. Er weiß genau, was ihm bevorsteht. Darum sagt er: »Ich bin nur noch kurze Zeit bei euch; dann gehe ich fort zu dem, der mich gesandt hat.« Sein Hinweis auf Tod, Auferstehung und Himmelfahrt ist geheimnisvoll. Er sagt ihnen lediglich, dass sie ihm dorthin nicht folgen können, wohin er geht. Sie verstehen das wieder ganz irdisch und glauben, er gehe in die heidnische Diaspora. Ihr Glaube ist also unvollkommen.

Das Ergebnis der ganzen Auseinandersetzung lautet: Die Führer lehnen ihn ab, hassen ihn und schicken Diener aus, die ihn ergreifen sollen. Das Volk bewundert ihn, hat viel Sympathie für ihn, manche kommen zum Glauben, aber die meisten nicht zu einem echten Glauben. Die ganze Szene ist trotz ihres Ernstes nur ein Geplänkel, eine Art Vorhutgefecht. Aber schon ist die Situation klar: der Hass der Führer, die oberflächliche Äußerlichkeit des Volkes und einige wenige, die wirklich zum Glauben kommen. Das ist das Resultat.

CHRISTUS, DIE QUELLE LEBENDIGEN WASSERS

Joh 7,37–53

Am letzten Tag des Festes, dem großen Tag, stellte sich Jesus hin und rief: Wer Durst hat, komme zu mir und es trinke, wer an mich glaubt! Wie die Schrift sagt: Aus seinem Inneren werden Ströme von lebendigem Wasser fließen. Damit meinte er den Geist, den alle empfangen sollten, die an ihn glauben; denn der Geist war noch nicht gegeben, weil Jesus noch nicht verherrlicht war.

Einige aus dem Volk sagten, als sie diese Worte hörten: Dieser ist wahrhaftig der Prophet. Andere sagten: Dieser ist der Christus. Wieder andere sagten: Kommt denn der Christus aus Galiläa? Sagt nicht die Schrift: Der Christus kommt aus dem Geschlecht Davids und aus dem Dorf Betlehem, wo David lebte? So entstand seinetwegen eine Spaltung in der Menge. Einige von ihnen wollten ihn festnehmen; doch keiner legte Hand an ihn. Als die Gerichtsdiener zu den Hohepriestern und den Pharisäern zurückkamen, fragten diese: Warum habt ihr ihn nicht hergebracht? Die Gerichtsdiener antworteten: Noch nie hat ein Mensch so gesprochen. Da entgegneten ihnen die Pharisäer: Habt auch ihr euch in die Irre führen lassen? Ist etwa einer von den Oberen oder von den Pharisäern zum Glauben an ihn gekommen? Dieses Volk jedoch, das vom Gesetz nichts versteht, verflucht ist es.

Nikodemus aber, einer aus ihren eigenen Reihen, der früher einmal Jesus aufgesucht hatte, sagte zu ihnen: Verurteilt etwa unser Gesetz einen Menschen, bevor man ihn verhört und festgestellt hat, was er tut? Sie erwiderten ihm: Bist du vielleicht auch aus Galiläa? Lies doch nach und siehe, aus Galiläa kommt kein Prophet. Dann gingen alle nach Hause.

Die Worte: In Erinnerung an das Wasser, das in der Wüste aus dem Felsen strömte und das Volk erquickte, wurde am Laubhüttenfest in feierlicher Prozession in goldener Kanne Wasser aus dem Teich Schiloach geholt, in den Tempel hinaufgetragen und am Brandopferaltar ausgegossen als Spende für Jahwe und als Bitte um Wasser, von dem alle Fruchtbarkeit des Landes abhing. Da steht Jesus mitten im Volk und ruft laut: »Wer Durst hat, komme zu mir, und es trinke, wer an mich glaubt! Wie die Schrift sagt: Aus seinem Inneren werden Ströme von lebendigem Wasser fließen.« Johannes fügt hinzu: »Damit meinte er den Geist, den alle empfangen sollten, die an ihn glauben.« Im 47. Kapitel des Propheten Ezechiel ist vom Quell die Rede, der im Heiligtum entspringt, durch das Land hinrauscht und es befruchtet, sodass an beiden Ufern Bäume wachsen, deren Blätter nie welken und deren Früchte ständig reifen. Die Blätter sind Heilmittel und die Früchte sind Speise der Menschen. Johannes greift in der Apokalypse bei der Schilderung des himmlischen Jerusalem und des neuen Paradieses dieses Bild auf und zeigt es in der Zukunft verwirklicht. Mitten zwischen jener Vergangenheitsvision Ezechiels und der Zukunftsvision der Apokalypse steht dieses Christuswort. Denn er ist die eigentliche Mitte. Er erfüllt jene Prophezeiung der Vergangenheit und begründet die Zukunftswirklichkeit. Die Quellen, die in ihm aufbrechen und aus seinem Herzen strömen, sind der Geist seiner Liebe. Diese Liebe wird am Kreuz sichtbar werden, wenn aus seinem Herzen Blut und Wasser fließen. Unsichtbar aber strömt aus ihm jener Geist, der die Liebe selbst ist, sein Geist, der Heilige Geist. Er befruchtet die Menschen und Völker, an ihm gesunden sie. Er ist ihre seelische Nahrung. Dieser Geist ist durch Christus geschenkt und gesandt. Jeder, der Glauben hat, kann darum aus seiner Quelle schöpfen. Der Felsen in der Wüste, an den Mose geschlagen hat, wird hier sichtbar als Symbol Christi, dessen Seite durch die Lanze des Soldaten angeschlagen wurde und zum Strömen kam. Der Tempel Ezechiels wird sichtbar als Symbol des eigentlichen und wahren Heiligtums, das Christus ist.

Er spendet immer reicher und immer strömender die Wasser seines Geistes. Das Kreuz Christi wird sichtbar als das Aufsprudeln dieser Quelle, der Glaube wird sichtbar als das Schöpfen dieser lebendigen Wasser. Die Kirche wird sichtbar als das Gottesvolk, das zu beiden Seiten des Stromes der Gnade wohnt und durch seine Wasser Heilung und Nahrung empfängt. Und das Jenseits wird sichtbar als Vollendung all dieser Zeichen und vor allem als Vollendung jener Wirklichkeit, die in Christus schon da ist, aber erst im jenseitigen Äon zur vollen Entfaltung kommt. So ist die Selbstoffenbarung Jesu, die in diesen Worten liegt, ein Erweis, dass er die eigentliche Mitte des Laubhüttenfestes ist und dass das Jesajalied »Ihr werdet in Freuden Wasser schöpfen aus den Heilsbrunnen des Erlösers« in ihm erfüllt ist. Der Satz des Magnifikat, dass er die Hungernden und Dürstenden mit Gütern erfüllt, die Seligpreisung der Bergpredigt, die jenen gilt, die nach der Gerechtigkeit Hunger und Durst haben, und der Psalmtext, dass die Seele nach Gott verlangt wie der Hirsch nach der Wasserquelle, sind hier zusammengefasst im gewaltigen Christuswort: »Wer Durst hat, komme zu mir, und es trinke, wer an mich glaubt.« Es ist eines der herrlichsten und tröstlichsten Christusworte, in der feierlichen Stunde des Laubhüttenfestes inmitten der wogenden Volksmenge mit lauter Stimme gerufen.

Die *Wirkung* ist anders beim Volk und anders bei den Führern.

Beim Volk erwecken die Worte einen zwiespältigen Eindruck. Die einen sind restlos von ihm begeistert, sie erkennen ihn als Propheten und viele als den Messias. Andere dagegen nehmen an seiner Herkunft Anstoß, sind überzeugt, dass der Messias aus Judäa, und zwar aus dem Geschlechte Davids und dem Heimatort Davids stammen muss. Jesus aber kommt aus Galiläa. Sie wissen offenbar nichts von seiner Geburt und davidischen Abstammung durch seine Mutter. So bewirkt auch dieses Christuswort der Selbstoffenbarung eine Scheidung der Geister.

Bei den Führern bewirkt diese neue Offenbarung nur neuen Zorn und Hass. Ihre abgesandten Boten sollen und wollen ihn verhaften. Aber sie wagen es nicht. Unverrichteter Sache gehen sie zu den Führern zurück, werden von diesen zur Rede gestellt. Aber sie müssen eingestehen: »Noch nie hat ein Mensch so gesprochen.« Darüber geraten die Führer erst recht in Zorn. Sie verachten das dumme, ungebildete Volk. Es kennt ja nicht einmal das Gesetz und kann es infolgedessen auch nicht beachten. Denn Kennen und Halten des Gesetzes ist für diese Schriftgelehrten ein und dasselbe. So sprechen sie voll Zorn ihren Fluch über diesen einfältigen Pöbel aus. Kein Einziger wagt einen Widerspruch anzumelden. Nikodemus, der Jesus in der Nacht besucht hat, fordert, dass alles nach Recht und Gerechtigkeit vor sich gehe, dass man also nicht einfach einen Gewaltstreich verübe. Das Recht verlangt, dass man ihn verhöre und sein Tun untersuche. Aber sie gehen über diesen Einspruch hinweg. Mit einer Mischung aus Hass und Verachtung weisen sie diesen Ratsherrn zurecht. Er solle in der Schrift forschen, dann werde er sehen, dass aus Galiläa kein Prophet kommen könne. Für sie zählen nur Judäa und Jerusalem. Sie selbst sind im Grunde genommen die einzigen Erwählten und einzig Maßgebenden. Alles andere kommt gar nicht infrage. Aber sie haben ihren Plan, Jesus in ihre Gewalt zu bekommen, noch nicht verwirklichen können. So geht das Ratskollegium unverrichteter Dinge wieder auseinander. Aber ihr Entschluss steht fest.

DIE EHEBRECHERIN

Joh 8,1–11

Jesus aber ging zum Ölberg. Am frühen Morgen begab er sich wieder in den Tempel. Alles Volk kam zu ihm. Er setzte sich und lehrte es. Da brachten die Schriftgelehrten und die Pharisäer eine Frau, die beim Ehebruch ertappt worden war. Sie stellten sie in die Mitte und sagten zu ihm: Meister, diese Frau wurde beim Ehebruch auf frischer Tat ertappt. Mose hat uns im Gesetz vorgeschrieben, solche Frauen zu steinigen. Was sagst du? Mit diesen Worten wollten sie ihn auf die Probe stellen, um einen Grund zu haben, ihn anzuklagen. Jesus aber bückte sich und schrieb mit dem Finger auf die Erde. Als sie hartnäckig weiterfragten, richtete er sich auf und sagte zu ihnen: Wer von euch ohne Sünde ist, werfe als Erster einen Stein auf sie. Und er bückte sich wieder und schrieb auf die Erde. Als sie das gehört hatten, ging einer nach dem anderen fort, zuerst die Ältesten. Jesus blieb allein zurück mit der Frau, die noch in der Mitte stand. Er richtete sich auf und sagte zu ihr: Frau, wo sind sie geblieben? Hat dich keiner verurteilt? Sie antwortete: Keiner, Herr. Da sagte Jesus zu ihr: Auch ich verurteile dich nicht. Geh und sündige von jetzt an nicht mehr!

Die Szene passt nicht in den Zusammenhang. Sie durchbricht den Fluss der Gedanken, findet sich auch in keiner alten Handschrift an dieser Stelle, ist aber inhaltlich ganz dem Geist und Vorgehen Jesu entsprechend. Sie muss irgendwo an einer anderen Stelle gestanden haben, gehört aber zur inspirierten Heiligen Schrift und ist von auserlesener Schönheit.

Das Vorgehen der Pharisäer: Sie haben eine Frau beim Ehebruch auf frischer Tat ertappt und führen sie nun Jesus vor. Es geht ihnen aber keineswegs darum, von ihm zu lernen, wie man in einem solchen Fall urteilen muss. Sie wollen ihm lediglich eine Falle stellen, genauer sie wollen, dass er wieder mit dem Gesetz in Widerspruch gerate, damit sie einen neuen Titel zu seiner Verurteilung haben. Es ist also weder Sorge um die Reinhaltung der Ehe noch um die Gerechtigkeit noch um seelsorgliches Vorgehen, sondern heimtückische Bosheit. Sie berufen sich ausdrücklich auf das Gesetz des Moses und zwingen ihn zu einer Stellungnahme: »Was sagst du?« Es sind harte und verhärtete Menschen, bereit, nicht nur diese Frau zu steinigen, sondern auch Jesus zu töten. Zur Rechtfertigung ihrer Herzenshärte berufen sie sich auf das Gesetz, ja auf Gott selbst. Vom inneren Geist des Gesetzes oder gar vom Geist Gottes haben sie keinen Hauch verspürt.

Das Vorgehen Jesu: Es ist erstaunlich, wie häufig sich diese Gesinnung bei den »Frommen« findet. Sie sind durch Vorschriften verhärtet. Wer immer den Geist durch Gesetze und Bestimmungen schützen und stützen will, muss sich dessen bewusst sein! Zuerst schweigt er und schreibt in den Sand. Entweder will er damit einfach andeuten, dass er sich um die Pharisäer nicht kümmert, oder er will das Wort der Schrift in Erinnerung rufen, dass die Sünder in den Sand geschrieben werden, d. h. an sich dem Tod verfallen sind. Aber sie lassen sich nicht abfertigen, sondern bedrängen ihn mit ihren Fragen. Seine Antwort ist klar. Die Sünderin hat an sich den Tod durch Steinigung verdient. Das ist der Spruch der Gerechtigkeit. Und so fordert er die Pharisäer auf, mit der Steinigung zu beginnen. Aber so, dass einer, der selbst ohne Schuld ist, den ersten Stein werfe. Die Antwort ist voll tiefer Weisheit und zugleich voll feiner Ironie. Wer will über andere zu Gericht sitzen, wenn er selbst der Gerechtigkeit nicht entspricht? Wie wird ein Sünder andere Sünder verurteilen? Sie tun, als ob sie Gerechte wären. Aber ihre Gerechtigkeit ist nur Schein. Da sie sich dessen im Grunde genommen sehr genau bewusst sind und doch nicht dazu stehen wollen, wählen sie den Weg der Feigheit. Sie stehlen sich fort, einer nach dem anderen. Die Ältesten, die am härtesten urteilen, haben in Wirklichkeit am meisten auf dem

Gewissen. So sind sie auch die Ersten, die davonschleichen. Und schließlich ist keiner mehr da. Bei allem Ernst, wo es doch um Leben und Tod geht, um Sünde und Gerechtigkeit, liegt etwas Köstliches, geradezu Humoristisches in dieser Szene. Damit hat Jesus über die Führer Israels sein Urteil gesprochen. Es bleibt noch das Urteil über die Frau. Auch dieses Urteil ist klar. Sie hat gesündigt, das wird eindeutig betont und festgehalten. Aber Jesus ist nicht gekommen zu richten, sondern zu helfen. Darum urteilt er zwar sehr deutlich, ohne aber zu verurteilen. Er lässt Gnade vor Recht ergehen, denn kein Mensch kann vor Gott bestehen, wenn er sich nur auf Recht und Gerechtigkeit berufen will. Nur der Appell an die Gnade und Barmherzigkeit Gottes rettet den Menschen. Jesus zeigt es, indem er die Sünderin nicht verurteilt, sondern begnadigt. Aber sie soll aus dem Ganzen lernen und als anderer Mensch von Jesus weggehen. »Geh und sündige von jetzt an nicht mehr!«

Die Szene ist eine ernste Mahnung für alle, die über andere urteilen wollen. Sie sollen zuerst über sich selbst urteilen und in ehrlicher Selbsterkenntnis Buße tun. Das besagt nicht, dass sie nicht das Recht und unter Umständen die Pflicht haben, zu urteilen und auch Urteile zu vollstrecken, aber sie dürfen es nicht in anmaßender Selbstgerechtigkeit tun, sondern nur, wenn sie dazu bevollmächtigt sind, also letztlich im Auftrag Gottes, der die Rechtsordnung geschaffen hat und schützt. Die Szene ist anderseits und vor allem ein Trost und eine Freude für alle Menschen. Denn alle sind Sünder und die Sünde ist eine Art Ehebruch Gott gegenüber. So sind alle an sich dem Tod verfallen, können aber durch Christus begnadigt werden, wenn sie an seine Barmherzigkeit glauben. Dieser Glaube soll sich dann auswirken in einem neuen Leben. So zeigt sich Christus auch hier als Herr über Leben und Tod, als Überwinder des Todes und Spender des Lebens.

CHRISTUS, DAS LICHT DER WELT

Joh 8,12–20

Als Jesus ein andermal zu ihnen redete, sagte er: Ich bin das Licht der Welt. Wer mir nachfolgt, wird nicht in der Finsternis umhergehen, sondern wird das Licht des Lebens haben. Da sagten die Pharisäer zu ihm: Du legst über dich selbst Zeugnis ab; dein Zeugnis ist nicht wahr. Jesus erwiderte ihnen: Auch wenn ich über mich selbst Zeugnis ablege, ist mein Zeugnis wahr. Denn ich weiß, woher ich gekommen bin und wohin ich gehe. Ihr aber wisst nicht, woher ich komme und wohin ich gehe. Ihr urteilt, wie Menschen urteilen, ich urteile über niemanden. Wenn ich aber urteile, ist mein Urteil wahrhaftig; denn ich bin nicht allein, sondern ich und der Vater, der mich gesandt hat. Und in eurem Gesetz steht geschrieben: Das Zeugnis von zwei Menschen ist wahr. Ich bin es, der über mich Zeugnis ablegt, und auch der Vater, der mich gesandt hat, legt über mich Zeugnis ab. Da fragten sie ihn: Wo ist dein Vater? Jesus antwortete: Ihr kennt weder mich noch meinen Vater; würdet ihr mich kennen, dann würdet ihr auch meinen Vater kennen. Diese Worte sagte er, als er im Tempel bei der Schatzkammer lehrte. Aber niemand nahm ihn fest; denn seine Stunde war noch nicht gekommen.

Am Abend des Laubhüttenfestes werden die gewaltigen Freudenfeuer entzündet, und mit brennenden Fackeln umschreiten die Priester den Altar: in Erinnerung an Jahwe, der in der Wüste bei Nacht als Licht vor dem Volke einherschritt. Gott ist das Licht Israels. Wieder greift Christus diesen Laubhüttengedanken auf und ruft: »Ich bin das Licht der Welt. Wer mir nachfolgt, wird nicht in der Finsternis umhergehen, sondern wird das Licht des Lebens haben.« Im Schöpfungsbericht des ersten biblischen Buches durchbricht das von Gott erschaffene Licht das Dunkel. Seitdem ist das

Licht den Menschen Trost und Freude. Sinnend und singend schauen sie zu Sonne, Mond und Sternen auf und begehen Freudenfeste zur Feier der Sonnenwende. Im letzten Buch der Bibel, in der Apokalypse, wird vom himmlischen Jerusalem gesagt, dass es darin weder Lampen noch Sonnenlicht gebe und auch keine Nacht. Die Stadt bedürfe weder der Sonne noch des Mondlichts, denn die Herrlichkeit Gottes erhellt sie, und das Lamm ist ihre Leuchte. Die Völker wandeln dort im Licht. Zwischen beiden, zwischen der Erschaffung des natürlichen Lichts und der Vollendung in der strahlenden Herrlichkeit Gottes selbst, steht Christus als das Licht der Welt. Er ist das Licht, das in der Finsternis leuchtet, alle Andeutungen und Vorherbilder erfüllend und die Herrlichkeit ewigen Lichtes grundlegend: *lumen de lumine*. Der Jesajatext (Jes 9,1) ist nun erfüllt: »Das Volk, das in der Finsternis ging, sah ein helles Licht; über denen, die im Land des Todesschattens wohnten, strahlte ein Licht auf.« Aber auch die Finsternis ist noch da, und es wogt der Kampf zwischen Licht und Schatten, zwischen Helligkeit und Dunkel. Nur wer Christus nachfolgt, wandelt im Licht. Alle anderen laufen Irrlichtern nach und enden in der Finsternis. Wie die Sonne die ganze Erde beleuchtet, so ist Christus die wahre Sonne, die den 8. Psalm erfüllt und die ganze Erde, d. h. alle Menschen, erleuchtet: Licht der Welt. Durch sein Wort der Offenbarung ist er Licht für den Geist, durch die Kraft seiner Gnade Licht für die Herzen, leuchtend und wärmend.

Das Zeugnis für die Richtigkeit seines Wortes: Die Antwort der Pharisäer lautet: »Du legst über dich selbst Zeugnis ab; dein Zeugnis ist nicht wahr.« Jesus geht darauf ein und zeigt die Wahrheit seines Zeugnisses. Nach pharisäischem Gesetz müssen zwei Zeugen eine Aussage bestätigen. Diese zwei Zeugen hat Jesus. Der erste Zeuge ist er selbst, denn er ist von Gott gekommen und geht zu Gott zurück. Die Pharisäer beurteilen ihn falsch, weil sie nur nach dem äußeren Schein urteilen. Würden sie sein innerstes Wesen kennen, dann wüssten sie, dass er Sohn Gottes ist und dass infolgedessen alles, was er bezeugt, Wahrheit ist.

Der zweite Zeuge ist der Vater, der ihn gesandt hat. Aber seine Feinde kennen weder ihn noch den Vater. Sie haben nicht die richtige Gotteserkenntnis. Darum erfassen sie auch Gottes Wort nicht richtig. Das Licht leuchtet ihnen nicht ins Innere, weil sie ihr Inneres verschlossen haben.

Auch diese zweite Auseinandersetzung endet mit der Andeutung, dass sie ihn ergreifen wollten und doch nicht ergriffen, denn seine Stunde war noch nicht gekommen.

DER HINWEIS AUF SEINEN TOD

Joh 8,21–30

Ein andermal sagte Jesus zu ihnen: Ich gehe fort und ihr werdet mich suchen und ihr werdet in eurer Sünde sterben. Wohin ich gehe, dorthin könnt ihr nicht gelangen. Da sagten die Juden: Will er sich etwa umbringen? Warum sagt er sonst: Wohin ich gehe, dorthin könnt ihr nicht gelangen? Er sagte zu ihnen: Ihr stammt von unten, ich stamme von oben; ihr seid aus dieser Welt, ich bin nicht aus dieser Welt. Ich habe euch gesagt: Ihr werdet in euren Sünden sterben; denn wenn ihr nicht glaubt, dass ich es bin, werdet ihr in euren Sünden sterben. Da fragten sie ihn: Wer bist du denn? Jesus antwortete: Warum rede ich überhaupt noch mit euch? Ich hätte noch viel über euch zu sagen und viel zu richten, aber er, der mich gesandt hat, ist wahrhaftig, und was ich von ihm gehört habe, das sage ich der Welt. Sie verstanden nicht, dass er damit den Vater meinte. Da sagte Jesus zu ihnen: Wenn ihr den Menschensohn erhöht habt, dann werdet ihr erkennen, dass Ich es bin. Ihr werdet erkennen, dass ich nichts von mir aus tue, sondern nur das sage, was mich der Vater gelehrt hat. Und er, der mich gesandt hat, ist bei mir; er hat mich nicht alleingelassen, weil ich immer das tue, was ihm gefällt. Als Jesus das sagte, kamen viele zum Glauben an ihn.

Als in der Wüste viele Israeliten durch Schlangenbisse umkamen, richtete Mose auf Geheiß Gottes die eherne Schlange auf. Wer zu ihr aufschaute, wurde gerettet. Es ging also um Leben und Tod. Tod durch die Schlange von unten her, Leben durch den Blick auf jenes erhöhte Erzbild, das nun durch das Wort Jesu als Typus, als Sinnbild des am Kreuz erhöhten Christus deutlich wird. Wer nicht an ihn, den am Kreuz zu Erhöhenden glaubt, ist dem Tod verfallen. »Ich gehe fort und ihr werdet mich suchen und ihr werdet in eurer Sünde sterben.« Er selbst, Jesus, wird ebenfalls sterben. Aber sein Sterben ist ein Gehen zum Vater. »Wohin ich gehe, dorthin könnt ihr nicht gelangen.« Sie werden ihn »erhöhen« durch die Hinrichtung am Kreuz. Dann erst werden die Menschen zur Erkenntnis gelangen, werden einsehen, dass er so redet, wie der Vater ihn gelehrt hat. Und selbst in dieser dunklen Stunde seines Todes wird er nicht alleingelassen, weil er allzeit tut, was dem Vater wohlgefällt. So ist auch diese Rede geheimnisvoll. Und doch ist ihr Sinn klar. Die Feinde werden sterben in ihren Sünden und durch ihre Sünden. Auch er wird sterben, weil er durch sie am Kreuz erhöht wird. Aber sein Sterben ist ein Gehen zum Vater. Und die Menschen werden leben, wenn sie an ihn, den Sterbenden, also den Gekreuzigten glauben und so zu ihm aufschauen. So erfüllt sich auch diese Erinnerung, die am Laubhüttenfest lebendig ist, an ihm und seinem Schicksal. Der Schlangenbiss der Sünde bewirkt den Tod. Er aber überwindet durch seinen Tod die Schlange und ist so durch sein Sterben ein Lebensspender. Diesmal ist das Ergebnis, dass viele zum Glauben an ihn kamen (V. 30).

JESUS BRINGT DEN KINDERN ABRAHAMS DIE FREIHEIT

Joh 8,31–59

Da sagte er zu den Juden, die zum Glauben an ihn gekommen waren: Wenn ihr in meinem Wort bleibt, seid ihr wahrhaft meine Jünger. Dann werdet ihr die Wahrheit erkennen und die Wahrheit wird euch befreien. Sie erwiderten ihm: Wir sind Nachkommen Abrahams und sind noch nie Sklaven gewesen. Wie kannst du sagen: Ihr werdet frei werden? Jesus antwortete ihnen: Amen, amen, ich sage euch: Wer die Sünde tut, ist Sklave der Sünde. Der Sklave aber bleibt nicht für immer im Haus; nur der Sohn bleibt für immer. Wenn euch also der Sohn befreit, dann seid ihr wirklich frei.

Ich weiß, dass ihr Nachkommen Abrahams seid. Doch ihr sucht mich zu töten, weil mein Wort in euch keine Aufnahme findet. Ich sage, was ich beim Vater gesehen habe, und ihr tut, was ihr von eurem Vater gehört habt. Sie antworteten ihm: Unser Vater ist Abraham. Jesus sagte zu ihnen: Wenn ihr Kinder Abrahams wärt, würdet ihr die Werke Abrahams tun. Jetzt aber sucht ihr mich zu töten, einen Menschen, der euch die Wahrheit verkündet hat, die ich von Gott gehört habe. So hat Abraham nicht gehandelt. Ihr vollbringt die Werke eures Vaters. Sie entgegneten ihm: Wir stammen nicht aus Unzucht, sondern wir haben nur den einen Vater: Gott. Jesus sagte zu ihnen: Wenn Gott euer Vater wäre, würdet ihr mich lieben; denn von Gott bin ich ausgegangen und gekommen. Ich bin nicht von mir aus gekommen, sondern er hat mich gesandt. Warum versteht ihr nicht, was ich sage? Weil ihr nicht imstande seid, mein Wort zu hören. Ihr habt den Teufel zum Vater und ihr wollt das tun, wonach es euren Vater verlangt. Er war ein Mörder von Anfang an. Und er steht nicht in der Wahrheit; denn es ist keine Wahrheit in ihm. Wenn er lügt, sagt er das, was aus ihm selbst kommt; denn er ist ein Lügner und ist der Vater der Lüge. Mir aber glaubt ihr nicht, weil ich die Wahrheit sage. Wer von euch kann mir eine Sünde nachweisen? Wenn ich die Wahrheit sage, warum glaubt ihr mir nicht? Wer aus Gott ist, hört die Worte Gottes; ihr hört sie deshalb nicht, weil ihr nicht aus Gott seid. Da antworteten ihm die Juden: Sagen wir nicht mit Recht: Du bist ein Samariter und von einem Dämon besessen? Jesus erwiderte: Ich bin von keinem Dämon besessen, sondern ich ehre meinen Vater; ihr aber schmäht mich. Ich suche nicht meine Ehre; doch es gibt einen, der sie sucht und der richtet. Amen, amen, ich sage euch: Wenn jemand an meinem Wort festhält, wird er auf ewig den Tod nicht schauen. Da sagten die Juden zu ihm: Jetzt wissen wir, dass du von einem Dämon besessen bist. Abraham und die Propheten sind gestorben, du aber sagst: Wenn jemand an meinem Wort festhält, wird er auf ewig den Tod nicht erleiden. Bist du etwa größer als unser Vater Abraham? Er ist gestorben und die Propheten sind gestorben. Für wen gibst du dich aus? Jesus antwortete: Wenn ich mich selbst verherrliche, ist meine Herrlichkeit nichts. Mein Vater ist es, der mich verherrlicht, er, von dem ihr sagt: Er ist unser Gott. Doch ihr habt ihn nicht erkannt. Ich aber kenne ihn, und wenn ich sagen würde: Ich kenne ihn nicht, so wäre ich ein Lügner wie ihr. Aber ich kenne ihn und halte an seinem Wort fest. Euer Vater Abraham jubelte, weil er meinen Tag sehen sollte. Er sah ihn und freute sich. Die Juden entgegneten: Du bist noch keine fünfzig Jahre alt und willst Abraham gesehen haben? Jesus erwiderte ihnen: Amen, amen, ich sage euch: Noch ehe Abraham wurde, bin ich. Da hoben sie Steine auf, um sie auf ihn zu werfen. Jesus aber verbarg sich und verließ den Tempel.

Auch das vierte Christuswort steht in einer inneren Beziehung zu den Gedanken des Laubhüttenfestes. Der Durchzug durch die Wüste begann mit dem Auszug aus Ägypten. Es war ein Auszug aus der Sklaverei und ein Schreiten in die Freiheit. Die Kinder

Abrahams entstammen nicht der Sklavin Hagar, sondern der freien Sara, sind also zur Freiheit geboren, dürfen somit nicht in Sklaverei leben. Darum hat Gott sie in die Freiheit geführt. Dieser Gedanke beherrscht die vierte Auseinandersetzung Jesu mit den Juden am Haupttag des Laubhüttenfestes. Das Gespräch bewegt sich um folgende Gedanken: Die Juden betrachten sich als Söhne Abrahams aus Sara und darum als Freie. Jesus zeigt ihnen, dass sie Sklaven sind und nicht Kinder Abrahams, sondern Söhne des Teufels. Er selbst dagegen ist mehr als ein Sohn Abrahams, er ist der Sohn Gottes. Darum hat Abraham in die Zukunft blickend sich gefreut, seinen Tag zu schauen. Damit ist der Gegensatz scharf herausgearbeitet. Die Teufelsbrut, die an die Sünde versklavt ist, einerseits, und der Sohn Gottes, der die frei machende Wahrheit bringt, anderseits. Das Gespräch ist nicht logisch aufgebaut, sondern es ist das lebendige Hin und Her einer heftigen, zum Schluss geradezu leidenschaftlichen Diskussion. Immerhin ist insofern eine Entwicklung festzustellen, dass zuerst mehr vom Motiv der Freiheit im Gegensatz zur Sklaverei, dann vom Motiv der Kindschaft Abrahams im Gegensatz zur Teufelsbrut die Rede ist.

Jesus beginnt mit der Mitteilung »Die Wahrheit wird euch befreien.« Die Juden betonen, dass sie nie Sklaven gewesen, sondern als Kinder Abrahams freie Menschen seien. Aber Jesus redet nicht von der sozialen und politischen Freiheit, sondern von der inneren, seelischen Freiheit. Sie sind Sklaven der Sünde. Frei werden können sie nur, wenn der Sohn, der über das Haus verfügt, ihnen die Freiheit schenkt. »Wenn euch also der Sohn befreit, dann seid ihr wirklich frei.« Der Mensch kann äußerlich die Freiheit lieben und doch innerlich versklavt sein. Er kann umgekehrt äußerlich in Knechtschaft leben und doch innerlich frei sein. Vor Gott zählt nur die innere Freiheit des Herzens. Diese zu bringen, ist Christus gekommen. Und gerade sie fehlt den jüdischen Führern.

Und nun dreht sich das Gespräch um die Kindschaft Abrahams. Die Juden berufen sich darauf, dass sie Söhne Abrahams seien. Christus erwidert ihnen, dass sie dann auch die Werke Abrahams tun, d. h. einen Abrahamsglauben besitzen müssten. Sie tun aber das Gegenteil. Nicht nur sind sie ungläubig, sondern sie trachten Jesus geradezu nach dem Leben. Damit beweisen sie, dass sie Kinder desjenigen sind, der ein »Mörder von Anfang an« ist, Kinder des Teufels. Nicht Abraham ist ihr Vater, sondern der Teufel. »Ihr habt den Teufel zum Vater und ihr wollt das tun, wonach es euren Vater verlangt. Er war ein Mörder von Anfang an.« Darum können sie auch nicht zum Glauben kommen, »denn er ist ein Lügner und ist der Vater der Lüge. Mir aber glaubt ihr nicht, weil ich die Wahrheit sage.« Die Juden antworten, indem sie nun umgekehrt ihn als einen vom Teufel Besessenen betrachten und behandeln. Damit ist das Nein ihres Glaubens zu einem direkten Angriff, ja zu einer Lästerung geworden. Die Brut des Teufels lästert den Sohn Gottes. Anstatt ihn zu ehren, schmähen sie ihn.

Aber nun führt Jesus den Gedanken weiter. Während sie Kinder des Mörders von Anfang an sind, ist er der Bringer ewigen Lebens. »Wenn jemand an meinem Wort festhält, wird er auf ewig den Tod nicht schauen.« Ihre Schmähung kann ihm nichts anhaben, denn er wird vom Vater im Himmel geehrt. Weil er der Sohn Gottes ist, ist er mehr als Abraham. »Euer Vater Abraham jubelte, weil er meinen Tag sehen sollte. Er sah ihn und freute sich.« Das Gespräch schließt mit dem ungeheuren Satz Christi: »Noch ehe Abraham wurde, bin ich.« Er ist also überzeitlich, denn er war schon vor Abraham, ja nicht nur war er, sondern er *ist*, und zwar ständig; er ist schlechthin der Seiende. Die Juden verstehen durchaus, was er damit sagen will, dass er sich nämlich über die bloß menschliche Daseinsweise erhebt und sich ein göttliches Sein zuspricht. Darum heben sie Steine auf, um ihn zu steinigen. Damit ist das Gespräch zu Ende. Von der Auseinandersetzung um Wahrheit und Freiheit erhob es sich zur Frage nach der Kindschaft Abrahams, spitzte sich zu zur Kindschaft Gottes einerseits und zur Nachkommenschaft des Teufels anderseits und damit auf der einen Seite zum ewigen Leben, auf der anderen zur Mordgier. Die

Führer der Juden sind Sklaven der Sünde, haben darum weder die Wahrheit noch die Freiheit. Sie sind *nicht* Kinder Abrahams, sondern Söhne des Teufels. Darum haben sie keinen Glauben, sondern folgen der Lüge, dem Hass und dem Willen zum Mord. Jesus dagegen ist der Sohn Gottes, besitzt darum die Wahrheit und die Freiheit, ist höher als Abraham, gibt ewiges Leben, weil er selbst der ewig seiende und lebendige Sohn Gottes ist. So ist eine immer weiter schreitende Selbstoffenbarung Anlass zu einer immer weiter greifenden Ablehnung bis zum Versuch einer unmittelbaren und sofortigen Steinigung. Der Abschnitt schließt mit dem Satz: »Jesus aber verbarg sich und verließ den Tempel.« So endet das Fest mit schrillem Missklang. Das Licht leuchtet in der Finsternis, aber die Finsternis hat es nicht erfasst. Das Wasser sprudelt als lebendiger Quell aus dem Herzen des Herrn, aber die Menschen wollen nicht daraus schöpfen. Er will ihnen Leben bringen, aber sie wollen seinen Tod. Sie hätten ihn als die Erfüllung des Laubhüttenfestes mit Jubel begrüßen müssen, aber sie werfen Steine nach ihm. Er muss sich verbergen und den Tempel verlassen. Und doch ist die Selbstoffenbarung des Herrn nicht zu Ende.

DIE HEILUNG DES BLINDGEBORENEN

Joh 9,1–41

Unterwegs sah Jesus einen Mann, der seit seiner Geburt blind war. Da fragten ihn seine Jünger: Rabbi, wer hat gesündigt? Er selbst oder seine Eltern, sodass er blind geboren wurde? Jesus antwortete: Weder er noch seine Eltern haben gesündigt, sondern die Werke Gottes sollen an ihm offenbar werden. Wir müssen, solange es Tag ist, die Werke dessen vollbringen, der mich gesandt hat; es kommt die Nacht, in der niemand mehr wirken kann. Solange ich in der Welt bin, bin ich das Licht der Welt. Als er dies gesagt hatte, spuckte er auf die Erde; dann machte er mit dem Speichel einen Teig, strich ihn dem Blinden auf die Augen und sagte zu ihm: Geh und wasch dich in dem Teich Schiloach! Das heißt übersetzt: der Gesandte. Der Mann ging fort und wusch sich. Und als er zurückkam, konnte er sehen.

Die Nachbarn und jene, die ihn früher als Bettler gesehen hatten, sagten: Ist das nicht der Mann, der dasaß und bettelte? Einige sagten: Er ist es. Andere sagten: Nein, er sieht ihm nur ähnlich. Er selbst aber sagte: Ich bin es. Da fragten sie ihn: Wie sind deine Augen geöffnet worden? Er antwortete: Der Mann, der Jesus heißt, machte einen Teig, bestrich damit meine Augen und sagte zu mir: Geh zum Schiloach und wasch dich! Ich ging hin, wusch mich und konnte sehen. Sie fragten ihn: Wo ist er? Er sagte: Ich weiß es nicht. Da brachten sie den Mann, der blind gewesen war, zu den Pharisäern. Es war aber Sabbat an dem Tag, als Jesus den Teig gemacht und ihm die Augen geöffnet hatte. Auch die Pharisäer fragten ihn, wie er sehend geworden sei. Er antwortete ihnen: Er legte mir einen Teig auf die Augen und ich wusch mich und jetzt sehe ich. Einige der Pharisäer sagten: Dieser Mensch ist nicht von Gott, weil er den Sabbat nicht hält. Andere aber sagten: Wie kann ein sündiger Mensch solche Zeichen tun? So entstand eine

Spaltung unter ihnen. Da fragten sie den Blinden noch einmal: Was sagst du selbst über ihn? Er hat doch deine Augen geöffnet. Der Mann sagte: Er ist ein Prophet. Die Juden aber wollten nicht glauben, dass er blind gewesen und sehend geworden war. Daher riefen sie die Eltern des von der Blindheit Geheilten und fragten sie: Ist das euer Sohn, von dem ihr sagt, dass er blind geboren wurde? Wie kommt es, dass er jetzt sieht? Seine Eltern antworteten: Wir wissen, dass er unser Sohn ist und dass er blind geboren wurde. Wie es kommt, dass er jetzt sieht, das wissen wir nicht. Und wer seine Augen geöffnet hat, das wissen wir auch nicht. Fragt doch ihn selbst, er ist alt genug und kann selbst für sich sprechen! Das sagten seine Eltern, weil sie sich vor den Juden fürchteten; denn die Juden hatten schon beschlossen, jeden, der ihn als den Christus bekenne, aus der Synagoge auszustoßen. Deswegen sagten seine Eltern: Er ist alt genug, fragt ihn selbst! Da riefen die Pharisäer den Mann, der blind gewesen war, zum zweiten Mal und sagten zu ihm: Gib Gott die Ehre! Wir wissen, dass dieser Mensch ein Sünder ist. Er antwortete: Ob er ein Sünder ist, weiß ich nicht. Nur das eine weiß ich, dass ich blind war und jetzt sehe. Sie fragten ihn: Was hat er mit dir gemacht? Wie hat er deine Augen geöffnet? Er antwortete ihnen: Ich habe es euch bereits gesagt, aber ihr habt nicht gehört. Warum wollt ihr es noch einmal hören? Wollt etwa auch ihr seine Jünger werden? Da beschimpften sie ihn: Du bist ein Jünger dieses Menschen; wir aber sind Jünger des Mose. Wir wissen, dass zu Mose Gott gesprochen hat; aber von dem da wissen wir nicht, woher er kommt. Der Mensch antwortete ihnen: Darin liegt ja das Erstaunliche, dass ihr nicht wisst, woher er kommt; dabei hat er doch meine Augen geöffnet. Wir wissen, dass Gott Sünder nicht erhört; wer aber Gott fürchtet und seinen Willen tut, den erhört er. Noch nie hat man gehört, dass jemand die Augen eines Blindgeborenen geöffnet hat. Wenn dieser nicht von Gott wäre, dann hätte er gewiss nichts ausrichten können. Sie entgegneten ihm: Du bist ganz und gar in Sünden geboren und du willst uns belehren? Und sie stießen ihn hinaus.

Jesus hörte, dass sie ihn hinausgestoßen hatten, und als er ihn traf, sagte er zu ihm: Glaubst du an den Menschensohn? Da antwortete jener und sagte: Wer ist das, Herr, damit ich an ihn glaube? Jesus sagte zu ihm: Du hast ihn bereits gesehen; er, der mit dir redet, ist es. Er aber sagte: Ich glaube, Herr! Und er warf sich vor ihm nieder. Da sprach Jesus: Um zu richten, bin ich in diese Welt gekommen: damit die nicht Sehenden sehen und die Sehenden blind werden. Einige Pharisäer, die bei ihm waren, hörten dies. Und sie fragten ihn: Sind etwa auch wir blind? Jesus sagte zu ihnen: Wenn ihr blind wärt, hättet ihr keine Sünde. Jetzt aber sagt ihr: Wir sehen. Darum bleibt euer Sünde.

Über dem Laubhüttenfest liegt die Erinnerung an den Herrn, der Israel durch die Wüste geführt hat wie ein Hirt seine Herde. Davon ist denn auch in den letzten Worten dieses Offenbarungsabschnittes die Rede. Christus tut sich kund als Hirt der Seinen. Aber zwischen den vorausgehenden und der letzten Rede liegt der Bericht über ein Wunder, das den Übergang bildet. Es bringt durch ein Zeichen die Worte vom Licht der Welt zum Abschluss und bildet zugleich die Grundlage für die Rede von der liebenden Sorge des Herrn für die Seinen. Es ist der Bericht über die Heilung des Blindgeborenen.

Das Wunder: Ein von Geburt an blinder Bettler sitzt am Weg. Die Frage der Jünger lautet: »Rabbi, wer hat gesündigt? Er selbst oder seine Eltern, sodass er blind geboren wurde?« Dass zwischen Krankheit und Sünde eine Beziehung besteht, ist für die Jünger eine selbstverständliche Voraussetzung. Und mit Recht. Erst durch die Sünde ist der Mensch anfällig geworden. Die innere Gebrochenheit seiner seelischen Existenz hat auch eine Brüchigkeit seines körperlichen Daseins mit sich gebracht. Manche Krankheiten sind die unmittelbare Folge der Sünde, etwa Geschlechtskrankheiten, Folgen alkoholischer Exzesse usw. Andere Krankheiten gehen zurück auf kranke Erbanlagen, die ihrerseits die Folge von Sünden der Eltern oder Großeltern sind. Und endlich ist letztlich im Sündenfall der Menschheit die Ursache für das Kranksein gegeben. Wenn einmal die Sünde endgültig überwunden ist, im Jenseits, gibt es auch keine Krankheit mehr. Die Antwort Jesu gräbt aber tiefer. Auch das Kranksein hat letztlich einen religiösen Sinn. Es offenbart das Werk und Wirken Gottes. Das gilt nicht nur für diesen konkreten Fall, bei dem der Blindgeborene durch Jesus geheilt wird und damit dessen Gottessendung unter Beweis stellt, sondern es gilt für jede Krankheit, die im Geiste Christi getragen wird. Die Herrlichkeit Gottes wird sichtbar in der inneren richtigen Einstellung des Kranken, vor allem aber durch die Tatsache, dass Gott einmal den verklärten Leib schafft, an dem es keine Krankheit mehr gibt. So führt auch die Krankheit zur *Gloria Dei* (»Ehre Gottes«, Anm. d. V.). Hier in diesem Fall geht es um die Zurückgabe des Augenlichtes. Christus ist das Licht der Welt. Solange er auf dieser Erde weilt, also am Tag und noch nicht in der Nacht des Todes, will er als Licht Helligkeit verbreiten. So deutet Jesus mit seinen Worten selbst an, dass die Heilung dieses Blinden das große Zeichen für die Berechtigung seiner Worte ist, das Siegel Gottes unter seine Botschaft, er sei das Licht der Welt.

Die Heilung erfolgt fast umständlich, ganz anders als Jesus es sonst zu tun pflegt. Aus zwei Gründen. Einmal soll diesem reichlich einfachen Menschen bewusst werden, was an ihm geschieht. Zuerst werden ihm gewissermaßen die Augen völlig verklebt. Und doch ist das eine erste Stufe des Heilungsprozesses. Die Methoden Gottes sind oft seltsam. Er macht reich durch Entsagung, frei durch Gehorsam, schenkt das Leben durch Sterben, gibt dem Menschen Kraft durch die Anerkennung seiner Schwäche, macht ihn für die Gottesliebe empfänglich durch Verzicht auf Menschenliebe usw. Dann wird der Blinde zum Teich Schiloach geschickt, um sich dort zu waschen. Hier ist wieder die Verbindung mit dem Laubhüttengedanken gegeben. Er soll das Wasser des Heils schöpfen. In diesem Fall sind es Wasser zur Heilung. Johannes fügt hinzu, dass auch der Name Schiloach seine besondere Bedeutung habe. Das Wort hängt mit dem hebräischen »senden«

zusammen und ist somit eine Anspielung auf Christus, den Gesandten. Jetzt erst wird der Blinde sehend.

Die Diskussion um das Wunder: Sie vollzieht sich zuerst zwischen dem Blinden und den Nachbarn (V. 8–12). Die Schilderung ist außerordentlich lebensnah. Sie staunen und wundern sich. Auf der einen Seite erkennen sie in ihm den blinden Bettler, auf der anderen Seite sieht er plötzlich so ganz anders aus, dass sie wieder meinen, er sei es nicht. Aber der Blinde erklärt, dass er es tatsächlich ist und schildert in Einzelheiten, was an ihm geschehen ist. Er weiß nur, dass der, der ihn geheilt hat, ein Mann ist namens Jesus. Mehr weiß er von Jesus nicht zu berichten. Er weiß auch nicht, wo Jesus zu finden ist.

Anders verläuft die Diskussion zwischen dem geheilten Blinden und den Pharisäern, denen er vorgeführt wird. Da die Heilung an einem Sabbat erfolgt ist, wird die Untersuchung zu einem eigentlichen Verhör. Zuerst wird der geheilte Blinde allein zitiert. Das Ergebnis ist eine Spaltung in verschiedene Meinungen. Die einen stellen fest, Jesus könne nicht von Gott sein, weil er den Sabbat nicht halte. Die anderen dagegen stellen fest, dass ein Sünder solche Wunder nicht wirken könne. Der Blinde selbst antwortet, Jesus müsse ein Prophet sein. Die zweite Phase des Verhörs wickelt sich zwischen den Pharisäern und den Eltern des Geheilten ab. Das Ereignis ist so ungeheuerlich, dass die Führer es nicht glauben wollen. Die Eltern betonen, dass es wirklich ihr Sohn ist und dass er blind zur Welt gekommen ist. Aber sie fürchten sich, über Jesus zu urteilen, weil sie die Einstellung der Pharisäer kennen. Darum erklären sie, nicht zu wissen, wie er sehend geworden sei, und noch weniger zu wissen, wer ihn sehend gemacht habe. Sie lehnen die Verantwortung ab. Der Geheilte selbst soll Auskunft geben. Es wird hier sichtbar, wie das Volk bereits durch die Führer eingeschüchtert ist. Denn es ist bekannt gegeben worden, dass jeder, der Jesus als Messias bekennt, aus der Synagoge ausgestoßen wird, also einer Art Exkommunikation verfällt. Die dritte Phase ist ein nochmaliges Zitieren des Geheilten. Er soll nun selbst

Stellung beziehen und urteilen, genauer, er soll Jesus verurteilen. Aber dieser Mann urteilt einfach nach dem gesunden Menschenverstand. Er verliert langsam die Geduld. Nun soll er noch einmal wiederholen, wie er geheilt worden ist, wobei er alles doch schon ausführlich geschildert hatte. Die Pharisäer berufen sich auf Mose und wollen sich an ihn halten und an sein Sabbatgebot. Darum wollen sie mit Jesus nichts zu tun haben, sondern ihn verurteilen, weil er den Sabbat bricht. Nun verliert aber der Geheilte jede Zurückhaltung und erklärt, es sei doch klar, dass ein Sünder ein solches Wunder nicht wirken könne: »Wenn dieser nicht von Gott wäre, dann hätte er gewiss nichts ausrichten können.« Das Verhör endet damit, dass sie den Geheilten aus ihrer Gemeinschaft ausstoßen. Jetzt sucht Jesus ihn auf, um ihm auch noch das innere Licht des rechten Glaubens und Erkennens zu geben. »Glaubst du an den Menschensohn?« Der Blinde ist bereit: »Wer ist das, Herr, damit ich an ihn glaube?« Die Antwort Jesu ist erschütternd: »Du hast ihn bereits gesehen; er, der mit dir redet, ist es.« Der Geheilte, der sehend geworden ist, sieht den Menschensohn. Und nun hört er dessen Wort und wird dadurch innerlich sehend, denn er sieht durch die menschliche Hülle hindurch das göttliche Geheimnis. Darum wirft er sich anbetend nieder: »Ich glaube, Herr!« Jesus stellt fest, dass »die nicht Sehenden sehen und die Sehenden blind werden«. Und zwar ist es schuldhafte Verblendung. Die Pharisäer wollen nicht sehen, darum sehen sie nicht. Sie sind in der Sünde und wollen in der Sünde bleiben. Auch sie sind gewissermaßen von Geburt an blind, weil sie nicht aus Gott geboren sind. Jesus wäre bereit, sie sehend zu machen, aber sie wollen nicht. Sie entziehen sich der Wiedergeburt aus Gott. So bleiben sie Söhne des Teufels und damit verbleiben sie in der Nacht der Sünde. Christus ist wirklich das Licht der Welt, aber nur für die, die sehend werden wollen. »Das Licht leuchtet in der Finsternis und die Finsternis hat es nicht erfasst. Die es aber erfasst haben, denen gab er die Kraft, Kinder Gottes zu werden.«

Reflexion

BLINDE UND SEHENDE

Die Juden haben sich als Kinder Gottes und Christus als einen vom bösen Geist Besessenen betrachtet. In Wirklichkeit war es gerade umgekehrt. Sie sehen die Dinge nicht richtig. Christus selbst betont im 9. Kapitel diese falsche Sicht der Gegner. Blinde sind sehend und Sehende blind.

1. Blinde: Die Feinde Jesu sind überzeugt, dass sie die eigentlich Sehenden seien. Durch ihre Wissenschaft, genauer ihre Kenntnis des Gesetzes, sahen sie vermeintlich mehr als das Volk. Wenn es wirkliche Wissenschaft ist, müssen sie ja tatsächlich die Wissenden sein. Davon waren sie auch überzeugt. Wenn das Gesetz wirkliche Offenbarung ist, muss ihnen als den Gesetzeskundigen mancherlei offenbar, also erschlossen, bekannt sein, was anderen verschlossen und unbekannt ist. Dazu berufen sie sich auch auf ihre Erfahrung. Das Volk, so sagen sie, braucht Führung. Die Masse braucht zur Leitung eine Autorität über sich. Es ist auch gut, sie abzusondern von den Nichtjuden, damit sie nicht einer Ansteckungsgefahr erliegen. Sie brauchen den Kult mit all seinen Formen, weil irgendetwas sie fesseln und ihr Wohlgefallen wecken muss. So sind vor allem die Sadduzäer, die Vertreter der Priesterschaft, die ja nicht an ein Fortleben nach dem Tode glauben, die also eigentlich der Offenbarung weniger zugänglich sind als das Volk, doch überzeugt von ihrer geistigen Überlegenheit. Sie sind scheinbar die Sehenden.

In Wirklichkeit sind sie blind und verblendet. Sie lesen die Schrift, aber sie lesen sie nicht richtig. Sie feiern den Kult, suchen aber dabei den eigenen Vorteil.

Es ist kaum zu bestreiten, dass es auch heute »Schriftgelehrte« gibt, die sehr viel Einzelwissen besitzen in Philologie, Archäologie, Textkritik, Kenntnis des historischen Rahmens, der Formgeschichte, der kulturellen Verhältnisse, der Religionspsychologie und Religionsgeschichte usw. und die in Wirklichkeit doch das Entscheidende in der Bibel nicht sehen. Sie haben keinen Blick für die Einheit der Bibel, sondern sehen nur die einzelnen Bücher als etwas völlig Disparates. Sie studieren die Gestalten, untersuchen ihre Historizität und sehen nicht die eigentliche Gestalt, die durch diese Vorherbilder angedeutet ist. Ebenso ist es nicht zu leugnen, dass es manche gibt, die den Kultus feiern, aber an der Ästhetik der Formen, am Klang der Sprache, am Rhythmus der Bewegungen, am intellektuellen Reichtum der Texte haften bleiben und nicht die innere Umgestaltung des Herzens, den Geist des Opferns aus der Feier des Opfers gewinnen. So betrachten sich auch heute manche als überlegen, als Sehende, und sind in Wirklichkeit für das Entscheidende blind.

2. *Die Sehenden:* Die Volksmasse gilt den Führern Israels als blind. Sie lebt in den Tag hinein, ist leichtgläubig, abergläubisch, oberflächlich, will nur »Brot und Spiele«. So ist es ein verachtetes Volk.

In Wirklichkeit sind gerade unter diesen schlichten, einfachen Menschen viele, die wahrhaft sehen. Denn sie sind unverbildet. Sie wissen um die eigene Schwäche, um die Grenzen ihrer Erkenntnis. Sie tragen oft schwer an ihrem Schicksal, sind leidende Menschen, verachtete Menschen, haben hier im Leben wenig zu erhoffen und zu erwarten, sind oft vom Leben enttäuscht, aber gerade dadurch empfänglich für das Wort Gottes, nicht gefangen von der Erde, sondern frei fürs Überirdische, nicht völlig verstrickt ins Menschliche, sondern aufgeschlossen für das Göttliche. So ist es oft auch heute. Im schlichten, einfachen Volk finden sich viele aufgeschlossene, bereite Menschen. Sie sind die wahrhaft Sehenden. Denn es gilt das Wort Christi »Selig, die nicht sehen und doch glauben«. Die Augen des Glaubens vermitteln eine Sicht, die den Augen des Körpers verschlossen ist. Diese Sicht ist das richtige Sehen.

JESUS, DER HIRT SEINES VOLKES

Joh 10,1–21

Amen, amen, ich sage euch: Wer in den Schafstall nicht durch die Tür hineingeht, sondern anderswo einsteigt, der ist ein Dieb und ein Räuber. Wer aber durch die Tür hineingeht, ist der Hirt der Schafe. Ihm öffnet der Türhüter und die Schafe hören auf seine Stimme; er ruft die Schafe, die ihm gehören, einzeln beim Namen und führt sie hinaus. Wenn er alle seine Schafe hinausgetrieben hat, geht er ihnen voraus und die Schafe folgen ihm; denn sie kennen seine Stimme. Einem Fremden aber werden sie nicht folgen, sondern sie werden vor ihm fliehen, weil sie die Stimme der Fremden nicht kennen. Dieses Gleichnis erzählte ihnen Jesus; aber sie verstanden nicht den Sinn dessen, was er ihnen gesagt hatte. Weiter sagte Jesus zu ihnen: Amen, amen, ich sage euch: Ich bin die Tür zu den Schafen. Alle, die vor mir kamen, sind Diebe und Räuber; aber die Schafe haben nicht auf sie gehört. Ich bin die Tür; wer durch mich hineingeht, wird gerettet werden; er wird ein- und ausgehen und Weide finden. Der Dieb kommt nur, um zu stehlen, zu schlachten und zu vernichten; ich bin gekommen, damit sie das Leben haben und es in Fülle haben. Ich bin der gute Hirt. Der gute Hirt gibt sein Leben hin für die Schafe. Der bezahlte Knecht aber, der nicht Hirt ist und dem die Schafe nicht gehören, sieht den Wolf kommen, lässt die Schafe im Stich und flieht; und der Wolf reißt sie und zerstreut sie. Er flieht, weil er nur ein bezahlter Knecht ist und ihm an den Schafen nichts liegt. Ich bin der gute Hirt; ich kenne die Meinen und die Meinen kennen mich, wie mich der Vater kennt und ich den Vater kenne; und ich gebe mein Leben hin für die Schafe. Ich habe noch andere Schafe, die nicht aus diesem Stall sind; auch sie muss ich führen und sie werden auf meine Stimme hören; dann wird es nur eine Herde geben und einen Hirten. Deshalb liebt mich der Vater, weil ich mein Leben hingebe, um es wieder zu nehmen. Niemand entreißt es mir, sondern ich gebe es von mir aus hin. Ich habe Macht, es hinzugeben, und ich habe Macht, es wieder zu nehmen. Diesen Auftrag habe ich von meinem Vater empfangen.

Wegen dieser Worte kam es unter den Juden erneut zu einer Spaltung. Viele von ihnen sagten: Er ist von einem Dämon besessen und redet im Wahn. Warum hört ihr ihm zu? Andere sagten: So redet kein Besessener. Kann ein Dämon die Augen von Blinden öffnen?

Das Bild vom Hirten ist den Israeliten, die ursprünglich ein Bauernvolk waren, vertraut. Bei den Propheten und in den Psalmen wird Gott Hirt seines Volkes genannt. David ist als Hirt Vorbild des Messias. Die Führer des Volkes dagegen wurden schon bei Ezechiel als schlechte Hirten bezeichnet. Die Hirtenrede als Abschlussrede des Laubhüttenfestes greift einerseits die Erinnerung an die Führung Gottes beim Zug durch die Wüste auf und arbeitet anderseits abschließend den Gegensatz zwischen den Führern Israels als den schlechten Hirten und Jesus als dem wahren Hirten des Volkes heraus. Damit ist die Situation endgültig geklärt. Johannes verbindet hier drei verschiedene Hirtengleichnisse zu einer Einheit.

Jesus ist der rechtmäßige Hirt, die Pharisäer dagegen sind keine richtigen Hirten (V. 1–5): Das Bild ist dem damaligen Gebrauch entnommen. Die Schafe werden am Abend zusammengetrieben zu einem Ort, der durch eine niedrige Steinmauer umfasst ist. In der Mauer ist eine Tür eingelassen, bei der der Hirt Wache hält. Der richtige, rechtmäßige Hirt betritt den Raum durch die Tür. Er öffnet sie, ruft die Schafe, kennt sie im Einzelnen, nennt sie beim Namen und führt sie hinaus. Dann geht er vor ihnen her und sie folgen ihm, denn sie kennen ja seine Stimme. Wer dagegen nicht der rechtmäßige Hirt ist, geht nicht durch die Tür ein, sondern übersteigt als Dieb und Räuber die Mauer, um die Schafe zu stehlen. Die Schafe kennen die Stimme des Fremden nicht, darum fliehen sie vor ihm. Jesus kommt aufgrund der Sendung Gottes rechtmäßig, also durch die richtige Tür, zu Israel. Wer die rechte Gesinnung hat, erkennt seine Stimme und folgt ihm. Die Pharisäer dagegen haben keine Sendung Gottes. Weil sie keine Gottgesandten sind, haben sie auch nicht die richtige Stimme, die den Menschen den Klang Gottes vermittelt. Die Anspielungen Jesu sind deutlich. »Aber sie verstanden nicht den Sinn dessen, was er ihnen gesagt hatte.«

Jesus ist die Tür (V. 6–10): Das Heil findet man nur durch Christus. Es gibt keinen anderen Weg zum Leben. Er ist der einzige Heilsbringer. Er allein führt aus der Enge in die Weite, aus dem Gefangensein in die Freiheit, aus dem Tod zum Leben. Denn er ist gekommen, »damit sie das Leben in Fülle haben«. Die Pharisäer dagegen suchen sich selbst, ihren eigenen Vorteil. Darum sind sie Diebe und Räuber. In diesem Bild der Tür ist das *Per Christum* einprägsam gezeichnet. Nur in seiner Gefolgschaft kommen die Menschen zum Vater. Man muss das Gehör für seine Stimme haben und die Bereitschaft zu seiner Nachfolge. Andere rufen oft lauter, versprechen das, was den Menschen lockt, sind aber in Wirklichkeit nicht Führer, sondern Verführer, führen nicht zum Leben, sondern zum Tod.

Jesus ist der gute Hirt (V. 11–18): Ein guter Hirt stellt sich dem Wolf, der in seine Herde einbrechen will, und nimmt den Kampf mit ihm auf. Ein Mietling dagegen ist vor allem um sein eigenes Leben besorgt, darum lässt er beim Nahen des Wolfes die Schafe im Stich und flieht. Jesus ist der wahre und gute Hirt. Er kennt die Seinen, und sie kennen ihn. Er stellt sich dem satanischen Wolf und seinen Sendlingen und nimmt den Kampf gegen sie auf. Ja, er gibt sein Leben für die Seinen hin. Nicht nur Israel ist seine Herde, sondern die ganze Menschheit. Die vielen sollen zur Einheit werden unter seiner Führung. Die Weltkirche unter ihm als Haupt ist hier gezeichnet.

Jesus schließt mit dem Hinweis auf seinen nahen Tod. Es ist nicht ein Tod, der ihn unversehens überfällt und über ihn hereinbricht.

Er hat die Macht, sein Leben hinzugeben, und er hat auch die Macht, das Hingegebene durch die Auferstehung wiederzugewinnen. Durch die Hingabe seines Lebens beweist er die Liebe zu den Menschen und beweist noch mehr die Liebe zu seinem Vater, dessen Auftrag er erfüllt. In seinem Tod und in seiner Auferstehung wird aber auch umgekehrt die Liebe des Vaters zu ihm und zu den Menschen offenbar. Denn seine Gehorsamsbereitschaft dem Willen des Vaters gegenüber bewirkt eine besondere Liebe des Vaters zu ihm und zeigt die Liebe des Vaters zu den Menschen. So wird sein Tod als ein frei gewählter Opfertod zum Beweis der großen Liebe Gottes zu den Menschen und seiner Liebe zu Gott. Mit dem Aufblick zum Vater hat die Selbstoffenbarung Jesu beim Laubhüttenfest begonnen, der Hinweis auf den Vater durchzieht all seine Worte, und die Rede vom Auftrag des Vaters und der Liebe des Vaters führt seine Worte zum Abschluss.

Die Wirkung (V. 19–21) ist sehr geteilt: Die einen haben sich endgültig abgewandt und betrachten ihn als einen vom Teufel Besessenen. Die anderen sind durch das Wunder der Heilung dieses Blindgeborenen aufgerüttelt und wollen zu seinen Gunsten Stellung beziehen. So sind die Geister geschieden. Jesus kennt das Ende. Es ist das Ende durch den Hass der Menschen und durch die Liebe Gottes, seines Vaters.

Reflexion

DER GUTE HIRT

Man hat das Bild des guten Hirten vielfach verfälscht. Es geht nicht um Sentimentalität, um billigen Trost, sondern um die selbstlose Leitung und Führung des Volkes. Eine ganze Reihe wichtiger Elemente werden von Christus betont.

1. *Die Kenntnis:* »Ich kenne die Meinen und die Meinen kennen mich.« Es geht hier um die innere Ansprechbarkeit und das

innere Gehör, das nicht eine Sache der Intelligenz ist, sondern der seelischen Bereitschaft. Diese Kenntnis Christi, der Stimme Christi, wird nicht in erster Linie durch Studium erworben, sondern durch Gebet. Im Geschwätz der Masse, im Lärm der Menschen, im Gerede der vielen geht für den, der das richtige Gehör für Christus hat, diese geheimnisvolle Stimme nicht unter. Es ist ein gegenseitiges Kennen. Der Mensch weiß sich dadurch geborgen, denn auch wenn er manches verkehrt macht, weiß er doch zugleich, dass Christus ihn im Innersten kennt, sein innerstes Verlangen, die innerste Absicht, das innerste Hingerichtet- und Hingeordnetsein auf ihn als den Herrn.

2. *Führung:* »Er geht ihnen voraus.« Christus geht jedem Menschen voraus, darum ist Christentum Nachfolge. Christus ist vorausgegangen durch Widerstand, Leiden, Einsamkeit, durch Angst, Ekel und Überdruss am Ölberg, durch Enttäuschungen, Verlassenheit am Kreuz, durch den Tod und das Grab. Aber er ist auch vorangegangen ins Licht, in die Herrlichkeit. Gerade weil er allen vorausgeht, auch der ganzen Kirche, wie die Wolkensäule und Feuersäule vor Israel, darum folgen ihm die wahren Jünger freudig. Seine Stimme ist nicht die Stimme eines Fremden, sondern die Seinen kennen ihn, erkennen ihn, folgen ihm darum auf seinem Weg, auf den der Herr sie gerufen hat. Es ist nicht ein hartes Müssen, nicht ein schroffer Befehl, nicht ein Wohl-oder-übel, sondern das Schreiten der Liebe mit dem Blick auf ihn, der ständig vor ihnen hergeht.

3. *Die Verteidigung:* Christus spricht vom Wolf, der in die Herde einbrechen will, den der Hirt aber angreift, mit dem er den Kampf aufnimmt. Wer kein richtiger Hirt ist, ergreift vor dem Wolf die Flucht, denn er denkt an den eigenen Vorteil, nicht an die ihm anvertraute Herde. Wer in der Nachfolge Christi steht, weiß sich also von Christus beschützt und verteidigt, nicht nur gegen wölfische Menschen, die wohl »seinen Leib töten«, aber ihm nicht das ewige Leben rauben können. Christus schützt vor allem auch vor dem Wolf des Abgrunds, dem der Mensch nicht gewachsen

ist, vor dem er aber bei Christus Hilfe findet. Auch die Gesamtkirche steht im Schutz des Herrn, was immer über die Kirche hereinbricht, was immer sie bedroht, es ist nie stärker als Christus. Darum ist diese Kirche im Innersten gesichert und gefestigt.

4. *Das Opfer:* Der Hirt opfert für die Seinen das Leben. Christus hat für die Menschen seine Zeit und seine Kraft und schließlich sein Leben hingegeben. Das Kreuzesopfer ist für alle dargebracht. Darum schreibt Paulus: »Er hat *mich* geliebt, sich für *mich* dahingegeben.« Jeder Mensch kann und darf das von sich selbst sagen. Christus hat sich für ihn persönlich geopfert. Dann soll aber auch der Mensch, dem das Heil anderer anvertraut ist, gerade in christlicher Verantwortung und aus ihr heraus die Bereitschaft haben, sich für die Menschen zu opfern. Selbstlose Hingabe für andere ist Geist Christi.

5. *Für alle:* Es geht nicht nur um eine kleine Herde weniger Erwählter mit Weglassung der anderen oder gar mit Verachtung der anderen. Das Christentum ist kein Geheimbund. Der Ruf ergeht an alle. Das Heil ist grundsätzlich allen offen. Es liegt etwas Besorgtes, fast Ruheloses im Wort Christi: »Ich habe noch andere Schafe, die nicht aus diesem Stall sind; auch sie muss ich führen.« Er denkt an alle, kennt alle, ruft alle, will alle verteidigen und opfert sich für alle. Die Universalität des Reiches Gottes tritt hier in Erscheinung.

Das Bild vom Hirten, vom *pastor bonus,* ist vor allem für diejenigen wichtig, die sich *pastores ecclesiae* (»Hirten der Kirche«, Anm. d. V.). nennen. Es hat aber gerade heute in der Zeit des Mündigwerdens der Laien für alle nicht nur eine passive Bedeutung, also ein Sich-geborgen-Wissen in Christus, sondern auch eine aktive, also eine Aufgabe und Verantwortung den anderen gegenüber.

TEMPELWEIHFEST

Joh 10,22–42

Um diese Zeit fand in Jerusalem das Tempelweihfest statt. Es war Winter und Jesus ging im Tempel in der Halle Salomos auf und ab. Da umringten ihn die Juden und fragten ihn: Wie lange hältst du uns noch hin? Wenn du der Christus bist, sag es uns offen! Jesus antwortete ihnen: Ich habe es euch gesagt, aber ihr glaubt nicht. Die Werke, die ich im Namen meines Vaters vollbringe, legen Zeugnis für mich ab; ihr aber glaubt nicht, weil ihr nicht zu meinen Schafen gehört. Meine Schafe hören auf meine Stimme; ich kenne sie und sie folgen mir. Ich gebe ihnen ewiges Leben. Sie werden niemals zugrunde gehen und niemand wird sie meiner Hand entreißen. Mein Vater, der sie mir gab, ist größer als alle und niemand kann sie der Hand meines Vaters entreißen. Ich und der Vater sind eins. Da hoben die Juden wiederum Steine auf, um ihn zu steinigen. Jesus hielt ihnen entgegen: Viele gute Werke habe ich im Auftrag des Vaters vor euren Augen getan. Für welches dieser Werke wollt ihr mich steinigen? Die Juden antworteten ihm: Wir steinigen dich nicht wegen eines guten Werkes, sondern wegen Gotteslästerung; denn du bist nur ein Mensch und machst dich selbst zu Gott. Jesus erwiderte ihnen: Steht nicht geschrieben in eurem Gesetz: Ich habe gesagt: Ihr seid Götter? Wenn er jene Menschen Götter genannt hat, an die das Wort Gottes ergangen ist, und wenn die Schrift nicht aufgehoben werden kann, dürft ihr dann von dem, den der Vater geheiligt und in die Welt gesandt hat, sagen: Du lästerst Gott – weil ich gesagt habe: Ich bin Gottes Sohn? Wenn ich nicht die Werke meines Vaters vollbringe, dann glaubt mir nicht! Aber wenn ich sie vollbringe, dann glaubt wenigstens den Werken, wenn ihr mir nicht glaubt! Dann werdet ihr erkennen und einsehen, dass in mir der Vater ist und ich im Vater bin. Wieder suchten sie ihn festzunehmen; er aber entzog sich ihrem Zugriff. Dann ging Jesus wieder weg auf die andere Seite des Jordan, an den Ort, wo Johannes zuerst getauft hatte; und dort blieb er. Viele kamen zu ihm. Sie sagten: Johannes hat kein Zeichen getan; aber alles, was Johannes über diesen gesagt hat, erwies sich als wahr. Und viele kamen dort zum Glauben an ihn.

Im Jahre 168 v. Chr. hatte Antiochus Epiphanes im Tempel zu Jerusalem einen Altar des Zeus aufgestellt. Drei Jahre später führte der Aufstand der Makkabäer unter Führung des Judas Makkabäus zum vollen Erfolg. Das Volk wurde befreit, der Tempel gesäubert und neu geweiht. Alljährlich erinnerte das Fest der Tempelweihe an diesen frohen Tag. Weil aber dieses Fest in die Regenzeit des Winters fällt, tritt Jesus nicht im offenen Vorhof des Tempels auf, sondern in der gedeckten Säulenhalle Salomos, die den Vorhof nach außen abschließt.

In dieser fünften großen Selbstoffenbarung geht es, echt johanneisch und geheimnisvoll, um die Schändung und neue Weihe des wahren und eigentlichen Tempels, des Leibes Christi, in Tod und Auferstehung. Der Bericht gliedert sich in zwei Abschnitte.

In Jerusalem: Zwei Offenbarungsreden Jesu geben Antwort auf drängende Fragen der Juden. Man spürt aus der Art des Fragens, wie sehr sich die Lage zugespitzt hat und wie sehr die ganze Atmosphäre geladen ist. »Wie lange hältst du uns noch hin? Wenn du der Christus bist, sag es uns offen!« Die Antwort Jesu beginnt mit dem Hinweis auf seine Werke als Zeugnis für seine Worte. »Die Werke, die ich im Namen meines Vaters vollbringe, legen Zeugnis für mich ab.« Er hat den Beweis für die Richtigkeit seiner Worte längst erbracht. Seine Werke übersteigen Menschenkraft. Er vollbringt sie im Namen seines himmlischen Vaters. Gerade das zeigt, wie sehr er mit dem Vater eins ist. »Ich und der Vater sind eins.« Aber Jesus bleibt nicht dabei stehen, sondern warnt die Juden vor dem Unglauben. Wer nicht glaubt, gehört nicht zu seinen Schafen. Wer wirklich zu ihm gehört, der kennt ihn, hört seine Stimme, folgt ihm und empfängt dafür von ihm das ewige Leben. Er geht nicht verloren, sondern ist ein Geretteter, denn die Hand des himmlischen Vaters hält und schützt ihn, und der Vater ist mächtiger als alle. So steht der Mensch mit Glauben und Unglauben vor der Entscheidung, ob er in der Gefolgschaft Jesu leben will oder nicht, und damit vor der Entscheidung, ob er dem Tod geweiht oder für das Leben bestimmt ist, zu den Geretteten zählt oder zu den Verlorenen. Die Entscheidung geht also um Zeit und Ewigkeit, um Rettung oder Verdammnis, um Leben und Tod. Aber die Wirkung der Rede Jesu ist nur die, dass die Juden Steine aufheben, um ihn zu steinigen. Sie haben ihre Entscheidung bereits getroffen.

Der zweite Teil der Rede knüpft daran an. Auf die Frage Jesu, warum sie ihn steinigen wollen, lautet ihre klare Antwort: aufgrund seiner Gotteslästerung, »denn du bist nur ein Mensch und machst dich selbst zu Gott«. Sie haben also seine Selbstmitteilung verstanden. Sie wissen, dass seine Worte die Behauptung seiner Gottheit enthalten. Klarer kann es nicht mehr formuliert werden. Er steht als Mensch vor ihnen, behauptet aber zugleich, Gott zu sein. Das Geheimnis des Gottmenschen ist für sie etwas Unannehmbares. Und so wollen sie im Namen Gottes und mit Berufung auf Gott denjenigen töten, der in Wirklichkeit Gott ist und der ihnen das Leben bringt. Jesus greift den Vorwurf auf und bestätigt ihn. Israel nennt im 82. Psalm die von Gott gesandten menschlichen Richter in Israel »Götter«. Um wie viel mehr muss dann der Sohn Gottes, der vom Vater geheiligt und in die Welt gesandt ist, Gott genannt werden. Hatte Jesus vorher gesagt »Ich und der Vater sind eins«, so führt er nun diese Linie noch weiter und formuliert noch deutlicher, denn die Einheit könnte ja auch nur im geistig-moralischen Sinn gemeint sein. Darum betont er nun ausdrücklich: Der Vater ist in mir, und ich bin im Vater. Es ist somit eine seinshafte Einheit. Er, der Mensch, behauptet wirklich, im eigentlichen und vollen Sinne des Wortes in Gott, seinem Vater, zu sein, also Gott zu sein. Das Ergebnis ist dasselbe: Sie suchen Hand an ihn zu legen. Jesus entzieht sich ihnen, geht hinunter zum Jordan und über diesen hinaus auf die andere Seite, wo er einigermaßen in Sicherheit ist. Dort am Jordan hat sein Wirken begonnen, dort ist er vom Vorläufer beglaubigt und eingeführt worden, dort sammeln sich nun auch viele seiner Getreuen, die zum wirklichen Glauben an ihn als den Sohn Gottes gekommen sind. Das Ergebnis ist somit eindeutig. Das offizielle Israel lehnt ihn ab, aber das wahre, neue Israel sammelt sich um ihn. Dort, wo das Volk Gottes sich am Jordan gesammelt hat, um ins Gelobte Land einzuziehen, dort sammeln sich die Getreuen um Jesus, um durch ihn vom geistigen Reich Gottes Besitz zu ergreifen. So ist in dieser Doppelrede Jesu am Tempelweihfest und in ihrer Wirkung die ganze Lage zu einer letzten Klärung gekommen, die Scheidung der Geister und der Menschen ist vollzogen. Jesus hat sich dabei ständig auf seine Werke berufen. Sie sind das Zeichen Gottes. Und so wirkt er nun bei dieser letzten Selbstoffenbarung auch ein letztes, großes und besonders bedeutsames Zeichen: die Auferweckung eines Toten. Sie soll zeigen, dass er wirklich den Seinen das Leben schenken wird, und zugleich andeuten, dass er den Tod überwinden wird, den seine Gegner planen und ausführen werden. So wird dieses Zeichen zur Zusammenfassung des Bisherigen und Überleitung zum Folgenden.

LAZARUS

Joh 11,1–54

Ein Mann war krank, Lazarus aus Betanien, dem Dorf der Maria und ihrer Schwester Marta. Maria war jene, die den Herrn mit Öl gesalbt und seine Füße mit ihren Haaren abgetrocknet hatte; deren Bruder Lazarus war krank. Daher sandten die Schwestern Jesus die Nachricht: Herr, sieh: Der, den du liebst, er ist krank. Als Jesus das hörte, sagte er: Diese Krankheit führt nicht zum Tod, sondern dient der Verherrlichung Gottes. Durch sie soll der Sohn Gottes verherrlicht werden. Jesus liebte aber Marta, ihre Schwester und Lazarus. Als er hörte, dass Lazarus krank war, blieb er noch zwei Tage an dem Ort, wo er sich aufhielt. Danach sagte er zu den Jüngern: Lasst uns wieder nach Judäa gehen. Die Jünger sagten zu ihm: Rabbi, eben noch suchten dich die Juden zu steinigen und du gehst wieder dorthin? Jesus antwortete: Hat der Tag nicht zwölf Stunden? Wenn jemand am Tag umhergeht, stößt er nicht an, weil er das Licht dieser Welt sieht; wenn aber jemand in der Nacht umhergeht, stößt er an, weil das Licht nicht in ihm ist. So sprach er. Dann sagte er zu ihnen: Lazarus, unser Freund, schläft; aber ich gehe hin, um ihn aufzuwecken. Da sagten die Jünger zu ihm: Herr, wenn er schläft, dann wird er gesund werden. Jesus hatte aber von seinem Tod gesprochen, während sie meinten, er spreche von dem gewöhnlichen Schlaf. Darauf sagte ihnen Jesus unverhüllt: Lazarus ist gestorben. Und ich freue mich für euch, dass ich nicht dort war; denn ich will, dass ihr glaubt. Doch wir wollen zu ihm gehen. Da sagte Thomas, genannt Didymus, zu den anderen Jüngern: Lasst uns mit ihm gehen, um mit ihm zu sterben!

Als Jesus ankam, fand er Lazarus schon vier Tage im Grab liegen. Betanien war nahe bei Jerusalem, etwa fünfzehn Stadien entfernt. Viele Juden waren zu Marta und Maria gekommen, um sie wegen ihres Bruders zu trösten. Als Marta hörte, dass Jesus komme, ging sie ihm entgegen, Maria aber blieb im Haus sitzen. Marta sagte zu Jesus: Herr, wärst du hier gewesen, dann wäre mein Bruder nicht gestorben. Aber auch jetzt weiß ich: Alles, worum du Gott bittest, wird Gott dir geben. Jesus sagte zu ihr: Dein Bruder wird auferstehen. Marta sagte zu ihm: Ich weiß, dass er auferstehen wird bei der Auferstehung am Jüngsten Tag. Jesus sagte zu ihr: Ich bin die Auferstehung und das Leben. Wer an mich glaubt, wird leben, auch wenn er stirbt, und jeder, der lebt und an mich glaubt, wird auf ewig nicht sterben. Glaubst du das? Marta sagte zu ihm: Ja, Herr, ich glaube, dass du der Christus bist, der Sohn Gottes, der in die Welt kommen soll. Nach diesen Worten ging sie weg, rief heimlich ihre Schwester Maria und sagte zu ihr: Der Meister ist da und lässt dich rufen. Als Maria das hörte, stand sie sofort auf und ging zu ihm. Denn Jesus war noch nicht in das Dorf gekommen; er war noch dort, wo ihn Marta getroffen hatte. Die Juden, die bei Maria im Haus waren und sie trösteten, sahen, dass sie plötzlich aufstand und hinausging. Da folgten sie ihr, weil sie meinten, sie gehe zum Grab, um dort zu weinen. Als Maria dorthin kam, wo Jesus war, und ihn sah, fiel sie ihm zu Füßen und sagte zu ihm: Herr, wärst du hier gewesen, dann wäre mein Bruder nicht gestorben. Als Jesus sah, wie sie weinte und wie auch die Juden weinten, die mit ihr gekommen waren, war er im Innersten erregt und erschüttert. Er sagte: Wo habt ihr ihn bestattet? Sie sagten zu ihm: Herr, komm und sieh! Da weinte Jesus. Die Juden sagten: Seht, wie lieb er ihn hatte! Einige aber sagten: Wenn er dem Blinden die Augen geöffnet hat, hätte er dann nicht auch verhindern können, dass dieser hier starb? Da wurde Jesus wiederum innerlich erregt und er ging zum Grab. Es war eine Höhle, die mit einem Stein verschlossen war. Jesus sagte: Nehmt den Stein weg! Marta, die Schwester des Verstorbenen, sagte zu ihm: Herr, er riecht aber schon, denn es ist bereits der vierte Tag. Jesus sagte zu ihr: Habe ich dir nicht gesagt: Wenn du glaubst, wirst du die Herrlichkeit Gottes sehen?

Da nahmen sie den Stein weg. Jesus aber erhob seine Augen und sprach: Vater, ich danke dir, dass du mich erhört hast. Ich wusste, dass du mich immer erhörst; aber wegen der Menge, die um mich herumsteht, habe ich es gesagt, damit sie glauben, dass du mich gesandt hast. Nachdem er dies gesagt hatte, rief er mit lauter Stimme: Lazarus, komm heraus! Da kam der Verstorbene heraus; seine Füße und Hände waren mit Binden umwickelt und sein Gesicht war mit einem Schweißtuch verhüllt. Jesus sagte zu ihnen: Löst ihm die Binden und lasst ihn weggehen! Viele der Juden, die zu Maria gekommen waren und gesehen hatten, was Jesus getan hatte, kamen zum Glauben an ihn. Aber einige von ihnen gingen zu den Pharisäern und sagten ihnen, was er getan hatte.

Da beriefen die Hohepriester und die Pharisäer eine Versammlung des Hohen Rates ein. Sie sagten: Was sollen wir tun? Dieser Mensch tut viele Zeichen. Wenn wir ihn gewähren lassen, werden alle an ihn glauben. Dann werden die Römer kommen und uns die heilige Stätte und das Volk nehmen. Einer von ihnen, Kajaphas, der Hohepriester jenes Jahres, sagte zu ihnen: Ihr versteht nichts. Ihr bedenkt nicht, dass es besser für euch ist, wenn ein einziger Mensch für das Volk stirbt, als wenn das ganze Volk zugrunde geht. Das sagte er nicht aus sich selbst; sondern weil er der Hohepriester jenes Jahres war, sagte er aus prophetischer Eingebung, dass Jesus für das Volk sterben werde. Aber er sollte nicht nur für das Volk sterben, sondern auch, um die versprengten Kinder Gottes wieder zu sammeln.

Von diesem Tag an waren sie entschlossen, ihn zu töten. Jesus ging von nun an nicht mehr öffentlich unter den Juden umher, sondern zog sich von dort in die Gegend nahe der Wüste zurück, zu einer Stadt namens Efraim. Dort blieb er mit seinen Jüngern.

Jesus geht nicht mehr nach Jerusalem. Denn sein letzter Gang dorthin wird der Gang in den Tod und in die Herrlichkeit sein. Wohl aber kommt er noch in die Nähe der Stadt, denn er erhält die Kunde, dass Lazarus, der Bruder der Schwestern Maria und Marta, schwer erkrankt daniederliege. Damit ist für Jesus die Stunde seines großen, abschließenden Wunders gekommen.

Vor dem Wunder: Von Anfang an ist die Absicht Jesu klar. Auf die Nachricht von der Erkrankung des Lazarus geht er nicht zu ihm hin, sondern bleibt noch zwei volle Tage und wartet. Lazarus soll zuerst sterben. Das Wort Jesu ist merkwürdig. »Diese Krankheit führt nicht zum Tod, sondern dient der Verherrlichung Gottes. Durch sie soll der Sohn Gottes verherrlicht werden.« Zwar wird Lazarus sterben, aber nicht dem Tod verfallen sein, sondern dieses Sterben ist nur Anlass zur Verherrlichung des Leben spendenden Gottes und damit zur Verherrlichung des Sohnes Gottes, der dem Toten das Leben schenkt. Eine besondere Feierlichkeit und Majestät liegt über diesen Worten Jesu. Dann erst stellt Jesus fest: »Lazarus ist gestorben. Und ich freue mich für euch, dass ich nicht dort war; denn ich will, dass ihr glaubt.« Dieser Tod ist der Schlaf des Todes. »Lazarus, unser Freund, schläft; aber ich gehe hin, um ihn aufzuwecken.« Die Jünger wollen ihn abhalten. Sie kennen die Gefährlichkeit der Situation und die Stimmung unter den Feinden. Die ganze Szene ist vom Gedanken an Tod und Leben erfüllt. Das zeigt sich schon in der Angst der Jünger: »Rabbi, eben noch suchten dich die Juden zu steinigen und du gehst wieder dorthin?« Aber Jesus beantwortet die Frage mit dem Hinweis auf die Zeit, die ihm gegeben ist. Noch ist es Tag, an dem er wirkt. Bald wird die Nacht hereinbrechen, während der er nicht wirken kann. Der Todesgedanke erfüllt auch die tapfere Bemerkung des Thomas: »Lasst uns mit ihm gehen, um mit ihm zu sterben!«

Vor allem aber liegen diese Gedanken im Gespräch zwischen Jesus und Marta. Feierlich erklärt ihr Jesus: »Dein Bruder wird auferstehen.« Sie glaubt, dass er von der Auferstehung am Jüngsten Tage spricht. Aber Jesus fasst den Gedanken weiter und tiefer. »Ich bin die Auferstehung und das Leben. Wer an mich glaubt, wird leben, auch wenn er stirbt, und jeder, der lebt und an mich glaubt, wird auf ewig nicht sterben.« Es gibt also ein Leben, das keinen Tod kennt. Es ist die Teilnahme am lebendigen Gott. Wohl geht der Mensch des Glaubens äußerlich ebenfalls durch den Tod hindurch, aber es ist nur ein äußeres Sterben. Innerlich ist sein Sterben die eigentliche Entfaltung des wahren Lebens. Christus wird selbst durch den Tod hindurch zum eigentlichen Leben schreiten. Wer einen lebendigen Glauben hat, ist so mit ihm verbunden, dass er gänzlich an ihm Anteil hat und daher zwar stirbt, aber nur, um zu leben. Im Tod zerbrechen alle nur menschlichen Kräfte, welken alle Hoffnungen, scheitern alle Pläne, verklingen alle Töne und verlöschen alle Feuer. Aber dann, wenn der Mensch am Ende ist, fängt das eigentlich göttliche Leben in ihm erst an, sich voll zu entfalten. Lebendiger Glaube ist Teilnahme am lebendigen Gott und reicht darum über Tod und Grab hinaus in jenes ewige Leben, das kein Ende kennt.

Die Begegnung mit Maria, der Schwester des Lazarus und Martas, ist eigentlich kein Gespräch. Es ist schon der Übergang zum Wirken des großen Zeichens. Jesus ist im Innersten ergriffen und erschüttert. Erschüttert ob der Majestät und der Unheimlichkeit des Todes, erschüttert von der menschlichen Liebe, die durch die Trennung im Tod so viel Leid erfährt, erschüttert aber auch und vor allem im Gedanken an sein eigenes Sterben und sein Auferwecktwerden durch den Vater und erschüttert von der Größe dieses tiefen Geheimnisses, durch das der Tod überwunden wird und das Leben seinen eigentlichen Triumph feiern soll.

Das Wunder: Etwas Gewaltiges, Herrisches spricht nun aus dem ganzen Tun Jesu. »Nehmt den Stein weg« lautet sein Befehl. Die praktische Marta weist erschrocken darauf hin, dass der Bruder nun schon vier Tage tot ist. Aber Jesus gibt die Antwort schon wie aus einer anderen Welt des Denkens und Lebens: »Wenn du glaubst, wirst du die Herrlichkeit Gottes sehen.« Es geht nun nicht mehr um das bloß menschliche Leid, um das Sterben und das Erwecktwerden, sondern es geht um Gott, dessen Herrlichkeit in Erscheinung treten soll. Darum auch das Gebet Jesu: »Vater, ich danke dir, dass du mich erhört hast. Ich wusste, dass du mich immer erhörst; aber wegen der Menge, die um mich herumsteht, habe ich es gesagt, damit sie glauben, dass du mich gesandt hast.« Er ist im Geist beim Vater, von dem alles Leben ausgeht, mit dem er verbunden ist, in dessen Kraft und Macht er Leben spendet. Darum ist sein letztes, entscheidendes Wort in dieser Szene der gebieterische Befehl, der mit lauter Stimme in den Abgrund des Todes hineingerufen wird: »Lazarus, komm heraus!« Und der Tote kommt heraus, obwohl er mit Binden umwickelt und sein Antlitz mit dem Schweißtuch bedeckt ist. Mit dem Wort »Löst ihm die Binden und lasst ihn weggehen!« ist nicht nur der Tote wieder lebendig und den Seinen zurückgegeben, sondern ist auch Jesus selbst gewissermaßen wieder auf die Erde, in die harte, gewöhnliche Wirklichkeit zurückgekehrt.

Der ganze Bericht ist zugleich so schlicht und natürlich und doch wieder so feierlich, getragen und so voller Andeutungen, Geheimnisse, Hinweise auf jenes ganz andere des Sterbens und Lebens in Gott, ja des Sterbens und Lebens des menschgewordenen Gottes selbst, dass dieser Bericht nicht nachträglich gemacht und konstruiert sein kann. Er atmet so völlig die Wirklichkeit Jesu, trägt so ganz die Züge seines Geistes und Wesens, ist so menschlich und zugleich so göttlich, dass er nur der Wirklichkeit des Gottmenschen entstammen kann. Seitdem steht der gläubige Christ ganz anders vor den Gräbern als der ungläubige Mensch. Sterben und Leben, Tod und Auferstehung haben nun ein anderes Gesicht. Dem Menschen, der ohne Christus vor dem Grabe steht, bleibt nur das Nichts oder höchstens die Erinnerung. Dem gläubigen Christen dagegen beginnen gerade dort die Hoffnungen zu erblühen und springen gerade dort verschlossene Türen auf. Das Ende ist für ihn ein Anfang, weil Gott kein Ende kennt.

Nach dem Wunder: Von der unmittelbaren Wirkung des Wunders auf die Umgebung wird nichts gesagt. Das, um was es bei diesem Zeichen geht, ist gesagt worden, alles Weitere wäre nur ein Abgleiten ins Bloß-Menschliche, eine Verkleinerung der eigentlichen Größe dieses Geschehens. Es wird nur kurz gesagt, dass viele Juden, die das sahen, nun an Jesus glaubten. Ausführlicher wird dagegen die negative Wirkung gezeichnet, die das Wunder bei den Feinden auslöst. Sie sind in Verlegenheit: »Was sollen wir tun? Dieser Mensch tut viele Zeichen. Wenn wir ihn gewähren lassen, werden alle an ihn glauben. Dann werden die Römer kommen und uns die heilige Stätte und das Volk nehmen.« Sie können das Wunder nicht leugnen, erkennen und anerkennen es, ziehen aber daraus nicht die Konsequenz, weil sie nicht glauben wollen. Es geht ihnen um das irdische Land und um das irdische Volk, genauer um ihre persönliche Stellung in diesem Land und ihre Macht innerhalb dieses Volkes. Es geht ihnen also nicht um Gott, sondern ums eigene Ich. Christus dagegen fordert die Preisgabe dieses Ichs, das Hinauswachsen über die eigene kleine, menschlich-irdische Welt und das Hineinwachsen in das Reich, die Macht und die Größe Gottes. So stehen Christus und seine Feinde in verschiedenen Welten.

Seltsam ist das Wort des Hohepriesters Kajaphas, das hier angeführt wird. Vordergründig gesehen besagt es nichts anderes als die kaltblütige Aufforderung, Jesus, diesen Einzelnen, zu opfern, gleichgültig ob zu Recht oder zu Unrecht, schuldig oder unschuldig, damit nicht den Römern ein Anlass geboten wird, durch die Unruhe, die Jesus im Volke weckt, den Führern den Rest von Macht und dem Volk den Rest von Freiheit zu nehmen. Hintergründig aber liegt etwas anderes in diesem Wort. Darum betont Johannes, Kajaphas habe das nicht aus sich selbst gesagt, sondern als Hoherpriester gewissermaßen geweissagt. In der Tat war es ja besser, dass der eine, Jesus, stirbt, damit nicht nur das Volk Israel, sondern das Volk Gottes über die ganze Erde hin im Reich Gottes gesammelt und zum wahren Leben geführt wird. Wieder macht Johannes hier das äußere Geschehen durchsichtig für ein hintergründiges, tieferes und größeres Geschehen durch Gott und für Gott. Und so endet diese Szene von Tod und Leben mit dem Hinweis darauf, dass der Tod Jesu die Ursache des eigentlichen Lebens wird.

Abschließend wird noch festgestellt, dass nun die Feinde endgültig entschlossen waren, Jesus zu töten, dass Jesus selbst aber sich noch einmal zurückzog an den Rand der Wüste und dort mit seinen Jüngern verblieb, bis die Stunde kam, in der er durch seinen Tod sich für die Seinen opferte und durch seine Auferstehung ihnen den Weg zum wahren Leben öffnete. So ist diese Lazarusszene voller Geheimnisse und ist der Bericht darüber menschlich schlicht und doch zugleich göttlich groß.

Reflexion

LAZARUS

Es ist überraschend, dass über die unmittelbare Wirkung der Auferweckung des Lazarus nichts gesagt wird, weder über Lazarus selbst, etwa seine erstaunten Worte und Berichte oder seine Haltung, noch über die Schwestern, wobei doch vorher das Gespräch mit Marta sehr ausführlich dargestellt war, noch über die Jünger, die als Augenzeugen doch zweifellos außergewöhnlich ergriffen und überrascht sein mussten, noch über andere Teilnehmer. Es bricht ganz einfach plötzlich ab. Nur eines wird geschildert, nämlich der Schrecken der Feinde. Und doch ist die Erklärung naheliegend. Es geht im Grunde genommen gar nicht nur und nicht in erster Linie um den Menschen Lazarus, sondern um Jesus Christus selbst. Die ganze Szene ist verdunkelt vom Schatten seines Todes, erschüttert vom Grauen des Jüngsten Tages und doch zugleich erhellt vom Osterglanz der Auferweckung. Nur so sind Wort, Werk und Wirkung des Geschehens mit vielen einzelnen Andeutungen verständlich. Man wird also auch diesem Bericht nur gerecht, wenn man ihn johanneisch liest.

Vor dem Wunder: Wenn es vorher heißt »Diese Krankheit führt nicht zum Tod, sondern dient der Verherrlichung Gottes. Durch sie soll der Sohn Gottes verherrlicht werden« (V. 4), so wird damit nicht nur eine Belehrung über die Krankheit gegeben, dass nämlich nicht jede Krankheit eine Folge der Sünde ist oder eine Strafe für die Sünde, sondern dass auch die Krankheit zur Verherrlichung Gottes dient, und zwar nicht nur zur Verherrlichung des Gottessohnes als Zeichen, dass er Kraft hat über den Tod, sondern vor allem ist der Sohn hier passiv gemeint. Er ist derjenige, der durch die Auferweckung verherrlicht *wird* und dann in besonderer Weise den Vater verherrlicht. So wird wirklich der Sohn Gottes durch diese Krankheit verherrlicht. Weiterhin erklärt sich damit, dass Jesus Lazarus, der doch sein Freund war, den er in besonderer Weise liebte, sterben ließ, ohne ihm den Trost seines Besuches zu geben und eigentlich ohne besonderen Grund, nicht hinzugehen. Man spürt ja auch das Staunen der Jünger. Jesus lässt ihn absichtlich sterben, denn er selbst soll ja nach dem Willen des Vaters ebenfalls sterben. Der Vater wird ihn nicht vor dem Tod bewahren, weil gerade dieser Tod eben den Sohn und durch ihn den Vater in besonderer Weise verherrlichen soll. Auch das Wort des Thomas »Lasst uns mit ihm gehen, um mit ihm zu sterben!« bekommt hier einen viel tieferen Sinn. Es ist das innere Sich-hineinnehmen-Lassen in den Tod Christi, das äußere Sichaufopfern beim Sterben, damit der Jünger den Weg des Meisters geht in Verbundenheit mit ihm. Das Wort zu Marta »Ich bin die Auferstehung und das Leben. Wer an mich glaubt, wird leben, auch wenn er stirbt, und jeder, der lebt und an mich glaubt, wird auf ewig nicht sterben« ist ja ausdrückliche und unausweichliche Anwendung auf Christus selbst. Er ist es, der *die* Auferstehung ist, und zwar durch seine eigene Auferstehung. Wer *mit* ihm durch den Glauben verbunden ist, wird zwar äußerlich durch den Tod gehen, aber zur Auferstehung hin. Er hat das eigentliche ewige Leben in sich. Endlich ist dreimal davon die Rede, dass Jesus »erregt und erschüttert« gewesen sei. Es ist die Ergriffenheit und die Erschütterung im Gedanken an sein eigenes unmittelbar bevorstehendes Ende und das Beginnen der neuen Zeit durch seine Auferstehung. Der Kampf zwischen Unheil und Heil treibt eben nun jäh seiner Entscheidung entgegen.

Das Wunder: »Nehmt den Stein weg!« ist die erste Forderung des Herrn am Grabe. Der Stein, der vor seinem eigenen Grabe liegt, spielt ja bei den Auferstehungsberichten eine besondere Rolle. Es war der endgültige Abschluss des diesseitigen Lebens, gewissermaßen das Schließen der Tür und das Zeichen der Endgültigkeit, das zeitliche Ende. Das Wegheben des Steines ist die Durchbrechung des eng gezogenen Zeitraumes durch Christus, ist Aufschließung des Zuganges zum neuen Leben. Das Gebet, das Jesus am offenen Grabe des Lazarus spricht, zeigt seine Dankbarkeit dem Vater gegenüber, der ihn doch in Wirklichkeit in den Tod schickt, zeigt aber zugleich die große Bedeutung seines Sterbens und seiner Auferstehung. Es ist das endgültige Zeichen, an dem das Volk seine Sendung erkennen wird. Das gebieterische, ins Grab gerufene Wort »Lazarus, komm heraus!« erinnert an das schöpferische Wort auf der ersten Seite der Bibel. Denn durch das Wort ist alles geworden, durch das Wort existiert diese Welt und die Zeit, durch das Wort wird alles neu, existiert dann die neue Welt und die neue Zeit, soweit man drüben überhaupt von Zeit reden kann. So knüpft dieses Ende an den Anfang des Prologs an und zugleich an den Anfang der Bibel mit der Kraft des Logos. Wenn es endlich heißt »Da kam der Verstorbene heraus«, obwohl er doch Hände und Füße umwickelt und das Antlitz bedeckt hat, so wird damit angedeutet, dass die Auferstehung Christi trotz aller Hindernisse und trotz der natürlichen Unmöglichkeit erfolgen wird. So erhalten die Einzelheiten eine tiefere Bedeutung.

Nach dem Wunder: Wenn nichts über Lazarus berichtet wird, dann ganz einfach aus der Wirklichkeit heraus, dass alles, was nach dem Grab und nach der Auferstehung da ist, im Grunde genommen schon einer ganz anderen Zeit angehört. Es ist schon jenseits des Eschatologischen, die ganze Szene rührt an das Letzte, Himmel und Hölle; das Verbundensein mit Gott und Verworfensein von Gott bleiben ein Geheimnis und sollen es bleiben. Wie das endgültige volle Leben in Gott aussieht, ob die Hölle nur die Existenz Satans und der dämonischen Mächte ist und für die Menschen nur eine düstere Möglichkeit, vor der Christus sie mahnt, wo und wie die Menschenseele zwischen dem Tod und der Auferstehung des Fleisches ist, all das bleiben offene Fragen. Es ist auch durchaus nicht gesagt, dass Lazarus etwas darüber hätte aussagen können. Denn es besteht ja die naheliegende Möglichkeit, dass sein vom Leib getrennter Geist einfach in einer Art Schlafzustand den Erweckungsruf erwartet hat. Über all das wird nichts gesagt.

Wohl aber wird die Wirkung des Berichtes auf die Feinde Christi geschildert. Einmal die *Ohnmacht der Feinde:* Sie sind bei ihrer Zusammenkunft völlig ratlos. Ihre Furcht besteht vor allem darin, dass sie Land und Volk verlieren, d. h. dass sie persönlich nicht mehr die Macht und die Ehre über ein ganzes Land und ein Volk haben. So entschließen sie sich, den einen für das ganze Volk zu opfern. Ausdrücklich wird gesagt, dass das Wort des Kajaphas eine Art Prophezeiung gewesen sei, d.h. dass der Hohepriester aufgrund seiner amtlichen Funktion hier Dinge gesagt hat, deren Bedeutung er sich selbst nicht voll bewusst ist. Johannes fügt wohl seinerseits hinzu, dass der Tod Jesu nicht nur für das Volk Israel erfolgen solle, sondern dass er die zerstreuten Gotteskinder zu einer Gemeinschaft vereinigen werde. Diese Gemeinschaft ist die *communio sanctorum*, ihr Wesen wird als eine Gemeinschaft in Christus dargestellt, und ihr Umfang ist universal. Denn wo immer auf der Welt sich ein Kind Gottes findet, da soll und kann es zu dieser Gemeinschaft stoßen. Auch das Gleichnis vom guten Hirten klingt hier noch leise an, denn es geht um die zerstreuten Schafe, die gesammelt werden. Damit ist der Tod Christi einerseits als das Verzweiflungswerk seiner Feinde aufgezeigt »Von diesem Tag an waren sie entschlossen, ihn zu töten« (V. 53), anderseits als das freiwillige In-den-Tod-Gehen Christi, weil der Vater es so will, und zwar um das wahre Leben zu eröffnen, nicht nur sich selbst, sondern all denen, die ihm angehören. Der Tod Christi ist die Grundlage für den Aufbau der Kirche.

So hat also dieser ganze Bericht zwei Schichten, die unmittelbare Schicht des Geschehens um Lazarus und die tiefer liegende

Schicht des Geschehens mit Christus. Es wäre irrig, nur eines von beiden gelten zu lassen. Lässt man nur das äußere Geschehen an Lazarus gelten, so hat man das johanneische Mysterium verfehlt, lässt man dagegen nur die Auferstehung Christi als eigentlichen Inhalt des Berichtes gelten, so verliert alles den Boden der Erde unter den Füßen und wird zum bloßen Mythos. Lässt man endlich beide Berichte unverbunden nebeneinanderstehen, so geht man jener Einheit aus dem Weg, die für Johannes wesentlich ist. Und so ist denn die richtige Auslegung diejenige, dass man das irdische Geschehen in seinem unmittelbaren Sinne nimmt, es zugleich aber als Zeichen eines anderen Geschehens deutet, zumal man Hinweise auf jenes andere Geschehen im Text selbst findet.

VOR DEM LETZTEN OSTERFEST

Joh 11,55–12,36

Das Paschafest der Juden war nahe und viele zogen schon vor dem Paschafest aus dem ganzen Land nach Jerusalem hinauf, um sich zu heiligen. Sie suchten Jesus und sagten zueinander, während sie im Tempel zusammenstanden: Was meint ihr? Er wird wohl kaum zum Fest kommen. Die Hohepriester und die Pharisäer hatten nämlich angeordnet, wenn jemand wisse, wo er sich aufhält, solle er es melden, damit sie ihn festnehmen könnten.

Sechs Tage vor dem Paschafest kam Jesus nach Betanien, wo Lazarus war, den er von den Toten auferweckt hatte. Dort bereiteten sie ihm ein Mahl; Marta bediente und Lazarus war unter denen, die mit Jesus bei Tisch waren. Da nahm Maria ein Pfund echtes, kostbares Nardenöl, salbte Jesus die Füße und trocknete sie mit ihren Haaren. Das Haus wurde vom Duft des Öls erfüllt. Doch einer von seinen Jüngern, Judas Iskariot, der ihn später auslieferte, sagte: Warum hat man dieses Öl nicht für dreihundert Denare verkauft und den Erlös den Armen gegeben? Das sagte er aber nicht, weil er ein Herz für die Armen gehabt hätte, sondern weil er ein Dieb war; er hatte nämlich die Kasse und veruntreute die Einkünfte. Jesus jedoch sagte: Lass sie, damit sie es für den Tag meines Begräbnisses aufbewahrt! Die Armen habt ihr immer bei euch, mich aber habt ihr nicht immer.

Eine große Menge der Juden hatte erfahren, dass Jesus dort war, und sie kamen, jedoch nicht nur um Jesu willen, sondern auch um Lazarus zu sehen, den er von den Toten auferweckt hatte. Die Hohepriester aber beschlossen, auch Lazarus zu töten, weil viele Juden seinetwegen hingingen und an Jesus glaubten. Am Tag darauf hörte die große Volksmenge, die sich zum Fest eingefunden hatte, Jesus komme nach Jerusalem. Da nahmen sie Palmzweige, zogen hinaus, um ihn zu empfangen, und riefen:

Hosanna! Gesegnet sei er, der kommt im Namen des Herrn, der König Israels! Jesus fand einen jungen Esel und setzte sich darauf – wie es in der Schrift heißt: Fürchte dich nicht, Tochter Zion! Siehe, dein König kommt; er sitzt auf dem Fohlen einer Eselin. Das alles verstanden seine Jünger zunächst nicht; als Jesus aber verherrlicht war, da wurde ihnen bewusst, dass es so über ihn geschrieben stand und dass man so an ihm gehandelt hatte. Die Menge, die bei Jesus gewesen war, als er Lazarus aus dem Grab rief und von den Toten auferweckte, legte Zeugnis für ihn ab. Ebendeshalb war die Menge ihm entgegengezogen, weil sie gehört hatte, er habe dieses Zeichen getan. Die Pharisäer aber sagten zueinander: Ihr seht, dass ihr nichts ausrichtet; alle Welt läuft ihm nach.

Unter den Pilgern, die beim Fest Gott anbeten wollten, gab es auch einige Griechen. Diese traten an Philippus heran, der aus Betsaida in Galiläa stammte, und baten ihn: Herr, wir möchten Jesus sehen. Philippus ging und sagte es Andreas; Andreas und Philippus gingen und sagten es Jesus. Jesus aber antwortete ihnen: Die Stunde ist gekommen, dass der Menschensohn verherrlicht wird. Amen, amen, ich sage euch: Wenn das Weizenkorn nicht in die Erde fällt und stirbt, bleibt es allein; wenn es aber stirbt, bringt es reiche Frucht. Wer sein Leben liebt, verliert es; wer aber sein Leben in dieser Welt gering achtet, wird es bewahren bis ins ewige Leben. Wenn einer mir dienen will, folge er mir nach; und wo ich bin, dort wird auch mein Diener sein. Wenn einer mir dient, wird der Vater ihn ehren. Jetzt ist meine Seele erschüttert. Was soll ich sagen: Vater, rette mich aus dieser Stunde? Aber deshalb bin ich in diese Stunde gekommen. Vater, verherrliche deinen Namen! Da kam eine Stimme vom Himmel: Ich habe ihn schon verherrlicht und werde ihn wieder verherrlichen. Die Menge, die dabeistand und das hörte, sagte: Es hat gedonnert. Andere sagten: Ein Engel hat zu ihm geredet. Jesus antwortete und sagte: Nicht mir galt diese Stimme, sondern euch. Jetzt wird Gericht gehalten über diese Welt; jetzt wird der Herrscher dieser Welt hinausgeworfen werden. Und ich, wenn ich über die Erde erhöht bin, werde alle zu mir ziehen. Das sagte er, um anzudeuten, auf welche Weise er sterben werde. Die Menge jedoch hielt ihm entgegen: Wir haben aus dem Gesetz gehört, dass der Christus bis in Ewigkeit bleiben wird. Wie kannst du sagen, der Menschensohn müsse erhöht werden? Wer ist dieser Menschensohn? Da sagte Jesus zu ihnen: Nur noch kurze Zeit ist das Licht bei euch. Solange ihr das Licht bei euch habt, glaubt an das Licht, damit ihr Söhne des Lichts werdet! Dies sagte Jesus. Und er ging fort und verbarg sich vor ihnen.

»Das Paschafest der Juden war nahe.« Es ist das entscheidende, große Osterfest, an dem nun das wahre Osterlamm geschlachtet wird, der Kampf zwischen Tod und Leben seinen weltgeschichtlichen Höhepunkt erreicht. Die Spannung im Volk ist allgemein spürbar. In großen Scharen pilgern sie nach Jerusalem. Im Tempel sprechen sie immer wieder von Jesus: »Was meint ihr? Er wird wohl kaum zum Fest kommen?« Man hofft, dass er kommt, und fürchtet zugleich, dass er nicht kommen wird, weil man den obrigkeitlichen Befehl kennt, nach welchem jeder, der von seinem Aufenthalt weiß, Anzeige erstatten muss. Jesus kommt, und sein Kommen ist bedeutsam und hochfeierlich.

1. In Betanien (11,55–12,8): Drei Gestalten werden hervorgehoben.

Maria, die Schwester des Lazarus. Ihr Glaube ist unerschüttert und ihre Ehrfurcht groß. Man bereitet dem Herrn ein Gastmahl, Lazarus ist zugegen, Marta bedient. Maria gießt kostbarstes Nardenöl über die Füße des Herrn, um ihn zu salben, und sie trocknet die Füße mit ihrem Haar. Der Duft des Salböls erfüllt das ganze Haus. Die seelische Größe dieser Frau zeigt sich in der verschwenderischen Fülle, mit der sie liebt, ohne zu rechnen und zu zählen. Für den Herrn ist ihr das Größte noch zu klein, das Kostbarste zu billig. Der Mensch, der vor Gott steht, darf nicht geizen und nicht ängstliche, krämerische Berechnungen anstellen.

Nur wer gewillt und bereit ist, alles zu geben, hat die richtige Haltung. Zu dieser Größe vor Gott gehört auch die demütige Ehrfurcht. Darum kniet sie nieder, aber nicht nur zum gewöhnlichen Sklavendienst der Fußwaschung, sondern zur feierlichen Salbung und Huldigung. Und weil sie sich restlos in den Dienst des Herrn stellen will, trocknet sie seine Füße nicht mit irgendeinem Tuch, sondern mit ihrem Haar. So ist das ganze äußere Geschehen nur Ausdruck eines großen Herzens.

Ganz anders *Judas:* Er ist ein rechnerischer, selbstsüchtiger, kleinlicher Mensch. Die 300 Denare reuen ihn. Er schützt soziale Gesinnung vor und betont, man hätte den Erlös unter die Armen verteilen können. In Wirklichkeit geht es ihm nicht um andere Menschen, sondern um das eigene Ich. Er möchte das Geld für sich haben. Krämergeist, unehrliches So-tun-als-ob, Habgier und Widerspruch sprechen aus den Worten dieses Mannes, der nicht geben will, sondern nehmen. Hochherzigkeit ist nach seinem Urteil Übertreibung, Kultus ist Verschwendung, Demut ist würdelos. Er ist ein Mensch von kleinem Format.

Die dritte Gestalt ist *Jesus* selbst. Ohne Widerspruch lässt er die Salbung geschehen und nimmt die Huldigung an. Er, der doch immer Hilfe für die Armen fordert und selbst das Urteil des Jüngsten Gerichtes von der Hilfe gegenüber bedürftigen Menschen abhängig macht, betont hier ausdrücklich, dass Gott größer ist als alle und alles. Was für den Gottesdienst gebraucht wird, ist also nie Verschwendung. Entfaltung des Kultes duldet keinen Geiz. Wer Gott verherrlichen will, muss etwas von dessen Herrlichkeit aufleuchten lassen. Hier ist aller Glanz berechtigt und alle Hingabe selbstverständlich. Zugleich liegt aber über seinem Wort noch ein besonderer Ernst. Die Salbung wird in wenigen Tagen bei seinem Begräbnis wiederholt werden. Er weiß, dass er nun in den Tod schreitet. Er ist der von der Gottheit Gesalbte. Selbst sein toter Leib ist Leib Gottes. Alle Hingabe der Menschen wird übertroffen durch seine eigene Hingabe für die Menschen. Und der neue Kult, den er begründet, wird Andenken an sein Sterben sein.

Durch seinen Tod wird er den Menschen in seiner Sichtbarkeit entschwinden. Darum haben sie ihn nicht allezeit bei sich. So ist auch in dieser Szene sein Geist schon anderswo. Er denkt an Tod und Grab und darüber hinaus an das, was jenseits von Tod und Grab sein wird.

2. *Auf dem Wege nach Jerusalem* (12,9–19): Jesus zieht von Betanien nach Jerusalem. Zwei Gruppen werden unterschieden.

Das Volk sammelt sich in großen Scharen, teils sind es Pilger, die ohnehin auf dem Weg nach Jerusalem sind oder die sich in Betanien gesammelt haben, weil sie vom Wunder der Auferweckung des Lazarus gehört haben. Eine Mischung von Staunen und Neugier treibt sie. Teils sind es Menschen, die ihm von Jerusalem her in hellen Scharen entgegenziehen, denn sie haben von seinem Kommen gehört und wollen ihm einen feierlichen Empfang bereiten. So wird sein Einzug in die Stadt zum Triumph. Palmzweige schwingend begrüßen sie ihn, stürmisch mit Hosanna-Rufen empfangen sie ihn, sie erwarten nun die große Stunde, da er kommt im Namen des Herrn. Und so feiern sie ihn als König von Israel. Auf einem Esel, dem Reittier des Ostens, sitzend reitet er zur Stadt und nimmt diese Huldigung entgegen. Er kommt wirklich im Namen des Herrn und er ist wirklich der König von Israel. So erfüllt er das Wort des Propheten: »Fürchte dich nicht, Tochter Zion! Siehe, dein König kommt; er sitzt auf dem Fohlen einer Eselin.« Die Jünger begleiten ihn, ohne recht zu wissen, was hier alles geschieht. Sie sind mitgerissen von den Stürmen der Begeisterung, getragen vom allgemeinen Jubel. Erst später, nach Tod und Auferstehung, werden sie dieses Geschehen richtig begreifen und würdigen.

Ganz anders die führende *Priesterschaft:* Ihre Stellung ist längst festgelegt. Sie sind zum Letzten entschlossen. Darum wollen sie nun auch Lazarus töten, denn dieser von den Toten Erweckte bringt das Volk in Unruhe und verschafft Jesus eine Macht, gegen die sie nicht aufkommen können. Ohnmächtig müssen sie zusehen und ergrimmt feststellen, dass sie nichts ausrichten können:

»Alle Welt läuft ihm nach.« So wie bei der Salbung in Betanien das selbstlose Geben und selbstsüchtige Nehmen einander gegenüberstehen, so hier der begeisterte Empfang durch das Volk und der verhärtete Hass der Priesterschaft. Und mittendrin Jesus, der die Huldigung Marias in Betanien und die Huldigung der Volksmassen entgegennimmt und doch zugleich weiß und mit aller Deutlichkeit ausspricht, dass sein Einzug ein Gang in den Tod ist. Aber gerade dadurch verherrlicht er den Vater und bringt ihm die Huldigung der Menschheit dar. Kein Hass und keine Todesdrohung kann ihn davon abhalten, die Huldigung, die er empfängt, weiterzugeben an den Vater im Himmel, dessen Verherrlichung Ziel seines Lebens und Sterbens ist.

3. *In Jerusalem* (12,20–36): Eine Gruppe von Heiden möchte Jesus sehen und sprechen. Da sie griechisch reden, wenden sie sich an Philippus und dieser sich an Andreas. Es sind die beiden Apostel mit griechischen Namen. Diese beiden vermitteln die Verbindung der Heiden mit Jesus. Die Worte, die Johannes in diesem Zusammenhang berichtet, sind aber gar nicht in erster Linie an die Heiden gerichtet, sondern es sind Worte, die Jesus in diesem Zusammenhang und bei diesem Anlass zum ganzen Volke spricht, Worte der Selbstoffenbarung des Herrn. Drei Dinge werden dabei besonders hervorgehoben.

Die Einstellung Jesu zu seinem Tod: »Die Stunde ist gekommen, dass der Menschensohn verherrlicht wird.« Jesus blickt über seinen Tod hinaus. Diese Heiden zeigen, dass sein Tun nicht ohne Wirkung bleiben wird, sondern dass nun die Bedeutung Jesu und seines Opfers für die ganze Menschheit sichtbar wird. Und so wird sein Tod, der menschlich gesprochen seine tiefste Erniedrigung ist, durch den Plan Gottes zu seiner Verherrlichung. Das Weizenkorn muss in der Erde sterben, um als Halm und Ähre Frucht tragen zu können. So ist es auch mit dem Menschen im Reich Gottes. Die entscheidende Wirkung liegt nicht in seinem menschlichen Tun, in seinem Planen, Arbeiten, Organisieren, in seinem Reden oder Schweigen, in seinem Schreiben und ruhelosen

Schaffen. Das alles ist recht und gut, aber die entscheidende Kraft kommt durch das Sterben. Der Mensch muss sich selbst und der Welt absterben, um ganz für Gott zu leben. Das erst gibt seinem Wirken die eigentliche, belebende Kraft. Wer darum an seinem Leben hängt und es liebt und es darum nicht lassen will, wird es vor Gott verlieren. Wer es aber zurückstellt und, wenn es dem Plan und Wirken Gottes im Weg steht, geradezu hasst, der gewinnt es so recht eigentlich vor Gott und für Gott. Jeder, der darum in den Dienst Christi treten will und in der Nachfolge Christi leben will, der muss den gleichen Weg gehen, den Jesus geht. Es ist der Weg durch den Tod zum Leben, durch die Niederlage zum Sieg, durch die Erniedrigung zur Verherrlichung, der Weg des Kreuzes. Denn nur wer mit Jesus an der Erniedrigung Anteil hat, wird durch den Vater auch mit Jesus an seiner Herrlichkeit teilhaben. Das besagt nicht, dass der Mensch nicht rein naturhaft vor diesem harten Weg zurückschreckt. Auch Jesus selbst ist bis ins Innerste erschüttert beim Gedanken an seinen Tod. Und doch will er nicht bitten, dass der Vater ihn vor dieser großen und schweren Stunde bewahre. Jesus denkt nur an den Vater und seine Verherrlichung. Darum lautet sein Gebet gerade im Gedanken an den Tod: »Vater, verherrliche deinen Namen!« Die erste Vaterunser-Bitte bekommt hier einen besonders ernsten und tiefen Klang, und der Gesang der Engel bei der Geburt des Herrn »Ehre ist Gott in der Höhe« klingt hier vor seinem Tod noch einmal in neuer, fast erschreckender Weise auf. Das Licht Gottes soll eben auch in die tiefsten Abgründe von Tod und Unterwelt hineinleuchten, und der Klang der Frohbotschaft soll auch in jene tiefste Düsterkeit hineinklingen.

Die *Wirkung des Todes Jesu* ist damit schon angedeutet und wird nun noch besonders hervorgehoben durch die Stimme, die vom Himmel her hörbar wird: »Ich habe ihn schon verherrlicht und werde ihn wieder verherrlichen.« Das Kommen Jesu in diese Welt war Verherrlichung des Vaters. Sein ganzes Leben, seine Worte und seine Werke waren Verherrlichung, und auch sein Tod, und er vor allem wird den Vater verherrlichen, weil dieser ihn auferweckt vom Tod und weil er durch sein Sterben den anderen das Leben schenkt. Das Volk erschrickt. Die einen hören diese Stimme wie einen seltsamen Donner, die anderen glauben, es habe ein Engel geredet. Jesus selbst aber greift diese Stimme auf und betont das Große, das nun geschieht: »Jetzt wird Gericht gehalten über diese Welt; jetzt wird der Herrscher dieser Welt hinausgeworfen werden.« Jesu Tod ist scheinbar der Sieg der gottfeindlichen Welt, in Wirklichkeit deren innere Vernichtung. Satan hat durch seinen Ungeist und die Sünde die Welt beherrscht seit dem Sündenfall. Diese Herrschaft findet nun ihr Ende. Die satanische Macht ist innerlich gebrochen. Das besagt keineswegs, dass nicht auch weiterhin alle Dämonien zu spüren sind. Aber wer sich nun im Glauben an Christus, den Gekreuzigten, hält, wird durch dessen Kraft alles Satanische überwinden. Die Menschen haben eine Zuflucht, eine Sicherung. Gerade darin wird die entscheidende Wirkung des Todes Christi sichtbar. So wird das Kreuz ihn verherrlichen. Er wird erhöht sein am Kreuz wie die eherne Schlange in der Wüste. Er wird dadurch die Blicke der Menschen auf sich ziehen. Dann wird er durch die Auferweckung vom Tod und durch die Himmelfahrt erhöht bis zur Höhe des Vaters selbst und von dort aus wiederum die Menschen an sich ziehen. Das Gleiten in den Abgrund hat damit ein Ende, der Aufstieg der Menschen zur Höhe setzt nun ein. So ist der Tod Jesu die große Wende der Heilsgeschichte, weil das Unheil in Heil verwandelt wird. Die gewaltige Erlösungswirkung des Todes Christi ist damit angedeutet. Es klingt wie ein Jubelruf des Herrn, der jetzt, unmittelbar vor seinem Tod, einen besonderen Ernst und eine besondere Freudigkeit hat.

Mit einer *Mahnung an das Volk* schließt dieser bedeutsame Abschnitt. Jesus ist das Licht, das nun nur noch kurze Zeit leuchten wird. So mahnt er die Menschen, im Licht zu wandeln, solange es ihnen leuchtet, denn wenn sie nicht an ihn glauben, bricht die Finsternis über sie herein, und wer im Finstern wandelt, weiß nicht, wohin er geht. Wer aber an das Licht glaubt, »ist ein Kind des Lichtes«. Vom Licht war im Prolog die Rede, vom Licht spricht Jesus hier noch einmal, gewissermaßen im Prolog seines Todes. Die Menschen sind vor die Wahl gestellt, ob sie die Finsternis wollen oder das Licht.

Damit geht Jesus weg und verbirgt sich. Seine Stunde ist nahe, aber sie ist noch nicht da. Er hat noch von den innersten Geheimnissen seines Wesens und seines Herzens zum geschlossenen Kreis seiner Jünger zu sprechen. Darum entzieht er sich dem Zugriff der Feinde, bis er auch dieses Letzte der Verkündigung vollbracht hat.

Diese Szene sprengt den engen Rahmen Israels und greift hinaus in die ganze Welt der Heiden. Sie sprengt auch den Rahmen des Irdischen und erhebt sich hinauf bis zur Herrlichkeit Gottes selbst und hinab in die Abgründe des Todes und ins Satanische. Das Kreuz wird sichtbar als die große Mitte von Raum und Zeit.

Reflexion

SCHEIDUNG DER GEISTER

Bevor der Evangelist in seinen Schlussbemerkungen die Situation kurz zusammenfasst, zeigt er, dass eine tat-sächliche Scheidung, also durch verschiedenartiges Tun, erfolgt ist.

1. *Maria und Judas:* Maria salbt die Füße des Herrn. Es ist ein Überströmen von Reichtum, von Hochherzigkeit, von grenzenloser Hingabe, Verehrung und Anerkennung. Alles Berechnende, Knausrige liegt ihr fern. Es ist ihr alles eigentlich zu wenig. Ihre Liebe ist wie ein Brunnen, der überläuft wie ein mächtig rauschender Strom, der durch nichts aufzuhalten ist. Alles Mittelmäßige ist ihr zuwider. Sie hat einen Zug ins Große. Darum kümmert sie sich auch nicht um das Urteil der Menschen. Sie blickt nur auf Christus den Herrn. Judas dagegen ist kleinlich, berechnend. Er überlegt sofort, wie viel Geld dieses Salböl wohl kosten möge. Er findet, dass der Gebrauch, wie er hier vorgenommen wird,

Verschwendung ist, dass das Ganze nicht notwendig und nicht nachahmenswert ist. Er ist eigentlich ein enger, selbstsüchtiger, im Letzten materialistisch denkender Geist. Er hat sich den Messias so vorgestellt, dass dieser den Reichtum und die Macht ins Land bringt, also wiederum das Diesseits vor allem betont und umwandelt. Da dies nicht der Fall ist, sucht Judas noch für sich an Gewinn herauszuschlagen, was eben noch zu retten ist. So unterschlägt er von dem Geld und so wird er auch Jesus um des Geldes willen verkaufen. Er ist das gerade Gegenteil Marias.

Die Einstellung gegenüber der Schönheit der Gotteshäuser, dem Reichtum des Kultes, aber auch vor allem die religiöse Einstellung in restlos sich verströmender Hingabe oder eines bloßen Sichbewegens auf der untersten Linie, der Unterschied zwischen der Frage »Was *muss* ich tun, was *könnte* ich *noch* tun, was *darf* ich tun?« ist immer wieder spürbar. Nur die Heiligen mit ihrer schrankenlosen Liebe erneuern jeweils die Kirche, nicht die klugen, berechnenden Menschen.

2. *Feinde und Anhänger:* Für die *Feinde* ist der Besuch in Betanien zum Teil ganz einfach eine Sensation. Sie möchten den vom Tod erweckten Lazarus sehen und hören. Aber sie kommen nicht auf ihre Rechnung. Sensation liegt Christus nicht. Die entscheidenden Feinde bleiben aber in Jerusalem. Sie sind völlig verhärtet. Auf die Kunde von der Auferweckung des Lazarus beschließen sie lediglich, auch Lazarus umzubringen. Eine Gewalttat ruft nach der anderen. Sie haben A gesagt, glauben nun auch B sagen zu müssen. Und je mehr sie hassen und zu morden entschlossen sind, desto weniger sind sie für die Gnade noch irgendwie empfänglich. Es ist alles verkrustet, verharzt und verhärtet. Die Zugbrücke ihrer Herzen ist hochgezogen, die Muschelschalen ihrer Seelen sind geschlossen, ihr Nein ist endgültig.

Die Anhänger: Sie gestalten seinen Einzug in Jerusalem festlich und machen ihn zu einem wahren Triumphzug. Sie begrüßen ihn als König Israels. Die ganze Stadt hallt wider von ihrer Freude. Auch die Apostel wirken mit und erkennen erst nachträglich, dass sie gerade mit ihren Worten und ihrem Tun die Schrift erfüllt haben. Dazu kommt die Gruppe der Griechen. Dieses Kommen der Griechen ist so fremdartig, dass manche gemeint haben, es sei später eingeflickt worden. Und doch ist es durchaus der Situation entsprechend, weil dadurch der Tod Jesu in seiner universalen Weltbedeutung sichtbar wird und weil die seltsame Stimme vom Himmel von den einen als Stimme eines Engels, von den anderen als rollender Donner empfunden wird. Es ist auf alle Fälle deutlich, dass das Geschehen hier über das Unmittelbare der Stunde hinausreicht. Es ist wie eine gewaltige Antifon für die kommenden Berichte über seinen Tod.

3. *Der Teufel* steht dem gegenüber. Er wird zwar Christus töten, aber gerade dadurch selbst im Entscheidenden vernichtet. Darum gerade bei diesem Anlass das Wort Christi: »Jetzt wird der Herrscher dieser Welt hinausgeworfen werden.« Dafür wird Christus, wenn er am Kreuz erhöht ist und nachher in die Herrlichkeit erhöht ist, alles an sich ziehen. Also das Weggestoßenwerden und das Angezogenwerden entscheiden sich an Christus. Wieder ist die Weltbedeutung, ja die über- und unterweltliche Bedeutung des Opfertodes Christi angedeutet.

4. *Christus mittendrin:* Mitten durch all diese entgegengesetzten Gruppen schreitet Christus erhobenen Hauptes, klaren Geistes, ruhigen Herzens in der Bereitschaft des Gehorsams. So steht er zwischen Maria und Judas mit dem Wort »Lass sie, damit sie es für den Tag meines Begräbnisses aufbewahrt!«. Er nimmt also die Frau mit dem großen Herzen in Schutz und ist für kleinliche Berechnungen nicht zu haben. Dieser Geist muss in der Kirche Christi lebendig bleiben. Judas gegenüber betont er, dass es allezeit Arme gebe, für die man sorgen könne und müsse, dass aber jetzt eine besondere Stunde sei, wo Christus noch da ist, und neben ihm und vor ihm müsse alles zurücktreten.

Beim Einzug in Jerusalem wird hier im Johannesevangelium kein Wort Christi berichtet. Er lässt das Volk machen, weil er weiß, dass durch diesen Einzug die Schrift erfüllt wird, und er richtet sich ja in allem nach der Schrift, die den Willen seines Vaters im Himmel kundtut. Er kennt dieses Volk und seine Erwartung, gibt sich also keinen Täuschungen hin, weiß aber auch um die Größe der Schrifterfüllung. So ist hier gerade dieses stille Geschehenlassen Zeichen seiner seelischen Größe.

Er steht zwischen dem Vater und dem Teufel, denn er weiß einerseits um die Größe dessen, was jetzt kommt, um die Herrlichkeit, die Aufnahme zum Vater. Aber er weiß auch anderseits, dass der Weg zu dieser Herrlichkeit das Kreuz ist. Und so redet er schlicht von beidem im selben Satz. Es ist ihm nichts Neues, das er jetzt ahnt und dessen er sich bewusst wird, sondern es ist letzte Klarheit seines Wortes, durch das er dem Ausdruck gibt, was er längst weiß. So wird hier die Größe Christi sichtbar, und zwar sowohl seine persönlich-moralische Größe und geistige Haltung als auch sein Verhältnis zum Vater, zu Israel, zu den Heiden, und endlich seine Stellung in der Heilsordnung durch die Bedeutung seines Todes.

Der Abschnitt schließt mit den Worten von Licht und Finsternis, womit wiederum der Kreis der Selbstoffenbarung sich schließt, denn es ist ein Aufgreifen des Prologs, was hier am Ende der ersten Hälfte hörbar wird. Jetzt erst schließt der Evangelist seine eigenen Bemerkungen an. Er begründet den Unglauben aufgrund der Schrift, hält aber fest und betont die Bedeutung Christi als das Licht, das in die Welt kommt, als den, der nicht richten, sondern retten will. Und jetzt, wo der Übergang zum Tod dargestellt wird, schließt die erste Hälfte in Wirklichkeit mit dem Hinweis auf das wahre Leben. Das Ja oder Nein zu Christus und damit zu Gott ist gleichbedeutend mit Leben und Tod. Immer wieder führt Johannes den besinnlichen Geist über die flache Ebene des oberflächlichen Menschenlebens hinaus in die dritte Dimension nach oben und nach unten, zum Gerettetsein und Verworfensein und damit zum Leben und zum Tod. Es geht bei Christus wirklich um das Letzte. Er ist Mitte von Welt und Leben.

ZUSAMMENFASSENDES ERGEBNIS

Joh 12,37–50

Obwohl Jesus so viele Zeichen vor ihren Augen getan hatte, glaubten sie nicht an ihn. So sollte sich das Wort erfüllen, das der Prophet Jesaja gesprochen hat: Herr, wer hat unserer Botschaft geglaubt? Und der Arm des Herrn – wem wurde seine Macht offenbar? Denn sie konnten nicht glauben, weil Jesaja an einer anderen Stelle gesagt hat: Er hat ihre Augen blind gemacht und ihr Herz hart, damit sie mit ihren Augen nicht sehen und mit ihrem Herzen nicht zur Einsicht kommen, damit sie sich nicht bekehren und ich sie nicht heile. Das sagte Jesaja, weil er Jesu Herrlichkeit gesehen hatte; über ihn nämlich hat er gesprochen. Dennoch kamen sogar von den führenden Männern viele zum Glauben an ihn; aber wegen der Pharisäer bekannten sie es nicht offen, um nicht aus der Synagoge ausgestoßen zu werden. Denn sie liebten die Ehre der Menschen mehr als die Ehre Gottes. Jesus aber rief aus: Wer an mich glaubt, glaubt nicht an mich, sondern an den, der mich gesandt hat, und wer mich sieht, sieht den, der mich gesandt hat. Ich bin als Licht in die Welt gekommen, damit jeder, der an mich glaubt, nicht in der Finsternis bleibt. Wer meine Worte nur hört und sie nicht befolgt, den richte nicht ich; denn ich bin nicht gekommen, um die Welt zu richten, sondern um die Welt zu retten. Wer mich verachtet und meine Worte nicht annimmt, der hat schon seinen Richter: Das Wort, das ich gesprochen habe, wird ihn richten am Jüngsten Tag. Denn ich habe nicht von mir aus gesprochen, sondern der Vater, der mich gesandt hat, hat mir aufgetragen, was ich sagen und reden soll. Und ich weiß, dass sein Auftrag ewiges Leben ist. Was ich also sage, sage ich so, wie es mir der Vater gesagt hat.

Der Evangelist schließt die erste Hälfte seiner Schrift mit einem rückblickenden und zusammenfassenden Urteil ab. Die Tatsache, die ihn quälend bewegt, ist der Unglaube der Juden trotz der Verkündigung Jesu durch Wort und Zeichen. Johannes macht drei Feststellungen.

Einmal betont er, dass der *Unglaube verschuldet* sei, denn Christus hat so viele Wunder gewirkt, dass an seiner Sendung und damit an der Richtigkeit seiner Worte nicht gerüttelt werden kann. In Wirklichkeit haben auch von den Vorstehern Israels viele an Jesus geglaubt, aber sie fürchten die Konsequenzen. Denn der Ausschluss aus der Synagoge droht ihnen und damit eine Bloßstellung in der Öffentlichkeit. Die Ehre vor den Menschen gilt ihnen mehr als die Ehre vor Gott. Sie haben also nicht den Mut, zum Glauben zu stehen, eine Haltung, die sich im Laufe der Jahrhunderte immer wieder findet. Menschenfurcht ist stärker als Gottesfurcht. Der Blick auf die Menschen ist maßgebender als der Blick auf Gott. Es fehlt somit eigentlich gar nicht am Glauben, sondern am Mut, zum Glauben zu stehen.

Eine zweite Feststellung macht Johannes. Der *Unglaube ist nicht überraschend*, denn er ist vom Propheten Jesaja ausdrücklich vorausgesagt worden: »Herr, wer hat unserer Botschaft geglaubt? Und der Arm des Herrn – wem wurde seine Macht offenbar?« Was dem Propheten geschehen ist, das geschieht nun gleichermaßen dem Sohn Gottes. Gott zwingt den Menschen nicht. Der Glaube ist eine freie Entscheidung, denn nur so ist er sinnvoll. Wer von der Bibel her die Vorbereitung auf das Kommen Jesu kennt, ist über den Erfolg und Misserfolg nicht erstaunt.

Die dritte Feststellung: Der Unglaube ist eine Entscheidung. Wiederum nach einer Prophezeiung des Jesaja: »Er hat ihre Augen blind gemacht und ihr Herz hart, damit sie mit ihren Augen nicht sehen und mit ihrem Herzen nicht zur Einsicht kommen, damit sie sich nicht bekehren und ich sie nicht heile.« Das besagt nicht, dass die Menschen schuldlos sind, dass die Schuld also gewissermaßen bei Gott selbst liegt. Es besagt auch nicht eine völlig willkürliche

Gnadenwahl zur Erwählung und Verdammnis, zum Sehen und zur Verblendung, zur Bereitschaft und zur Verhärtung. Sondern es besagt, dass sich mit Gott und der Gnade Gottes nicht spielen lässt. Es gibt eine Zeit der Gnade. Wenn der Mensch sie nicht nutzt, ist eben die Möglichkeit vorbei, die Zeit vorüber und dann ist die Verhärtung endgültig. Gott bietet die Gnade an, der Mensch bezieht dazu Stellung, damit fällt aber eine wirkliche Entscheidung. Denn es kann sein, dass dann das menschliche Nein auch von der Seite Gottes her endgültig wird.

Das Urteil Jesu selbst (12,44–50): In der Verkündigung Jesu selbst liegt eine Mahnung, die den Ernst der Glaubensentscheidung betont. Es geht nicht nur um den Menschen Jesus und um seine Sendung, sondern es geht um den himmlischen Vater selbst. Es ist also wirklich eine Entscheidung vor Gott. »Wer an mich glaubt, glaubt nicht an mich, sondern an den, der mich gesandt hat, und wer mich sieht, sieht den, der mich gesandt hat.« Der Mensch darf sich also nicht täuschen lassen und durch das menschliche Wort des menschgewordenen Gottes sich nicht zu irgendeiner Verharmlosung führen lassen. Es geht wirklich um Gott, Gottes Wort und Gottes Forderung. Christus ist das Licht Gottes, das in die Welt hineinleuchtet. Wer dieses Licht aufnimmt, lebt nicht mehr in der Finsternis. Wer aber nicht glaubt und Nein sagt und damit die Finsternis vorzieht, der richtet sich selbst. Diese Abschlussworte des ersten Teils des Evangeliums blicken auf das Ende aller Dinge, auf das Gericht. Der Mensch richtet sich selbst durch das Nein, das er zum Wort Gottes, also zum Wort des Vaters spricht. Mit geradezu aufdringlichem Ernst betont Jesus mehrmals, dass er nicht aus sich selbst spricht, sondern das spricht und verkündet, was der Vater ihm aufgetragen hat, und dass er so spricht, wie der Vater es ihm geboten hat. Gott lässt nicht mit sich spaßen, mit dem Nein fällt der Mensch selbst ein Urteil, das dann eines Tages als ein Nein Gottes ihn verurteilt. Die Botschaft Jesu wird nicht einfach zur Diskussion gestellt, ist nicht eine Philosophie, über die sich jeder ein eigenes Urteil bilden kann, ist nicht eine Meinung, an der andere desinteressiert vorübergehen können, sondern sie ist fordernder Anruf des unendlichen Gottes. Mit dem Ja oder Nein als Antwort fällt der Mensch selbst die Entscheidung über Sinn oder Sinnlosigkeit seiner Existenz oder seines Lebens. Glaube und Unglaube sind gleichbedeutend mit Licht und Finsternis, mit Leben und Tod. Darum betont Jesus, das Gebot seines Vaters sei ewiges Leben.

Damit ist der Übergang zur zweiten Hälfte des Evangeliums gegeben, in welcher durch Jesu Tod und Auferstehung nun wirklich Finsternis und Licht, Tod und Leben nicht nur durch Worte, sondern in unheimlichem Geschehen sichtbar gemacht werden. So ist der zweite Teil des Evangeliums eine erschütternde Verdeutlichung und Erklärung des ersten Teiles.

ÜBERGANG

Joh 13,1

Es war vor dem Paschafest. Jesus wusste, dass seine Stunde gekommen war, um aus dieser Welt zum Vater hinüberzugehen. Da er die Seinen liebte, die in der Welt waren, liebte er sie bis zur Vollendung.

Vor dem Paschafest: Es ist das *entscheidende* Osterfest. Beim ersten hat Jesus die Tempelsäuberung vorgenommen, beim zweiten ist er in Galiläa geblieben und nun zum dritten und letzten kommt er nach Jerusalem, um sich selbst dem Vater für die Menschen aufzuopfern. Ostern ist Erinnerung an die Rettung der Erstgeburt Jakobs in Ägypten, an die Führung aus Knechtschaft in die Freiheit, ist als Feier Schlachtung des Opferlammes, dessen Genuss in der Tischgemeinschaft und im Essen der ungesäuerten Brote.

Er ist das wahre Osterlamm, das nun geschlachtet wird. Darum wird der Würgengel des Todes am Volk Gottes, der Kirche, vorübergehen, zugleich aber die wahre und eigentliche Erstgeburt, *den* Sohn, töten. Die Menschen können nun aus der Knechtschaft der Sünde in die Freiheit der Kinder Gottes schreiten. Und er wird nun die wahre Tischgemeinschaft an Brot und Wein in besonderer Weise den Seinen schenken durch die Hingabe seines Fleisches und Blutes. Der alte Sauerteig der Sünde wird nun hinausgefegt, sodass das Fest der ungesäuerten Brote in geistigem Sinne seinen eigentlichen Anfang nehmen kann.

Jesus wusste, dass seine Stunde gekommen war: Die Wende ist hier deutlich. Bisher hieß es immer, seine Stunde sei noch nicht gekommen. Jetzt auf einmal ist sie gekommen. Und er weiß es. So schreitet er mit vollem, klarem Bewusstsein in die Stunde der Finsternis und des Lichts, des Untergangs und des Aufstiegs, des Sterbens und der Auferstehung, der Erniedrigung und Erhöhung.

Das ist die Stunde, die der Vater festgelegt hat und die er, der Sohn, im Gehorsam einhält.

Aus dieser Welt zum Vater hinüberzugehen: Sein Tod ist nicht einfach ein Weggang, sondern ein Heimgang zum Vater, eine Rückkehr. Auch hier ist die Wendung deutlich. Bisher hat er immer betont, dass er vom Vater ausgegangen und in die Welt gekommen ist. Jetzt geht er von der Welt wieder weg zum Vater hinüber. Er will den Kreislauf vollenden. Aber nicht als einen immer wiederkehrenden Zyklus, sondern als ein einmaliges Vom-Vater-in-die-Welt-Kommen und Von-der-Welt-zum-Vater-Gehen.

Da er die Seinen liebte, die in der Welt waren: Er geht in der Sichtbarkeit von der Welt weg. Aber es ist nun alles anders als vorher, denn nun hat er Menschen in der Welt, die ihm angehören. Die Seinen sind nun in dieser Welt. Und er bleibt in Liebe mit ihnen verbunden. Sein großes Werk ist gegründet: die Gemeinschaft in ihm und durch ihn als eine Gemeinschaft der Liebe.

Liebte er sie bis zur Vollendung: Dieser Satz von der Liebe bis zur Vollendung ist die Überschrift der ganzen zweiten Hälfte des Evangeliums. Das Ende ist zuerst einmal zeitlich zu verstehen. Er liebt die Seinen bis zum Ende seines Lebens auf dieser Erde, also bis zum letzten Atemzug am Kreuz. Und er liebt sie bis zum Ende der ganzen irdischen Zeitlichkeit, solange also die Welt besteht und es eine Weltzeit gibt. Ja, seine Liebe reicht in die ewige Zeit hinüber, denn sie wird dauern, solange er selbst in der Herrlichkeit ist. Die Vollendung ist aber auch werthaft zu verstehen, d. h. er liebt sie bis zum Letzten, zum Äußersten. Das zeigt sich an der Art seiner Hingabe an die Seinen. Es ist Hingabe in den Tod hinein und durch den Tod hindurch. Es ist Liebe, die alles und sich selbst verströmt bis zum letzten Blutstropfen und zum letzten Lebenshauch. Und es ist Liebe bis hinein in den unendlichen Gott den Vater, von dem er ausgegangen ist. Das ist die eigentliche »Vollendung«, das *Telos,* das Ziel seiner Liebe und Hingabe.

Damit sind der Inhalt und der Stimmungsgehalt des ganzen zweiten Teiles des Johannesevangeliums angedeutet.

DAS OSTERMAHL

Joh 13,2–38

Es fand ein Mahl statt und der Teufel hatte Judas, dem Sohn des Simon Iskariot, schon ins Herz gegeben, ihn auszuliefern. Jesus, der wusste, dass ihm der Vater alles in die Hand gegeben hatte und dass er von Gott gekommen war und zu Gott zurückkehrte, stand vom Mahl auf, legte sein Gewand ab und umgürtete sich mit einem Leinentuch. Dann goss er Wasser in eine Schüssel und begann, den Jüngern die Füße zu waschen und mit dem Leinentuch abzutrocknen, mit dem er umgürtet war. Als er zu Simon Petrus kam, sagte dieser zu ihm: Du, Herr, willst mir die Füße waschen? Jesus sagte zu ihm: Was ich tue, verstehst du jetzt noch nicht; doch später wirst du es begreifen. Petrus entgegnete ihm: Niemals sollst du mir die Füße waschen! Jesus erwiderte ihm: Wenn ich dich nicht wasche, hast du keinen Anteil an mir. Da sagte Simon Petrus zu ihm: Herr, dann nicht nur meine Füße, sondern auch die Hände und das Haupt. Jesus sagte zu ihm: Wer vom Bad kommt, ist ganz rein und braucht sich nur noch die Füße zu waschen. Auch ihr seid rein, aber nicht alle. Er wusste nämlich, wer ihn ausliefern würde; darum sagte er: Ihr seid nicht alle rein.

Als er ihnen die Füße gewaschen, sein Gewand wieder angelegt und Platz genommen hatte, sagte er zu ihnen: Begreift ihr, was ich an euch getan habe? Ihr sagt zu mir Meister und Herr und ihr nennt mich mit Recht so; denn ich bin es. Wenn nun ich, der Herr und Meister, euch die Füße gewaschen habe, dann müsst auch ihr einander die Füße waschen. Ich habe euch ein Beispiel gegeben, damit auch ihr so handelt, wie ich an euch gehandelt habe. Amen, amen, ich sage euch: Der Sklave ist nicht größer als sein Herr und der Abgesandte ist nicht größer als der, der ihn gesandt hat. Wenn ihr das wisst – selig seid ihr, wenn ihr danach handelt. Ich sage das nicht von euch allen. Ich weiß wohl, welche ich erwählt habe, aber das Schriftwort muss sich erfüllen: Der mein Brot isst, hat seine Ferse gegen mich erhoben. Ich sage es euch schon jetzt, ehe es geschieht, damit ihr, wenn es geschehen ist, glaubt: Ich bin es. Amen, amen, ich sage euch: Wer einen aufnimmt, den ich senden werde, nimmt mich auf; wer aber mich aufnimmt, nimmt den auf, der mich gesandt hat.

Nach diesen Worten wurde Jesus im Geiste erschüttert und bezeugte: Amen, amen, ich sage euch: Einer von euch wird mich ausliefern. Die Jünger blickten sich ratlos an, weil sie nicht wussten, wen er meinte. Einer von den Jüngern lag an der Seite Jesu; es war der, den Jesus liebte. Simon Petrus nickte ihm zu, er solle fragen, von wem Jesus spreche. Da lehnte sich dieser zurück an die Brust Jesu und fragte ihn: Herr, wer ist es? Jesus antwortete: Der ist es, dem ich den Bissen Brot, den ich eintauche, geben werde. Dann tauchte er das Brot ein, nahm es und gab es Judas, dem Sohn des Simon Iskariot. Als Judas den Bissen Brot genommen hatte, fuhr der Satan in ihn. Jesus sagte zu ihm: Was du tun willst, das tue bald! Aber keiner der Anwesenden verstand, warum er ihm das sagte. Weil Judas die Kasse hatte, meinten einige, Jesus wolle ihm sagen: Kaufe, was wir zum Fest brauchen! oder Jesus trage ihm auf, den Armen etwas zu geben. Als Judas den Bissen Brot genommen hatte, ging er sofort hinaus. Es war aber Nacht.

Als Judas hinausgegangen war, sagte Jesus: Jetzt ist der Menschensohn verherrlicht und Gott ist in ihm verherrlicht. Wenn Gott in ihm verherrlicht ist, wird auch Gott ihn in sich verherrlichen und er wird ihn bald verherrlichen.

Meine Kinder, ich bin nur noch kurze Zeit bei euch. Ihr werdet mich suchen, und was ich den Juden gesagt habe, sage ich jetzt auch euch: Wohin ich gehe, dorthin könnt ihr nicht gelangen. Ein neues Gebot gebe ich euch: Liebt einander! Wie ich euch geliebt habe, so sollt auch ihr einander lieben. Daran werden alle erkennen, dass ihr meine Jünger seid: wenn ihr einander liebt. Simon Petrus fragte ihn: Herr, wohin gehst du? Jesus antwortete ihm: Wohin ich gehe, dorthin kannst du mir jetzt nicht folgen. Du wirst mir aber später folgen.

Petrus sagte zu ihm: Herr, warum kann ich dir jetzt nicht folgen? Mein Leben will ich für dich hingeben. Jesus entgegnete: Du willst für mich dein Leben hingeben? Amen, amen, ich sage dir: Noch ehe der Hahn kräht, wirst du mich dreimal verleugnen.

Die zweite Hälfte des Evangeliums ist ebenso wie die erste in sieben Abschnitte gegliedert.

Der erste dieser Abschnitte hat, wie in der ersten Hälfte, einen vorbereitenden Charakter. Verschiedene Berichte stehen darin scheinbar zusammenhanglos nebeneinander, bilden aber in Wirklichkeit ein Ganzes.

1. Die Fußwaschung: In Tat und in Worten bereitet der Herr die Seinen. Und zwar sind es zwei Dinge, die dabei besonders betont werden.

Das eine ist *die Reinheit:* Das äußere Tun Jesu wird mit einer ergreifenden Eindringlichkeit und Anschaulichkeit geschildert. Man sieht förmlich die erstaunten Blicke der Jünger, die dem Herrn bei jeder Bewegung folgen und fragend und verwundert sehen, wie er vom Mahl aufsteht, sich gürtet, das Becken aus einem der für die rituellen Waschungen bereitstehenden steinernen Krüge mit Wasser füllt und dann beginnt, den einzelnen die Füße zu waschen, also den üblichen Sklavendienst zu leisten. Beim Widerstand des Petrus wird deutlich, was der Herr mit seinem Tun sagen will, denn er spricht von der Reinigung und der Reinheit; und zwar ist das echt johanneisch zu verstehen, also im Sinne einer Durchsichtigkeit vom Vordergründigen ins Hintergründige, von der Reinheit des Körpers hin zur Reinheit des Herzens. Die äußere Waschung ist nur ein Zeichen der inneren Läuterung. Nur reine Menschen sind bereit und empfänglich für das Große, das er ihnen nun beim Abschluss seines Lebens schenken und sagen will.

Das zweite ist *die Demut:* In den Worten des Herrn wird das besonders betont. Er, der Meister, hat ihnen in Demut die Füße gewaschen, also sollen sie, die Jünger, es im gleichen Geiste tun. Sie sind nicht gerufen und gesandt zum Herrschen, sondern zum Dienen. Christus hebt den Unterschied zwischen Meister und Jünger besonders hervor und betont gerade in diesem Zusammenhang, dass, wenn der Meister demütig ist und demütig dient, der Jünger es umso mehr sein und tun muss.

2. *Die Entfernung des Verräters:* Auch hier sind zwei Momente besonders hervorgehoben. Einmal *die Freiwilligkeit*, mit der Jesus in den Tod geht. Er weiß es und sagt es mit voller Deutlichkeit: »Einer von euch wird mich ausliefern.« Er weiß sogar, wer es ist, und gibt dem Liebesjünger Johannes durch ein Zeichen zu verstehen, wen er meint. Er könnte den Verräter aufhalten. Würde er den anderen dessen Namen kundtun, so würden sie ihn bestimmt hindern, sein dämonisches Werk durchzuführen. Aber Jesus will das Werk vollenden, das der Vater ihm aufgetragen hat. Mit überlegener Gelassenheit und ohne jede Bitterkeit spricht er vom Verrat. Ohne irgendein Zaudern oder einen Widerstand lässt er den Verräter ziehen, ja er schickt ihn förmlich hinaus: »Was du tun willst, das tue bald!« Man spürt das innere Drängen Jesu, das Werk zu vollenden.

Das zweite ist die *Säuberung seiner Gemeinschaft:* Jetzt, wo er den Seinen von den innersten Geheimnissen seines Geistes und Herzens sprechen will, erträgt er den Abtrünnigen nicht mehr in der Mitte der Seinen. Er will ohne Bedenken und ohne Rückhalt aus vollem Herzen sprechen. Darum soll seine Gemeinschaft eine gereinigte und geläuterte sein. Beim Hinausgehen des Verräters heißt es ganz einfach »Es war aber Nacht«, äußere Nacht in den Straßen Jerusalems und innere Nacht in der Seele des Verräters und in der Geschichte der Menschheit. In dieser Nacht strahlt das Licht Christi doppelt hell und es klingt wie ein Jubelruf, wenn Christus sagt: »Jetzt ist der Menschensohn verherrlicht und Gott ist in ihm verherrlicht. Wenn Gott in ihm verherrlicht ist, wird auch Gott ihn in sich verherrlichen und er wird ihn bald verherrlichen.« Es ist das Aufstrahlen der Herrlichkeit und damit des strahlenden Lichtes Gottes. Der Verrat ist vom Menschen her Sünde und Verbrechen. Aber selbst diese Sünde ist in den Plan Gottes miteinbezogen und wird durch Gottes Macht und Gnade zu einem Werk der Verherrlichung. Die Stunde Jesu ist die Stunde der Erniedrigung, aber auch und erst recht die Stunde seiner Verherrlichung. Bei der Geburt Jesu sangen die Engel von der *Gloria Dei;* jetzt vor dem Tode Jesu ist es wie ein Sterbegesang Christi selbst, wenn er von der *Gloria Patris* und damit auch von seiner eigenen *Gloria* spricht. So wird die Nacht durchstrahlt von der Herrlichkeit göttlichen Lichtes.

3. *Die Mahnung an die Apostel:* Wieder sind es zwei Gedanken, die betont werden. Einmal die Mahnung an *alle.* Es ist das neue Gebot der Liebe, das er allen gibt. Schon im Alten Testament bestand das Gebot der Liebe. Wenn Jesus hier von einem neuen Gebot spricht, so ist es ein neuer Geist der Liebe und eine neue Kraft der Liebe. Es ist die Liebe, die alle und alles umfasst und die nun der eigentliche Geist des Neuen Bundes und damit das Kennzeichen der Seinen werden soll. Ein eigenartiger Ton schwingt in diesen Worten. Es ist zugleich Feierlichkeit und Intimität. Alle Schranken sind gefallen. Es ist letzte Offenbarung der innersten Herzensgesinnung Jesu.

Dazu die besondere Mahnung an *Petrus.* In seiner stürmischen Art will dieser sich bereit erklären, für Jesus in den Tod zu gehen. »Mein Leben will ich für dich hingeben.« Aber die Antwort Jesu ist vernichtend: »Amen, amen, ich sage dir: Noch ehe der Hahn kräht, wirst du mich dreimal verleugnen.« Die Voraussage ist Mahnung und Warnung. Sie wird ungehört verhallen, sodass Jesus nicht nur von einem der Seinen verraten, sondern auch noch vom besonders Erwählten verleugnet wird. Damit ist die Vorbereitung vollendet.

Der geschlossene Kreis seiner Jünger ist als geläuterte Gemeinschaft um ihn geschart. Das Tun und die seltsamen Worte Jesu haben alle erschüttert und bewegt. So sind sie nun bereit, seinen Worten zu lauschen und seine letzten Reden mit wachem Geist und bereitem Herzen aufzunehmen.

Die Gnade als Wort und Tun Gottes kann den Menschen auch ohne Vorbereitung treffen, jäh und plötzlich. Aber gerade dieser Abschnitt des Evangeliums neben vielen anderen zeigt, dass die Gnade für gewöhnlich den Menschen zuvor bereit macht. Die Bereitung kann durch Gott geschehen, und zwar auf mannigfachste Art, ohne dass der Mensch ahnt und versteht, um was es eigentlich geht. Sie kann auch vom Menschen ausgehen, negativ durch Enttäuschung an Menschen, Dingen oder an sich selbst, positiv durch Verlangen nach Höherem, Besserem. Meistens ist es ein Zusammenwirken von Gott und Mensch, wobei sich der Mensch gar nicht bewusst ist, dass die *gratia praeveniens,* die zuvorkommende Gnade, in aller Stille schon die Arbeit des auflockernden Pfluges geleistet hat. Das Tun Gottes bleibt immer geheimnisvoll.

DIE ERSTE ABSCHIEDSREDE: DER TROST

Joh 14,1–31

Euer Herz lasse sich nicht verwirren. Glaubt an Gott und glaubt an mich! Im Haus meines Vaters gibt es viele Wohnungen. Wenn es nicht so wäre, hätte ich euch dann gesagt: Ich gehe, um einen Platz für euch vorzubereiten? Wenn ich gegangen bin und einen Platz für euch vorbereitet habe, komme ich wieder und werde euch zu mir holen, damit auch ihr dort seid, wo ich bin. Und wohin ich gehe – den Weg dorthin kennt ihr. Thomas sagte zu ihm: Herr, wir wissen nicht, wohin du gehst. Wie können wir dann den Weg kennen? Jesus sagte zu ihm: Ich bin der Weg und die Wahrheit und das Leben; niemand kommt zum Vater außer durch mich. Wenn ihr mich erkannt habt, werdet ihr auch meinen Vater erkennen. Schon jetzt kennt ihr ihn und habt ihn gesehen. Philippus sagte zu ihm: Herr, zeig uns den Vater; das genügt uns. Jesus sagte zu ihm: Schon so lange bin ich bei euch und du hast mich nicht erkannt, Philippus? Wer mich gesehen hat, hat den Vater gesehen. Wie kannst du sagen: Zeig uns den Vater? Glaubst du nicht, dass ich im Vater bin und dass der Vater in mir ist? Die Worte, die ich zu euch sage, habe ich nicht aus mir selbst. Der Vater, der in mir bleibt, vollbringt seine Werke. Glaubt mir doch, dass ich im Vater bin und dass der Vater in mir ist; wenn nicht, dann glaubt aufgrund eben dieser Werke!

Amen, amen, ich sage euch: Wer an mich glaubt, wird die Werke, die ich vollbringe, auch vollbringen und er wird noch größere als diese vollbringen, denn ich gehe zum Vater. Alles, um was ihr in meinem Namen bitten werdet, werde ich tun, damit der Vater im Sohn verherrlicht wird. Wenn ihr mich um etwas in meinem Namen bitten werdet, werde ich es tun. Wenn ihr mich liebt, werdet ihr meine Gebote halten. Und ich werde den Vater bitten und er wird euch einen anderen Beistand geben, der für immer bei euch bleiben soll, den Geist der Wahrheit, den die Welt nicht empfangen kann, weil sie ihn nicht sieht und nicht kennt. Ihr aber kennt ihn, weil er bei euch bleibt und in euch sein wird. Ich werde euch nicht als Waisen zurücklassen, ich komme zu euch. Nur noch kurze Zeit und die Welt sieht mich nicht mehr; ihr aber seht mich, weil ich lebe und auch ihr leben werdet. An jenem Tag werdet ihr erkennen: Ich bin in meinem Vater, ihr seid in mir und ich bin in euch. Wer meine Gebote hat und sie hält, der ist es, der mich liebt; wer mich aber liebt, wird von meinem Vater geliebt werden und auch ich werde ihn lieben und mich ihm offenbaren.

Judas – nicht der Iskariot – fragte ihn: Herr, wie kommt es, dass du dich nur uns offenbaren willst und nicht der Welt? Jesus antwortete ihm: Wenn jemand mich liebt, wird er mein Wort halten; mein Vater wird ihn lieben und wir werden zu ihm kommen und bei ihm Wohnung nehmen. Wer mich nicht liebt, hält meine Worte nicht. Und das Wort, das ihr hört, stammt nicht von mir, sondern vom Vater, der mich gesandt hat. Das habe ich zu euch gesagt, während ich noch bei euch bin. Der Beistand aber, der Heilige Geist, den der Vater in meinem Namen senden wird, der wird euch alles lehren und euch an alles erinnern, was ich euch gesagt habe. Frieden hinterlasse ich euch, meinen Frieden gebe ich euch; nicht, wie die Welt ihn gibt, gebe ich ihn euch. Euer Herz beunruhige sich nicht und verzage nicht. Ihr habt gehört, dass ich zu euch sagte: Ich gehe fort und komme wieder zu euch. Wenn ihr mich liebtet, würdet ihr euch freuen, dass ich zum Vater gehe; denn der Vater ist größer als ich. Jetzt schon habe ich es euch gesagt, bevor es geschieht, damit ihr, wenn es geschieht, zum Glauben kommt. Ich werde nicht mehr viel zu euch sagen; denn es kommt der Herrscher der Welt. Über mich hat er keine Macht, aber die Welt soll erkennen, dass ich den Vater liebe und so handle, wie es mir der Vater aufgetragen hat. Steht auf, wir wollen von hier weggehen!

Die Jünger sind durch die Fußwaschung ergriffen und verwirrt, durch die Entfernung des Verräters innerlich befreit, durch die Voraussage der Verleugnung durch Petrus erschüttert, sodass eine unruhige und doch hellhörige Bereitschaft geweckt ist. In diese Situation hinein spricht der Herr zur Einführung das Wort: »Euer Herz lasse sich nicht verwirren. Glaubt an Gott und glaubt an mich!« Wenn der Mensch auf sich schaut, hat er Grund zu Angst und Bangen. Wenn er aber im Glauben auf Gott schaut und auf Gott vertraut, weicht diese Angst. Glaube und Vertrauen sind die Grundlage in den Abschiedsreden und geben den Jüngern des Herrn die Kraft für die Überwindung aller Lebensschwierigkeiten auch dann, wenn Christus nicht mehr sichtbar in ihrer Mitte weilt. So steht dieses erste Wort wie ein Geleitwort über den Abschiedsreden und über dem ganzen Leben der Jünger nach dem Abschied des Herrn bis zu seiner Wiederkunft.

Zwei Abschnitte sind in der ersten Abschiedsrede deutlich erkennbar, nämlich die Trostgedanken beim Abschied und die Verheißung eines persönlichen Trösters.

1. Die Trostgedanken beim Abschied (V. 1–15): *Das Ziel* für den Herrn und für die Seinen ist das Jenseits. Der Himmel ist das Haus des himmlischen Vaters, also die Wohnung Christi. Das Sein beim Vater, der Zustand der Verklärung. Sein Tod ist ein Heimgang. Er kehrt dorthin zurück, von wo er ausgegangen ist. Aber es ist nicht nur das heimische Haus für ihn selbst, sondern auch für die Seinen. Darum betont er, dass viele Wohnungen dort seien und dass er hingehe, auch ihnen eine Wohnung zu bereiten. Diese Bereitung erfolgt nicht nur durch seine Fürbitte, sondern durch sein eigenes Gehen dorthin. Alle, die mit ihm verbunden sind, haben Heimatrecht im Himmel. Die Gemeinschaft mit ihm ist in ihm und durch ihn gemeinsames Recht auf das himmlische Vaterhaus, auf die Verklärung und Verherrlichung. Noch müssen sie auf der Erde bleiben, aber er wird kommen, sie heimzuholen, und zwar die Einzelnen in der Stunde des Todes, die ganze Gemeinschaft der Seinen bei seiner Wiederkunft. Es ist wichtig, den

Himmel als Heimat der Seele zu sehen. Die Menschen denken meistens umgekehrt. Sie hängen am Irdischen, betrachten die Erde als Heimat, den Tod als ein Schreiten ins Ungewisse. In Wirklichkeit ist für den Gläubigen gerade das Gegenteil der Fall. Er ist hier in der Verbannung, ist Emigrant, ist Fremdling und Wanderer. Der Tod ist der Gang in die Heimat, nicht nur der Seele, sondern des ganzen Menschen. Das griechische Wort für Pfarrei, *paroikia*, bedeutet: Ort, an dem man nicht zu Hause ist. Die Theologie des Todes ist noch nicht geschrieben. Wer das liturgische Sterbegebet liest, *proficiscere, anima christiana*, »Ziehe hin, christliche Seele«, bekommt eine leise Ahnung von der Gestaltung dieses Heimganges. Der Tod wird durch die Glaubensschwäche der Menschen viel zu düster gesehen, sowohl in der Kunst als auch in der Predigt, sowohl auf Grabsteinen als auch in Sterbegesängen. Gewiss ist es etwas Gewaltsames, wenn Seele und Leib auseinandergerissen werden als Folge der Sünde. Aber das ist nur das äußerlich Sichtbare. In Wirklichkeit ist der Tod nur das Durchgangsstadium aus der Fremde in die Heimat und wird überwunden, wenn durch die Auferstehung des Fleisches Leib und Seele zu einer neuen Einheit verbunden sind.

Der Weg zu diesem Ziel ist Christus selbst. Dieser zweite Gedanke wird eingeführt durch die Thomasfrage: »Herr, wir wissen nicht, wohin du gehst. Wie können wir dann den Weg kennen?« Die Antwort Jesu ist das majestätische Wort: »Ich bin der Weg und die Wahrheit und das Leben.« Er ist der Weg, weil man nur durch ihn zum Vater kommt. Er ist Wahrheit, weil er diesen Weg zeigt. Er ist Leben, weil er selbst diesen Weg zum Leben geht und die Seinen auf diesem Weg zu diesem Leben führt. So hängen alle drei Worte »Weg, Wahrheit und Leben« zusammen. Wer in Christus ist, besitzt die Wahrheit über das ewige Leben, ist auf dem Weg zum Leben, besitzt dieses Leben schon in seinen Anfängen und wird es in seiner Vollendung besitzen. Jede andere Lebensauffassung ist Irrweg oder im günstigsten Fall Umweg. Nur der Christ geht den eigentlichen geraden Weg zum Leben.

Christus betont weiter, dass er der *alleinige* Weg sei. »Niemand kommt zum Vater außer durch mich. Wenn ihr mich erkannt habt, werdet ihr auch meinen Vater erkennen. Schon jetzt kennt ihr ihn und habt ihn gesehen.« Ein überraschendes Wort. Die Jünger haben doch nur ihn gesehen. Aber er und der Vater sind eins. Dieser Gedanke, der die Tatsache, dass Christus der alleinige Weg ist, vertieft, wird durch die Bitte des Philippus eingeführt: »Herr, zeige uns den Vater; das genügt uns.« Die Antwort Jesu lautet: »Schon so lange bin ich bei euch, und du hast mich nicht erkannt, Philippus? Wer mich gesehen hat, hat den Vater gesehen.« Also sind er und der Vater eins. Wer ihn sieht, sieht auch den Vater. Wer in ihm ist, ist auch im Vater. Wer mit ihm geht, geht zum Vater. So ist er wirklich der Weg und der einzige, alleinige Weg. Das Ganze ist nur im Glauben fassbar: »Glaubt mir doch, dass ich im Vater bin und dass der Vater in mir ist.«

Das Christentum ist also nicht eine Religion neben anderen, im günstigsten Fall die beste Religionsform, sondern es ist *die* Religion. Denn Christus ist der *eine* und einzige Sohn des himmlischen Vaters und infolgedessen *die* Offenbarung Gottes des Vaters. Man kommt nur durch Gott zu Gott. Christus ist der menschgewordene Gott, also kommt man nur durch ihn zum Vater. Die Menschenwege zu Gott sind also weder gewaltsame Askese noch minutiöse Gesetzestreue noch platonische Loslösung von der Materie noch weniger Selbsterlösung des Menschen noch Immanentismus irgendeiner Pseudoreligion noch Streben nach einem Paradies auf Erden noch der Versuch, Gutes zu tun, sondern Religion ist letztlich Verbundensein mit Christus durch lebendigen Glauben. Das ist *der* Weg, der den Menschen zu Gott führt, der Weg zum eigentlichen Lebensziel. Bei der ersten Abschiedsrede ist das noch einmal mit aller Deutlichkeit gesagt und gezeigt.

Aber der Glaube ist nicht eine Gefühlssache oder eine bloße Verstandessache, sondern er wirkt sich aus im Werk. Das ist das Dritte, das hier betont wird. Neben dem Ziel und dem Weg das *Wirken des Menschen*. So wie Christus wirkt, genauer, so wie der

Vater in ihm wirkt, so wird jeder, der an ihn glaubt, die Werke tun, die Christus tut. Der Herr fügt das merkwürdige Wort hinzu: »Er wird noch größere Werke tun als diese.« Und als Begründung wird angegeben: »Denn ich gehe zum Vater; alles, um was ihr in meinem Namen bitten werdet, werde ich tun, damit der Vater im Sohn verherrlicht wird. Wenn ihr mich um etwas in meinem Namen bitten werdet, werde ich es tun.« Das Größere der Werke, welche die Seinen verrichten, zeigt sich darin, dass sein Werk, die Kirche, sich nun weiter ausbreitet über die ganze Welt hin, während er sich beschränkt hat auf die Grenzen Israels. Und die Erlösung wird weitergehen, nicht nur von Mensch zu Mensch, sondern von Volk zu Volk. Und alles, was er grundgelegt hat in der Lehre, den Ämtern, den Sakramenten, der Liturgie, der Caritas usw., das wird nun zur Entfaltung gelangen, sodass es für die Menschen größer ist als das, was der Herr getan hat, während es in Wirklichkeit ja nichts anderes ist als das Wachstum des Saatkorns, das Christus in die Erde gelegt hat, Entwicklung und Entfaltung dessen, was er gebracht hat. Und selbst diese Entwicklung und Entfaltung ist ihm zu verdanken, seiner Fürbitte beim Vater und seiner Erfüllung der Bitten und Gebete der Menschen.

Damit sind drei Dinge gezeigt: das Ziel, das die Menschen erstreben sollen, nämlich den Himmel als ewige Heimat, der Weg, der dorthin führt, Christus selbst, und das Wirken, das sie auf der Erde vollbringen sollen, nämlich die Werke aus dem Glauben und aus der Verbundenheit mit Christus.

So ist sein Abschied im Grunde genommen nur ein Abschied in der Sichtbarkeit, nicht ein Abschied in der Sache. Die erste Abschiedsrede zeigt, dass Christus geistig und unsichtbar bei den Seinen bleibt. Es sind tiefste Geheimnisse, die hier enthüllt werden, das Wesen und Wirken Christi, die Natur der Kirche, der Sinn des christlichen Lebens, die Kraft des Glaubens und des Gebetes, die Bedeutung des Wirkens und der Werke, und letztlich ist alles sinnerfüllt in und durch Christus, den einzigen Sinn des Lebens, der Geschichte und der ganzen Welt. Die erste Abschiedsrede ist eigentlich kein Abschied, sondern eine erneute und vertiefte Selbstoffenbarung Christi an den engsten Kreis der Seinen, die nun aufnahmefähig sein sollten zum Verständnis der großen Mitteilung und Wahrheitsverkündigung. Es ist aber von hier aus auch in einer besonderen Weise verständlich, warum das Wort vorausgeschickt ist: »Glaubt an Gott und glaubt an mich!« Denn all diese Wahrheiten, die hier durch die Selbstoffenbarung Christi kundgetan werden, sind Glaubenswahrheiten. Sie lassen sich nicht verstandesmäßig nachprüfen und experimentell untersuchen, sind aber dem Glauben und darum dem Gläubigen wichtiger als alles Sinnfällige. Er lebt aus diesem Glauben, und zwar ein Leben, das keinen Tod kennt, also ein Leben, für das es im Grunde genommen keinen Abschied gibt, sondern nur eine Erfüllung und Vollendung. So steht der gläubige Christ auf einer ganz anderen Ebene als der ungläubige Mensch. Seine Lebensauffassung und Lebensgestaltung ist völlig anders. Christsein ist nicht etwas, das zum übrigen Leben noch hinzukommt, sondern es ist etwas, das alles andere ändert und von Grund auf neu formt und neu gestaltet. Wer das erfasst hat, dem ist aber auch letztlich vor dem Tod und dem Jenseits nicht bange. »Euer Herz lasse sich nicht verwirren.« Der Christ ist in seinem Denken und Leben und vor allem in seinem Herzen ein anderer Mensch, denn er lebt in, aus und durch Christus.

2. *Der persönliche Tröster:* Johannes 14,15–31 erreicht eine besondere Höhe und Tiefe der Offenbarung, denn es wird den Jüngern nichts Geringeres versprochen als der dreipersönliche Gott selbst: der Vater, der Sohn und der Geist. Sie werden bei den Jüngern sein und ihnen Trost, Kraft und Hilfe bedeuten. Wie der Glaube Voraussetzung ist, so auch die Liebe. »Wenn ihr mich liebt, werdet ihr meine Gebote halten.« Es ist nicht eine Liebe des Gefühls und des inneren Erlebens, sondern ganz nüchtern und sachlich eine Liebe der Tat, die sich darin zeigt, dass man den Willen des Herrn tut und seine Gebote hält. Wo diese Voraussetzung erfüllt wird, kommt Gott selbst den Menschen zu Hilfe, und zwar

ist zuerst die Rede vom *Heiligen Geist.* »Und ich werde den Vater bitten und er wird euch einen anderen Beistand geben, der für immer bei euch bleiben soll, den Geist der Wahrheit.« Es geht also um den Geist Gottes selbst. Der Menschengeist ist nicht sich selbst überlassen in einer ungeistigen Welt, sondern der Geist Gottes ist in ihm, und zwar ist er ein Tröster, ein *Paraklet,* ein Advokat, d. h. einer, der für uns Fürsprache einlegt. Er ist vom Vater gesandt und darum auch vom Vater erhört. Er ist der Beistand, der nicht nur beim Menschen steht, sondern innerlich im Menschen lebendig ist und wirkt. Er ist Geist der Wahrheit in einer Welt des Irrtums und der Lüge. Wenn es heißt »Er wird für immer bei euch bleiben«, so ist es der ewige Geist, der dem Menschen ewiges Leben verleiht, also nicht nur ein vorübergehender Beistand, nicht nur in schwierigen, gefährlichen Situationen, sondern der dauernd beim Menschen und im Menschen ist.

Zum Heiligen Geist *der Sohn.* »Ich werde euch nicht als Waisen zurücklassen, ich komme zu euch. Nur noch kurze Zeit und die Welt sieht mich nicht mehr; ihr aber seht mich, weil ich lebe und auch ihr leben werdet.« Christus verlässt die Seinen nur jetzt, augenblicklich, für kurze Zeit im Tod. Dann aber ist er bei ihnen. Und zwar zuerst sichtbar in seiner Körperlichkeit als Auferstandener und dann unsichtbar, dem inneren Auge des Glaubens erkenntlich. Sie sind also nicht wie Waisenkinder allein und auf sich selbst gestellt oder Fremden überlassen, sondern haben ihn in ihrer Mitte und haben ihn in sich.

Zum Geist und zum Sohn auch *der Vater.* Noch einmal wird die Liebe als Voraussetzung betont. »Wer meine Gebote hat und sie hält, der ist es, der mich liebt; wer mich aber liebt, wird von meinem Vater geliebt werden und auch ich werde ihn lieben und mich ihm offenbaren.« Gibt es Größeres als diese Liebe zwischen Gott und dem Menschen und die immer weitergehende, immer intimere Offenbarung Gottes an den Menschen? Die Judasfrage »Herr, wie kommt es, dass du dich nur uns offenbaren willst und nicht auch der Welt?« wird dahin beantwortet, dass eben die Welt diese Liebe nicht hat, welche die unabdingbare Voraussetzung ist. Wo aber diese Liebe da ist, da werden Vater, Sohn und Geist kommen und bei ihm »Wohnung nehmen« (beim liebenden Menschen).

Abschließend ist von der ganzen *Heiligen Dreifaltigkeit* die Rede. »Der Beistand aber, der Heilige Geist, den der Vater in meinem Namen senden wird, der wird euch alles lehren und euch an alles erinnern, was ich euch gesagt habe.« Ein Doppeltes ist in diesem Satz wichtig. Einmal die Lehre von der Heiligen Dreifaltigkeit. Der Geist geht vom Vater und vom Sohn aus, aber er wird gesendet im Namen des Sohnes. Es ist derselbe eine Geist, der allen drei Personen gemeinsam ist. Ein Zweites ist wichtig: »Er wird euch alles lehren und euch an alles erinnern, was ich euch gesagt habe.« Es kommt also nichts Neues, keine neue Offenbarung, sondern es ist nur eine innere Klärung, ein inneres Verständnis dessen, was Christus selbst gelehrt und gesagt hat. Es ist nicht etwas, das von außen neu hinzukommt, sondern eine Entfaltung und Entwicklung dessen, was schon da ist. Die Offenbarung wird mit dem Tod des letzten Apostels abgeschlossen. Ein neues Dogma gibt es nur in dem Sinne, dass etwas, das schon in der Lehre Christi enthalten und kundgetan war, nun als eindeutig in dieser Lehre enthalten erkannt und verkündet wird. Christus ist der eine und letzte Bringer der Gottesbotschaft. Nicht einer unter vielen, sondern der Einmalige, der krönende Abschluss.

Die Wirkung ist der Friede des Herzens. Wieder wird das Wort »Euer Herz beunruhige sich nicht und verzage nicht« aufgegriffen in einer anderen, positiveren Formulierung: »Frieden hinterlasse ich euch, meinen Frieden gebe ich euch; nicht, wie die Welt ihn gibt, gebe ich ihn euch.« Es ist kein bequemer oder fauler Friede. Denn neben dem dreifaltigen Gott steht Satan als »Fürst der Welt«. Er ist der Hasser, ihm gegenüber steht Christus als der große Liebende. »Die Welt soll erkennen, dass ich den Vater liebe und so handle, wie es mir der Vater aufgetragen hat.« So werden wiederum Licht und Dunkel, Liebe und Hass, Leben und Tod sichtbar.

Aber jetzt so, dass Liebe und Leben leicht triumphieren, weil eben Christus durch seinen Tod den Fürsten dieser Welt grundsätzlich überwunden hat. So schließt diese erste Abschiedsrede mit einem triumphalen Ausklang. Darum auch das tapfere, sichere: *»Steht auf, wir wollen von hier weggehen.«*

ZWEITE ABSCHIEDSREDE: GEMEINSCHAFT

Joh 15,1–27

Ich bin der wahre Weinstock und mein Vater ist der Winzer. Jede Rebe an mir, die keine Frucht bringt, schneidet er ab und jede Rebe, die Frucht bringt, reinigt er, damit sie mehr Frucht bringt. Ihr seid schon rein kraft des Wortes, das ich zu euch gesagt habe. Bleibt in mir und ich bleibe in euch. Wie die Rebe aus sich keine Frucht bringen kann, sondern nur, wenn sie am Weinstock bleibt, so auch ihr, wenn ihr nicht in mir bleibt. Ich bin der Weinstock, ihr seid die Reben. Wer in mir bleibt und in wem ich bleibe, der bringt reiche Frucht; denn getrennt von mir könnt ihr nichts vollbringen. Wer nicht in mir bleibt, wird wie die Rebe weggeworfen und er verdorrt. Man sammelt die Reben, wirft sie ins Feuer und sie verbrennen. Wenn ihr in mir bleibt und meine Worte in euch bleiben, dann bittet um alles, was ihr wollt: Ihr werdet es erhalten. Mein Vater wird dadurch verherrlicht, dass ihr reiche Frucht bringt und meine Jünger werdet. Wie mich der Vater geliebt hat, so habe auch ich euch geliebt. Bleibt in meiner Liebe! Wenn ihr meine Gebote haltet, werdet ihr in meiner Liebe bleiben, so wie ich die Gebote meines Vaters gehalten habe und in seiner Liebe bleibe. Dies habe ich euch gesagt, damit meine Freude in euch ist und damit eure Freude vollkommen wird.

Das ist mein Gebot, dass ihr einander liebt, so wie ich euch geliebt habe. Es gibt keine größere Liebe, als wenn einer sein Leben für seine Freunde hingibt. Ihr seid meine Freunde, wenn ihr tut, was ich euch auftrage. Ich nenne euch nicht mehr Knechte; denn der Knecht weiß nicht, was sein Herr tut. Vielmehr habe ich euch Freunde genannt; denn ich habe euch alles mitgeteilt, was ich von meinem Vater gehört habe. Nicht ihr habt mich erwählt, sondern ich habe euch erwählt und dazu bestimmt, dass ihr euch aufmacht und Frucht bringt und dass eure Frucht bleibt. Dann wird euch der Vater alles geben, um was ihr ihn in meinem Namen bittet. Dies trage ich euch auf, dass ihr einander liebt.

Wenn die Welt euch hasst, dann wisst, dass sie mich schon vor euch gehasst hat. Wenn ihr von der Welt stammen würdet, würde die Welt euch als ihr Eigentum lieben. Aber weil ihr nicht von der Welt stammt, sondern weil ich euch aus der Welt erwählt habe, darum hasst euch die Welt. Denkt an das Wort, das ich euch gesagt habe: Der Sklave ist nicht größer als sein Herr. Wenn sie mich verfolgt haben, werden sie auch euch verfolgen; wenn sie an meinem Wort festgehalten haben, werden sie auch an eurem Wort festhalten. Doch dies alles werden sie euch um meines Namens willen antun; denn sie kennen den nicht, der mich gesandt hat.

Wenn ich nicht gekommen wäre und nicht zu ihnen gesprochen hätte, wären sie ohne Sünde; jetzt aber haben sie keine Entschuldigung für ihre Sünde. Wer mich hasst, hasst auch meinen Vater. Wenn ich bei ihnen nicht die Werke vollbracht hätte, die kein anderer vollbracht hat, wären sie ohne Sünde. Jetzt aber haben sie die Werke gesehen und doch haben sie mich und meinen Vater gehasst. Aber das Wort sollte sich erfüllen, das in ihrem Gesetz geschrieben steht: Ohne Grund haben sie mich gehasst.

Wenn aber der Beistand kommt, den ich euch vom Vater aus senden werde, der Geist der Wahrheit, der vom Vater ausgeht, dann wird er Zeugnis für mich ablegen. Und auch ihr legt Zeugnis ab, weil ihr von Anfang an bei mir seid.

Die erste Rede schloss mit dem Satz: »Steht auf, wir wollen von hier weggehen.«

Man hat sich vielfach den Kopf darüber zerbrochen, wie es möglich ist, dass trotz dieses Schlusssatzes die Rede noch weitergeht, und hat alle möglichen Erklärungsversuche unternommen. Die einen suchen die Lösung darin, dass dieses Sätzlein am falschen Ort stehe und eigentlich an den Schluss gehöre, aber durch irgendeinen Abschreiber irrtümlicherweise hierhergeraten sei.

Das ist an sich durchaus möglich. Aber man ist nicht gezwungen, diese Umstellung vorzunehmen. Andere suchen die Schwierigkeit dadurch zu beantworten, dass sie behaupten, Christus sei aufgestanden, habe dann, von den Seinen umringt, stehend die übrigen zwei Reden gehalten. Aber das ist nicht sehr wahrscheinlich. Im Allgemeinen hält man nicht mit dem Türgriff in der Hand große Reden, zumal nicht Ansprachen mit so tiefem religiösem Gehalt, wie die folgenden zwei Abschiedsreden es sind. Wieder andere haben behauptet, die Rede sei unterwegs zum Ölberg gesprochen worden oder gar im Tempel. Aber die Stimmung, in der Christus beim Ölberg ankommt, passt gar nicht zu dieser Erklärung, und der Tempel ist in der Nacht geschlossen. Viel wahrscheinlicher ist es, dass Johannes die Rede mit einer gewissen Freiheit komponiert hat. Es ist ja kaum anzunehmen, dass er die Gedanken der drei Reden genau in der Reihenfolge niederschrieb, in der Christus sie gehalten hat, zumal Jahrzehnte zwischen damals und der Niederschrift liegen. Johannes gibt den wesentlichen Gehalt der Reden Jesu wieder. Es können sogar Worte darin stehen, die bei ganz anderen Anlässen gesprochen worden sind, z. B. erst zwischen Auferstehung und Himmelfahrt. Johannes ist in der Komposition sehr frei. Die Hauptsache ist, dass es Worte des Herrn sind und dass es im wesentlichen Abschiedsworte sind. Die Bemerkung »Wir wollen von hier weggehen« ist dann einfach eine Art Trennungsstrich zwischen der ersten und zweiten Rede mit der Betonung, dass es um letzte Worte geht. Außerdem lässt Johannes als Orientale die Logik der Gedankenfolge nicht so hervortreten, wie wir das gewohnt sind und wie wir es für unser Verständnis auch tatsächlich tun müssen. Die zweite Abschiedsrede kann also entweder Gedanken aus der ersten aufgreifen oder auch Worte Jesu vor dem letzten Mahl oder nach der Auferstehung. Nur ein westlicher Pedant wird daran Anstoß nehmen.

Die zweite Rede enthält im Wesentlichen den Grundgedanken, dass die Seinen als Gemeinschaft zurückbleiben. Der Gemeinschaftsgedanke steht also im Vordergrund. Diese Gemeinschaft ist eine doppelte, nämlich Gemeinschaft mit ihm und Gemeinschaft untereinander.

1. Die Gemeinschaft der Jünger mit Christus: Der Gedanke wird am Bild der Rebe entwickelt. Dieses Bild ist in der Bibel sehr häufig. Hier geht es nicht um den Weinberg, sondern um die Einzelrebe, die emporrankt und ihre Zweige weithin ausbreitet. Der Gedanke lag umso näher, als ja der Kelch des Paschamahles die Runde machte und somit die Rede ungezwungen auf den Weinstock kommen konnte.

Die Natur der Rebe: Das Rebholz ist an sich zu nichts zu gebrauchen, weder für den Schreiner und Zimmermann noch für den Künstler und Schnitzer. Wenn aber aus der Wurzel Lebenssaft durch dieses an sich unbrauchbare Rebholz geht, vollzieht sich das naturhafte »Wandlungswunder«, dass gerade dieses Holz die süßesten Früchte trägt. So ist es mit dem Menschen, der aus sich nichts ist und zu nichts taugt, aber durch die Verbundenheit mit Christus ein edler Weinstock wird. Zur Rebe gehört es weiterhin, dass die verschiedenen Blätter und Zweige durch die Verbundenheit mit dem eigentlichen Rebholz eine Einheit bilden. So ist es mit den Jüngern Christi. Christus ist der wahre Weinstock, die Jünger sind Rebzweige, die mit ihm verbunden sind. So ist seine Gemeinde eine Vielheit in seiner Einheit und eine Einheit in der Vielheit der Zweiglein und Blätter, der Blüten und Beeren. Die einzelne Beere ist nichts in sich und aus sich. Sie ist aber alles durch den Lebenssaft, den sie vom Weinstock empfängt. So ist der einzelne Jünger des Herrn nichts. Er ist aber alles durch die Verbundenheit mit ihm. Die Gemeinschaft der Seinen mit ihm ist also das große Geheimnis der Kirche in dieser Zeit und auf dieser Erde.

Die Arbeit des Winzers: »Mein Vater ist der Winzer. Jede Rebe an mir, die keine Frucht bringt, schneidet er ab und jede Rebe, die Frucht bringt, reinigt er, damit sie mehr Frucht bringt.« Die Seinen, die einzelnen Jünger sowohl wie die Gemeinschaft der Kirche, sind also nicht sich selbst überlassen, sondern sind ständig in der sorgenden und pflegenden Hand des himmlischen Vaters. Das

Wirken dieser Hand ist oft schmerzlich wie das scharfe Rebmesser in der Hand des Winzers. Oft wird unbarmherzig zurückgeschnitten und nach menschlichem Empfinden schonungslos gearbeitet. Und doch ist jede Bewegung, jeder Griff, jeder Schnitt von sorgender Liebe diktiert. Körperliche und seelische Leiden, Schicksalsschläge, Enttäuschungen, Misserfolge, seelische Trockenheit, Unverstandensein, Einsamkeit bis zu den verborgenen Tränen und dem letzten, inneren Verzicht gehören wesentlich zum Leben des Christen, der sich ganz der Hand des himmlischen Vaters überlässt. Was unnütz ist oder nicht zum Weinstock gehört, wird unbarmherzig weggeschnitten, denn es ist nur Hindernis für das eigentliche Wachstum, auch wenn es in leuchtenden Farben glüht oder in zartestem Grün und seidener Weichheit Verwunderung weckt. Wie oft beklagen sich die Menschen über die Arbeit des göttlichen Winzers und bestürmen ihn, seinem liebenden Schneiden ein Ende zu machen, wo doch in Wirklichkeit alles nur zu ihrem eigenen Besten geschieht!

Die Fruchtbarkeit: Zwei Behauptungen stehen in voller Klarheit und unumstößlicher Gewissheit hier, nämlich einerseits »Wer in mir bleibt und in wem ich bleibe, der bringt reiche Frucht«. Wir haben also die göttliche Garantie durch ein Wort der Offenbarung, dass unser Leben dann fruchtbar ist, wenn es in Christus geführt wird, und dass unser ganzes Beten, Wirken und Opfern nicht ohne Frucht sein kann, wenn es in der Verbundenheit mit Christus vollzogen ist. Wir wollen immer wieder die Früchte selbst sehen, verkosten, mit Händen greifen, anstatt im Glauben an dieses Christuswort von der Fruchtbarkeit überzeugt zu sein. Ein Christenleben mag äußerlich ohne Erfolg, ohne Wirkung, scheinbar sinnlos, wertlos und zwecklos zerrinnen, in Wirklichkeit ist es ein fruchtbares Leben, ja oft geradezu ein fruchtbeladenes, wenn und weil es in Christus gelebt ist. Daneben steht der andere Satz: »Wer nicht in mir bleibt, wird wie die Rebe weggeworfen und er verdorrt. Man sammelt die Reben, wirft sie ins Feuer und sie verbrennen.« Das ist die andere Seite dieser Wahrheit. Ein

Menschenleben mag äußerlich große Werke vollbringen, Erfolge haben, bewundert sein. In den Augen Gottes ist es nichts, wenn all das nicht in Christus geschehen ist. Das Endschicksal ist die Verwerfung, wie dürres Rebholz nur Brennmaterial ist und darum ins Feuer geworfen wird. Fruchtbarkeit und Unfruchtbarkeit des Lebens, Wirkkraft und Wirkungslosigkeit, Erfolg und Misserfolg sind damit schroff nebeneinandergestellt und für die Augen des Glaubens sichtbar gemacht.

All das ist letztlich Verherrlichung des Vaters. »Mein Vater wird dadurch verherrlicht, dass ihr reiche Frucht bringt und meine Jünger werdet.« Die *Gloria Dei* ist nicht etwas äußerlich Sichtbares in Organisationen, Institutionen, Bewegungen, zahlenmäßig registrierbaren Erfolgen, statistisch nachweisbaren Resultaten und grafisch steil aufsteigenden Kurven. Das kann alles Täuschung sein, weil es mit menschlichem Maßstab gemessen und mit menschlichen Augen gesehen ist. Die wirkliche Fruchtbarkeit und Unfruchtbarkeit des Lebens ist nur vom Glauben her bestimmbar und hängt einzig und allein ab von der Verbundenheit mit Christus. Aus ihm und nur aus ihm strömt der lebendige Saft ins Rebholz und nur durch diesen Saft entstehen die süßen Trauben. Die seinshafte Verbundenheit durch die Gnade, die gesinnungsmäßige Verbundenheit durch die Liebe und die seelisch-aktuelle Verbundenheit im Gebet sind die entscheidenden Faktoren, die ein Leben fruchtbar machen. Eines Tages wird auch hier sichtbar werden, dass Letzte Erste und Erste Letzte sind. So ist das Bild vom Weinstock in seiner Natur, seinem Geschehen und seiner Wirkung außerordentlich treffend und tiefsinnig. Süße Früchte, die der Mensch gewaltsam an sich reißt, sind das Bild der Sünde der ersten Seiten der Bibel. Süße Früchte, die durch Christus im Menschen reifen, sind in der gleichen Bibel ein Bild der Gnade. Ob der Mensch bloßes Brennmaterial ist oder süßer Wein zur Verherrlichung Gottes, hängt einzig und allein davon ab, ob er auf sich vertraut und aus eigener Kraft wirken und leben will oder ob er sich um die Verbundenheit mit Christus müht und in demütigem

Glauben und lebendiger Liebe aus Christus die Fruchtbarkeit seines Lebens empfängt. Das Sein in Christus bewirkt das Wandlungswunder, dass Luft und Wasser, die wir von außen aufnehmen, in den süßen Wein verwandelt werden. Es ist ein Wunder der Gnade, das nur durch den wunderbaren, gnadenspendenden Christus möglich und wirklich ist. Die Gemeinschaft mit ihm ist somit das Erste.

2. *Die Gemeinschaft der Jünger untereinander:* Ist die Gemeinschaft mit Christus in erster Linie etwas Seinshaftes, so ist die Gemeinschaft der Jünger untereinander zwar auch ein Sein, aber hier in dieser Abschiedsrede vor allem eine Gesinnung: die Gesinnung der Liebe. Und zwar ist es jene Liebe, die von Christus her kommt und dadurch alle Christusjünger umfasst und erfüllt.

Der zweite Teil der Abschiedsrede geht nun tiefer auf das Wesen der Verbundenheit in der Liebe ein.

Die Liebe: Zwei Gedanken fließen wie Wellen ständig ineinander: die Liebe Christi zu den Seinen als Vorbild und die Liebe der Seinen untereinander als Abbild.

Die Liebe Christi weist als Vorbild ihrerseits auch noch über sich hinaus und wurzelt in Gott selbst. »Wie mich der Vater geliebt hat, so habe auch ich euch geliebt. Bleibt in meiner Liebe!« Das Wesen Gottes ist die Liebe. So ist das Band, das Vater und Sohn verbindet, die Liebe. Diese bildet auch das Band, das Gott mit den Menschen verbindet. Die Menschen sollen als freie Wesen die Antwort der Liebe geben, und zwar ist es eine Antwort des Gehorsams aus Liebe, d. h. der völligen Einigung in der Absicht und im Wollen. »Bleibt in meiner Liebe! Wenn ihr meine Gebote haltet, werdet ihr in meiner Liebe bleiben, so wie ich die Gebote meines Vaters gehalten habe und in seiner Liebe bleibe.« Das ist nicht ein knechtisches Erfüllen des Willens eines anderen, sondern die völlige Einswerdung, von der die Einswerdung der Körper nur ein mattes, schwaches Abbild ist. Liebe ist Einswerdung des Geistes und darum etwas Frohmachendes. »Dies habe ich euch gesagt, damit meine Freude in euch ist und damit eure Freude vollkommen wird.«

Ein Zweites ist aus der Liebe Christi zu den Seinen sichtbar: die völlige Hingabe des Lebens. »Es gibt keine größere Liebe, als wenn einer sein Leben für seine Freunde hingibt.« So sollen also auch die Seinen bereit sein, einander so zu lieben, dass sie selbst ihr Leben füreinander hingeben. »Das ist mein Gebot, dass ihr einander liebt, so wie ich euch geliebt habe.« Dann erst ist die eigentliche Freundschaft untereinander und mit Christus vollkommen. *Ihr seid meine Freunde, wenn ihr tut, was ich euch auftrage.* »Ich nenne euch nicht mehr Knechte; denn der Knecht weiß nicht, was sein Herr tut. Vielmehr habe ich euch Freunde genannt; denn ich habe euch alles mitgeteilt, was ich von meinem Vater gehört habe.« Es ist also nicht nur Hingabe des Lebens. Das ist schließlich etwas Äußeres. Sondern es ist Hingabe des Wissens, es ist Offenbarung, Mitteilung, völlige Einswerdung im Geist. Die Offenbarung Christi an die Seinen ist aus Liebe erfolgt. Sie sind nicht Knechte, sondern Freunde. Darum sollen sie auch untereinander sich nicht wie Herr und Knecht behandeln, sich nicht reserviert gegenüberstehen, sondern in unbefangener Liebe einander mitteilen, sodass jeder teilhat an dem, was dem anderen gegeben ist. Es ist wirkliche Gemeinschaft im Innersten und im vollsten Sinn des Wortes.

Ein Drittes fügt der Herr hinzu: Es ist nicht nur vorbildliche Liebe, hingebende Liebe, sondern es ist auch erwählende Liebe. »Nicht ihr habt mich erwählt, sondern ich habe euch erwählt und dazu bestimmt, dass ihr euch aufmacht und Frucht bringt und dass eure Frucht bleibt.« Es wird hier an das Geheimnis der Prädestination gerührt, also der Gnadenwahl von Ewigkeit her. Aus Liebe hat Gott erwählt, aus Liebe der Wahl entsprechend begnadet und aus Liebe wird er der Wahl und der Gnade entsprechend verherrlichen, sodass alles das Werk der ewigen Liebe ist. Der Mensch ist als Christ nicht ein Erwählender, der sich entschließt, Christ zu werden. Erst recht ist er als Priester oder Ordensperson nicht der, der selbst wählt, sondern er ist zuallererst einer, der erwählt wurde und nun zu dem erwählenden Wort einfach Ja sagt, sagen kann und sagen darf. Berufswahl legt den Akzent zuerst auf den Ruf Gottes und dann erst auf das Wählen als Antwort auf diesen Ruf. Das Bewusstsein des Auserwähltseins muss den Christen erfüllen.

So ist in diesem Abschnitt die Liebe Gottes in Christus zum Menschen als das große Geheimnis aufgezeigt, das eigentliche Urbild. Die Antwort des Abbildes soll sein: die Liebe der Menschen zum erwählenden, hingebenden, liebenden Christus und um seinetwillen die große Gemeinschaft der Liebe untereinander, und zwar ebenfalls als hingebende, bereite, geöffnete, selbstlose Liebe. Und so schließt der Abschnitt mit den schlichten, aber erst jetzt in ihrer Tiefe verständlichen Worten: »Das ist mein Gebot, dass ihr einander liebt.« Es ist Geist und Wille Christi, ja es ist das innerste Wesen Christi selbst, darum auch das innerste Wesen der Christen und der christlichen Gemeinschaft. Dieser Abschnitt ist somit eine Selbstmitteilung, eine Offenbarung des innersten Geheimnisses Gottes selbst.

Man sollte meinen, dass ein solches Leben aus Liebe eine Strahlkraft habe, der niemand widerstehen kann. Aber das ist nicht der Fall. Neben diesem Licht steht das Dunkel.

Der Hass: Zwei Tatsachen werden hier mit aller Deutlichkeit verkündet, nämlich dass die Welt die Jünger Christi hasst und dass dieser Hass schuldhaft ist.

Die Welt hasst die Jünger: Auch hier geht es zuerst um Christus und dann erst seinetwegen, in einer Art Abbild seines Urbildes, um die Jünger. Christus ist von der Welt gehasst. »Wenn die Welt euch hasst, dann wisst, dass sie mich schon vor euch gehasst hat. [...] Der Sklave ist nicht größer als sein Herr. Wenn sie mich verfolgt haben, werden sie auch euch verfolgen; wenn sie an meinem Wort festgehalten haben, werden sie auch an eurem Wort festhalten.« Christus ist die menschgewordene Liebe, aber diese Liebe ist verschmäht, ja durch Hass beantwortet worden. Sie haben sein Wort, das Offenbarung der Liebe ist, nicht angenommen. So werden sie auch das Wort der Jünger nicht annehmen. Der Satz des

Prologes »Er kam in sein Eigentum, aber die Seinen nahmen ihn nicht auf, das Licht leuchtet in der Finsternis, aber die Finsternis hat es nicht erfasst« wird hier wieder aufgegriffen. Das Mysterium der Ablehnung und des Neinsagens tritt in Erscheinung. Der Mensch will nicht Gott die Ehre geben, sondern sich selbst. Er will nicht Gott verehren, sondern selbst als eine Art Herrgott geehrt sein. Daher sein Nein zu Gott. Daher der Hass gegen die geoffenbarte Liebe.

Dann kann es aber den Jüngern des Herrn nicht anders gehen. Der Christ und vor allem der christliche Verkündiger darf sich also keiner Täuschung hingeben. Er wird nicht mit offenen Armen aufgenommen. Seine Botschaft findet nicht überall ein frohes Echo. Christentum ist kein Siegeszug. Und dort, wo es längere Zeit der Fall ist, fehlt an der Botschaft etwas Wesentliches. Wer ein irdisches Paradies der Liebe erträumt, hat das Evangelium nicht verstanden, und wer meint, wenn er anderen Gutes tue, müsse er sie dadurch notwendig erobern, täuscht sich. Auch die Liebe ist kein Allheilmittel zur Gewinnung anderer und zur Umgestaltung der Welt. Denn es gibt die zerstörende Kraft des Neins, des Hasses, der Sünde, der Dämonie. Wer damit nicht rechnet oder dies bagatellisiert, hat den dunklen Hintergrund der Frohbotschaft nicht erfasst und die Worte Christi nicht ernst genommen. Er hat sich vor allem mit dem Kreuz nicht ehrlich auseinandergesetzt. Gerade die Heiligen, die am meisten aus der Liebe und in der Liebe leben, sind ernste Menschen.

Dieser Hass ist schuldhaft. Die Schuld beruht auf einem Doppelten.

Einmal auf der Tatsache, dass Christus unter ihnen gelebt hat: »Wenn ich nicht gekommen wäre und nicht zu ihnen gesprochen hätte, wären sie ohne Sünde; jetzt aber haben sie keine Entschuldigung für ihre Sünde.« Sie haben ihn gesehen, seine Worte gehört und damit die Offenbarung der Liebe mit seinem Wesen und seinem Wort vernommen. Es ist ihnen also nichts Fremdes und Unbekanntes. Sie sind sich bewusst, dass hinter ihm der Vater steht, dass es sich also um Gott selbst handelt. Ihr Nein gilt wirklich Gott.

Die zweite Schuld liegt darin, dass er nicht nur unter ihnen gelebt und zu ihnen gesprochen, sondern unter ihnen gewirkt hat. »Wenn ich bei ihnen nicht die Werke vollbracht hätte, die kein anderer vollbracht hat, wären sie ohne Sünde. Jetzt aber haben sie die Werke gesehen und doch haben sie mich und meinen Vater gehasst.« Seine Werke waren ein Tun der Liebe, die Wunder sowohl wie die Gründung der Kirche und vor allem das Werk der Hingabe am Kreuz. Seine Botschaft der Liebe ist also nicht nur ein Programm, eine Weltanschauung, ein System, eine Lebensphilosophie, ein schönes theoretisches Ideal, sondern die Werke waren Verwirklichung seiner Worte. Sie haben all das gesehen und miterlebt, also gibt es keine Entschuldigung. Ihr Nein ist schuldhaft. Ihr Hass ist grundlos.

Aber die Rede schließt nicht mit diesem negativen, pessimistischen Ausblick, sondern noch einmal spricht der Herr vom Beistand, den er senden wird, vom Geist der Wahrheit, der Zeugnis gibt und der auch den Jüngern Kraft gibt, Zeugnis zu geben. So wird mitten in der Welt des Hasses das Zeugnis der Liebe lebendig bleiben. Gott ist stärker als die Menschen, darum werden auch die Christen als Kinder Gottes dem Hass nicht erliegen, das Zeugnis wird sich dennoch und trotzdem durchsetzen. Damit ist das Große und Strahlende gezeigt, aber ohne Täuschung und Enttäuschung. Es ist der Heilige Geist, der in der unheiligen Welt wirkt. Der Geist der Wahrheit, der gegen den Geist der Lüge wirkt, der Geist der Liebe, der den Hass überwindet, der Geist Gottes, der den Ungeist der Gottwidrigkeit besiegt.

Das ist das Leben der Seinen in der Welt. Sie sind eine Gemeinschaft der Liebe untereinander und verbunden mit ihm und durch ihn mit dem Vater. Und diese Gemeinschaft wird stärker sein als alle Gegnerschaft. So ist auch die zweite Abschiedsrede trotz ihres Ernstes eine Rede des Trostes und der Freude.

DRITTE ABSCHIEDSREDE: SIEGHAFTE HALTUNG

Joh 16,1–33

Das habe ich euch gesagt, damit ihr keinen Anstoß nehmt. Sie werden euch aus der Synagoge ausstoßen, ja es kommt die Stunde, in der jeder, der euch tötet, meint, Gott einen heiligen Dienst zu leisten. Das werden sie tun, weil sie weder den Vater noch mich erkannt haben. Ich habe es euch aber gesagt, damit ihr euch, wenn die Stunde kommt, daran erinnert, dass ich es euch gesagt habe. Das habe ich euch nicht gleich zu Anfang gesagt; denn ich war ja bei euch. Jetzt aber gehe ich zu dem, der mich gesandt hat, und keiner von euch fragt mich: Wohin gehst du? Vielmehr hat Trauer euer Herz erfüllt, weil ich euch das gesagt habe. Doch ich sage euch die Wahrheit: Es ist gut für euch, dass ich fortgehe. Denn wenn ich nicht fortgehe, wird der Beistand nicht zu euch kommen; gehe ich aber, so werde ich ihn zu euch senden. Und wenn er kommt, wird er die Welt der Sünde überführen und der Gerechtigkeit und des Gerichts; der Sünde, weil sie nicht an mich glauben; der Gerechtigkeit, weil ich zum Vater gehe und ihr mich nicht mehr seht; des Gerichts, weil der Herrscher dieser Welt gerichtet ist.

Noch vieles habe ich euch zu sagen, aber ihr könnt es jetzt nicht tragen. Wenn aber jener kommt, der Geist der Wahrheit, wird er euch in der ganzen Wahrheit leiten. Denn er wird nicht aus sich selbst heraus reden, sondern er wird reden, was er hört, und euch verkünden, was kommen wird. Er wird mich verherrlichen; denn er wird von dem, was mein ist, nehmen und es euch verkünden. Alles, was der Vater hat, ist mein; darum habe ich gesagt: Er nimmt von dem, was mein ist, und wird es euch verkünden.

Noch eine kurze Zeit, dann seht ihr mich nicht mehr, und wieder eine kurze Zeit, dann werdet ihr mich sehen. Da sagten einige von seinen Jüngern zueinander: Was meint er damit, wenn er zu uns sagt: Noch eine kurze Zeit, dann seht ihr mich nicht mehr, und wieder eine kurze Zeit, dann werdet ihr mich sehen? Und: Ich gehe zum Vater? Sie sagten: Was heißt das, wenn er sagt: eine kurze Zeit? Wir wissen nicht, wovon er redet.

Jesus erkannte, dass sie ihn fragen wollten, und sagte zu ihnen: Ihr macht euch untereinander Gedanken darüber, dass ich euch gesagt habe: Noch eine kurze Zeit, dann seht ihr mich nicht mehr, und wieder eine kurze Zeit, dann werdet ihr mich sehen. Amen, amen, ich sage euch: Ihr werdet weinen und klagen, aber die Welt wird sich freuen; ihr werdet traurig sein, aber eure Trauer wird sich in Freude verwandeln. Wenn die Frau gebären soll, hat sie Trauer, weil ihre Stunde gekommen ist; aber wenn sie das Kind geboren hat, denkt sie nicht mehr an ihre Not über der Freude, dass ein Mensch zur Welt gekommen ist. So habt auch ihr jetzt Trauer, aber ich werde euch wiedersehen; dann wird euer Herz sich freuen und niemand nimmt euch eure Freude. An jenem Tag werdet ihr mich nichts mehr fragen. Amen, amen, ich sage euch: Was ihr den Vater in meinem Namen bitten werdet, das wird er euch geben. Bis jetzt habt ihr noch um nichts in meinem Namen gebeten. Bittet und ihr werdet empfangen, damit eure Freude vollkommen ist.

Dies habe ich in Bildreden zu euch gesagt; es kommt die Stunde, in der ich nicht mehr in Bildreden zu euch sprechen, sondern euch offen vom Vater künden werde. An jenem Tag werdet ihr in meinem Namen bitten und ich sage euch nicht, dass ich den Vater für euch bitten werde; denn der Vater selbst liebt euch, weil ihr mich geliebt und weil ihr geglaubt habt, dass ich von Gott ausgegangen bin. Ich bin vom Vater ausgegangen und in die Welt gekommen; ich verlasse die Welt wieder und gehe zum Vater.

Da sagten seine Jünger: Siehe, jetzt redest du offen und sprichst nicht mehr in Bildreden. Jetzt wissen wir, dass du alles weißt und von niemandem gefragt zu werden brauchst. Darum glauben wir, dass du von Gott ausgegangen bist. Jesus erwiderte ihnen: Glaubt ihr jetzt? Siehe, die Stunde kommt und sie ist schon da, in der ihr versprengt sein werdet, jeder in sein Haus, und mich alleinlassen werdet. Aber ich bin nicht allein, denn der Vater ist bei mir.

Dies habe ich zu euch gesagt, damit ihr in mir Frieden habt. In der Welt seid ihr in Bedrängnis; aber habt Mut: Ich habe die Welt besiegt.

Die Jünger bleiben als eine Gemeinschaft mit Christus und untereinander in der Welt. Sie werden von der Welt gehasst, aber sie werden mit sieghafter Kraft Zeugnis geben. Diese sieghafte Haltung, die den Inhalt der dritten Rede bildet, beruht auf einem Doppelten, nämlich auf dem Beistand des Heiligen Geistes und auf Jesus selbst.

1. Der Beistand des Heiligen Geistes

Gegen die anderen: Das Leben der Seinen und damit der Kirche in der Welt wird ein harter, ständiger *Kampf* sein. In aller Deutlichkeit und Schärfe wird es von Christus noch einmal aufgegriffen und betont. »Sie werden euch aus der Synagoge ausstoßen, ja es kommt die Stunde, in der jeder, der euch tötet, meint, Gott einen heiligen Dienst zu leisten.« Die Ausstoßung aus der Synagoge und damit aus Israel ist nur der Anfang. Er wird seine Fortsetzung finden in der Ausstoßung aus der menschlichen Gemeinschaft, also in der Verdrängung ins Ghetto, in einer Art Verächtlichmachung und in der Verweigerung einer Gleichstellung. Die Christen sind immer etwas Besonderes in der Welt und müssen mit dieser Sonderstellung vorliebnehmen. Die Tragik daran ist, dass die anderen noch glauben, Gott damit einen Dienst zu erweisen. Die Führer Israels verwerfen Christus und die Christen mit Berufung auf Jahwe, sein Gesetz und seinen Willen. Auch später wird die Verfolgung der Christen immer wieder getarnt und mit schönen Motiven zugedeckt. Ob sie nun Fortschritt, Humanität, Wissenschaft,

Kultur, Wohlfahrt des Volkes oder sonst irgendwie heißen, es ist immer der Schein des Guten, der das Böse der Christenverfolgung zu rechtfertigen sucht.

Aber die Jünger des Herrn werden den Kampf bestehen in der Kraft des *Heiligen Geistes.* Seine Aufgabe wird hier als eine dreifache geschildert. Es vollzieht sich gewissermaßen ein Prozess vor Gericht. Der Heilige Geist führt diesen Prozess zu einem sieghaften Ende.

Er überführt die Welt der *Sünde.* Das zeigt sich vor allem darin, dass die Verurteilung und Kreuzigung Jesu als Sünde sichtbar gemacht wird durch die Auferstehung und das Weiterleben des Herrn. Überführen besagt nicht, dass der Überführte es eingesteht und zugibt, aber objektiv ist der Nachweis erbracht. Auch für spätere Zeiten ist das Wirken des Heiligen Geistes eine solche Überführung. Denn immer wieder wird es sich zeigen, dass der Unglaube zu Unmoral führt und die Unmoral letztlich das menschliche Leben zerstört oder verunmöglicht: das Einzelleben bis zum Selbstmord oder auf alle Fälle zur innerlichen Unzufriedenheit, das Familienleben zum Zerfall und zur Unfruchtbarkeit, das Völkerleben zu Katastrophen, Revolutionen, Kriegen, das Geistesleben zu Materialismus, Individualismus, Selbstüberhebung, zu bloßer Zivilisation anstelle der Kultur usw. Wer sich dem Wirken des Gottesgeistes öffnet, hat den Blick dafür und beachtet diese ständige Überführung, diesen Nachweis der Sündhaftigkeit und der Schuld.

Der Heilige Geist zeigt auch, dass es eine *Gerechtigkeit* gibt. Wieder zuerst bei Christus. Er ist zu Unrecht verurteilt und getötet worden, aber der Vater hat ihm Gerechtigkeit widerfahren lassen durch die Auferweckung und die Herrlichkeit. Damit wissen die Jünger, dass das Recht letztlich doch siegt. Auch das wird weitergehen im Laufe der Kirchengeschichte. Das Unrecht wird für den Augenblick immer oder wenigstens häufig groß dastehen. Es hat die Macht auf seiner Seite, den Erfolg. Die Anhängerschaft fühlt sich erhaben über alle moralischen Forderungen, behauptet, richtig und gerecht zu handeln. Aber der Heilige Geist zeigt immer wieder im Ablauf der Ereignisse, dass das Unrecht auf die Dauer unterliegt und immer wieder Trümmer und Ruinen zurücklässt. Und selbst wenn die Weltgeschichte nicht das Weltgericht ist, so weiß der Gläubige durch den Heiligen Geist, dass am Ende der Zeiten die Gerechtigkeit ihren Triumph feiern wird und dass aller Welt sichtbar gemacht wird, auf welcher Seite das Recht gestanden hat.

Endlich zeigt der Heilige Geist, dass es ein *Gericht* gibt. Wieder zeigt es sich zuerst bei Christus. Denn das Volk, das den Herrn verworfen hat, wird selbst verworfen, sein Tempel wird zerstört, das Volk zersprengt. Es hat sich das Gericht selbst zugezogen. Aber auch hier geht es weiter durch den Lauf der Geschichte. Es gibt ein Gericht, weil der Einzelmensch im Innersten immer wieder vor dem Gericht seines Gewissens und damit vor Gott steht. Ein Gericht auch in dem Sinne, dass die Menschheit auf die Dauer sieht, wohin die Sünde führt, und dann doch schließlich ein richtendes Wort über die Scheingröße der Zerstörer spricht. Und auch hier ist das Wirken des Heiligen Geistes letztlich ein Hinweis auf das Endgericht am Ende der Tage. Dann macht der Geist Gottes allen sichtbar, wo Sünde und Unrecht war.

Darum schreitet der gläubige Mensch ruhig durch allen Hass, alle Bosheit, alle Sündhaftigkeit und alle Triumphe des Bösen hindurch. Er hat durch das Licht des Heiligen Geistes, durch das Wort des Glaubens, durch die Offenbarung Gottes ein sicheres Urteil und lässt sich nicht von der Meinung der Masse beeindrucken und bestimmen. Etwas Geradliniges, Ruhiges, Unbestechliches und Sicheres ist damit für die Haltung des Christen gegeben.

Für die Jünger: Das ist aber mehr die negative Funktion des Heiligen Geistes gegenüber der Welt. Dazu kommt sein positives Wirken für *die Jünger.* Der Heilige Geist wird die Jünger einführen in alle Wahrheit.

Das gilt zuerst für den *Einzelnen.* Er gibt das innere Licht als ein neues Erkenntnisprinzip. Der Christ hält die Mitte zwischen dem Rationalismus, der alle innere Erleuchtung durch Gott leugnet, und dem Sektierertum, das alles auf das innere Licht abstellt und dadurch dem Subjektivismus und Individualismus verfällt. Er gibt das innere Licht. Der Mensch, der sich im Gebet dem Geist Gottes öffnet, gewinnt Erkenntnisse, die den anderen unzugänglich sind, hat Klarheiten, über die ein anderer nicht verfügt, durchschaut Dinge, die einem anderen verschlossen bleiben, besitzt eine Helligkeit und Klarheit des Geistes, wo andere in Problematik stecken bleiben. Zugleich weiß er aber, dass diese innere Erkenntnis dem Wirken des Gottesgeistes in der unfehlbaren Kirche in dem Sinn unterstellt ist, dass von dorther die Kontrolle und die sichere Gewähr für die Wahrheit gegeben sind. Zu den Einzelnen kommt darum die *Kirche*, die das Licht des Heiligen Geistes hat. »Er [der Heilige Geist] wird mich verherrlichen; denn er wird von dem, was mein ist, nehmen und es euch verkünden.« Das Wirken des Heiligen Geistes in der Kirche besteht also darin, dass die Lehre, die Christus verkündet hat, deutlicher erkannt wird. Durch die Kraft des Heiligen Geistes, der das Lebensprinzip der Kirche ist, kommt alles, was Christus gebracht hat, zur Entfaltung: die Lehre, die Liturgie, die Frömmigkeit, die Organisation, vor allem die Heiligkeit. Auch hier hält der Gläubige die Mitte zwischen zwei Extremen, nämlich zwischen einem starren Festhalten und bloßem Wiederholen des Früheren einerseits und zwischen einem hemmungslosen Aufnehmen von allem Neuen und einer falschen Anpassung daran anderseits. Diese Mitte ist nur möglich durch das ordnende und gestaltende Prinzip, das die Organisation der Kirche zu einem Organismus macht, also durch die belebende Kraft des Heiligen Geistes.

So haben denn die Seinen nicht nur im Gegensatz zur Welt eine Sicherheit, sondern auch innerlich, im Inneren des Einzelnen und im Inneren der kirchlichen Gemeinschaft. Auch hier enthält diese Rede des Herrn Andeutungen, Keime, Anfänge von größter Kraft und Entfaltungsmöglichkeit.

Zu diesem Vertrauen auf den Geist des Herrn kommt:

2. Die Sieghaftigkeit durch Jesus selbst

Die Seinen werden ihn wiedersehen. Zwar steht jetzt eine kurze Trennung bevor, aber dann *das dauernde Sehen und Sein bei ihm.* Es ist einerseits das körperliche Sehen nach der Auferstehung und anderseits das innere Sehen, wenn er verherrlicht ist und in den Einzelnen lebendig wird. So ist sein Tod und seine Auferstehung oder von den Jüngern her gesehen sein Verlust und sein Wiedergewinnen der jähe Umschlag, den der Herr erläutert durch das Bild der gebärenden Frau. Sie fürchtet die Geburt und leidet unter den Wehen, aber alles ist im Nu vergessen, wenn das Kindlein geboren ist. So ist es auch mit den Seinen. Die Leiden des Herrn sind gewissermaßen die Geburtswehen einer neuen Zeit, eines neuen Lebens. Das Schmerzliche ist rasch überwunden, das Lebendige und damit die Freude wird bleiben. Zu diesem inneren Sehen kommt die *Kraft und die Freude des Betens.* Sie werden von nun an den Vater bitten im Namen Jesu. Und darum ist die Erhörung gesichert. »Bittet und ihr werdet empfangen, damit eure Freude vollkommen ist.« So schließt auch diese dritte Rede mit dem Hinweis auf das Sein in Christus, auf die Gemeinschaft mit ihm, das Verbundensein mit ihm, und zwar in besonderer Weise durch die geistige Erhebung im Gebet. Die Wirkung ist die innere Freude.

Es gehört beides zusammen: Hass, Feindschaft und Widerspruch auf der einen Seite, Liebe, Kraft und Freude auf der anderen Seite. Die Problematik einer sogenannten christlichen Welt, in der alles erobert ist und alles den Geist Christi atmet, wird hier sichtbar. Der Kulturkatholizismus ist eine zweifelhafte Sache. Und mit den Verheißungen eines Zeitalters Jesu und einer Welteroberung wird man sehr vorsichtig sein müssen. Anderseits wäre es auch falsch, die Welt nur als Reich des Teufels zu sehen und das Christliche auf das Innere des Menschen zu beschränken. Damit wären der Schöpfungsglaube, die Menschwerdung und die sakramentale Linie im Grunde genommen preisgegeben. Die Abschiedsreden betonen beides, das Licht und das Dunkel, die

Liebe und den Hass, Gott und den Teufel, und zwar so, dass es ein ständiger Kampf bis zum Jüngsten Tag sein wird, ein Kampf, den die Jünger, d. h. alle lebendigen Christen in Ruhe und Sicherheit bestehen, nicht im Vertrauen auf eigene Kraft, sondern in der Kraft des Heiligen Geistes, in der Verbundenheit mit Jesus und im Vertrauen auf die Liebe des Vaters. Also in der Kraft des dreifaltigen Gottes, des Vaters, des Sohnes und des Heiligen Geistes.

Abschluss: Die Abschiedsreden schließen mit vier gewaltigen Sätzen: »Ich bin vom Vater ausgegangen.« Damit ist das innerste Wesen Jesu als des Logos aufgezeigt. Er ist das vom Vater gesprochene Wort. Er ist das Bild, das Abbild des Vaters. Als Sohn geht er in ewiger Zeugung vom Vater hervor und ist dem Vater wesensgleich.

Ich bin in die Welt gekommen. Die Weiterführung der Linie aus dem Vater wird hier aufgezeigt in der Menschwerdung. Die Distanz ist überwunden, die Ferne ist in die Nähe gerückt. Gott ist durch Jesus in der Welt. Die Welt ist damit grundsätzlich heimgeholt, gerettet, geheiligt und geweiht.

Ich verlasse die Welt wieder. Damit ist die dritte Etappe im Leben Jesu gezeichnet. In der Sichtbarkeit geht er von der Welt weg, nicht nur weil sie ihn verwirft, sondern weil er nach dem Willen des Vaters nur vorübergehend in der Welt sein soll, gewissermaßen durch sie hindurchgeht und damit die Bewegung der Welt zum Vater hin in Gang setzt. Vor Christus war der Gang der Welt vom Vater weg. Durch Christus ist es wieder ein Gang zum Vater hin. So hat Christus die große Wende gebracht.

Ich gehe zum Vater. Mit dieser vierten Etappe schließt sich der Kreis. Christus geht aber nicht allein zum Vater, sondern er nimmt nun die Seinen, ja er nimmt die Welt mit, jetzt schon unsichtbar, dereinst sichtbar.

Die Worte sind so groß und so klar, dass die Jünger staunend antworten: »Siehe, jetzt redest du offen und sprichst nicht mehr in Bildreden. Jetzt wissen wir, dass du alles weißt und von niemandem gefragt zu werden brauchst. Darum glauben wir, dass du von

Gott ausgegangen bist.« Noch einmal klingt die Warnung Jesu, dass sie ihn alleinlassen werden, dass zuerst noch die dunkle Stunde der Verlassenheit kommt, dass er selbst aber doch auch dann nicht allein ist, denn der Vater ist bei ihm und bleibt bei ihm.

Die Reden schließen mit dem Wort vom Frieden. Es ist freilich kein falscher Friede, keine geruhsame Existenz, kein gemütliches Dasein, sondern »in der Welt seid ihr in Bedrängnis«. Aber diese Bedrängnis ist nun innerlich überwunden. Darum lautet der letzte Satz: »Habt Mut: Ich habe die Welt besiegt.«

So schließen die Abschiedsworte Jesu mit einem sieghaften Klang. Gerade jetzt, wo er in Nacht und Tod schreitet, tut er es im Bewusstsein des Sieges, in Kraft, Klarheit und Sicherheit. Und zwar geht es nicht nur um ihn selbst und um die Seinen, sondern um die ganze Welt. Er, der jetzt von der Welt verworfen wird, ist im Grunde genommen Sieger über die Welt, weil er das Böse in der Welt überwindet und das Gute zum Sieg führt. So wird sein Abschied ein Anfang. Der Schmerz wird zur Freude, der Tod zum Leben, denn seine Niederlage ist der Sieg. Dieser helle, frohe Klang wird nie mehr verhallen. Er überwindet alle Verfolgungszeiten und gibt der christlichen Haltung das unüberwindlich Frohe und Beglückende. In jedem Jahrhundert und in jeder Generation, ja in jedem einzelnen wirklich lebendigen Christenleben ist dieser Ruf hörbar: »Habt Mut: Ich habe die Welt besiegt.«

DAS HOHEPRIESTERLICHE GEBET

Joh 17,1–26

Dies sprach Jesus. Und er erhob seine Augen zum Himmel und sagte: Vater, die Stunde ist gekommen. Verherrliche deinen Sohn, damit der Sohn dich verherrlicht! Denn du hast ihm Macht über alle Menschen gegeben, damit er allen, die du ihm gegeben hast, ewiges Leben schenkt. Das aber ist das ewige Leben: dass sie dich, den einzigen wahren Gott, erkennen und den du gesandt hast, Jesus Christus. Ich habe dich auf der Erde verherrlicht und das Werk zu Ende geführt, das du mir aufgetragen hast. Jetzt verherrliche du mich, Vater, bei dir mit der Herrlichkeit, die ich bei dir hatte, bevor die Welt war! Ich habe deinen Namen den Menschen offenbart, die du mir aus der Welt gegeben hast. Sie gehörten dir und du hast sie mir gegeben und sie haben dein Wort bewahrt. Sie haben jetzt erkannt, dass alles, was du mir gegeben hast, von dir ist. Denn die Worte, die du mir gabst, habe ich ihnen gegeben und sie haben sie angenommen. Sie haben wahrhaftig erkannt, dass ich von dir ausgegangen bin, und sie sind zu dem Glauben gekommen, dass du mich gesandt hast.

Für sie bitte ich; nicht für die Welt bitte ich, sondern für alle, die du mir gegeben hast; denn sie gehören dir. Alles, was mein ist, ist dein, und was dein ist, ist mein; in ihnen bin ich verherrlicht. Ich bin nicht mehr in der Welt, aber sie sind in der Welt und ich komme zu dir. Heiliger Vater, bewahre sie in deinem Namen, den du mir gegeben hast, damit sie eins sind wie wir! Solange ich bei ihnen war, bewahrte ich sie in deinem Namen, den du mir gegeben hast. Und ich habe sie behütet und keiner von ihnen ging verloren, außer dem Sohn des Verderbens, damit sich die Schrift erfüllte. Aber jetzt komme ich zu dir und rede dies noch in der Welt, damit sie meine Freude in Fülle in sich haben. Ich habe ihnen dein Wort gegeben und die Welt hat sie gehasst, weil sie nicht von der

Welt sind, wie auch ich nicht von der Welt bin. Ich bitte nicht, dass du sie aus der Welt nimmst, sondern dass du sie vor dem Bösen bewahrst. Sie sind nicht von der Welt, wie auch ich nicht von der Welt bin.

Heilige sie in der Wahrheit; dein Wort ist Wahrheit. Wie du mich in die Welt gesandt hast, so habe auch ich sie in die Welt gesandt. Und ich heilige mich für sie, damit auch sie in der Wahrheit geheiligt sind. Ich bitte nicht nur für diese hier, sondern auch für alle, die durch ihr Wort an mich glauben.

Alle sollen eins sein: Wie du, Vater, in mir bist und ich in dir bin, sollen auch sie in uns sein, damit die Welt glaubt, dass du mich gesandt hast. Und ich habe ihnen die Herrlichkeit gegeben, die du mir gegeben hast, damit sie eins sind, wie wir eins sind, ich in ihnen und du in mir. So sollen sie vollendet sein in der Einheit, damit die Welt erkennt, dass du mich gesandt hast und sie ebenso geliebt hast, wie du mich geliebt hast. Vater, ich will, dass alle, die du mir gegeben hast, dort bei mir sind, wo ich bin. Sie sollen meine Herrlichkeit sehen, die du mir gegeben hast, weil du mich schon geliebt hast vor Grundlegung der Welt. Gerechter Vater, die Welt hat dich nicht erkannt, ich aber habe dich erkannt und sie haben erkannt, dass du mich gesandt hast. Ich habe ihnen deinen Namen kundgetan und werde ihn kundtun, damit die Liebe, mit der du mich geliebt hast, in ihnen ist und ich in ihnen bin.

Das 17. Johanneskapitel ist eines der schönsten, nicht nur im Johannesevangelium, sondern in der Bibel überhaupt. Es gestattet einen Einblick in die innerste Gesinnung Christi, des Herrn.

1. *Die Stellung dieses Gebets:* Das Ganze ist wie eine Art Wiederholung des Prologes und bringt damit auch das ganze Wirken des Herrn zu einem Abschluss. Im Prolog ist Christus dargestellt als der, der war, ehe die Welt wurde. Auch hier im hohepriesterlichen Gebet ist das Gleiche gesagt, wenn auch mit anderen Worten. Es ist hier die Rede von der Herrlichkeit, die der Herr hatte, ehe die Welt war. Und es wird betont: »Weil du mich schon geliebt

hast vor Grundlegung der Welt.« Es gibt also den präexistenten Christus, der in der Herrlichkeit des Vaters war und in seiner Liebe lebte, bevor irgendetwas geschaffen wurde.

Im Prolog ist dann die Rede von der Menschwerdung des Logos. Auch dieser Gedanke kehrt hier wieder. »Ich habe dich auf der Erde verherrlicht. [...] Sie haben wahrhaftig erkannt, dass ich von dir ausgegangen bin, und sie sind zu dem Glauben gekommen, dass du mich gesandt hast.« Die Menschwerdung als Verlängerung des Hervorgehens des Sohnes aus dem Vater und als Sendung durch den Vater liegt in diesem Wort.

Im Prolog wird betont, dass die Finsternis das Licht nicht aufgenommen hat. Auch dieser Gedanke wird hier wiederholt. »Die Welt hat sie [die Jünger] gehasst, weil sie nicht von der Welt sind.« – »Bewahre sie vor dem Bösen.« Die Scheidung der Geister, der Widerstand und Widerspruch werden somit betont.

Weiter heißt es im Prolog: »Die ihn aber aufnahmen, denen gab er Macht, Kinder Gottes zu werden.« Auch das ist hier in feinsinniger Weise noch einmal hervorgehoben. »Wie du, Vater, in mir bist und ich in dir bin, sollen auch sie in uns sein.« Sie werden also in das Verhältnis von Vater und Sohn aufgenommen und hineingenommen und dadurch Kinder Gottes im eigentlichen, vollen Sinne des Wortes.

Der Prolog schließt mit den Worten: »Wir haben seine Herrlichkeit gesehen.« Und im hohepriesterlichen Gebet heißt es: »Sie sollen meine Herrlichkeit sehen.« Was im Prolog mehr als Gedanke und als These aufgestellt war, ist hier als Gebet und als vollendete Wirklichkeit lebendig gemacht.

2. *Die Art dieses Gebets:* Wir finden bei Jesus als erste Art sein *persönliches* Gebet vor dem Vater. Es ist etwas Einmaliges, denn so kann nur er, der Sohn, zum Vater sprechen. So hat er gebetet in der Einsamkeit und in der Nacht auf den Bergen. Aber diese Art des Betens bleibt uns verborgen und ist von den Schleiern des Geheimnisses überdeckt. Die zweite Art des Betens Jesu ist ein Gebet, *das er uns lehrt*, das also gewissermaßen für uns bestimmt

ist. Es ist vor allem das Vaterunser. Die großen Herzensanliegen Jesu sind darin offenbar, sodass dieses Gebet uns einen Einblick in sein Denken, Wollen und Wünschen gestattet. Das hohepriesterliche Gebet gehört gewissermaßen in die Mitte zwischen die erste und zweite Art. Es ist ein wirkliches Gebet Jesu, aber zugleich ein Gebet für uns. Man kann es das Abendgebet des Herrn nennen, denn es ist Rückblick auf sein Leben, Zusammenfassung all dessen, um was es ihm ging. Und doch ist es zugleich eine Art Morgengebet des Herrn, denn es ist der Beginn seiner Herrlichkeit, der Anfang einer neuen Zeit. Vor allem aber ist es das Priestergebet Jesu. Daher auch der Name »hohepriesterliches Gebet«. Jesus ist *der* Priester der Menschheit, vom Vater zum Priester des ganzen Menschengeschlechtes bestellt. In diesem Priestergebet vollzieht er die Hingabe an den Vater. So ist es ein Opfergebet. Er weiht sich und heiligt sich für das große Opfer, das er in der Passion darbringt. Dementsprechend ist auch die Situation. Er blickt zum Vater empor, aber er ist dabei nicht allein, sondern um ihn herum stehen die besonders Erwählten, die in seinem Auftrag an seinem Priestertum teilhaben sollen. Der weitere Kreis sind die Seinen, d. h. alle die, die durch den Glauben ihn aufnehmen. Und draußen steht die feindliche Welt. So ist er die große Mitte, alles ist um ihn geschart, und er selbst blickt zum Vater empor. Er ist wirklich der Priester der Menschheit, der hier für alle betend sich opfert. Beim Opfer ist die innere Gesinnung der Hingabe wesentlich. Sie ist hier in feierlichster Form ausgesprochen und vollzogen. Die alttestamentlichen Opfer sind zu Ende, das neutestamentliche Opfer der Eucharistie ist gefeiert. Es hat aber seine Kraft vom einen großen, entscheidenden Opfer des Herrn am Kreuz. Und dieses ist als Gesinnung der Hingabe hier in Weihe und Heiligung ausgesprochen.

3. Zum Inhalt: Das Gebet entwickelt sich inhaltlich in drei konzentrischen Kreisen. Der erste Kreis ist Christus selbst. Er ist Mitte und Mittler. Der zweite Kreis sind die von ihm erwählten Apostel, die hier um ihn herumstehen und die sein Mittleramt weitertragen sollen. Der dritte Kreis sind die Jünger im Allgemeinen, d. h. alle diejenigen, die ihn als ihren Meister betrachten. So reicht das Gebet, das von Christus ausgeht, immer weiter, aber so, dass es dann, wenn es alles umfasst und umspannt, zurückkehrt zu Christus und durch ihn zum Vater in der großen, alles einigenden Einheit der Liebe.

Erster Kreis: Das Gebet Christi für sich selbst

»Vater, die Stunde ist gekommen. Verherrliche deinen Sohn, damit der Sohn dich verherrlicht!«

Die Stunde ist gekommen: Es ist für Christus nicht in erster Linie die Stunde des Endes seines irdischen Lebens, die Stunde des Dunkels, der Nacht, des Schreckens in Leiden und Tod, sondern es ist die Stunde der Verherrlichung, die Stunde seiner Erhöhung nicht nur am Kreuz, sondern in die Herrlichkeit. Jetzt, wo sein irdisches Leben sich abrundet, bricht seine Herrlichkeit auf. Noch ist sie nur im Glauben sichtbar, aber deswegen ist sie trotzdem Wirklichkeit. Es ist eine neue Zeit, die jetzt mit dem Tod und der Auferstehung des Herrn beginnt. Der neue Äon bricht herein, die Herrlichkeit Gottes leuchtet auf. Es ist die Stunde, von der alle anderen Stunden ihren letzten Sinn bekommen, denn ohne diese Stunde wären alle anderen nur ein Zerfließen und Zerrinnen, ein Zerflattern und unaufhaltsames Vergehen, ein im Letzten sinnloses Fallen ins Nichts. Jetzt aber, durch das Hineingenommenwerden in die Herrlichkeit des unendlichen Gottes, erhält alles eine letzte Unvergänglichkeit. Es wird nicht von der Nacht verschluckt, sondern in ein Meer von Licht aufgenommen, ist nicht Sein zum Tod, sondern Schreiten zum Leben.

Verherrliche deinen Sohn. Der Sohn hat, weil er eben Sohn Gottes ist, die Herrlichkeit in sich selbst. Aber er hat durch die Menschwerdung die Knechtsgestalt angenommen, also sich der sichtbaren Herrlichkeit entäußert. Und nun wird ihm, da er die

Knechtsgestalt ablegt, die Herrlichkeit, die ihm gebührt, gegeben. Gott ist der Herrliche, der ganz anders ist als alles andere, der so herrlich ist, dass der Mensch nicht imstande ist, in dieses Licht zu schauen, so gewaltig, dass der Mensch vor diesem Donnern der Unendlichkeit zerbricht, weil er sich der Brüchigkeit und Nichtigkeit eigener Existenz bewusst wird. Und nun wird der Vater den Sohn verherrlichen. Es wird jetzt zum ersten Mal ein Mensch an der Herrlichkeit Gottes Anteil haben, sodass er selbst in dieses Licht hineingenommen ist, in dieser Unendlichkeit seine Beseligung findet. Die Feuer der Herrlichkeit Gottes verbrennen ihn nicht, sondern durchstrahlen ihn. Der menschgewordene Gott, der den Glanz Gottes verhüllt hat, um in der Niedrigkeit des Menschlichen zu leben, wird nun mit eben dieser Menschlichkeit in den Glanz und die Herrlichkeit Gottes seines Vaters hinauf- und hineingenommen. Das ist die große Stunde der *Gloria Dei.*

Damit der Sohn dich verherrlicht. Vater und Sohn sind eins im Heiligen Geist. Darum ist zwischen der Herrlichkeit des einen und des anderen kein Unterschied. Jetzt aber wird zum ersten Mal der menschgewordene Sohn in die Herrlichkeit hinaufgenommen, und so wird am verherrlichten Menschen sichtbar, wie die Herrlichkeit Gottes selbst ist. Es endet durch die Rückkehr des Sohnes zum Vater letztlich alles in Gott dem Einen und Einzigen, er ist Ursache und Ziel aller Dinge. Es kann nichts geben, das nicht letztlich auf ihn hingeordnet ist. Die Verherrlichung eines Menschen, die nicht Gott verherrlichen würde, ist religiös undenkbar. Denn was nicht auf Gott hingeordnet ist, ist nicht herrlich, hat nicht teil am Glanz, an der Schönheit, an der Kraft und Größe des allein herrlichen Gottes. Der verherrlichte Sohn wird also nun den Vater verherrlichen. Das, was auf Tabor nur einen Augenblick sichtbar wurde, wird jetzt dauernde Wirklichkeit: der verklärte Christus.

Denn du hast ihm Macht über alle Menschen gegeben, damit er allen, die du ihm gegeben hast, ewiges Leben schenkt.

Neben der Herrlichkeit Gottes steht hier auf einmal das Fleisch des Menschlichen, d. h. das bloß Naturhafte, Irdische. Aber nun wird der irdische Mensch in den überirdischen hinein- und hinaufgenommen. Der Vater hat dem Sohn die Macht gegeben, damit dieser aus dieser Machtvollkommenheit heraus den Menschen Anteil gibt am ewigen Leben, am Leben des kommenden Äon, also am Leben der Herrlichkeit. Vom Vater geht die Herrlichkeit aus. Sie ergreift den menschgewordenen Sohn und umfasst durch ihn alle Menschen, die am menschgewordenen Gott und damit selbst an der Herrlichkeit seines göttlichen Wesens Anteil erlangen.

Jetzt, wo menschlich gesehen die Stunde der Ohnmacht gekommen ist, in welcher Christus der Macht der Menschen erliegt, spricht er von der Macht über alles Fleisch, die ihm gegeben ist. Diese Macht zeigt sich nicht nur darin, dass er ein Leben gibt, das sie weder haben noch geben können: das ewige Leben. Sie können ihm und anderen das irdisch-menschliche Leben nehmen, aber sie können weder sich noch anderen überirdisches, ewiges Leben geben. Sie sind an den Raum und an die Zeit gebunden, haben also letztlich keine Macht über das Fleisch, weil sie selbst Fleisch und dem Fleischlichen verfallen sind. Sie sind nicht mächtiger als die anderen, über die sie Macht zu haben scheinen, sondern sie sind alle gleichermaßen der Ohnmacht verfallen, machtlos dem Tod ausgeliefert. Er dagegen hat als Sohn Gottes vom Vater wirkliche Macht über das Fleisch erlangt, durch die Verherrlichung nach der Auferstehung ist er nicht mehr raum- und zeitgebunden. Er hat ein Leben, das sie ihm nicht nehmen können, und darüber hinaus hat er die Vollmacht, anderen ein solches Leben zu geben. So ist er wirklich der Lebendige und der Lebensspender. So wie er jetzt vor der scheinbaren Erniedrigung nur von der Herrlichkeit spricht, so redet er jetzt und vor dem Tod in Wirklichkeit nur vom Leben.

Das aber ist das ewige Leben: dass sie dich, den einzigen wahren Gott, erkennen und den du gesandt hast, Jesus Christus. Es geht hier nicht um ein Erkennen rein intellektueller Art, ein logisches Nachdenken über Gott, ein theoretisches Fragen und Forschen nach der letzten Ursache und dem letzten Ziel aller Dinge, um so zur Erkenntnis des Daseins Gottes zu gelangen, sondern es geht um Annahme der Offenbarung, also um eine Erkenntnis, die der Mensch nicht aus sich selbst haben kann, sondern nur dadurch besitzt, dass Gott sich ihm mitgeteilt hat. Diese Selbstmitteilung ist erfolgt durch den Sohn. Der Sohn gibt ihm Anteil am ewigen Leben des Vaters, weil er ihm den Vater kundgetan hat und kundtun wird. Die Glaubenserkenntnis ist somit etwas Vitales, nicht nur ein grundsätzliches theoretisches Jasagen, sondern wirklich ein Aufnehmen der Offenbarung Gottes. Und damit ein Aufnehmen Gottes selbst. Gott aber ist der lebendige Gott, darum ist seine Aufnahme im Glauben die Aufnahme des Lebens.

Selbstverständlich geht es dabei nur um den »einzig wahren Gott«, nicht um irgendein menschliches Begriffsgebilde oder ein Pseudoerlebnis oder ein vages, unbestimmtes Göttliches, also um einen vermeintlichen oder vom Menschen her konstruierten Gott, sondern um den wirklich wahren und einzig wahren, lebendigen und Leben spendenden Gott. Und es geht weiterhin um denjenigen, der diesen Gott in der Fülle kundgetan hat und der dazu gesandt worden ist. Johannes fügt von sich aus dessen Namen hinzu: Jesus Christus. Wer also die rechte Erkenntnis Jesu Christi hat, der hat das ewige Leben. Das heißt, wer wirklich in Gott und aus Gott und für Gott leben will, kann es nur dadurch, dass er Jesus Christus kennt. Dazu braucht es weder geschichtliches Studium noch theologische Forschung noch intellektuelle Begabung, sondern die schlichte, aber ganze Aufnahme Jesu Christi als des menschgewordenen Gotteswortes im Geist und Herzen des Menschen.

Ich habe dich auf der Erde verherrlicht und das Werk zu Ende geführt, das du mir aufgetragen hast. Jesus steht am Ende seines irdischen Lebens und kann rückblickend feststellen, dass er den Vater verherrlicht und dass er die Aufgabe, die ihm übertragen wurde, gelöst hat. Ein unerhörtes Selbstbewusstsein spricht aus diesem Wort. Im Abschiedsgebet Christi ist nicht die leiseste Spur von Reue oder auch von Trauer über das Unvollendete, sondern es ist nur die Rede von Vollendung und Vollbrachthaben. Gerade hier zeigt er sich als der ganz andere, als der Eine und Einzige unter den Menschen. Sein Lebenswerk war die Verherrlichung des Vaters durch die Verkündigung des Wortes, durch die Werke der Liebe, durch die Schaffung des neuen Gottesvolkes, durch die Darbringung des einen, großen Opfers und durch Verkündigung und Verwirklichung von Gesetz und Geist der Liebe. Wenn irgendwann und irgendwo ein Leben *ad gloriam Dei* gewesen ist, dann bei Christus. Das *consummatum est* wird schon hier ausgesprochen. »Ich habe das Werk zu Ende geführt.«

Jetzt verherrliche du mich, Vater, bei dir mit der Herrlichkeit, die ich bei dir hatte, bevor die Welt war! Wieder schließt sich der Kreis. Aus der Herrlichkeit des Vaters ist der Sohn hervorgetreten, hat den Menschen diese Herrlichkeit verkündet und so den Vater auf der Erde verherrlicht. Und nun kehrt er zurück in die Herrlichkeit beim Vater. Durch diese Rückkehr in die Herrlichkeit Gottes zeigt sich Christus als außer und über der Welt stehend, von ihr unabhängig. Sein eigentlicher Daseinsbezirk ist die Herrlichkeit Gottes, nicht Sklavengestalt, sondern die Herrschergestalt, nicht die Erniedrigung, sondern die Erhöhung, nicht die Hülle, sondern der Glanz. Über dem ersten, innersten Kreis des hohepriesterlichen Gebetes stehen somit drei Gedanken: die Herrlichkeit Gottes, die Aufnahme in diese Herrlichkeit auch für den menschgewordenen Sohn und die Mitteilung dieser Herrlichkeit durch ihn an die Seinen, die im Glauben Gott aufnehmen. So ist alles überstrahlt von der Herrlichkeit des Herrn. Etwas unerhört Freies, Weites, Großes, Strahlendes liegt im Beten Jesu, wie es hier in Erscheinung tritt. Es ist Melodie aus einer anderen Welt. Alles ist durchglüht von den Feuern Gottes, durchsonnt von der Liebe Gottes, durchrauscht von den Meeren der Freude Gottes, geheimnisvoll erfüllt von der Herrlichkeit Gottes.

Gedanklich lassen sich die folgenden Worte auf zwei Elemente zurückführen, nämlich einmal auf die Ursache, um derentwillen Christus für seine Apostel betet. Und zweitens auf den Inhalt dieses Betens.

Die Ursache: Die Apostel gehören Gott in besonderer Weise. Das ist ein erstes Motiv des Betens für sie, »die du mir aus der Welt gegeben hast. Sie gehörten dir und du hast sie mir gegeben.« Es war also nicht in erster Linie das Jawort der Apostel, ihre Bereitschaft, ihr Tun, sondern der Plan Gottes. Sie sind in besonderer Weise Gott zugeeignet, weil Gott sie in besonderer Weise in seine Nähe gerufen und genommen hat. Durch Gott den Vater sind sie dem Sohn gegeben. Und darum hat Christus ihnen auch den Namen Gottes kundgetan, d. h. ihnen in besonderer Weise von Gott gesprochen. So sind sie durch Gottes Auswahl, Gottes Berufung und Gottes Mitteilung in besonderer Weise Gottes Eigentum geworden. Sie stehen also Gott nahe. Und so ist das Bitten für sie von besonderer Wirkkraft. Ein zweites Motiv geht von den Jüngern aus: »Sie haben dein Wort bewahrt. Sie haben jetzt erkannt, dass alles, was du mir gegeben hast, von dir ist.« Sie haben also in Freiheit das Jawort des Glaubens gesprochen. Sie waren aufnahmebereit und aufnahmewillig. »Denn die Worte, die du mir gabst, habe ich ihnen gegeben und sie haben sie angenommen. Sie haben wahrhaftig erkannt, dass ich von dir ausgegangen bin, und sie sind zu dem Glauben gekommen, dass du mich gesandt hast.« Die Apostel sind als Männer des Glaubens zur wahren Erkenntnis Gottes als des Vaters und auch zum Glauben an Jesus als Christus und Sohn Gottes gekommen. Gottes Wort ist in ihnen lebendig. Die Saat ist auf gutes Erdreich gefallen, und zwar im Unterschied, ja oft im Gegensatz zu ihrer Umgebung. Darum hat das Wort »Welt« hier einen feindlichen Klang. Es braucht somit zwei Faktoren, damit ein Mensch Gott nahe ist: vor allem und in erster Linie die Erwählung und Berufung durch Gott, das

Wort, das Gott spricht. Dann aber auch, in zweiter Linie, die Stellungnahme des Menschen, das Jawort des Glaubens, der inneren seelischen Offenheit und Bereitschaft. Bei den Jüngern ist trotz mancherlei Schwierigkeiten beides vorhanden und beides lebendig. Darum sind sie Gott nahe und besonderes Eigentum des Herrn.

Das dritte Motiv: Sie stehen in der Welt, die ihnen feindlich gesinnt ist, und brauchen darum die Hilfe des Gebetes.

»Für sie bitte ich; nicht für die Welt bitte ich, sondern für alle, die du mir gegeben hast; denn sie gehören dir. Alles, was mein ist, ist dein, und was dein ist, ist mein; in ihnen bin ich verherrlicht. Ich bin nicht mehr in der Welt, aber sie sind in der Welt.« Dieses Eigentum Gottes und nach Gottes Willen Eigentum des Sohnes ist nun äußerlich sich selbst überlassen, denn Christus bleibt nicht in der Sichtbarkeit bei ihnen. Sie aber bleiben sichtbar in dieser Welt. Und so sind sie exponiert, in gefahrvoller Situation, scheinbar schutzlos preisgegeben, ohnmächtig den Mächten der Welt ausgeliefert. Trotzdem sollen sie in der Welt bestehen, ja Christus und durch ihn den Vater in dieser Welt verherrlichen. Die Finsternis soll ins Dunkel leuchten, in der Wüste soll dieser Baum wachsen, im Geschrei und Getümmel soll diese Melodie hörbar werden. Das alles ist nur möglich, wenn sie in besonderer Weise die Hilfe Gottes haben. Darum das Gebet Christi für sie. Die Apostelgeschichte und die Apostelbriefe haben die Kraft dieses Gebets aufgezeigt und die Erfüllung dieser Bitte Christi geradezu sichtbar gemacht. Die Apostel und ihre Nachfolger leben ohne die fürbittende Kraft des Gottessohnes in hoffnungsloser Existenz. Aber sie leben eben ganz von dieser Hoffnung. Weil diese Hoffnung nicht trügt, sind sie immer lebendig.

Der Inhalt des Gebets: Um was betet Christus?

Er steht am Anfang der Geschichte der Kirche und überblickt sie bis zum Ende der Tage. Umso bedeutsamer ist es zu erfahren, was er gerade in dieser Stunde als das Wichtigste zum Anliegen und Inhalt seines Gebetes gemacht hat. Es ist das, was er von den

Aposteln in besonderer Weise erwartet, das, wodurch die Leiter der Kirche sich auszeichnen sollen mithilfe Gottes.

Zwei Gedanken herrschen vor:

1. *Bewahre sie:* »Heiliger Vater, bewahre sie in deinem Namen, den du mir gegeben hast, damit sie eins sind wie wir! Solange ich bei ihnen war, bewahrte ich sie in deinem Namen, den du mir gegeben hast. Und ich habe sie behütet und keiner von ihnen ging verloren, außer dem Sohn des Verderbens, damit sich die Schrift erfüllte. Aber jetzt komme ich zu dir und rede dies noch in der Welt, damit sie meine Freude in Fülle in sich haben.« Das Bewahren geschah bisher durch Christus selbst, der ihre Mitte bildete, dem sie alle Fragen vortragen konnten, der der eigentliche Sammelpunkt ihrer ganzen Gemeinschaft war. Darum hat Christus sie auch bewahrt, sie sind eins geworden mit ihm und durch ihn mit dem Vater. Aber einer ist verloren gegangen. So war es ja auch in der Schrift schon vorausgesagt. Wenn Christus auch nicht mehr sichtbar in ihrer Mitte weilt, so sollen sie wissen, dass er nun beim Vater ist, und das soll für sie eine Freude sein, eine Freude, die sie vollkommen besitzen sollen.

Das Bewahren ist aber noch aus einem besonderen Grund notwendig. »Ich habe ihnen dein Wort gegeben und die Welt hat sie gehasst, weil sie nicht von der Welt sind, wie auch ich nicht von der Welt bin. Ich bitte nicht, dass du sie aus der Welt nimmst, sondern dass du sie vor dem Bösen bewahrst. Sie sind nicht von der Welt, wie auch ich nicht von der Welt bin.«

Es geht also nicht nur um irgendein Bewahren schlechthin, sondern um das Bewahren in einer Welt von Hass und Feindschaft. Es ist eine Welt des Bösen. Auch nach der Erlösung ist das Böse nicht aus ihr weggenommen, sondern die Menschen sind immer noch der Versuchung ausgesetzt und sollen sich bewähren. Christus bittet nicht, dass die Seinen aus der Welt herausgenommen werden, sondern dass sie in der Welt bewahrt werden. Es handelt sich also im Christentum nicht um eine Flucht aus der Welt, sondern um eine Bewährung in der Welt, nicht um Weltablehnung, sondern um Weltüberwindung, nicht um Entweltlichung, aber ebenso wenig und noch weniger um Verweltlichung, sondern um Christsein in der Welt und trotz der Welt. Das, was der gleiche Johannes in der Geheimen Offenbarung als Kampf zwischen der von der Sonne umkleideten Frau vom Himmel her und dem feurigen, wilden Drachen von unten her zeichnet, das ist hier in schlichten, bildlosen Worten gesagt: Die Christen stehen in der Welt, sind dort gehasst und verfolgt, aber durch Gott bewahrt. Die letzte Sicherung des Christenmenschen und der Christenheit liegt also nicht in militärischer Macht, in organisatorischer Stärke, in intellektuellen Leistungen, in künstlerischen Werken, in Kompromissen, sondern letztlich und ausschließlich in der Bewahrung durch Gott aufgrund des Gebets Christi. Gott ist der Halt und der Schutz, Gott ist der Boden, auf dem wir stehen, die Mauer, die uns umgibt, die Lebenskraft, die uns immer wieder verjüngt, die Überwindung aller Katastrophen, das Durchbrechen aller Mächte, das Überstehen aller Kämpfe und Niederlagen, das Immer-wieder-Sichbefreien von allen Ansteckungen des Weltgeistes, die Heiligung mitten unter Unheiligen, die Reinheit in einer Umgebung voll Sünde, die Armut in einer Welt des Luxus, die Demut inmitten der Geistesstolzen, die Ehrlichkeit, die als Naivität verlacht wird, die Liebe, die tausend Enttäuschungen erfährt und trotzdem nicht verlöscht: All das ist letztlich gesichert durch das Gebet Christi »Vater, bewahre sie vor dem Bösen«. Der Christ begegnet dem Bösen, muss sich mit ihm auseinandersetzen, soll ihm aber nicht erliegen. Der Kampf wird ihm nicht erspart, der Blick hinter die Kulissen nicht verschleiert. Er wird vom Müdewerden nicht verschont und erfährt Trauer und Schmerz. Trotzdem verliert er weder den Glauben noch das Hoffen noch die Liebe, denn er weiß sich gehalten von Gott durch die Kraft des Gebetes Christi.

2. *Heilige sie:* »Heilige sie in der Wahrheit; dein Wort ist Wahrheit. Wie du mich in die Welt gesandt hast, so habe auch ich sie in die Welt gesandt. Und ich heilige mich für sie, damit auch sie in der Wahrheit geheiligt sind.«

Heiligung: Gott allein ist der Heilige, weil sein Wesen heilig ist, weil er wie kein anderer sich selbst gehört. Die Menschen sind geweiht und geheiligt durch Gott. Geweiht heißt einerseits herausgenommen aus dem Gewöhnlichen, Profanen, anderseits hingegeben an Gott. Das Herausgenommensein ist Voraussetzung für das Hingegebensein. Das heiligende Wort Gottes ist der Urgrund menschlicher Weihe. Das Wort Gottes aber ist Wahrheit und Gewissheit, infolgedessen erfolgt eine wirkliche Weihe.

Christus weiht sich für die Apostel: Das ist sein großes Opfergebet. In jedem Offertorium braucht es neben der sichtbaren Gabe die unsichtbare Gesinnung der Hingabe. Diese Hingabe, mit der Christus sich und alles dem Vater weiht, wird hier in diesen Worten sichtbar. Und so gehören diese Worte schon in die große Opferhandlung des Herrn hinein. Die Menschen sind nur dadurch geweiht und priesterlich, dass sie eben an Christus, dem eigentlich Geheiligten und eigentlichen Priester, Anteil haben. Christi Priestertum ist eine absolute Weihe. Menschliches Priestertum ist nur eine relative Weihe, da sie bezogen ist auf das Geweihtsein Christi des Herrn. Einmal ist die Weihe Christi ein Herausgenommensein aus der Welt, eine Weihegabe, die ausschließliches Eigentum Gottes des Vaters ist, aber auch seine Weihe, durch die er sich selbst dem Vater hingibt. Er macht sich zum Weihegeschenk und zur Opfergabe. Es liegt weiterhin darin die Weihe der Apostel, und zwar sowohl im Sinne des Herausgenommenseins aus der Schar der Übrigen als auch im Sinne des Hingegebenseins an Gott. Aber diesmal nur in Christus, dem eigentlich Geweihten und Geheiligten.

Die Sendung: Weihe ist nicht etwas, das der Mensch für sich selbst hat, sondern für die anderen. Er hat die Sendung in die Welt. Darum das Wort Christi: »Wie du mich in die Welt gesandt hast, so habe auch ich sie in die Welt gesandt.« Die Bitte um die Bewahrung vor dem Bösen, die Warnung vor der Welt ist also nicht eine völlige Distanz, sondern doch ein Leben und Wirken in ihr und an ihr, in der Sendung des Herrn. Seine Sendung ist

Ursprung und Vorbild der Apostelsendung. Weihe und Priestertum haben somit wesentlich sozialen Charakter. Der Mensch empfängt für andere. Er soll weitergeben und weitertragen, was er empfangen hat. Er soll es so tun, wie Christus es getan hat, in der gleichen Gesinnung, der gleichen Liebe, dem gleichen Gehorsam und mit der gleichen Opferbereitschaft. Die Sendung wird bewirken, dass sie geopfert werden. Und umgekehrt ist das Opfer, das Geopfertsein, die höchste Erfüllung der Sendung.

Von diesem Schlusssatz fällt Licht auf den ganzen zweiten Kreis des hohepriesterlichen Gebets. Es ist Gebet, durch das die Apostel ihr Priestertum erkennen und in dessen Kraft sie es erfüllen sollen. Wenn sie Eigentum Gottes sind, Gott im Glauben aufgenommen haben, Gott in der Welt verherrlichen, wenn Christus bittet, dass sie vor dem Bösen bewahrt werden, und sie in die Welt sendet, so ist all das in ihrem Priestertum enthalten. Sie sind wirklich Weihegabe an Gott, durch ihn geheiligt und für ihn geheiligt. Und sie sind all das in Christus, dem allein heiligen Menschen, *tu solus sanctus*.

Dritter Kreis: Das Gebet Christi für alle übrigen Jünger

Der Inhalt des dritten Kreises ist die Bitte um Einheit. »Ich bitte nicht nur für diese hier, sondern auch für alle, die durch ihr Wort an mich glauben.« Der Kreis erweitert sich somit über die Zwölf hinaus. Christus sieht seine gesamte Jüngerschaft damals, heute und immer. Er ist der große Beter in der Mitte der Seinen. Es sind viele und diese vielen fallen leicht auseinander. Darum bittet er, dass sie eins seien und in der Einheit leben.

Das *Urbild* der Einheit ist Gott selbst. Vater und Sohn sind zwei Personen und sind doch nur ein Gott: »Alle sollen eins sein: Wie du, Vater, in mir bist und ich in dir bin, sollen auch sie in uns sein.« Die Jünger sind durch die Taufe in Gott aufgenommen und hineingenommen. Darum sind die vielen eines im einen Gott, nicht nur der Gesinnung nach, sondern seinshaft. Das Urbild ist also erfüllt im menschlichen Abbild. Es soll sich aber immer mehr erfüllen, denn zum Seinshaften soll die Gesinnung kommen, das bewusste Einssein.

Die *Ursache* der Einheit ist Christus. »Und ich habe ihnen die Herrlichkeit gegeben, die du mir gegeben hast, damit sie eins sind, wie wir eins sind, ich in ihnen und du in mir. So sollen sie vollendet sein in der Einheit.« Die Unendlichkeit Gottes ist durch Christus den Jüngern geschenkt. Nun sollen sie in dieser Unendlichkeit und Herrlichkeit leben. Gott ist das Einigungsprinzip, der Magnet, der die vielen Eisenspäne anzieht, der Punkt, in dem alle Linien zusammenlaufen, das Band, das die Garbe bindet, und zwar Gott, vermittelt durch Jesus Christus, den menschgewordenen Gott. Er hat die Einheit der vielen, die in der Dreifaltigkeit verwirklicht ist, zu einer Einheit der vielen auf der Erde gemacht, verwirklicht in ihm, dem menschgewordenen Gott.

Das *Ziel* und der *Zweck* der Einheit ist die Kenntnis Gottes für die Außenstehenden. »Damit die Welt erkennt, dass du mich gesandt hast und sie ebenso geliebt hast, wie du mich geliebt hast.« Die Menschen bringen die Einheit immer nur unvollkommen zustande entweder mit äußeren Mitteln der Gewalt und des Terrors oder durch innere Gesinnung, die aber dann meistens sehr wankelmütig ist und keinen zuverlässigen Boden bildet. Wenn diese Menschen nun sehen, dass die Christen trotz ihrer Verschiedenheit auf allen möglichen Gebieten doch eins sind im einen Christus, muss ihnen die Größe und Bedeutung Christi aufgehen.

Die *Vollkommenheit der Einheit* kann nur durch Gott geschenkt werden. »So sollen sie vollendet sein in der Einheit, damit die Welt erkennt, dass du mich gesandt hast und sie ebenso geliebt hast, wie du mich geliebt hast.« Das Verhältnis des himmlischen Vaters zum menschgewordenen Sohn ist die einigende Liebe. Sie sind beide verbunden mit der personalen Liebe des Heiligen Geistes. So wird hier die Dreifaltigkeit sichtbar als eine Dreieinigkeit, als die vollendete Einheit und doch zugleich die Freiheit. Das innerste Geheimnis ist die Liebe. So sollen auch die Menschen, wenn sie Christen sind, durch Liebe miteinander verbunden sein, weil sie von Gott selbst geliebt sind. Die Liebe als Wesen des dreifaltigen Gottes teilt sich den Menschen mit und verbindet die vielen zur vollkommenen Einheit.

Die *Vollendung* der Einheit wird freilich erst im Jenseits erfolgen. »Vater, ich will, dass alle, die du mir gegeben hast, dort bei mir sind, wo ich bin. Sie sollen meine Herrlichkeit sehen, die du mir gegeben hast, weil du mich schon geliebt hast vor Grundlegung der Welt.« Weil Christus die Seinen liebt, will er sie auch bei sich haben. Sie sollen an seiner Liebe teilhaben, und zwar an der vollendeten Liebe im Jenseits, wo das Urbild der Dreifaltigkeit im Abbild der in Christus geeinten Menschheit sichtbar ist.

So endet dieser dritte Kreis mit dem Hinblick auf die Parusie, mit dem Ausblick in das Jenseits des kommenden Äon, in die Vollendung der Herrlichkeit und damit in die Vollendung der Liebe. Und damit in die durch Gottes Liebe geeinte Kirche Jesu Christi.

Der Schluss des hohepriesterlichen Gebetes fasst die Hauptgedanken zusammen.

»Gerechter Vater, die Welt hat dich nicht erkannt, ich aber habe dich erkannt und sie haben erkannt, dass du mich gesandt hast. Ich habe ihnen deinen Namen kundgetan und werde ihn kundtun, damit die Liebe, mit der du mich geliebt hast, in ihnen ist und ich in ihnen bin.« Von vier ganz verschiedenen Dingen ist hier die Rede: von der Welt, von Gott, von Christus und von den Jüngern. Die Welt bleibt im Hass, in der Ablehnung, im Neinsagen. Dieser Hass hat jetzt, da die Liebe des Vaters ihnen kundgetan wurde durch die Menschwerdung Jesu, eine neue Verantwortung und Schärfe erhalten. Der Vater gibt sich zu erkennen in besonderer Weise durch den Sohn, der seinen Namen den Menschen kundtut. Es ist aber nicht nur die Offenbarung seines Wesens, sondern er tut sich kund in der Liebe, die er den Menschen gibt, dadurch, dass er in ihnen ist und sie in ihm.

Christus ist derjenige, der vom Vater gesprochen, die Liebe des Vaters gebracht hat. Wer in ihm ist, ist im Vater und ist damit in die große Einheit der Liebe hineingenommen.

Die Jünger sind alle diejenigen, die durch den Glauben zur Liebe gelangen und damit ebenfalls in dieser Einheit leben werden. Die letzten Worte »Ich in ihnen« zeigen, dass es im Grunde genommen kein Abschiedsgebet ist, denn Christus bleibt in ihnen, jetzt unsichtbar, dereinst sichtbar. Und zwar bleibt er in ihnen durch Erkenntnis und Liebe. Durch Erkenntnis, weil sie ihn erkannt haben und durch ihn den Vater und den Geist. Durch Liebe, weil sie seine Liebe erfasst haben, in seiner Liebe leben und durch ihn auch die Liebe des himmlischen Vaters erfahren haben. Und all das wird dereinst zur Vollendung kommen, wo sie ganz in Christus sind und er ganz in ihnen und beide völlig im himmlischen Vater, der in der Herrlichkeit die Liebe ist und in der Liebe in Herrlichkeit aufstrahlt.

4. *Zusammenfassung:* Überblickt man das ganze hohepriesterliche Gebet des Herrn, so ist schon rein äußerlich die *Situation* gerade in ihrer Schlichtheit, die nur die Wesenszüge aufzeigt, gewaltig. Christus als die Mitte, die Augen zum Himmel erhoben, betend zum Vater. Von oben her kommt das Entscheidende über die ganze Kirche. Und nach oben hin soll sie streben. Um ihn die Apostel, die erwählte Schar seiner Berufenen, Geweihten und Gesandten, ihm besonders nahe, seinen Worten besonders lauschend, aber auch für sein Werk besonders verantwortlich. Im weiteren Umkreis sämtliche Jünger und Jüngerinnen des Herrn, durch den Glauben mit ihm verbunden, durch die Liebe zur Einheit geworden. Und doch geistert zugleich nicht nur draußen an den Rändern, sondern durch alles hindurch das Dunkel einer feindseligen Welt voll Hass, Arglist und Sünde. Über dem Ganzen aber steht die Herrlichkeit Gottes leuchtend und strahlend. Es ist das Bild der Kirche in dieser Zeit und auf dieser Erde.

Wichtiger ist der *Inhalt* des Gebetes. Es sind vor allem zwei Gedanken betont.

1. *Die Herrlichkeit Gottes:* Durch das ganze Kapitel hindurch, durch alle drei Kreise dieses Gebets, geht der Gedanke an die

Herrlichkeit des Vaters droben. Das Gebet Jesu ist nicht ein Stammeln der Angst vor dem Weltenrichter, auch nicht ein Bitten und Betteln um irgendwelche Einzelheiten, nicht ein Grübeln und Forschen über die Abgründigkeit Gottes, nicht ein reuiges Sichverbergen vor dem strafenden Antlitz des Unendlichen. Aber auch nicht rein persönliche, private Mystik der Verbundenheit, sondern frohes, fast selbstverständliches Aufschauen zur Herrlichkeit Gottes. Diese Herrlichkeit durchstrahlt alles. Es ist, als ob es die Welt nicht gäbe, jetzt wo diese Welt sich rüstet, diesen großen Beter zu töten. Es ist, als ob Sünde und Satan keine Macht hätten, jetzt wo doch bereits Judas sein dunkles Werk in Angriff genommen hat. Es ist, als ob die Jünger in ihrer Kleinheit sich nicht bloßgestellt hätten, wo doch gerade jetzt Judas ihn verraten, Petrus ihn verleugnen und alle ihn verlassen werden. Die Herrlichkeit des Herrn ist so strahlend, dass alles andere daneben verschwindet, sodass Christus gerade in dieser Stunde, wo die schwärzeste aller Nächte, nicht nur seines Lebens, sondern der Menschheit überhaupt hereinbricht, doch nur von der Herrlichkeit seines Vaters spricht. Da das Hohepriestergebet ein priesterliches Beten ist, sollte in jedem Priester etwas von dieser Gesinnung lebendig sein, dass er durch alles hindurch und über alles hinweg immer wieder Gott sieht als den Herrlichen. Es würde auch unsere Gottesverkündigung anders, wenn unser ganzes Beten und Leben von dieser Herrlichkeit Gottes durchstrahlt wäre.

2. *Die Teilnahme an der Herrlichkeit:* Diese Teilnahme ist dem Sohn Gottes wesentlich. Er hatte sie schon, ehe die Welt war. Jetzt wird sie aber auch dem menschgewordenen Sohn zuteil. Dadurch liegt etwas Triumphierendes in diesem Gebet. Was ist das Verlieren des irdischen Lebens neben dem Gewinn des lebendigen Gottes? Was ist das Untergehen in der Nacht des Todes neben dem Aufstrahlen und Leuchten der ewigen Herrlichkeit, in die er nun hineingenommen wird? Die Teilnahme greift aber durch ihn weiter auf die Seinen. Er vermittelt diese Teilnahme. Sie wird dem Menschen dadurch gegeben, dass er sie in der Taufe von Christus

erhält, im Glauben seines Herzens annimmt und aufnimmt, in der Liebe seines Lebens betätigt. Diese Teilnahme an der gleichen und einen Herrlichkeit Gottes ist der Trost für die Seinen, wenn sie zurückbleiben. Sie haben den Geist Gottes, der der Geist der Herrlichkeit ist. Sie sind mit dem unsichtbaren Christus verbunden, der in der Herrlichkeit Gottes lebt. Sie bilden untereinander eine Einheit in Liebe, weil sie eins sind im verherrlichten Herrn. Sie sind vor dem Bösen bewahrt, weil der Herrliche sie ruft, führt und hält.

Und alles wird einmal zur Vollendung kommen, wenn der Herr wiederkommt in der Sichtbarkeit als der Herrliche und Verherrlichte und wenn dann die Seinen sichtbar teilhaben am Glanz seines Wesens, an der Größe seines Lebens, an der Herrlichkeit des dreieinigen Gottes. Die dunklen Töne von Welt und Bosheit werden dann verstummen und alles wird enden im Licht der *Gloria Dei*.

AM ÖLBERG

Joh 18,1–11

Nach diesen Worten ging Jesus mit seinen Jüngern hinaus, auf die andere Seite des Baches Kidron. Dort war ein Garten; in den ging er mit seinen Jüngern hinein. Auch Judas, der ihn auslieferte, kannte den Ort, weil Jesus dort oft mit seinen Jüngern zusammengekommen war. Judas holte die Soldaten und die Gerichtsdiener der Hohepriester und der Pharisäer und kam dorthin mit Fackeln, Laternen und Waffen. Jesus, der alles wusste, was mit ihm geschehen sollte, ging hinaus und fragte sie: Wen sucht ihr? Sie antworteten ihm: Jesus von Nazaret. Er sagte zu ihnen: Ich bin es. Auch Judas, der ihn auslieferte, stand bei ihnen. Als er zu ihnen sagte: Ich bin es!, wichen sie zurück und stürzten zu Boden. Er fragte sie noch einmal: Wen sucht ihr? Sie sagten: Jesus von Nazaret. Jesus antwortete: Ich habe euch gesagt, dass ich es bin. Wenn ihr also mich sucht, dann lasst diese gehen! So sollte sich das Wort erfüllen, das er gesagt hatte: Ich habe keinen von denen verloren, die du mir gegeben hast. Simon Petrus, der ein Schwert bei sich hatte, zog es, traf damit den Diener des Hohepriesters und hieb ihm das rechte Ohr ab; der Diener aber hieß Malchus. Da sagte Jesus zu Petrus: Steck das Schwert in die Scheide! Der Kelch, den mir der Vater gegeben hat – soll ich ihn nicht trinken?

Nach dem Abschied Jesu in Worten folgt sein Abschied in der Tat. Es ist der Bericht über das Sterben und die Himmelfahrt des Herrn.

Die *Johannespassion* hat ihr eigenes Gepräge. Sie berichtet nicht so sehr das Leiden Christi, weder das körperliche noch das seelische, sondern zeichnet die Passion als das Mysterium, die Feier des einen und großen Opfers der Weltgeschichte. Wenn irgendwo, erweist sich Johannes gerade in seinem Passionsbericht als Mystiker und als Mann der Kirche. Als Mystiker, dem das äußerlich Sichtbare nur Zugang und Durchgang zu etwas innerlich Unsichtbarem ist. Als Mann der Kirche, weil die Passion in ihrem Höhepunkt die eigentliche Geburtsstunde der Kirche ist. Gerade in der Johannespassion ist das Leiden nur der dunkle Hintergrund, gegen den sich die helle Gestalt Christi als des menschgewordenen Gottessohnes umso schärfer und größer abhebt, so wie es dann in der Kirche immer sein wird bis zum Untergang der Welt und dem Aufgang der ewigen Herrlichkeit.

Die Szene am Ölberg zeigt bei Johannes, dass Christus freiwillig und groß ins Leiden schreitet. Diese Zeichnung des Evangelisten wird deutlich aus dem Blick auf das, was Johannes nicht berichtet, und auf das, was er berichtet.

1. *Was er nicht berichtet:* Es ist nicht die Rede von der inneren Traurigkeit des Herrn, von seiner Angst, seinem Ekel, vom Widerstand der Natur, von der Agonie bis zum Blutschwitzen. Es wird auch nichts gesagt über den Kuss des Verräters, über die Flucht der Jünger. Kurz, all das, was negativ klingt, ist weggelassen. Der Grund ist nicht nur darin zu suchen, dass die anderen Evangelisten das bereits berichtet haben, sondern er liegt in der Zeichnung des johanneischen Christusbildes. Johannes nimmt als eigenwilliger Künstler die Farben aller Wirklichkeitsgeschehnisse des Lebens Jesu, dann mischt er sie auf seiner Palette, um das Bild zu zeichnen, das er von Christus hat. Es ist infolgedessen nicht der ganze Christus. Es fehlen Einzelheiten, die zu Jesus gehören. Und doch ist es nicht etwa eine Verzeichnung. Denn das, was Johannes darstellt, ist richtig, ist sogar das Wesentliche und Entscheidende. Jeder der vier Evangelisten sieht den Herrn wieder etwas anders. Alle zusammen, Paulus dazugenommen, sind noch nicht imstande, den ganzen Christus zu zeichnen, weil er eben alle menschlichen Maße sprengt und jede Darstellung an Größe überragt.

2. *Was Johannes berichtet:* Aus der johanneischen Darstellung wird ersichtlich, dass Christus völlig freiwillig mit seelischer

Größe ins Leiden hineinschreitet. Damit wird die Ölbergszene gewissermaßen das Portal der ganzen Passion.

Jesus geht freiwillig: »Nach diesen Worten ging Jesus mit seinen Jüngern hinaus, auf die andere Seite des Baches Kidron. Dort war ein Garten; in den ging er mit seinen Jüngern hinein. Auch Judas, der ihn auslieferte, kannte den Ort, weil Jesus dort oft mit seinen Jüngern zusammengekommen war.« Jesus weicht also nicht aus, sondern geht zum Übernachten an den Ort, den Judas kennt, und geht ihm dadurch gewissermaßen entgegen. Er spielt sich ihm förmlich in die Hände. Das ist insofern nicht überraschend, als durch das ganze Evangelium die Voraussage seines Leidens immer wieder hörbar wurde. Schon im Prolog ist die Rede von der Finsternis, die es nicht erfasst hat. Im zweiten Kapitel redet Jesus von der Zerstörung seines Leibes, den er in drei Tagen wieder aufbauen werde. Im Gespräch mit Nikodemus spricht er vom Menschensohn, der erhöht werden muss wie die eherne Schlange in der Wüste. Im sechsten Kapitel verheißt er das Brot vom Himmel, und zwar als sein Fleisch, das er hingibt für das Leben der Welt. Beim Laubhüttenfest sagt er deutlich: »Doch ihr sucht mich zu töten«, und fügt hinzu: »Wenn ihr den Menschensohn erhöht habt, dann werdet ihr erkennen, dass Ich es bin« (Kap. 8). Bei der Zeichnung des guten Hirten spricht er von dem Hirten, der für seine Schafe das Leben hingibt. Am Fest der Tempelweihe wollen sie ihn steinigen, und der Hohe Rat beschließt in aller Form seinen Tod (Kap. 11). In Betanien lässt er sich salben und fügt das geheimnisvolle Wort hinzu, es geschehe für sein Begräbnis. Den Griechen, die zu ihm kommen, sagt er: »Das Weizenkorn muss sterben, damit es Frucht bringt.« Dann redet er ständig von seinem Abschied von der Welt. So ist denn der Gang zum Ölberg für den aufmerksamen Leser des Evangeliums nichts Überraschendes, sondern der entscheidende Schritt, den Jesus nun macht.

Er zeigt seine Macht: »Judas holte die Soldaten und die Gerichtsdiener der Hohepriester und der Pharisäer und kam dorthin mit Fackeln, Laternen und Waffen. Jesus, der alles wusste, was mit ihm geschehen sollte, ging hinaus und fragte sie: Wen sucht ihr? Sie antworteten ihm: Jesus von Nazaret. Er sagte zu ihnen: Ich bin es. Auch Judas, der ihn auslieferte, stand bei ihnen. Als er zu ihnen sagte: Ich bin es!, wichen sie zurück und stürzten zu Boden. Er fragte sie noch einmal: Wen sucht ihr? Sie sagten: Jesus von Nazaret. Jesus antwortete: Ich habe euch gesagt, dass ich es bin. Wenn ihr also mich sucht, dann lasst diese gehen!«

Die *Gegner* pochen auf ihre Macht. Darum bringen sie Militär aus der Tempelwache, unterstützt durch römische Truppen. Sogar ein hoher römischer Offizier (V. 12) ist zugegen. Sie rechnen mit einem Aufstand der Galiläer. Und doch ist ihre Macht lächerlich. Jesus, der weder Waffen noch Militär hat, tritt ihnen entgegen, und mit einem einzigen Wort, ja mit einer bloßen Frage »Wen suchet ihr?« setzt er sie derart in Schrecken, dass sie zu Boden stürzen. Es wäre ihm also ein Leichtes, der Passion aus dem Wege zu gehen. Die Freiwilligkeit seiner Bereitschaft wird hier besonders sichtbar. Er will allein in die Passion schreiten, darum nimmt er die Jünger in Schutz. Die Feinde sollen *ihn* verhaften, die Seinen aber in Ruhe lassen. So geschieht es auch.

Petrus greift zum Schwert. Er will der Gewalt mit Gewalt begegnen, aber Christus weist ihn zurück und betont, dass er den Kelch trinken will, den der Vater ihm reicht. Das Leiden ist Wille seines himmlischen Vaters. Diesem will er im Gehorsam entsprechen. Der Becher, den der Vater ihm gefüllt hat, enthält freilich einen bitteren Trank, aber weil es der Vater ist, weiß Jesus, dass dieser Trank ein Heiltrank ist. Und so will er ihn trinken zum Heil der Menschen. Wenn die Menschen auf ihre Macht pochen, steht immer Macht gegen Macht. Das führt zu den gewaltsamen und blutigen Auseinandersetzungen, im Kleinen und im Großen. Wenn sie sich nach dem Willen Gottes richten würden, bereit, den Willen des Vaters zu tun, dann wäre alles geordnet, denn die menschliche Macht stünde dann im Dienste der göttlichen Allmacht. Dann wäre die Macht nicht von Leidenschaft geführt und nicht Werkzeug des Hasses, sondern wäre im Gehorsam gegen Gott eine aufbauende Kraft der Liebe.

Der Abschnitt schließt mit dem Satz: »Die Soldaten, der Hauptmann und die Gerichtsdiener der Juden nahmen Jesus fest, fesselten ihn und führten ihn zuerst zu Hannas.« Jetzt erst, als der Allmächtige, der ihnen noch einmal seine Macht gezeigt hat, auf den Gebrauch dieser Macht verzichtet, sind sie imstande, ihn zu ergreifen. Nur weil er aus freiem Willen sich ihnen überlässt, können sie seiner habhaft werden. So hat die ganze Szene am Ölberg in der Johannespassion noch nichts Düsteres, Schreckhaftes. Es ist im Gegenteil ein großes, feierliches Schreiten Christi ins Leiden. Es ist, als ob die Finsternis schon vom Licht überwunden wäre, der Tod vom Leben, die Niederlage vom Sieg. Auch in diesem Sinn ist der Bericht durchsichtig und echt johanneisch.

VOR DEM JÜDISCHEN GERICHT

Joh 18,12–27

Die Soldaten, der Hauptmann und die Gerichtsdiener der Juden nahmen Jesus fest, fesselten ihn und führten ihn zuerst zu Hannas; er war nämlich der Schwiegervater des Kajaphas, der in jenem Jahr Hohepriester war. Kajaphas aber war es, der den Juden den Rat gegeben hatte: Es ist besser, dass ein einziger Mensch für das Volk stirbt. Simon Petrus und ein anderer Jünger folgten Jesus. Dieser Jünger war mit dem Hohepriester bekannt und ging mit Jesus in den Hof des Hohepriesters. Petrus aber blieb draußen am Tor stehen. Da kam der andere Jünger, der Bekannte des Hohepriesters, heraus; er sprach mit der Pförtnerin und führte Petrus hinein. Da sagte die Pförtnerin zu Petrus: Bist nicht auch du einer von den Jüngern dieses Menschen? Er sagte: Ich bin es nicht. Die Knechte und die Diener hatten sich ein Kohlenfeuer angezündet und standen dabei, um sich zu wärmen; denn es war kalt. Auch Petrus stand bei ihnen und wärmte sich.

Der Hohepriester befragte Jesus über seine Jünger und über seine Lehre. Jesus antwortete ihm: Ich habe offen vor aller Welt gesprochen. Ich habe immer in der Synagoge und im Tempel gelehrt, wo alle Juden zusammenkommen. Nichts habe ich im Geheimen gesprochen. Warum fragst du mich? Frag doch die, die gehört haben, was ich zu ihnen gesagt habe; siehe, sie wissen, was ich geredet habe. Als er dies sagte, schlug einer von den Dienern, der dabeistand, Jesus ins Gesicht und sagte: Antwortest du so dem Hohepriester? Jesus entgegnete ihm: Wenn es nicht recht war, was ich gesagt habe, dann weise es nach; wenn es aber recht war, warum schlägst du mich? Da schickte ihn Hannas gefesselt zum Hohepriester Kajaphas.

Simon Petrus aber stand da und wärmte sich. Da sagten sie zu ihm: Bist nicht auch du einer von seinen Jüngern? Er leugnete und sagte: Ich bin es nicht. Einer von den Knechten des Hohepriesters, ein Verwandter dessen, dem Petrus das Ohr abgehauen hatte, sagte: Habe ich dich nicht im Garten bei ihm gesehen? Wieder leugnete Petrus und gleich darauf krähte ein Hahn.

Jesus wird zuerst vor den jüdischen Gerichtshof geführt, und zwar sowohl zu Hannas, dem früheren, und zu Kajaphas, dem augenblicklichen Hohepriester. Auch hier ist die johanneische Linie deutlich. Es geht Johannes nicht um Einzelheiten, auch nicht um die Erniedrigung des Herrn, dass er, der Richter, von Sündern gerichtet wird. Johannes lässt eine ganze Reihe von Zügen aus, von welchen die anderen Evangelisten berichten und welche diese Erniedrigung zum Inhalt haben. So ist z. B. nicht die Rede von den bestochenen Zeugen und ihrem falschen Zeugnis und nicht vom Anspeien durch die Richter, überhaupt nicht von einem Urteil. Es geht also Johannes gar nicht darum. Was er dagegen an dieser Szene besonders betont, ist die seelische Größe des Herrn. Das tritt in zwei Tatsachen in Erscheinung.

1. Die Haltung gegenüber dem fragenden Hannas und dem schlagenden Knecht: Jesus verweigert im Grunde genommen Hannas die Auskunft. Er hat deutlich genug in aller Öffentlichkeit gesprochen. Die Zeit des Predigens ist vorbei, sie wollen ja doch nicht hören. Darum hat es keinen Sinn, weiterhin darüber zu sprechen. Der Fragende ist im Grunde genommen im Bild. Dem Knecht, der den Herrn ins Antlitz schlägt, antwortet er weder grob noch leidenschaftlich, sondern in überlegener Ruhe: »Wenn es nicht recht war, was ich gesagt habe, dann weise es nach; wenn es aber recht war, warum schlägst du mich?« So erweist er sich sowohl dem scheinklugen Hannas wie dem augendienerischen, brutalen Knecht gegenüber als der seelisch Überlegene, der nun ruhig den Weg geht, den der Vater ihm gewiesen hat. Keine Klage, keine Bitte um Mitleid, kein Verzagen, sondern ruhige Gewissheit strahlt aus seinem ganzen Wesen.

2. Die Überlegenheit seines Wissens: Er hat bei den Abschiedsreden Petrus gewarnt. Jesus entgegnete: »Amen, amen, ich sage dir: Noch ehe der Hahn kräht, wirst du mich dreimal verleugnen« (13,38). Und nun wird bei der Gerichtsverhandlung mit merkwürdiger Ausführlichkeit diese dreimalige Verleugnung aufgezeigt. Es war schon gar nicht einfach, dass Petrus überhaupt in den Hof hineinkam. Johannes, der die Leute kannte, musste für ihn eintreten und ihm behilflich sein. Aber schon da erfolgt die erste Verleugnung gegenüber der einfältigen Türhüterin. Die zweite Verleugnung geschieht gegenüber den Soldaten, die sich am Feuer im Innenhof wärmen, die dritte gegenüber einem Verwandten des Malchus, der ihn kennt. So hat Petrus dreimal die Zugehörigkeit zu Jesus geleugnet und die Jüngerschaft abgestritten. Am Schluss heißt es ganz einfach. »Und gleich darauf krähte ein Hahn.« Die Voraussage Jesu hat sich somit wortwörtlich erfüllt. Jesu seelische Größe und geistiges Wissen stehen also in der Mitte dieser Szene. Beides ist so wichtig, dass daneben alles andere zurücktritt. Es ist ja ohnehin kein eigentliches Gericht, sondern ein Schein- und Schaugericht, ein So-tun-als-ob. Jesus lässt gerade jetzt in der großen Stunde seiner Passion nicht mit sich spielen und lässt keine Fassaden und Kulissen gelten. Die Dinge, um die es geht, sind zu groß und zu ernst. Der Gegensatz zwischen den Menschen und ihm ist geradezu schmerzlich. Bei den Menschen ist es einmal der brutale Knecht, der bei seinem Herrn, dem Hohepriester, einen guten Eindruck machen will, dann sind es die Hohepriester Hannas und Kajaphas. Hannas, der scheinbar die Gerichtsverhandlung objektiv und sachlich führt und darum nach den Jüngern und der Lehre Jesu fragt, der aber doch in Wirklichkeit das Todesurteil längst gefällt hat. Kajaphas, der im Bericht der anderen Evangelisten die große Entscheidungsfrage an Jesus stellt und das Todesurteil ausspricht, tritt hier ganz zurück. Es wird von ihm lediglich gesagt, er sei derjenige, der entschieden hatte, es sei besser, dass *ein* Mensch für das Volk sterbe. Das, was Kajaphas sagt und tut, steht also im Dienste Gottes und in der Erfüllung der

Gottespläne, ohne dass er es weiß und will. Und schließlich Petrus, der erste erwählte Jünger, der hier den Herrn verrät. So stehen menschliche Kleinheit und Armseligkeit neben der seelischen und geistigen Größe Christi, alles einbezogen und eingebaut in den großen Plan, den Heilsplan der Vorsehung Gottes. So hat diese Szene ihre eigene Höhe und Tiefe, ihr Dunkel und ihre Helligkeit.

Die Kleinheit des Bloß-Menschlichen und die seelische Größe desjenigen, der in und durch Christus lebt, stehen sich immer wieder gegenüber. Für den Augenblick triumphiert immer das Bloß-Menschliche. Aber auf weite Sicht ist es immer der Sieg Gottes, weil alles seinen Plänen dient.

VOR DEM HEIDNISCHEN GERICHT

Joh 18,28–19,16

Von Kajaphas brachten sie Jesus zum Prätorium; es war früh am Morgen. Sie selbst gingen nicht in das Gebäude hinein, um nicht unrein zu werden, sondern das Paschalamm essen zu können. Deshalb kam Pilatus zu ihnen heraus und fragte: Welche Anklage erhebt ihr gegen diesen Menschen? Sie antworteten ihm: Wenn er kein Übeltäter wäre, hätten wir ihn dir nicht ausgeliefert. Pilatus sagte zu ihnen: Nehmt ihr ihn doch und richtet ihn nach eurem Gesetz! Die Juden antworteten ihm: Uns ist es nicht gestattet, jemanden hinzurichten. So sollte sich das Wort Jesu erfüllen, mit dem er angedeutet hatte, welchen Tod er sterben werde. Da ging Pilatus wieder in das Prätorium hinein, ließ Jesus rufen und fragte ihn: Bist du der König der Juden? Jesus antwortete: Sagst du das von dir aus oder haben es dir andere über mich gesagt? Pilatus entgegnete: Bin ich denn ein Jude? Dein Volk und die Hohepriester haben dich an mich ausgeliefert. Was hast du getan? Jesus antwortete: Mein Königtum ist nicht von dieser Welt. Wenn mein Königtum von dieser Welt wäre, würden meine Leute kämpfen, damit ich den Juden nicht ausgeliefert würde. Nun aber ist mein Königtum nicht von hier. Da sagte Pilatus zu ihm: Also bist du doch ein König? Jesus antwortete: Du sagst es, ich bin ein König. Ich bin dazu geboren und dazu in die Welt gekommen, dass ich für die Wahrheit Zeugnis ablege. Jeder, der aus der Wahrheit ist, hört auf meine Stimme. Pilatus sagte zu ihm: Was ist Wahrheit? Nachdem er das gesagt hatte, ging er wieder zu den Juden hinaus und sagte zu ihnen: Ich finde keine Schuld an ihm. Ihr seid aber gewohnt, dass ich euch zum Paschafest einen freilasse. Wollt ihr also, dass ich euch den König der Juden freilasse? Da schrien sie wieder: Nicht diesen, sondern Barabbas! Barabbas aber war ein Räuber. Darauf nahm Pilatus Jesus und ließ ihn geißeln. Die Soldaten flochten einen Kranz aus Dornen; den setzten sie ihm auf das Haupt und legten ihm einen purpurroten Mantel um. Sie traten an ihn heran und sagten: Sei gegrüßt, König der Juden! Und sie schlugen ihm ins Gesicht. Pilatus ging wieder hinaus und sagte zu ihnen: Seht, ich bringe ihn zu euch heraus; ihr sollt wissen, dass ich keine Schuld an ihm finde. Jesus kam heraus; er trug die Dornenkrone und den purpurroten Mantel. Pilatus sagte zu ihnen: Seht, der Mensch! Als die Hohepriester und die Diener ihn sahen, schrien sie: Kreuzige ihn, kreuzige ihn! Pilatus sagte zu ihnen: Nehmt ihr ihn und kreuzigt ihn! Denn ich finde keine Schuld an ihm. Die Juden entgegneten ihm: Wir haben ein Gesetz und nach dem Gesetz muss er sterben, weil er sich zum Sohn Gottes gemacht hat. Als Pilatus das hörte, fürchtete er sich noch mehr. Er ging wieder in das Prätorium hinein und fragte Jesus: Woher bist du? Jesus aber gab ihm keine Antwort. Da sagte Pilatus zu ihm: Du sprichst nicht mit mir? Weißt du nicht, dass ich Macht habe, dich freizulassen, und Macht, dich zu kreuzigen? Jesus antwortete ihm: Du hättest keine Macht über mich, wenn es dir nicht von oben gegeben wäre; darum hat auch der eine größere Sünde, der mich dir ausgeliefert hat. Daraufhin wollte Pilatus ihn freilassen, aber die Juden schrien: Wenn du diesen freilässt, bist du kein Freund des Kaisers; jeder, der sich zum König macht, lehnt sich gegen den Kaiser auf. Auf diese Worte hin ließ Pilatus Jesus herausführen und er setzte sich auf den Richterstuhl an dem Platz, der Lithostrotos, auf Hebräisch Gabbata, heißt. Es war Rüsttag des Paschafestes, ungefähr die sechste Stunde. Pilatus sagte zu den Juden: Seht, euer König! Sie aber schrien: Hinweg, hinweg, kreuzige ihn! Pilatus sagte *zu ihnen: Euren König soll ich kreuzigen? Die Hohepriester antworteten: Wir haben keinen König außer dem Kaiser. Da lieferte er ihnen Jesus aus, damit er gekreuzigt würde.*

Im Gegensatz zu den Verhandlungen vor dem jüdischen Gerichtshof sind die Ereignisse vor dem heidnischen Gericht des Pilatus auffallend breit und ausführlich geschildert. Der Grund ist wohl darin zu suchen, dass einerseits das Judentum zu der Zeit, da Johannes schreibt, keine Gefahr für die Christenheit bedeutet – Jerusalem und der Tempel sind zerstört –, dass dagegen anderseits die römische, heidnische Weltmacht sich anschickt, die Kirche zu verfolgen und zu vernichten, sodass die Gegenüberstellung Christus – Pilatus von besonders aktueller Bedeutung ist. Die staatliche Macht ist zu allen Zeiten für die Kirche ein großes Problem gewesen. Immer wieder stand die Kirche ohnmächtig vor der Staatsmacht, ihr ausgeliefert, von ihr verfolgt und oft genug von ihr zum Tode verurteilt. So hat die Pilatusszene immer wieder erneut ihre Bedeutung.

In drei Etappen rollt das Geschehen ab:

Erste Etappe (18,28–40):

1. *Die Personen: Kläger* sind die Juden. Es ist eine unglaubliche Ironie, dass sie das Amtsgebäude des Pilatus nicht betreten wollen, um nicht levitisch unrein zu werden und das Paschalamm essen zu können, während sie in Wirklichkeit aus der Hinrichtung Jesu, also aus einem Justizmord, sich nichts machen, und dass sie sich weigern, das wahre Osterlamm zu genießen, Jesus Christus. Sie sind von Hass völlig verblendet.

Richter ist Pilatus als Vertreter der Macht, und zwar der Weltmacht Rom. Die Entscheidung liegt in seiner Hand. Er, der sonst in Cäsarea residiert, ist am Festtag nach Jerusalem gekommen, kann also hier an Ort und Stelle den Kasus erledigen. Mit Verachtung blickt er auf die religiösen Kämpfe der Eingeborenen herab und behandelt alle, auch ihre Führer, von oben herab. Dabei ist er ein schwacher Charakter. Während er in aller Form feststellt, dass Jesus unschuldig sei, gibt er ihn trotzdem nicht frei, sondern sucht alle möglichen Ausflüchte und Auswege, bis er schließlich Jesus, trotz allem, zum Tod verurteilt.

Angeklagter ist Jesus. In souveräner Größe und königlicher Hoheit steht er hier vor Volk und Pilatus, äußerlich ohne jede Macht, allein, ohne Hilfe, und doch spricht er furchtlos von der wahren Größe, dem wahren Reich und der wahren Macht, die ihm gegeben ist.

2. *Die Ereignisse:* Pilatus will zuerst Jesus den Juden überlassen. Aber sie haben das *Ius gladii* (»das Recht des Schwertes«, die juristische Vollmacht, im Rahmen der Kapitalgerichtsbarkeit Todesurteile auszusprechen, Anm. d. V.) verloren und wollen doch Jesus hinrichten, also muss ihr Urteil von Pilatus bestätigt werden. Der Statthalter lässt sie ihre Abhängigkeit spüren.

Das Gespräch mit Jesus: Die Worte Jesu enthalten ein Doppeltes. Einmal das Bekenntnis seiner königlichen Größe und seines Reiches, das nicht von dieser Welt ist und darum alle Reiche dieser Welt überragt. Die Worte sind aber auch ein Appell an das Gewissen des Pilatus. Jesus ist gekommen als Zeuge der Wahrheit. Darum steht er zu seinem Königtum, auch wenn es ihn das Leben kostet. Wenn es Pilatus nun wirklich um die Wahrheit zu tun ist, wird er innerlich die Stimme Christi als die Stimme der Wahrheit und damit als Stimme Gottes erkennen. Aber Pilatus weicht aus mit dem halb skeptischen, halb ironischen Wort: Was ist schon wahr, was ist Wahrheit? Immerhin ist ihm jetzt die Unschuld des Angeklagten eindeutig klar. Er will ihn freigeben. Das Licht leuchtet in der Finsternis. Um aber die Juden einigermaßen zu besänftigen und zu befriedigen, will er ihnen einen Bandenführer, der durch Mord und Totschlag ins Gefängnis gekommen war, freilassen. Neben dem Königtum Christi von Gott her steht hier der angemaßte Wille zur Macht eines Räubers und Mörders. Allein schon die Gegenüberstellung ist tiefste Demütigung. Aber Jesus ist so groß, dass menschliche Erniedrigung ihn nicht kleiner machen kann. Pilatus ist Vertreter äußerer Macht und Größe, ist aber innerlich ein schwacher und kleiner Mensch. Christus steht in menschlicher Ohnmacht vor ihm, ist aber der innerlich Große und Mächtige.

Zweite Etappe: Diese zweite Etappe ist streng genommen kein Verhör, sondern eine Misshandlung Jesu. Pilatus hofft dadurch den Juden Genugtuung leisten zu können. So muss Christus die römische Geißelung ertragen und den Spott, den die Soldateska mit seiner königlichen Größe und Würde treibt. Aber die Misshandlung verfehlt ihre Wirkung. Obwohl Pilatus nun Jesus in jämmerlichem Zustand dem Volk vorführt, verspürt dieses weder Mitleid noch irgendeine Regung des Gewissens, sondern gibt nur der Stimme des Hasses immer lauter und immer leidenschaftlicher Ausdruck in der Forderung nach der Kreuzigung. Und doch steht auch in diesem Abschnitt das Wort: »Ich finde keine Schuld an ihm.« Jesus spricht kein Wort. Sie wollen gewaltsam das Licht auslöschen. Es leuchtet trotzdem in der Finsternis. Im Schweigen und Dulden zeigt sich hier die seelische Größe Christi. Der körperliche Schmerz der Geißelung und der Dornen ist fast unerträglich. Und doch ist die seelische Qual größer. Sie verspotten sein Königtum. Die Finsternis hat es nicht erfasst.

Dritte Etappe: Die politische Klage hat bei Pilatus nicht verfangen. So greifen nun die Juden einen neuen Klagepunkt auf: Jesus hat sich zum Sohn Gottes gemacht.

Zwei Gestalten stehen sich gegenüber: Pilatus und Jesus. *Pilatus* erweist sich immer mehr als schwacher Mensch. Sieben Ausweichversuche unternimmt er. Fünf Unschuldserklärungen formuliert er. Trotzdem verurteilt er dann letztlich Jesus zum Tod. Die Behauptung, Jesus sei Sohn Gottes, weckt in ihm eine abergläubische Furcht.

Und der Vorwurf »Du bist kein Freund des Kaisers, wenn du ihn freilässt« trifft ihn persönlich und weckt die Menschenfurcht. So ist er im Tiefsten ein furchtsamer Charakter, wenn er auch die Furcht durch forsches Auftreten zu verbergen sucht. Ein kleiner Mensch, der in der großen, entscheidenden Stunde seines Lebens völlig versagt.

Jesus ist ganz anders. Er kennt das Ende des Prozesses und steht trotzdem in ruhiger Würde und Gelassenheit vor Pilatus. Er weiß, dass alles nach dem Willen des Vaters geschieht. Und so spricht er zu Pilatus auch furchtlos das Wort: »Du hättest keine Macht über mich, wenn sie dir nicht von oben gegeben wäre.«

Das Wort der Juden »Wir haben keinen König als den Kaiser« ist im biblischen Zusammenhang hochbedeutsam. Im alten Israel hieß es: Wir haben keinen König als Gott, jetzt aber verlassen sie Gott und vertrauen auf den irdischen Cäsar. Die Theokratie ist umgewandelt in eine Sklavenexistenz. Gideon, dem man nach siegreicher Schlacht die Krone anbot, hatte noch den kühnen Satz gesprochen, dass weder er noch einer seiner Söhne die Krone tragen werde, denn Gott selbst sei König von Israel. Das war die Größe des Volkes, dass Gott es führte und dass es also und eigentlich ursprünglich theokratisch aufgebaut war. Als es dann trotzdem irdische Könige wollte, waren diese nur sinnvoll als sichtbare Vertreter des Königtums Gottes. Nun ist Israel von dieser Höhe völlig abgefallen. Wenn jetzt der Satz lautet »Wir haben keinen König als den Cäsar«, so hat es seine Größe verraten und Gott gegen den Cäsar eingetauscht. Nicht nur ist die Theokratie damit grundsätzlich und tatsächlich verloren, sondern die Selbstständigkeit Israels ist preisgegeben, denn es spricht nicht von einem eigenen König aus den Reihen Israels, sondern vom heidnischen Cäsar in Rom. Die führende Priesterschaft hat die messianische Hoffnung und damit Israel verraten. Das Jawort zum menschgewordenen Gott hätte Israel selbst auf dieser Welt zu etwas ganz anderem gemacht, hätte ihm Größe, Macht und Würde gegeben. Aber es hat das Nein gesprochen. Damit ist der zweite Sündenfall der Menschheit erfolgt. Und so schließt der Abschnitt mit dem kurzen, aber hochbedeutsamen Satz: »Da lieferte er ihnen Jesus aus, damit er gekreuzigt würde.« Israel schlägt im Gottesmord seinen eigenen gottgegebenen König, den menschgewordenen Gott ans Kreuz. Es verwirft ihn und ist damit selbst verworfen, bis am Ende der Tage Gott sich seiner erbarmt.

Auch in dieser Szene ist die Größe Jesu sichtbar: in seinem Schweigen, in seinem Hinweis auf den Willen Gottes, in seinem Ertragen des politischen und des religiösen Vorwurfs, der Missdeutung seiner Absicht, der Entstellung seiner Worte und der Verachtung seines ganzen Lebens.

Der Schluss des Abschnittes hat etwas Hochfeierliches an sich. Ort, Tag und Stunde werden genau angegeben. Es ist der weltgeschichtliche Augenblick, in welchem Gott durch Menschen verworfen und der Gottmensch durch Menschen getötet wird. Es wäre der Tag der eigentlichen Menschheitskatastrophe, das Ende aller Hoffnung, wenn nicht Gott auch das Böse zum Guten lenken würde, wenn nicht Gottes Gnade größer wäre als der Menschen Sünde, Gottes Liebe stärker als der Menschen Tun.

Das Missverhältnis zwischen äußerer Macht des Staates und rein innerlich geistiger Macht des Reiches Gottes hat seit Christus gedauert durch alle Jahrhunderte und wird dauern bis zum Ende der Tage, bald mehr in friedlicher Auseinandersetzung, bald in blutiger Verfolgung. Es äußert sich im Kampf zwischen Kirche und Staat, zwischen geistlichem und weltlichem Recht. Der Staat will sich nicht damit abfinden, dass es eine Gesellschaft gibt, die von ihm unabhängig ist und die aus eigener Machtvollkommenheit Entscheidungen trifft. Und doch gehen beide Mächte letztlich auf Gott zurück. »Du hättest keine Macht über mich, wenn es dir nicht von oben gegeben wäre.« Die Kirche ist für den Augenblick immer wieder der Ohnmacht ausgeliefert, aber durch den Beistand des Geistes Gottes weiß sie sich immer wieder als Sieger. Die Kirche ist auch daran gewöhnt, Verleumdungen zu erdulden, den Schikanen staatlicher Machthaber ausgeliefert zu sein, anderen hintangestellt zu werden und immer wieder in Verfolgungswellen das *Crucifige* zu hören. Es gehört wesentlich zu ihrer Geschichte. Aber sie schreitet wie der göttliche Meister unberührt von allen Verfolgungen durch die Jahrhunderte, erhobenen Hauptes in innerlich königlicher Größe, denn sie weiß sich beschützt und gehalten von Gott selbst. Das Reich Gottes ist nicht von dieser Welt. Es ist aber in dieser Welt. Darum muss es sich mit dieser Welt auseinandersetzen und auf die Mächte dieser Welt stoßen. Rückzug ins bloße Jenseits oder in das Rein-Geistliche wäre Verrat an der empfangenen Sendung. Das Aufgehen in Weltlichkeit und Verweltlichung wäre Preisgabe des Wesens. Nur wenn die Kirche mitten in der Welt steht und doch nicht von dieser Welt ist, erfüllt sie ihre eigentliche Sendung.

DAS STERBEN DES MESSIAS

Joh 19,16–30

Sie übernahmen Jesus. Und er selbst trug das Kreuz und ging hinaus zur sogenannten Schädelstätte, die auf Hebräisch Golgota heißt. Dort kreuzigten sie ihn und mit ihm zwei andere, auf jeder Seite einen, in der Mitte aber Jesus. Pilatus ließ auch eine Tafel anfertigen und oben am Kreuz befestigen; die Inschrift lautete: Jesus von Nazaret, der König der Juden. Diese Tafel lasen viele Juden, weil der Platz, wo Jesus gekreuzigt wurde, nahe bei der Stadt lag. Die Inschrift war hebräisch, lateinisch und griechisch abgefasst. Da sagten die Hohepriester der Juden zu Pilatus: Schreib nicht: Der König der Juden, sondern dass er gesagt hat: Ich bin der König der Juden. Pilatus antwortete: Was ich geschrieben habe, habe ich geschrieben.

Nachdem die Soldaten Jesus gekreuzigt hatten, nahmen sie seine Kleider und machten vier Teile daraus, für jeden Soldaten einen Teil, und dazu das Untergewand. Das Untergewand war aber ohne Naht von oben ganz durchgewoben. Da sagten sie zueinander: Wir wollen es nicht zerteilen, sondern darum losen, wem es gehören soll. So sollte sich das Schriftwort erfüllen: Sie verteilten meine Kleider unter sich und warfen das Los um mein Gewand. Dies taten die Soldaten.

Bei dem Kreuz Jesu standen seine Mutter und die Schwester seiner Mutter, Maria, die Frau des Klopas, und Maria von Magdala. Als Jesus die Mutter sah und bei ihr den Jünger, den er liebte, sagte er zur Mutter: Frau, siehe, dein Sohn! Dann sagte er zu dem Jünger: Siehe, deine Mutter! Und von jener Stunde an nahm sie der Jünger zu sich.

Danach, da Jesus wusste, dass nun alles vollbracht war, sagte er, damit sich die Schrift erfüllte: Mich dürstet. Ein Gefäß voll Essig stand da. Sie steckten einen Schwamm voll Essig auf einen

Ysopzweig und hielten ihn an seinen Mund. Als Jesus von dem Essig genommen hatte, sprach er: Es ist vollbracht! Und er neigte das Haupt und übergab den Geist.

Wir sind an den Leidensbericht zu sehr gewöhnt. In Wirklichkeit ist er etwas Außergewöhnliches, sowohl die Tatsache, dass Christus stirbt, als auch vor allem die Art und Weise, wie er stirbt. Johannes schildert den Tod des Herrn ganz seiner bisherigen Linie entsprechend, d. h. er betont nicht das Leiden und die Erniedrigung, sondern zeigt im Gegenteil, wie das Licht im Dunkel leuchtet, er zeichnet die Größe des sterbenden Christus. Dabei hebt er vor allem drei Dinge hervor.

1. *Das Kreuz Christi:* Sie müssen Christus nicht zwingen, das Kreuz zu tragen. Er schleppt es auch nicht mühsam nach Golgota, sondern lädt es sich selbst auf die Schultern und drängt förmlich vorwärts. Es war Sitte, dass der Verurteilte den Querbalken selbst trug, während der Längsbalken am Ort der Kreuzigung war und präpariert wurde. Jesus war als Zimmermann an dieses Tragen gewöhnt, aber für den kranken Gegeißelten war es doch, zumal nach der durchwachten Nacht, eine große Anstrengung. Etwas Kühnes liegt in diesem Schreiten. Er will das große Werk vollenden. Je rascher, desto besser. Die anderen, die mit ihm gekreuzigt werden, spielen keine Rolle. Sie sind gewissermaßen nur der Rahmen zur Rechten und zur Linken. Der Blick ist ganz auf Christus gerichtet, dessen Kreuz in der Mitte steht. Es spielt sich noch ein kurzer Kampf ab um die Inschrift über dem Kreuz. Aber Pilatus bleibt hier unnachgiebig. Und so lautet die Inschrift für ewige Zeiten: Jesus von Nazaret, der König der Juden. Es heißt nicht *ein* König, sondern *der* König. Und es heißt auch nicht, er hat sich zum König gemacht oder behauptet, er sei König, sondern er *ist* es tatsächlich. Dieser Gekreuzigte, Erniedrigte, Hingerichtete ist und bleibt der König der Juden. Der von den Juden Verworfene, Geschmähte, Misshandelte ist doch ihr König, weil er nicht von ihnen sein Königtum hat, sondern vom Vater im

Himmel. In der Art seines Thrones und seiner Krone wird deutlich, welch Geistes sein Königtum ist. Es ist etwas ganz anderes als das Königtum irdischer Herrschaft. Sein Reich ist wirklich nicht von dieser Welt. Wenn Königtum in irdischem Glanz, in Thron und Krone besteht, dann ist Jesus kein König und will er keiner sein. Aber Königtum ist in den Augen Gottes etwas anderes. Es ist die gottgegebene Macht und Autorität über die anderen. Und gerade diese kommt Jesus zu. Und so ist er der König der Juden und in Wirklichkeit der König aller Könige und damit König aller Menschen. Wenn die Inschrift hebräisch, lateinisch und griechisch geschrieben war, also in den drei Sprachen, die um das Mittelmeer gesprochen wurden, so ist damit angedeutet, dass alle Welt es wissen soll, dass der Nazarener, der Gekreuzigte, *der* König schlechthin ist.

2. *Die Erfüllung der Schrift bei seinem Tod:* Es ist nicht irgendein gewöhnlicher Mensch oder Prophet, der hier stirbt, sondern der Messias. Das wird daran sichtbar, dass er die Worte der Schrift über sein Sterben erfüllt. Es sind scheinbare Kleinigkeiten, die Johannes hier aufzählt, aber gerade die Erfüllung bis in diese Einzelheiten hinein erweist ihn als Messias.

Dahin gehört einmal das Verteilen seiner Kleider. Dass seine Kleider von den Soldaten verteilt werden, ist an sich nichts Besonderes. Es geschah sehr häufig. Aber dass sie über seinen genähten Leibrock das Los werfen, ist insofern etwas Besonderes, als sich hier das Wort der Schrift, genauer des 22. Psalms erfüllt. Es ist hier auch ersichtlich, dass Jesus nicht wie ein Bettler durch die Lande schritt, sondern gut gekleidet war, wie es seinem Stand entsprach. Auch das Wort »Mich dürstet« und das Stillen seines Durstes mit Essig ist Erfüllung eines Schriftwortes. So steht im 69. Psalm von ihm geschrieben. Und es wird von Johannes ausdrücklich hinzugefügt, dass er dieses Wort nur sprach, weil er bis ins Letzte die Schrift erfüllen wollte. Der Plan, der vom Vater ihm vorgezeichnet ist, wird von ihm ausgeführt bis in letzte Einzelheiten und Feinheiten. Er ist gehorsam bis zum Tode am Kreuz. Liest man den ganzen 22. und 69. Psalm, so ist daraus das Erschütternde dieses Sterbens ersichtlich. Johannes berührt es nur ganz leise, weil es ihm eben nicht um das Leiden als solches geht, sondern um die Schrifterfüllung. Die Schrift ist Wort Gottes. Christus ist das menschgewordenes Gotteswort. Dieses menschgewordene Wort erfüllt in allem auch das gesprochene und geschriebene Wort Gottes. Der Sohn Gottes stirbt ganz nach dem Plan Gottes. Und so erweist er sich als der Gesandte Gottes schlechthin.

3. *Ein Blick in die Zukunft:* Mitten in diesen messianischen Texten steht noch ein ganz anderes Wort, das beim ersten Anblick rein privaten Charakter hat und doch in Wirklichkeit auch ein messianisches Wort ist, aber nicht im Sinne der Schrifterfüllung, sondern im Sinne des messianischen Werkes. Es ist das Wort, das Jesus zu seiner Mutter und zu seinem Liebesjünger spricht: »Frau, siehe, dein Sohn!« – »Siehe, deine Mutter!«. Wäre das ein rein persönliches, privates Wort, durch das Jesus für ein paar Jahre die Sorge für seine Mutter dem Apostel Johannes überträgt, so würde es völlig aus dem Rahmen fallen. Alles, was hier vom Sterben Christi berichtet wird, hat messianisches Gepräge. So ist auch dieses Wort messianisch aufzufassen. Johannes ist hier Vertreter aller gläubigen Christen. Das wird bestätigt durch die feierliche Anrede »Frau«. Von der Frau war die Rede im biblischen Bericht über den Sündenfall. Dort war die Frau verheißen, deren Same der Schlange den Kopf zertreten wird. Nun wird dieses feierliche Wort aufgegriffen und Jesus wendet es auf seine eigene Mutter an. Denn hier auf Golgota wird tatsächlich der Schlange, d. h. Satan, der Kopf zertreten. Darum steht auch die Frau, deren Nachkommenschaft den vernichtenden Schritt macht, unter dem Kreuz. So ist auch dieses Wort Erfüllung uralter Prophezeiung und hat darum besonders feierlichen Klang. Wenn aber hinzugefügt wird »Siehe, deine Mutter!«, so gräbt Jesus damit tiefer. Es ist nicht nur die Vergangenheit erfüllt, sondern es ist eine neue Zukunft angebrochen. Ein neues Gottesvolk ist jetzt geschaffen, ein neuer Bund ist geschlossen, eine neue Zeit hat begonnen, und in dieser neuen

Zeit sollen die Angehörigen dieses neuen Gottesvolkes und neuen Bundes ein besonderes Verhältnis liebender Ehrfurcht zur Mutter des Herrn haben. Die Mutter Christi wird hier zur Mutter aller Christen. So ist das messianische Wort ein marianisches Wort. Wo immer Jesus ist und die Liebe zu ihm, da ist nun auch Maria zu finden und die Liebe zu ihr. Der Sterbende blickt damit über seinen Tod hinaus in die Zukunft. Aber noch mehr. Maria ist nicht nur die Mutter des neuen Gottesvolkes, sondern in ihr verkörpert sich gewissermaßen die Kirche. Sie, die unter dem Kreuz steht, passiv und aktiv am Kreuzesopfer teilhat, ist hier wirklich die Kirche, und darum ist die Hinwendung zu ihr von besonderer Wichtigkeit und innerer Tiefe. Der physische Christus, der hier stirbt, wird abgelöst durch den mystischen Christus. Dieser mystische Christus, die Kirche, hat Maria zur Mutter und zugleich zu einer Art Konkretisierung. Aus ihr ist ja der physische Christus geboren, sodass auch der mystische in ihrem Schoße ruht und aus ihr immer wieder neu geboren wird. Das marianische Mysterium ist somit in diesen Worten des sterbenden Messias enthalten.

So ist der ganze Johannesbericht über den Tod Jesu nicht ein Text voll Blut und Wunden, voll Schmerz und Mitleid, sondern voll Größe, Tiefe und Herrlichkeit.

DER TOTE CHRISTUS

Joh 19,31–37

Weil Rüsttag war und die Körper während des Sabbats nicht am Kreuz bleiben sollten – dieser Sabbat war nämlich ein großer Feiertag –, baten die Juden Pilatus, man möge ihnen die Beine zerschlagen und sie dann abnehmen. Also kamen die Soldaten und zerschlugen dem ersten die Beine, dann dem andern, der mit ihm gekreuzigt worden war. Als sie aber zu Jesus kamen und sahen, dass er schon tot war, zerschlugen sie ihm die Beine nicht, sondern einer der Soldaten stieß mit der Lanze in seine Seite und sogleich floss Blut und Wasser heraus. Und der es gesehen hat, hat es bezeugt und sein Zeugnis ist wahr. Und er weiß, dass er Wahres sagt, damit auch ihr glaubt. Denn das ist geschehen, damit sich das Schriftwort erfüllte: Man soll an ihm kein Gebein zerbrechen. Und ein anderes Schriftwort sagt: Sie werden auf den blicken, den sie durchbohrt haben.

Auch am toten Christus erfüllen sich noch Prophezeiungen. Und zwar haben diese eine ganz besondere Bedeutung. Ja, in ihnen gipfelt eigentlich der ganze johanneische Passionsbericht. Das Gewicht dieses letzten Geschehens ist aus den Bemerkungen, die Johannes anknüpft, ersichtlich. Er betont in besonderer Weise, dass er Augenzeuge gewesen ist, die Wahrheit spricht und gerade dadurch den Glauben wecken will. Es muss also ein besonderes Geschehen sein.

Die Bedeutung ergibt sich aus dem Hinweis auf die Schlachtung des Paschalammes. Das Lamm musste sorgfältig geschlachtet werden, sodass kein Knöchelchen an ihm zerbrochen wurde. Und es musste alles Blut zuerst zum Ausfließen gebracht werden, dann erst durften die Juden das Fleisch des Lammes genießen. Beides geschieht nun hier bei Jesus. So zeigt es sich, dass im johanneischen

Leidensbericht der Tod des Herrn nicht einfach ein Sterben oder eine Hinrichtung ist, sondern ein rituelles Opfer, in feierlicher, liturgischer Form vollzogen. Das hohepriesterliche Gebet war das Weihegebet. Das Geschehen am Kreuz ist die Darbringung des Opfers. Das wahre Lamm wird hier geschlachtet, und zwar sorgfältig den Vorschriften entsprechend. Denn während den Mitgekreuzigten die Beine zerbrochen werden, geschieht das bei Jesus nicht. Diese Ausnahme zeigt, dass er das rituelle Lamm ist. Wenn der Soldat die Lanze in seine Seite stößt, sodass Blut und Wasser herausfließt, so ist auch hier die rituelle Tötung gezeichnet: Alles Blut löst sich vom Leib. Die alttestamentlichen Opfer sind somit hier erfüllt und werden in sich hinfällig. Ein zweiter Hinweis liegt im Text: »Sie werden auf den blicken, den sie durchbohrt haben.« Im Buch Sacharja 12,10 ist die Rede vom durchbohrten König, der in Wirklichkeit der Heilsbringer ist. Hier ist es der König der Welt, Jesus Christus. Die Menschen haben ihn durchbohrt. Aber jetzt blicken sie zu ihm auf und erkennen, dass er ihnen das Heil bringt durch seinen Tod. Die eherne Schlange ist aufgerichtet in der Wüste dieser Zeitlichkeit. Alle, die vom Schlangenbiss der Sünde getroffen sind, können durch den Blick auf ihn, der scheinbar das Bild des Todes ist, gerettet und lebendig werden. Der Durchbohrte bringt das Heil.

Endlich liegt hier der Grund zur tiefsinnigen Passionsmystik der Kirchenväter und der Heiligen, die im geöffneten Herzen des Herrn das Heil finden. Nicht zufällig steht hier das Wort »Seite« statt »Herz«. Aus der Seite Adams ist Eva geworden durch den schöpferischen Akt Gottes. Hier auf Golgota lässt Gott den Tiefschlaf des Todes über den wahren, neuen Adam kommen, und aus seiner geöffneten Seite wird die neue Eva, die *Sponsa Christi* (»Braut Christi«, Anm. d. V.), die heilige Kirche. Sie ist eins mit ihm, aus seinem Herzblut geworden, aus seiner Seite genommen. Darum verlangt sie nach ihm, schenkt ihm ihre ganze Liebe, lebt aus ihm und für ihn. Echte Kirchenmystik und Passionsmystik fließen hier zusammen in die wahre Christusmystik, in das Mysterium Christi. Es ist das Mysterium seines Todes und seines Lebens, das Mysterium seines Herzens und damit das Mysterium seiner Liebe. »Da er die Seinen, die in der Welt waren, liebte, liebte er sie bis ans Ende.« Hier ist diese Liebe bis ins Letzte und Äußerste sichtbar geworden als eine schöpferische, gerade im Tod Leben spendende Liebe.

So ist der ganze Johannesbericht auf dieses Letzte hingeordnet. Er ist einheitlich, klar, durchsichtig. Er ist groß, feierlich und majestätisch und er gipfelt im Bericht über die geöffnete Seite, über das durchbohrte Herz des Herrn, über das Leben, das aus dem Tode quillt, über das Geheimnis der Liebe und des Lebens.

»WIR HABEN SEINE HERRLICHKEIT GESEHEN«

Joh 19,38–21,25

Auch der johanneische Bericht über die Auferstehung und die Erscheinungen des Herrn ist in klarer Linienführung gezeichnet. Es ist eine deutliche Steigerung vorhanden. Sie beginnt mit dem Umschlag der Ängstlichen zum furchtlosen Auftreten. Dann folgt als weiterer Schritt das leere Grab, als Drittes die Tatsache, dass nichts in Eile geschehen ist, sondern alles schön geordnet, dann die Erscheinung des Herrn der Maria von Magdala, schließlich den Jüngern und abschließend dem am längsten im Unglauben verharrenden Thomas. Die Erscheinung ist begleitet von der Sendung hinaus in die Welt, sodass das Geschehen am kleinen, verborgenen Ort nun an die große Öffentlichkeit tritt. Damit findet der johanneische Bericht seinen ursprünglichen Abschluss.

DIE FURCHTSAMEN STREIFEN IHRE ANGST AB

Joh 19,38–42

Josef aus Arimathäa war ein Jünger Jesu, aber aus Furcht vor den Juden nur im Verborgenen. Er bat Pilatus, den Leichnam Jesu abnehmen zu dürfen, und Pilatus erlaubte es. Also kam er und nahm den Leichnam ab. Es kam auch Nikodemus, der früher einmal Jesus bei Nacht aufgesucht hatte. Er brachte eine Mischung aus Myrrhe und Aloe, etwa hundert Pfund. Sie nahmen den Leichnam Jesu und umwickelten ihn mit Leinenbinden, zusammen mit den wohlriechenden Salben, wie es beim jüdischen Begräbnis Sitte ist. An dem Ort, wo man ihn gekreuzigt hatte, war ein Garten und in dem Garten war ein neues Grab, in dem noch niemand bestattet worden war. Wegen des Rüsttages der Juden und weil das Grab in der Nähe lag, setzten sie Jesus dort bei.

Es beginnt ein Umschwung und Umschlag im Inneren der Herzen. Die furchtsamen Jünger, Josef von Arimathäa und Nikodemus, treten nun öffentlich als Jünger Jesu auf, verlangen Audienz bei Pilatus und fordern den Leichnam des Herrn. Das, was eigentlich nach menschlichem Ermessen alle hätte in Angst versetzen müssen, bewirkt gerade das Gegenteil. Der Geist Gottes beginnt zu wirken. Die Menschen wandeln sich, die Menschenfurcht wird überwunden durch die Gottesfurcht. Man kann nun nicht mehr abseitsstehen, man muss Stellung beziehen. Die Ereignisse sind zu groß und zu erschütternd, als dass sie neutrale Beobachter zulassen würden. Am Kreuz scheiden sich die Geister.

Die Grablegung muss zwar rasch geschehen, weil um sechs Uhr abends der Sabbat beginnt und bis dahin alles erledigt sein muss. Aber sie hat doch etwas Großes und Feierliches an sich. Jesus wird in einem Garten in ein neues Grab gelegt und er wird mit kostbaren Gewürzen vorläufig einbalsamiert. Man wird das Fehlende, wenn der Sabbat vorüber ist, nachholen. Die Ehre, die sie dem Lebenden verweigert haben, erweisen sie wenigstens dem Toten. Wieder ist es ein Umschwung, der deutlich spürbar ist.

PETRUS UND JOHANNES

Joh 20,1–10

Am ersten Tag der Woche kam Maria von Magdala frühmorgens, als es noch dunkel war, zum Grab und sah, dass der Stein vom Grab weggenommen war. Da lief sie schnell zu Simon Petrus und dem anderen Jünger, den Jesus liebte, und sagte zu ihnen: Sie haben den Herrn aus dem Grab weggenommen und wir wissen nicht, wohin sie ihn gelegt haben.

Da gingen Petrus und der andere Jünger hinaus und kamen zum Grab; sie liefen beide zusammen, aber weil der andere Jünger schneller war als Petrus, kam er als Erster ans Grab. Er beugte sich vor und sah die Leinenbinden liegen, ging jedoch nicht hinein. Da kam auch Simon Petrus, der ihm gefolgt war, und ging in das Grab hinein. Er sah die Leinenbinden liegen und das Schweißtuch, das auf dem Haupt Jesu gelegen hatte; es lag aber nicht bei den Leinenbinden, sondern zusammengebunden daneben an einer besonderen Stelle. Da ging auch der andere Jünger, der als Erster an das Grab gekommen war, hinein; er sah und glaubte. Denn sie hatten noch nicht die Schrift verstanden, dass er von den Toten auferstehen müsse. Dann kehrten die Jünger wieder nach Hause zurück.

Die Jünger sind durch den Tod des Herrn wie erschlagen. Sie haben die Schrift trotz der Erklärungen Jesu nicht verstanden. So kommt ihnen auch gar nicht der Gedanke an die Auferstehung. Erst als Maria von Magdala die Kunde vom leeren Grabe bringt, machen sich Petrus und Johannes auf und eilen zum Grab. Der Erste, der die Grabkammer betritt, ist somit Simon Petrus, das erwählte Oberhaupt der Gemeinde des Herrn. Er soll Zeuge sein, dass das Grab leer ist, die Leintücher gefaltet, das Schweißtuch schön beiseitegelegt, dass also hier in aller Ruhe etwas vor sich gegangen ist, das menschliches Können übersteigt. Diebstahl ist nicht möglich, denn sonst hätte man sich nicht Zeit gelassen, alles so im Einzelnen zu ordnen. So bleibt nur die Auferstehung. Noch haben die Jünger den Herrn nicht gesehen und trotzdem heißt es von Johannes: »Er sah und glaubte.« Das Erste ist nicht die Osterbotschaft, sondern der Osterglaube. Und dieser Glaube beruht gar nicht in erster Linie auf einem Wort, sondern auf einer Tat. Als andere Menschen kehren die beiden Jünger vom Grab zurück. Bei ihnen ist der innere Umschwung noch unvergleichlich größer als bei Josef von Arimathäa und Nikodemus. Sie sind die ersten Zeugen des großen Geschehens und werden zeitlebens Künder der Osterbotschaft sein, und zwar einer Botschaft, die nicht blind den Glauben fordert, sondern auf einer Tatsache beruht, auf jener Tatsache, mit der das Christentum steht und fällt, der Auferweckung Jesu von den Toten. Man muss nur Paulus lesen, um zu wissen, was dieses Osterereignis bedeutet. Zwei Kräfte sind als Erste zum Grabe geeilt: die Liebe und das Amt. Die Liebe mit beflügeltem Schritt, aber dann gehemmt durch den Mangel an Vollmacht. Das Amt langsamer, beschwerlicher, aber dafür ohne Hemmung die Grabkammer betretend, um alles festzustellen und dann die Kunde weiterzutragen. Liebendes Ungestüm und verantwortungsbewusstes Amt hier brüderlich verbunden am ersten Tag der neuen Zeit, an jenem Tag, der nun den Sabbat ablösen wird, weil es wirklich Sonntag, Tag der aufgehenden Sonne ist, die die Nacht des Todes durchbricht, leuchtend und werbend, den Menschen neue Freude und neue Kraft spendend. Es ist geradezu auffallend, wie das Wort hier vor den nüchternen Tatsachen zurücktritt. Weder von den Jüngern wird ein Wort gesprochen noch vernehmen sie ein Wort. Die Sprache der Tatsachen ist so laut und deutlich, dass es nichts weiter braucht.

MARIA VON MAGDALA

Joh 20,11–18

Maria aber stand draußen vor dem Grab und weinte. Während sie weinte, beugte sie sich in die Grabkammer hinein. Da sah sie zwei Engel in weißen Gewändern sitzen, den einen dort, wo der Kopf, den anderen dort, wo die Füße des Leichnams Jesu gelegen hatten. Diese sagten zu ihr: Frau, warum weinst du? Sie antwortete ihnen: Sie haben meinen Herrn weggenommen und ich weiß nicht, wohin sie ihn gelegt haben. Als sie das gesagt hatte, wandte sie sich um und sah Jesus dastehen, wusste aber nicht, dass es Jesus war. Jesus sagte zu ihr: Frau, warum weinst du? Wen suchst du? Sie meinte, es sei der Gärtner, und sagte zu ihm: Herr, wenn du ihn weggebracht hast, sag mir, wohin du ihn gelegt hast! Dann will ich ihn holen. Jesus sagte zu ihr: Maria! Da wandte sie sich um und sagte auf Hebräisch zu ihm: Rabbuni!, das heißt: Meister. Jesus sagte zu ihr: Halte mich nicht fest; denn ich bin noch nicht zum Vater hinaufgegangen. Geh aber zu meinen Brüdern und sag ihnen: Ich gehe hinauf zu meinem Vater und eurem Vater, zu meinem Gott und eurem Gott. Maria von Magdala kam zu den Jüngern und verkündete ihnen: Ich habe den Herrn gesehen. Und sie berichtete, was er ihr gesagt hatte.

Ohne Jesus: Frühmorgens eilt Maria von Magdala zum Grab. An sich ist ihr Tun menschlich gesehen sinnlos. Das Grab ist durch einen schweren Stein verschlossen. Was will sie als Frau vor diesem leeren Grabe tun? Aber die Liebe fragt nicht nach Sinn und Verstand. Sie ist eine Kraft, die vorwärtsdrängt und vorwärtstreibt, ohne sich um Hindernisse und Hemmnisse zu kümmern. In Wirklichkeit ist der Stein weggewälzt, aber das Grab ist leer. Was soll sie im Leben ohne Jesus? Er ist das Geheimnis und der Inhalt ihrer ganzen Existenz geworden. So steht sie bloß weinend da. Wer einmal erfasst hat, was Christus ist, kann nicht mehr ohne ihn leben. Es würde alles grau, leer und sinnlos. Sie stellt für alle Menschen nun die Frage nach Jesus. Kann sie im Leben nicht mehr ihre Liebe bezeugen, dann kann sie wenigstens für eine würdige Bestattung sorgen, d. h. ihn zurücktragen, seinen Leib salben und einbalsamieren.

Millionen leben ohne Christus. Sie haben es nie erfasst und erfahren, wie das Leben mit Christus ist. So spüren sie die Leere nicht. Sie haben Ersatzprodukte, an die sie sich halten können und die über das Vakuum hinwegtäuschen. Wer aber einmal erfasst und erfahren hat, was der Gottmensch ist, kann durch nichts anderes mehr befriedigt und ausgefüllt werden. Darum ist der Ungläubige, der einmal gläubig war, die traurigste Existenz. Er ist wie ein erloschener Krater, wie eine verblühte Blume, eine ausgeblasene Kerze.

Mit Jesus: Jesus zeigt sich Maria. Er erscheint mit verklärtem Leib. Aber ihr Schmerz ist so groß, dass sie ihn nicht erkennt. Erst als er sie beim Namen nennt, fällt der Schleier. Denn so wie er spricht nur einer. So beim Namen rufen kann nur er. Der Anruf Gottes hat etwas Unwiderstehliches, lockend und fordernd zugleich. Seine Stimme ist nicht zu überhören. Sie ist bisweilen erschreckend, meist beglückend. Diesmal ist es eindeutig Klang der Liebe. Darum ist auch die Antwort Marias liebende Hingabe. Sie wirft sich dem Herrn zu Füßen und umklammert ihn, um ihn nicht mehr loszulassen, bis er sie mahnt mit dem Hinweis darauf, dass er ja noch nicht auffährt zum Vater im Himmel, dass sie ihn also noch besitzen kann, auch in seiner Sichtbarkeit. Auch hier ist der Anruf zugleich mit einer Sendung verbunden. Das Hin zu Christus ist zugleich ein Hin zu den Brüdern Christi. Es gibt keinen religiösen Egoismus. Was der Mensch empfängt, soll er weitertragen. Er soll Glocke sein, die läutet, Welle, die rauscht, Sturm, der mitreißt. Wegweiser und Führer zu Christus. Sendung ist wesentlich. Eine Frau ist die Erste, die zum Grabe kommt, die Erste, die das Grab leer findet, die Erste, der Jesus erscheint. Aber sie soll nicht selbst hingehen und predigen, sondern sie soll die Jünger aufmerksam machen, deren Aufgabe nun die Verkündigung ist. Frauendienst ist diskret, zurückhaltend, aber deshalb nicht weniger wichtig als der im Vordergrund stehende, sichtbare und hörbare Dienst der Männer. Nur wo beides richtig zusammenklingt, ist die rechte Ordnung, wie Christus sie will. Es wäre falsch, den Frauen jede Sendung in der Kirche und an die Kirche absprechen zu wollen. Heilige verschiedenster Jahrhunderte haben das Gegenteil bewiesen. Es wäre aber ebenso falsch, den Frauen in der Kirche, besonders in der kirchlichen Lehre, die Führung zu überlassen. Sie gebührt nach Christi Willen den Männern. So ist eine Frau die Erste, die den Auferstandenen schaut und damit das Glück des neuen Äons verkostet. Aber sie tritt nicht öffentlich auf, sondern bringt die Botschaft den Jüngern, überlässt es ihnen, den rechten Weg zur Verkündigung zu finden. Von solchen Szenen des Evangeliums hat die Kirche ihre Haltung gelernt und ist ihr treu geblieben durch die Jahrhunderte.

DIE JÜNGER IM SAAL

Joh 20,19–23

Am Abend dieses ersten Tages der Woche, als die Jünger aus Furcht vor den Juden bei verschlossenen Türen beisammen waren, kam Jesus, trat in ihre Mitte und sagte zu ihnen: Friede sei mit euch! Nach diesen Worten zeigte er ihnen seine Hände und seine Seite. Da freuten sich die Jünger, als sie den Herrn sahen. Jesus sagte noch einmal zu ihnen: Friede sei mit euch! Wie mich der Vater gesandt hat, so sende ich euch. Nachdem er das gesagt hatte, hauchte er sie an und sagte zu ihnen: Empfangt den Heiligen Geist! Denen ihr die Sünden erlasst, denen sind sie erlassen; denen ihr sie behaltet, sind sie behalten.

Die Steigerung ist deutlich. Zuerst war es nur das leere Grab, dann die Erscheinung gegenüber einer einzelnen Frau, jetzt an das Kollegium der Apostel.

Die Erscheinung: Die seelische Verfassung und Stimmung der Jünger ist nicht etwa Verzweiflung und Unglaube, denn die Mitteilung des Petrus und Johannes hat bereits gewirkt. Die Jünger wissen vom leeren Grab und ahnen, dass etwas ganz Besonderes geschehen ist. Aber sie fürchten die Juden. Der Hass, der bei der Kreuzigung in Erscheinung getreten ist, wird nicht ohne Weiteres haltmachen, sondern vom Meister sich ausdehnen auf die Jünger. Darum versammeln sie sich hinter verschlossenen Türen und sind ratlos, was sie nun tun sollen. Da erscheint ihnen Jesus. Sein erster Gruß ist Friedensgruß. Es ist nicht nur der gewöhnliche, damals gebräuchliche Gruß, sondern er will wirklich in die aufgewühlten, verängstigten Herzen Ruhe und Frieden bringen. Darum das zweimalige »Friede sei mit euch!«. Er zeigt ihnen die Wundmale seiner Hände und Füße, sodass sie sicher sind, keinem Trug zu erliegen, sondern dass es wirklich derselbe ist, der am

Kreuz gehangen hat, dessen Seite durchbohrt wurde. Die Zeichen seines Todes sind zum Beweis seines Lebens geworden. Die Stigmata körperlicher und seelischer Leiden, die der Mensch für Christus im Laufe seines Lebens trägt, sind Erhöhung seiner Herrlichkeit im anderen Leben. Darum ist die Wirkung auch Freude der Jünger, Freude, dass er lebt, dass er den Tod überwunden hat, dass er wieder bei ihnen in ihrer Mitte steht, dass damit auch ihre eigene Gemeinschaft wieder lebendig ist. Furcht und Verwirrung sind nie der Geist Christi, wohl aber Friede und Freude. Die Unterscheidung der Geister wird hier sichtbar.

Die Sendung: Wie mich der Vater gesandt hat, so sende ich euch. Die Sendung Jesu in der Sichtbarkeit hat ihr Ende gefunden, die Sendung der Kirche nimmt ihren Anfang. Aber beide gehören zusammen, bilden letztlich eins: Christus und die Kirche. Darum kann sie ihre Sendung erst beginnen, wenn er ihr erschienen ist und in ihrer Mitte weilt. Er ist ihr unsichtbares Haupt, sie ist sein mystischer Leib. Sie soll trotz äußerer Kämpfe im inneren Frieden leben und ihn, den Auferstandenen, verkündigen.

Empfangt den Heiligen Geist! Es wird ihnen die Vollmacht übertragen, die Sendung auszuüben. Die Kirche kann ihrer Sendung nur entsprechen, wenn sie den Geist Gottes hat. Die Jünger haben bei Jesus gelernt, was der Inhalt seiner Sendung ist und wie er sie ausübt. Sie haben ihn reden hören. Sie haben ihn beim Umgang mit den Menschen, den Kranken, den Sündern, mit Heiligen und mit Dämonen beobachtet. So sind sie durch die beste Schule gegangen. Aber das Wissen nützt nichts, wenn nicht die Kraft Gottes in ihnen lebendig ist. Und so gibt der Auferstandene ihnen nun seinen Heiligen Geist. Das Werk der Kirche ist Heil und Heiligung der Menschheit, darum braucht sie den heilenden und heiligenden Geist. Am Tag, an dem der Leib des Herrn auferstanden und der mystische Leib Christi gebildet ist, wird auch sein Geist diesem mystischen Leib gegeben. Sichtbar vor aller Welt wird das am Pfingstfest erfolgen. Aber in der Stille ist es für die Jünger schon jetzt erfolgt, im Abendmahlssaal.

Er hauchte sie an: Hauch ist das Zeichen des Lebens und zugleich das Wort, das den Sturm ausdrückt. Der Geist Gottes ist belebender Geist und soll wie ein Sturm durch die Welt fahren. Das, was unsichtbar in den Jüngern geschieht, soll ihnen sichtbar gemacht werden durch ein äußeres Zeichen. Das Wesen des Sakramentes wird hier deutlich. Durch das äußere Zeichen vollzieht sich ein inneres Geschehen. Seit der Menschwerdung Gottes in Jesus Christus geschieht das Göttliche in menschlicher Gestalt. Darum das Sakrament. Sein Hauch hat nun eine besondere Bedeutung. Es ist der Odem des Auferstandenen, nicht des Todgeweihten. Er ist Atem des Lebens schlechthin.

Denen ihr die Sünden erlasst, denen sind sie erlassen; denen ihr sie behaltet, sind sie behalten. Ein Mehrfaches liegt in diesem Wort. Einmal die Wirkkraft über die Sünde. Sünden vergeben kann Gott allein. Wenn aber Gott diese seine Kraft und Macht den Menschen verleiht, dann haben diese sie auch wirklich. Und diese Kraft aufgrund des Todes und der Auferstehung Jesu wird hier den Aposteln verliehen. Das Nachlassen der Sünde ist Totenerweckung. Darum wird die Macht zu dieser geistigen Totenerweckung an dem Tag verliehen, an dem der tote Christus zum Leben erweckt wurde. Jeder, der das Sakrament der Sündenvergebung empfängt, hat Teil am Tod und am Leben Christi. Er ist ein Auferweckter. Es liegt in dem Wollen Jesu weiter der Unterschied zwischen Nachlassen und Behalten. Nun ist es klar, dass das nicht Willkür sein darf, sondern je nach der Situation des Menschen, die sich aus seinem Bekenntnis ergibt, erfolgt das Nachlassen oder das Behalten. Nur wo Reue und innere Buße da ist, ist das Nachlassen sinnvoll und möglich. Es ist also ein Gerichtsurteil, das vollzogen wird. Aber es ist mehr als das. Ein Richter kann nur den Tatbestand feststellen und die Strafe verhängen. Er hat aber nie das Recht, einen Verbrecher ungestraft gehen zu lassen. Die Kirche dagegen hat dieses Recht, ja gerade die Vollmacht Gottes dazu empfangen. Es handelt sich also nicht nur um Rechtsspruch, sondern um Gnadenerlass eines Souveräns. Nur der Souverän kann einen, der sich vergangen hat und dessen Vergehen feststeht, von Schuld und Strafe freisprechen. Gerade das aber kann die Kirche aufgrund der ihr verliehenen Macht. Sie hat also teil an der Souveränität Gottes. So ist dieses Sakrament für den, der es empfängt, Sakrament des inneren Friedens und der Freude, für den, der es spendet, Erhebung zur Würde des göttlichen Gerichts, ja sogar zur Würde der göttlichen Souveränität. Die Kirche ist in ihren ersten Zeiten sehr sparsam mit diesem Sakrament umgegangen. Dann hat eine Entwicklung eingesetzt in Richtung einer immer größeren Ausweitung bis zur heutigen Bußpraxis. Im Kern war alles schon gegeben, aber die Entfaltung hat eine Breite angenommen, die wohl am Anfang niemand geahnt hat. Die Osterbeichte hat ihren Ursprung darin, dass die Vollmacht zur Sündenvergebung das Ostergeschenk des Auferstandenen an die Kirche ist und dass der Empfang dieses Sakraments den Menschen am österlichen Erlebnis der Auferstehung teilnehmen lässt. Es ist also nicht ein Müssen, sondern ein Können und ein Dürfen. Über allem liegt das Wort von der Freude und vom Frieden. Gewiss ist es Buße, aber der Akzent liegt auf dem Heil, das der Mensch durch die Buße empfängt, auf dem Frieden und auf der Freude des Herzens. Nur wenn diese Wirkung eintritt, ist das Sakrament richtig empfangen.

ERSCHEINUNG BEI THOMAS

Joh 20,24–29

Thomas, der Didymus genannt wurde, einer der Zwölf, war nicht bei ihnen, als Jesus kam. Die anderen Jünger sagten zu ihm: Wir haben den Herrn gesehen. Er entgegnete ihnen: Wenn ich nicht das Mal der Nägel an seinen Händen sehe und wenn ich meinen Finger nicht in das Mal der Nägel und meine Hand nicht in seine Seite lege, glaube ich nicht.

Acht Tage darauf waren seine Jünger wieder drinnen versammelt und Thomas war dabei. Da kam Jesus bei verschlossenen Türen, trat in ihre Mitte und sagte: Friede sei mit euch! Dann sagte er zu Thomas: Streck deinen Finger hierher aus und sieh meine Hände! Streck deine Hand aus und leg sie in meine Seite und sei nicht ungläubig, sondern gläubig! Thomas antwortete und sagte zu ihm: Mein Herr und mein Gott! Jesus sagte zu ihm: Weil du mich gesehen hast, glaubst du. Selig sind, die nicht sehen und doch glauben.

Die Steigerung der Ereignisse erreicht hier ihren Höhepunkt. Zuerst war es nur ein Ahnen beim leeren Grab, dann der Glaube des Johannes ohne die Erscheinung des Herrn, dann der Glaube einer Einzelperson, Maria von Magdala, schließlich der Glaube des Apostelkollegiums und jetzt abschließend der Glaube desjenigen, der sich am meisten dagegen gesträubt und sich geradezu auf seinen Unglauben berufen hat.

Vor dem Glauben: Alle anderen Apostel erklären Thomas, dass sie den Herrn gesehen haben. Aber er versteift sich umso mehr in seine Haltung des Unglaubens. Es ist ersichtlich, dass die Apostel psychologisch gar nicht mit der Auferstehung gerechnet hatten, also gar nicht bereit waren, an den Auferstandenen zu glauben, sondern im Gegenteil. Aber Thomas geht zu weit. Er will nur glauben, wenn er den Glaubensinhalt experimentell überprüfen kann. In Wirklichkeit ist es dann gar kein Glaube mehr, sondern ein Schauen und Wissen. Die Verbohrtheit in die Haltung des Unglaubens hat zur Folge, dass er eine ganze Woche lang noch in der Depression der Karfreitagsstimmung lebt, während alle anderen bereits die Osterfreude teilen. Der ungläubige Mensch ist wesentlich ein verbohrter Mensch, der sich festgefahren hat. Er glaubt es sich selbst schuldig zu sein, unnachgiebig festzuhalten, während er, objektiv, auf einem Abstellgleis nicht nur fährt, sondern an dessen Ende angelangt ist. In Wirklichkeit lässt sich das Übernatürliche gar nicht so überprüfen wie die Geschehnisse in der Natur. Unsere Beobachtungsmethoden, unsere Maße und Gewichte gelten alle für den Naturbezirk, sind aber ungeeignet für das Übernatürliche. So ist der Standpunkt des Thomas wesentlich falsch. Er schränkt das menschliche Wissen ein und legt sich fest auf einen engen Kreis mit Leugnung der Existenz anderer Dinge, als ob es nur das Sichtbare, Hörbare und Greifbare gäbe.

Der Glaube: Jesus kommt Thomas entgegen, nimmt ihn beim Wort und nötigt ihn, mit den Fingern seine Wundmale zu berühren und seine Hand in die Seite zu legen. Es ist ihm daran gelegen, dass an der Auferstehung kein Zweifel möglich ist. Dann fügt er aber hinzu: »Sei nicht ungläubig, sondern gläubig!« Die Dinge berühren und greifen zu wollen, ist nicht Glaubenshaltung, sondern Haltung des Unglaubens, und ist darum eines Jüngers unwürdig. Thomas kommt zur Erkenntnis. Darum sein stammelndes Wort: »Mein Herr und mein Gott!« Er ist nicht durch das Experiment zum Glauben gekommen, sondern wurde, nachdem er den Herrn gesehen hat, von diesem förmlich zum Experiment genötigt. Der Abschnitt gipfelt in dem großen und wichtigen Satz: »Selig sind, die nicht sehen und doch glauben!« Der Glaube beruht nicht auf dem Schauen, sondern auf dem Hören des Wortes Gottes. Glaube ist weder das erfahrungsmäßige Innewerden einer Tatsache noch der logische Schluss eines Syllogismus, sondern er übersteigt wesentlich die menschlichen Erkenntnismethoden und beruht ganz auf Gott, seiner Mitteilung und seinem Wort. Gerade dadurch ist er Verherrlichung Gottes. Damit leitet das Evangelium über zu den anderen Menschen, die den Herrn nicht gesehen haben, zu den kommenden Generationen, die zum Glauben kommen aufgrund des Wortes, nicht aufgrund des Schauens. Alle werden seliggepriesen, die Gott die Ehre geben und bedingungslos Gottes Wort annehmen. Jesus geht in seiner Sichtbarkeit weg, aber sein Wort bleibt, und auf diesem seinem Wort ist der Glaube aufgebaut. Darum ist diese letzte Seligpreisung nicht so sehr Abschluss des Evangeliums als Ausblick in die Zukunft, Mahnung für die Menschen, die die Botschaft vernehmen, und Lob derer, die das Wort im Glauben annehmen und aufnehmen. Der Glaube ist die Verherrlichung Gottes. Auf dem Glauben beruht in dieser Zeit das Reich Gottes, das Leben aus dem Geist Gottes, die Zugehörigkeit zu Gott. Darum ist dieses Wort vom Glauben mit Recht die letzte Aufgipfelung des Evangeliums.

DER ERSTE SCHLUSS DES EVANGELIUMS

Joh 20,30–31

Noch viele andere Zeichen hat Jesus vor den Augen seiner Jünger getan, die in diesem Buch nicht aufgeschrieben sind. Diese aber sind aufgeschrieben, damit ihr glaubt, dass Jesus der Christus ist, der Sohn Gottes, und damit ihr durch den Glauben Leben habt in seinem Namen.

Mit diesen Worten ist der ursprüngliche Abschluss des Evangeliums gegeben. Johannes betont, dass er nur einen Teil der Wunder aufgezeichnet habe, die Jesus gewirkt hat, und dass der Zweck der Wunder der Glaube sei, und zwar der Glaube an die Messianität und Gottessohnschaft Jesu. Es geht also im Christentum nicht um eine Theorie oder ein Gesetz, sondern es geht um den lebendigen Messias und Sohn Gottes. Alles hängt von der gläubigen oder ungläubigen Einstellung gegenüber Jesus und seinem Wesen ab. Wer im Glauben Jesus aufnimmt als den Messias und Sohn Gottes, hat durch diesen Glauben das wahre Leben in sich, jenes Leben, das den Tod überwindet. Wer dagegen nicht zum Glauben gelangt, bleibt im bloß menschlichen Bezirk und ist dem Tod verfallen.

Wovon im Prolog die Rede war, nämlich vom wahren Leben, davon ist in der Abschlussformel noch einmal die Rede. Und zwar ist es im Prolog und hier im Abschluss Jesus Christus, der Lebendige, der das Leben gibt. Das, was der Mensch seinerseits tun muss, ist die gläubige Aufnahme Jesu Christi und damit die gläubige Aufnahme des wahren Lebens. Johannes will also in seinem Evangelium weder ein Leben Jesu schreiben noch weniger eine Psychologie Jesu, auch nicht eine theologische Systematik, sondern er will Jesus aufzeigen als den Sohn des lebendigen Gottes, der dem gläubigen Menschen das Leben spendet. Darum geht es. Man liest das Johannesevangelium nur dann richtig, wenn man das wahre Leben darin sucht und findet. Das Evangelium ist dementsprechend auch nicht in erster Linie ein historisches Buch, das von vergangenen Ereignissen berichtet, sondern seine Worte, welche von der historischen Wirklichkeit berichten, wollen auf die jeweilige Gegenwart einwirken und dem jeweiligen Leser oder Hörer das wahre Leben vermitteln. So wird das Evangelium zu einem eigentlichen Lebensquell, aus dem jeder schöpfen kann, der wirklich glaubt. In der Mitte steht Jesus als der gesalbte, vom Vater gesandte und viel geliebte Sohn. Das Leben besteht darin, dass der Mensch über sich hinausgehoben wird und durch den Sohn am Leben des Vaters Anteil hat. Man muss hinter allen Komplikationen wieder die einfachsten, letzten Werte finden. Sie lauten: Christus, der Sohn Gottes, der dem gläubigen Menschen das wahre Leben spendet, jenes Leben, das aus Gott strömt, mit Gott verbindet, zu Gott hinführt und darum das wahre Leben des lebendigen Gottes ist. Alles andere ist nur die Entfaltung dieser zentralen Wahrheit, dieser wirklich froh machenden Botschaft, die der lebendige Gott durch seinen Sohn den Menschen gebracht hat und durch die Kirche ständig neu bringt.

DIE JÜNGER

Joh 21,1–14

Im Volk war allmählich das Gerede entstanden, der greise Johannes werde überhaupt nicht sterben, bevor der Herr kommt. Außerdem wurde da und dort Johannes gegen Petrus ausgespielt. Die orientalischen Gemeinden hielten sich mehr an ein mystisch-johanneisches Christentum, während in Rom das Petrus-Christentum mit Amt, Institution und Ordnung als wichtiger galt. So greift der greise Johannes noch einmal zur Feder und fügt seiner Schrift einen Anhang bei, der dem falschen Gerede entgegentritt und die Einheit von Petrus und Johannes aufzeigt. Es ist das 21. Kapitel als Anhang und Nachtrag des Evangeliums.

Danach offenbarte sich Jesus den Jüngern noch einmal, am See von Tiberias, und er offenbarte sich in folgender Weise.

Simon Petrus, Thomas, genannt Didymus, Natanaël aus Kana in Galiläa, die Söhne des Zebedäus und zwei andere von seinen Jüngern waren zusammen. Simon Petrus sagte zu ihnen: Ich gehe fischen. Sie sagten zu ihm: Wir kommen auch mit. Sie gingen hinaus und stiegen in das Boot. Aber in dieser Nacht fingen sie nichts. Als es schon Morgen wurde, stand Jesus am Ufer. Doch die Jünger wussten nicht, dass es Jesus war. Jesus sagte zu ihnen: Meine Kinder, habt ihr keinen Fisch zu essen? Sie antworteten ihm: Nein. Er aber sagte zu ihnen: Werft das Netz auf der rechten Seite des Bootes aus und ihr werdet etwas finden. Sie warfen das Netz aus und konnten es nicht wieder einholen, so voller Fische war es. Da sagte der Jünger, den Jesus liebte, zu Petrus: Es ist der Herr! Als Simon Petrus hörte, dass es der Herr sei, gürtete er sich das Obergewand um, weil er nackt war, und sprang in den See. Dann kamen die anderen Jünger mit dem Boot – sie waren nämlich nicht weit vom Land entfernt, nur etwa zweihundert Ellen – und zogen das Netz mit den Fischen hinter sich her. Als sie an Land gingen, sahen sie am Boden ein Kohlenfeuer und darauf Fisch und Brot liegen. Jesus sagte zu ihnen: Bringt von den Fischen, die ihr gerade gefangen habt! Da stieg Simon Petrus ans Ufer und zog das Netz an Land. Es war mit hundertdreiundfünfzig großen Fischen gefüllt, und obwohl es so viele waren, zerriss das Netz nicht. Jesus sagte zu ihnen: Kommt her und esst! Keiner von den Jüngern wagte ihn zu befragen: Wer bist du? Denn sie wussten, dass es der Herr war. Jesus trat heran, nahm das Brot und gab es ihnen, ebenso den Fisch. Dies war schon das dritte Mal, dass Jesus sich den Jüngern offenbarte, seit er von den Toten auferstanden war.

Der erste Abschnitt des Textes gilt den Jüngern. Bei der ersten Offenbarung nach der Auferstehung hat er sich ihnen gezeigt und ihnen die Vollmacht zur Sündenvergebung übertragen. Bei der zweiten Erscheinung hat er sie, vor allem Thomas, im Glauben bestärkt. Und nun, bei der dritten Erscheinung, gibt er ihnen das Vertrauen für ihre Sendung. Ohne ihn ist ihre Arbeit verlorene Mühe. Sie fangen nichts, auch wenn sie gemeinsam arbeiten unter der Führung des Petrus. Mit Christus und durch ihn wird der Fang ein erstaunlich großer. Das Netz ist eigentlich zu klein und zu schwach, eine solche Menge großer Fische zu fassen, und das Fahrzeug ist zu klapprig, um ein solch prall gefülltes Netz ans Ufer zu bringen. So ist es in der Kirche, deren Leitung den Jüngern anvertraut ist. Rein menschlich gesehen ist sie für die Reich-Gottes-Arbeit untauglich, denn alles Menschliche ist zu klein und schwach, um Gottes Werk zu verrichten. Sie wird darum auch immer wieder Zeiten der Enttäuschung, des Leerlaufes, der scheinbaren Unfruchtbarkeit haben. Aber wenn die Jünger im Glauben an ihn und im Gehorsam gegen sein Wort ihr Werk betreiben, wird er den Fischfang immer wieder wunderbar gestalten, sodass er menschliches Können übersteigt und den menschlichen Rahmen sprengt. Die Kirche, die von Menschen geleitet wird, in der es menschlich, oft allzu menschlich zugeht, ist eben doch das Werk Jesu Christi und darum Reich Gottes auf der Erde. So erzielt es Resultate, die alle menschlichen Berechnungen übertreffen.

Das Verhältnis der Jünger zum Herrn wird in der Kirche sein wie hier im Fahrzeug und am Ufer des Sees von Tiberias. Es ist ein vertrauter Umgang, eine liebende Nähe und doch zugleich eine ehrfürchtige Distanz, wissendes Schweigen und ein leiser Schauer vor der göttlichen Größe, der sie dienen. Diese Mischung von Liebe, die zu Christus hindrängt, und von Ehrfurcht, welche Distanz wahrt, ist in diesem Leben wesentlich. Sie ist besonders wesentlich für den Priester, der hauptamtlich und ständig im Heiligtum lebt und wirkt. Und die Mitte, das eigentliche Geheimnis von allem, ist Christus selbst, der verklärte und doch so menschliche, gewaltige und ihnen trotzdem nahe, unendliche, der mitten in ihrer Endlichkeit steht. So ist diese Szene ein Bild der Kirche in diesem Äon.

PETRUS

Joh 21,15–19

Als sie gegessen hatten, sagte Jesus zu Simon Petrus: Simon, Sohn des Johannes, liebst du mich mehr als diese? Er antwortete ihm: Ja, Herr, du weißt, dass ich dich liebe. Jesus sagte zu ihm: Weide meine Lämmer! Zum zweiten Mal fragte er ihn: Simon, Sohn des Johannes, liebst du mich? Er antwortete ihm: Ja, Herr, du weißt, dass ich dich liebe. Jesus sagte zu ihm: Weide meine Schafe! Zum dritten Mal fragte er ihn: Simon, Sohn des Johannes, liebst du mich? Da wurde Petrus traurig, weil Jesus ihn zum dritten Mal gefragt hatte: Liebst du mich? Er gab ihm zur Antwort: Herr, du weißt alles; du weißt, dass ich dich liebe. Jesus sagte zu ihm: Weide meine Schafe! Amen, amen, ich sage dir: Als du jünger warst, hast du dich selbst gegürtet und gingst, wohin du wolltest. Wenn du aber alt geworden bist, wirst du deine Hände ausstrecken und ein anderer wird dich gürten und dich führen, wohin du nicht willst. Das sagte Jesus, um anzudeuten, durch welchen Tod er Gott verherrlichen werde. Nach diesen Worten sagte er zu ihm: Folge mir nach!

Simon Petrus war der besonders Erwählte, dem die oberste Führung der Kirche durch Christus verheißen war und der eine dementsprechend besondere Schulung durch Jesus erfahren hatte. Aber Petrus hatte den Herrn dreimal verleugnet, sodass sich die Frage aufdrängte, ob er nicht dadurch sein Amt verloren hätte. Die Frage hat allgemeine Bedeutung: Nimmt die Sünde die amtliche Vollmacht? Anders formuliert: Ist die amtliche Vollmacht von der Heiligkeit des Trägers abhängig? Die Szene am See von Tiberias gibt die Antwort. Simon hat das Amt nicht verloren, das verheißende Wort Jesu geht in Erfüllung. Er überträgt ihm trotz dreimaliger Verleugnung in feierlicher Form das Amt der obersten

Leitung. Petrus wird der oberste sichtbare Hirte der Herde Christi. Die dreifache Wiederholung hat einerseits juridische Bedeutung, weil sie die Feierlichkeit der Amtsübertragung zum Ausdruck bringt und dieser einen rechtsgültigen Charakter gibt. Sie hat aber anderseits die moralische Bedeutung, dass sie Petrus an seinen dreifachen Fall erinnert. So versteht er es auch und wird traurig. Aber er tut für seinen Fall die Buße der Liebe. Das Amt wird ihm also gegeben trotz seiner Schwäche und Sündhaftigkeit. So ist die Vollmacht des Amtes an sich von der Heiligkeit, von der moralischen Größe oder Kleinheit des Trägers unabhängig. Aber anderseits soll jeder Amtsträger sich bemühen, die seelische Haltung zu haben, die allein dem Amt entspricht und durch die allein er das Amt persönlich in der rechten Gesinnung verwalten kann. Es ist die Gesinnung der Liebe. Buße ist nicht ein Sichverkrampfen in irgendeinen Schmerz, ein Wühlen in der Vergangenheit, ein Minderwertigkeitskomplex, ein Gebrochensein, sondern Wiedergutmachung durch Liebe, und zwar durch eine Liebe, die auf ehrlicher Demut aufgebaut ist. So ist die Antwort klar. Das Amt ist von der Gesinnung an sich unabhängig, aber der Amtsträger soll sich um die Gesinnung bemühen. Diese Gesinnung ist demütige Liebe zu Christus dem Herrn. Das Problem schlechter Päpste, gefallener Priester, unwürdiger Christen findet in dieser Szene seine Lösung.

Der Blick in die Zukunft deutet an, dass Petrus seine Freiheit nun geopfert hat, dass ein anderer, nämlich Christus, ihn nun gürtet und führt. Und zwar dorthin, wohin der Mensch rein naturhaft nicht will, nämlich zum Opfer, zur vollen Hingabe des Lebens, bei Petrus konkret zur Kreuzigung. Aber gerade dieser Liebesgehorsam in der völligen Hingabe der Existenz ist die Verherrlichung Gottes. Darum heißt es: »Durch welchen Tod er Gott verherrlichen werde.«

Kirchliches Amt und kirchliche Würde ist nicht nur innere Verantwortung zum rechten Geist und zur rechten Gesinnung, sondern fordert die Bereitschaft zur letzten Hingabe, ist wesentlich

Weg des Kreuzes, Haltung des Opfers, Verherrlichung Gottes durch Verzicht auf das eigene Ich und seine Wünsche. So stehen sich hier Jesus als Sohn Gottes und Simon als Sohn des Johannes gegenüber in einer unglaublichen Distanz, die aber überwunden ist durch eine unglaubliche Berufung und Erwählung. Ferne wird zur Nähe durch das Geheimnis der Liebe.

PETRUS UND JOHANNES

Joh 21,20–23

Petrus wandte sich um und sah den Jünger folgen, den Jesus liebte und der beim Abendmahl an seiner Brust gelegen und ihm gesagt hatte: Herr, wer ist es, der dich ausliefert? Als Petrus diesen sah, sagte er zu Jesus: Herr, was wird denn mit ihm? Jesus sagte zu ihm: Wenn ich will, dass er bleibt, bis ich komme, was geht das dich an? Du folge mir nach! Da verbreitete sich unter den Brüdern die Meinung: Jener Jünger stirbt nicht. Doch Jesus hatte ihm nicht gesagt: Er stirbt nicht, sondern: Wenn ich will, dass er bleibt, bis ich komme, was geht das dich an?

Petrus und Johannes sind sehr verschiedene Charaktere. Petrus ist sprunghaft, rasch entschlossen, initiativ, aber auch rasch wieder ändernd, wechselnd. Johannes hat verborgenes Feuer, ist besinnlicher, stiller, kontemplativer. Und doch waren diese beiden Jünger vielleicht gerade deswegen besonders miteinander befreundet und verbunden. Petrus, der jetzt wieder zur Nachfolge aufgerufen ist und dessen Schicksal ihm in geheimnisvollen Worten angedeutet ist, möchte wissen, wie es um die Zukunft des Johannes steht. Die Antwort Jesu ist nicht eindeutig. Klar ist nur, dass Petrus es nicht zu wissen braucht. Die Jünger haben die Antwort Jesu in dem Sinne verstanden, dass Johannes nicht sterben wird, bis der Herr wiederkommt. Aber Johannes stellt nun am Ende des Evangeliums diese Auffassung richtig. Er betont, dass Christus das nicht gesagt hat, sondern nur betont hat, dass er so bleiben solle. Das heißt wohl, dass er nicht eines gewaltsamen Todes sterben wird, bis Jesus kommt, ihn heimzuholen.

So sind die Schicksale der Jünger verschieden. Petrus geht nach Rom und stirbt für seinen Herrn am Kreuz. Johannes bleibt im Osten, erlebt die großen Verfolgungen, schreibt Evangelium und

Apokalypse, stirbt aber eines natürlichen Todes. Entscheidend ist der Wille Gottes, der dem einen diesen, dem anderen jenen Lebensweg bestimmt. Der Mensch soll bereit sein, zum Willen Gottes das Jawort zu sprechen, wie immer er sein mag. Gerade die Verschiedenheit und letztlich doch Einheit von Petrus und Johannes haben ihr Schönes. Initiative und Besinnlichkeit, Amt und Geist, sorgende Mühe und betende Liebe, Aktion und Kontemplation, Martyrium des Blutes und Martyrium des Herzens ergänzen sich und gehören zusammen. Nachfolge Christi will nicht schablonisieren und geistig uniformieren, sondern will nur ausrichten auf denselben einen Christus. Gerade die Verschiedenartigkeit der Wege und Schicksale bei der gleichen Gesinnungsrichtung auf Christus hin ist Verherrlichung Gottes und spiegelt die Fülle und den Reichtum Gottes in der Vielheit menschlicher Formen und Möglichkeiten.

Wenn der greise Johannes hier des längst verstorbenen Petrus gedenkt und ihrer gemeinsamen Stunden mit dem auferstandenen und verklärten Herrn, so liegt darüber ein besonderer Glanz, eine Schönheit der Erinnerung und eine Fülle und Größe der Bereitschaft. Jeder muss den Weg gehen, den Gott ihm vorzeigt, und soll dabei nicht auf das andere schauen, sondern auf Gott, der allein der Wählende und Bestimmende ist.

DAS ZWEITE SCHLUSSWORT DES EVANGELIUMS

Joh 21,24–25

Dies ist der Jünger, der all das bezeugt und der es aufgeschrieben hat; und wir wissen, dass sein Zeugnis wahr ist.

Es gibt aber noch vieles andere, was Jesus getan hat. Wenn man alles einzeln aufschreiben wollte, so könnte, wie ich glaube, die ganze Welt die dann geschriebenen Bücher nicht fassen.

Das eigentliche Schlusswort des Evangeliums ist am Ende des 20. Kapitels geschrieben. Trotzdem gibt Johannes auch dem Nachtrag noch einen kurzen Schluss. Vielleicht ist dieser auch von anderen Jüngern hinzugefügt worden. Ein Doppeltes wird darin betont. Einmal setzt Johannes gewissermaßen seine Unterschrift unter Nachtrag und Evangelium. Er ist der Jünger, den Jesus lieb hatte, der seinen Geist besonders erfasst hat und bei den Abschiedsreden, in denen der Herr sein innerstes Geheimnis enthüllte, ihm besonders nahe war. Und er ist der Jünger, der am längsten bei der Kirche aushält, bis ins hohe und höchste Greisenalter. Er ist Augen- und Ohrenzeuge aller Ereignisse und so ist sein Zeugnis wahr. Allen Falschmeldungen, allen ersten sich einschleichenden Irrtümern und vor allem auch allem Unglauben gegenüber betont er die Wahrheit, Richtigkeit und Zuverlässigkeit seines Zeugnisses. Was er im Evangelium geschrieben hat, ist keine Konstruktion seiner eigenen Intelligenz, ist kein Bild eigener Fantasie, ist kein Ergebnis eigenen Nachdenkens, sondern er ist nur Zeuge für einen anderen. Sein Evangelium ist Zeugnis. Dazu ist er gesandt und dem entspricht er. Gerade darin liegt die Wahrheit und Wahrhaftigkeit, weil eben Gottes Wort bezeugt wird und im Wort Gottes das Reich Gottes seine Sicherheit hat.

Das Zweite, das das Schlusswort betont, ist das Bewusstsein, dass selbst jetzt, wo alle Evangelien geschrieben sind, doch schmerzlich in Erscheinung tritt, wie sehr man das Wichtigste kaum sagen kann. Es bleibt immer ein Stammeln. Gerade weil es sich um das Wort Gottes handelt, ist das Zeugnis des Menschenwortes unbeholfen und ungenügend. Christus hat so Großes und vieles gewirkt, dass die ganze Welt die Bücher nicht fassen könnte, die man darüber schreiben müsste. Das Bewusstsein des Ungenügens, das jeden Prediger erfüllt, jeden christlichen Schriftsteller bedrückt, ist hier in diesem Johanneswort enthalten. Wenn wir trotzdem reden und schreiben, dann nur, weil es der Auftrag des Herrn ist. Aber es ist nicht nur bedrückend, sondern zugleich auch beglückend. Das Große, über das wir schreiben, ist göttlich, sodass man nie genug davon reden und darüber schreiben kann. Jede Generation fängt gewissermaßen mit ihrem Zeugnisgeben wieder von vorne an, vertieft sich aufs Neue in Gottes Wort und Gottes Werk und bringt es dann im gesprochenen und geschriebenen Wort zum Ausdruck. Gott braucht das menschliche Zeugnis nicht, aber er gebraucht es. So müssen die menschlichen Zeugen sich immer wieder zu Wort melden. Sie werden es dann am besten tun, wenn sie sich an die Augen- und Ohrenzeugen halten, also an die Evangelisten und nicht zuletzt an denjenigen, der dem Herrn am nächsten gestanden hat, an Johannes. Sein Evangelium ist eines der größten und schönsten Werke der Weltliteratur, obwohl es rein literarisch gesehen oft unbeholfen ist. Gerade durch diese Unbeholfenheit spricht ein anderer, der zwar mit menschlichen Worten spricht, aber Göttliches aussagt. Sein Zeuge zu sein, ist das Höchste, was ein Mensch von dem aussagen kann, was er spricht oder schreibt. Gerade im Johannesevangelium spricht das mensch gewordene Wort Gottes am tiefsinnigsten zu uns. Und so ist und bleibt diese Schrift doch wohl die schönste des ganzen Neuen Testamentes und damit der ganzen Bibel.